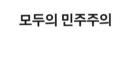

모두의 민주주의

모두의 민주주의

한국 현대 민주주의의 계보를 탐구하다

김정인 지음

책과함께

모두의 민주주의 시대,
미완의 민주주의 역사

모두의 민주주의! 민주주의 시각에서 한국 근현대사를 써보자고 결심하면서 떠오른 문구였다. 우리에게 민주주의는 조선시대의 성리학만큼 절대적 신념 체제로 자리잡고 있다. 그러기에 독선적인 독재자라고 손가락질을 받는 사람도 자신은 민주주의자라고 확신한다. 현대 윤리에서는 민주/반민주 코드가 선악을 가른다. 적극적이고 자율적이고 합리적이고 이성적이고 침착하고 현실적이며 분별력 있는 사람, 즉 민주적 코드에 충실한 사람은 좋은 사람이다. 반면 수동적이고 의존적이고 비합리적이고 히스테릭하고 다혈질적이고 비현실적이며 분별력 없는 사람, 즉 반민주적 코드에 젖은 사람은 나쁜 사람이다. 크고 작은 갈등과 다툼에서도 민주/반민주 코드가 선한 나와 악한 너를 가르는 기준으로 작동한다. 요즘 의회 독재라는 말이 떠돈다. 그 말을 입에 담은 사람에게는 대의민주주의 제도하에서 그 개념이 성립하는가 여부는 전혀 중요하지 않다. 반민주적 코드를 집약한 용어인 '독재'라는 칼로 상대를 공격하는 게 중요하다. 그렇게 모두가 자신을 민주적 코드에 맞춰 사는 민주주의자로 여기는 시대를 우리는 살고 있다.

　모두의 민주주의 시대는 어떤 역사적 과정을 거쳐 형성된 것일까. 이 질문에 답하고자 먼저 한국 민주주의 역사를 3부작으로 출간할 계획을 세웠다. 근대와 현대를 아우른 민주주의 역사 연구가 일천한 만큼 우선 거시적 안목에서 민주주의 역사상을 구축할 필요가 있기 때문이었다. 제일 먼저 2015년에 1801년 공노비 해방에서부터 1919년 3·1운동과 대한민국임시정부 수립까지를 다룬 저서《민주주의를 향한 역사》를 출간했다. 2017년에는 3·1운동부터 미군정기 민주주의 논쟁까지를 다룬 저서《독립을 꿈꾸는 민주주의》를 발간했다. 3부는 1945년 해방부터 2000년대 촛불시위까지를 다루기로 하고《모두의 민주주의》라는 제목을 붙였다.

　한국 민주주의 역사 3부작을 구상하면서 두 가지 난점에 부딪혔다. 첫번째 난점은 시기 구분의 문제였다. 한국 민주주의 역사의 출발점은 근대 민주주의가 차별적인 신분제를 벗어난 인민 평등에서 출발한다는 전제하에 1801년의 공노비 해방으로 잡았다. 그리고 인민 평등의 기반 위에 민주주의적 가치들이 인민의 사유와 생활에 뿌리를 내리고 그것이 정체(政體)의 형태로 일단락되는 시점인 1919년 3·1운동과 대한민국임시정부 수립까지를 1부인《민주주의를 향한 역사》에 담았다. 3·1운동과 대한민국임시정부의 수립은 2부인《독립을 꿈꾸는 민주주의》의 시삭

점이기도 했다. 식민지기 동안 한국인들은 《아리랑》(동녘, 2005)의 주인공 김산의 회고처럼 '독립과 민주주의'를 꿈꿨다. 그것은 독립운동은 곧 민주주의 투쟁이며 독립 후 건설될 신국가는 민주공화국이어야 한다는 지향에 대한 민족적 동의였다. 2부는 해방과 함께 정치세력을 중심으로 전개된 민주주의 논쟁으로 마무리했다. 현대 민주주의 역사를 다룬 3부 《모두의 민주주의》는 미군정하에서 보통선거법이 탄생하는 역사로부터 시작된다. 3부의 끝은 2016 촛불시위 당시 제기된 두 갈래의 민주주의 담론으로 마무리했다.

두 번째 난점은 3부작을 관통하는 일관된 틀을 마련하는 문제였다. 이것은 민주주의 역사 구성의 체계성 문제이기도 했다. 2000년대에 들어와 역사학계에서 새롭게 주목받던 개념사 연구가 틀 구성의 길잡이가 되어주었다. 개념사 연구는 개념의 생성과 변화의 역사를 다룬다. "무엇보다 개념사 연구의 매력은 '과거의 현재'를 재현하는 데 머무르지 않고 지금 여기에 문제가 되고 있는 '현재의 과거'를 새롭게 사유하는 데 있다."[1] 이 구절에서 언급했듯이 개념이 과거와 현재를 연접하는 매개체의 성격을 갖고 있음에 주목했다. 오늘날 상식(common sense, 공통 지각)으로 통용되는 개념을 지렛대로 삼아 과거의 민주주의 역사를 구성하는 틀을 마련할 수 있다고 보았다. '지금 여기' 민주주의 사회에 단단히 뿌리박고 있어 문화적으로 낯익은 개념이 과거의 민주주의를 해석하는 데 유효한 화두가 되어주리라 기대했다. 그래서 3부작을 구상하면서 각 부마다 개념을 골조로 틀을 짰다.

이처럼 개념을 중심으로 주제사적 틀을 구성하려면 내용 집필에 앞서 각 부마다 장, 절, 그리고 절 아래 항목을 선정해야 했다. 그렇게 장-절-

항목에 이르는 목차부터 짰다. 특히 장의 경우는 개념을 골간으로 7개의 장으로 구성하되, 역사책인 만큼 1장부터 7장에 이르기까지 시계열성이 드러나도록 배치했다. 3부 모두 이 과정에서 적지 않은 시간이 들었고 수정을 거듭해야 했다. 1부 《민주주의를 향한 역사》에서는 민주주의 토대의 배양 과정을 보여줄 수 있는 개념으로 '인민, 자치, 정의, 도시, 문명, 권리, 독립' 등 7개를 선정해 장을 배치했다. 2부 《독립을 꿈꾸는 민주주의》에서는 3·1운동 이후 독립운동을 통한 민주주의의 확산을 해석할 수 있는 개념으로 '자치, 주체, 권리, 사상, 정의, 연대, 해방' 등 7개를 뽑아 독립운동 관련 인물, 단체, 사건, 운동, 사상을 재배치하는 방식을 취했다. 3부 《모두의 민주주의》에서는 현대 한국 민주주의 역사를 해석할 수 있는 개념으로 '미국, 반공, 민족, 개발, 독재, 민중, 시민사회' 등 7개를 추출했다. 미군정기에 미국에 의해 주조된 민주주의, 1950년대에 반공에 포획된 민주주의, 1960년대 4·19와 한일협정으로 민족주의를 소환한 민주주의, 1960년대의 개발지상주의와 불화한 민주주의, 1970년대의 유신독재에 맞선 민주주의, 1980년대의 저항 주체로 부상한 민중과 조우한 민주주의, 1987년 민주화 이후 시민사회가 일군 다양한 민주주의 등의 주제로 7개의 장을 구성하고 장마다 당대의 정치·제도, 지식·담론, 저항·운동적 사건들로 절과 항목을 선정했다.[2]

그런데 1부는 2015년에, 2부는 2017년에 출간했으나 그로부터 8년이라는 세월이 흐른 2025년에야 3부를 출간하게 되었다. 모두의 민주주의 시대를 낳은 역사적 과정으로서 근대 민주주의 역사를 조명하는 작업에 비해 모두의 민주주의 시대를 민주주의 시각에서 역사화하는 작업이 훨씬 어려웠다.

먼저 3부작을 기획할 때는 필자 자신이 민주화 세대인 586이기에 현대 민주주의 역사의 재구성은 그리 어렵지 않을 것이라 예상했다. 하지만 여전히 현재성을 강렬히 내뿜고 있는 가까운 과거를 역사 연구의 대상으로 삼고 재해석하는 일은 지난했다. 근대 민주주의 역사를 연구할 때 필자와 연구 대상으로서의 과거는 역사로서 바라보기 좋은 거리를 유지하며 대화를 했는데 현대 민주주의 역사를 연구할 때는 그것이 어려웠다. 현재와 가까운 시간일수록 글의 구성과 문장과 용어에서 어김없이 주관성과 편향성이 드러났다. 그만큼 현재의 필자와 연구 대상인 과거와의 대화를 가다듬어 글로 옮기는 데는 숙성의 시간이 필요했다.

두 번째로 통사가 아니라 개념에 기반한 주제사 서술의 틀을 유지하기 위해 해방 이후 80년의 세월 속에서 민주주의 역사를 압축적으로 보여줄 수 있는 골조로서의 개념과 그에 맞는 부속품으로서의 정치·제도, 지식·담론, 저항·운동적 사건을 구성하는 작업이 쉽지 않았다. 차라리 민주주의 역사의 모든 것을 보여주는 통사적 서술이 방대하지만 더 쉬울지 모른다는 생각이 들 정도였다.

세 번째로 현대사의 경우 역사학계는 물론 사회과학계를 아울러 연구 성과가 풍성했지만, 연구 성과들이 동일한 사실을 설명하고 동일한 자료를 사용했음에도 서로 다르게 서술한 경우가 적지 않았다. 사료를 발굴하고 해석하는 시간 이상으로 기존의 연구 성과를 검증하는 데 예상보다 많은 시간이 소요되었다.

그런데 이러한 난관을 헤쳐 나가며 결국 3부를 마무리하게 만든 동력은 지금 여기, 현실이었다. 1부와 2부는 "이게 나라냐?"라는 질문을 던지게 한 박근혜 정부 시절에 집필하고 출간했다. 그런데 지금 여기, 윤석열

정부하에서도 매일같이 민주주의에 대해 끊임없이 물음표를 던지는 사건들이 일어났다. 그리고 마침내 계엄이라는 섬뜩한 경험까지 해야 했다. 현대 민주주의 역사를 연구하고 집필하면서 만나는 과거라는 거울 속에는 이러한 현실에 던지는 '왜?'라는 질문의 답을 찾을 수 있는 참조점이 넘쳐났다. 현대 민주주의 역사를 연구하고 집필하는 시간은 곧 역사 공부가 갖는 현재주의의 힘을 깨닫는 시간이었다.

8년이라는 긴 여정 끝에 마무리한 이 책은 앞서 설명한 대로 7장으로 구성되어 있다.

1장 〈미국이 주조한 민주주의〉에서는 미군정하에서 보통선거법이 마련되어 5·10선거를 치렀고, 미군정의 대대적인 선전과 홍보로 '미국=민주주의' 이미지가 탄생했으며, 미국이 교육을 미국식 민주주의 전파의 보루로 활용했음을 살핀다.

2장 〈반공에 포획된 민주주의〉에서는 이승만 정부에서 반공동원체제가 수립되고 한국전쟁 이후 반공민주주의를 표방하는 시대가 도래하면서 사회민주주의와 평화통일론이 설 땅이 사라져갔음을 살핀다.

3장 〈민족을 소환한 민주주의〉에서는 4·19 직후 통일운동과 한일협정 체결 반대운동으로 1950년대에 외면당했던 민족주의가 소환되었고, 5·16쿠데타 이후 군사정부와 박정희 정부도 민족적 민주주의를 앞세워 민족주의를 전유하려 했으나 결국 그들과 지식인·학생 간에 건널 수 없는 대립의 골이 형성되었음을 살핀다.

4장 〈개발과 불화한 민주주의〉에서는 1950년대부터 등장한 경제개발 담론과 선개발 후민주화 담론이 1960년대에 경제개발계획 추진으로 현실화되면서 개발의 시대가 도래했으나 결국 개발지상주의의 부작용이 드러나면서 개발 권력에 대한 민중의 저항이 시작되었음을 분석한다.

5장 〈독재에 맞선 민주주의〉에서는 삼선개헌 및 유신체제 수립과 한국적 민주주의 이념을 기반으로 독재가 전면화되었고 이에 저항하는 유신 반대운동 과정에서 학생운동과 재야를 중심으로 민족·민주·민중의 삼민의 저항 가치를 공유하고 연대하는 운동권, 즉 운동사회를 형성했음을 살핀다.

6장 〈민중과 조우한 민주주의〉에서는 1980년대에 저항 주체로서 민중의 세력화가 본격적으로 이뤄졌고 민중 담론과 변혁론이 제기되고 민중문화운동이 활발해진 가운데 6월 항쟁 이후 전국적 민중운동 조직이 탄생하면서 그를 기반으로 하는 진보정당이 국회에 진출했음을 살핀다.

7장 〈시민사회가 일군 민주주의〉에서는 6월 항쟁 이후 시민사회가 민주주의의 공고화 과정을 주도했고 그 과정에서 민주주의의 이행기적 정의 실현이라는 과거사 청산이 이뤄졌으며 2000년대 이후에는 시민들이 촛불시위 등을 통해 직접 민주주의 광장을 만들어갔음을 살핀다.

이상의 개요에서 알 수 있듯이 이 책은 해방 이후 민주주의 역사 전부를 다루지 않는다. 7개의 대주제-21개의 중주제-63개의 소주제로 한국 현대 민주주의 역사를 구조적으로 접근하는 주제사적 서술 방식을 취한다. 예를 들어 필자가 대학생이던 1980년대 학생운동은 학생운동사에서 결코 빼놓을 수 없는 중요한 역사다. 하지만 6장에서는 1980년대 민주주의 역사에서 학생운동보다 민중운동의 부상을 민주주의적 시각에서 시대성을 가장 잘 보여주는 역사로 파악하고 민중운동을 중심으로 그 시대를 서술한다. 그리고 이 책에서는 심판자가 아닌 최대한 관찰자의 안목에서 정치·제도, 지식·담론, 저항·운동적 사건을 중심으로 서술한다.

비판이 필요할 때는 되도록이면 당대에 생산된 관련 사료를 찾아 제시한다. 오늘의 연구자로서 과거라는 시간과 잘잘못을 따지며 다투기보다는 '역사적 대화'를 하고 싶었기 때문이다. 이는 현재주의를 벗어날 수는 없지만 당대적 맥락을 고민하는 역사주의적 안목에 대한 고민을 담은 시도이기도 하다.

이 책은 한국 민주주의 역사 3부작의 마지막에 해당한다. 2015년에 1부가 나왔으니 10년 만에 완결한 셈이다. 이 책을 쓰는 데 있어 풍성한 연구 성과를 발표해 절대적 조력자 역할을 해준 현대사가들과 사회과학자들에게 머리 숙여 깊이 감사드린다. 이 책은 완성본이자 미완성작이다. 3부작으로서는 완성본에 해당하지만 민주주의가 현재 진행형으로 작동하며 또한 고난에 처한 시대에 살고 있으므로 미완성작이다. 집필을 마무리하면서 새로 쓰고 싶다는 생각이 드는 미완성작이다. 그래서 세상에 내놓기가 두렵지만 용기를 내본다.

차례

1장

미국이 주조한
민주주의

1945년 8월 15일
해방

―――

1945년 9월 7일 미국 극동사령부, 남한에 군정 선포

1945년 9월 17일 미군정, '신조선의 조선인 교육 : 신교육방침' 공포

1945년 11월 16일 미군정, '군정의 일반 원칙' 발표

1945년 12월 17일 미군정 공보부, 《농민주보》 창간

1945년 12월 27일 모스크바삼상회의 개최

1946년 1월 미군정 공보부, 뉴스 영화 〈시보〉 제작

1946년 2월 8일 대한독립촉성국민회 결성

1946년 2월 14일 남조선민주의원 개원

1946년 3월 20일 제1차 미소공동위원회 개최

1946년 3월 13일 도미교육사절단 파견

1947년 5월 30일
미군정, 주한미군본부 직속의 공보원 설립

―――

1947년 5월 21일 제2차 미소공동위원회 개최

1947년 6월 미국 정부, 대한공보교육조사사절단 파견

1947년 6월 미군정, 《세계신보》 창간

1946년 8월 23일
미군정, 국립서울대 신설

―――

1946년 10월
남조선과도입법의원 민선의원 선거

―――

1946년 10월 9일 미군정 공보부, 5국 체제로 확대 개편 발표

1946년 12월 12일 남조선과도입법의원 개원

1948년 2월 26일
유엔소총회 접근 가능한 지역에서의 총선거안 가결

———

1948년 3월 17일 미군정, 국회의원 선거법 공포
1948년 4월 선거 홍보용 영화 〈인민 투표〉 전국 상영
1948년 4월 7일 하지 군정사령관, '조선 인민의 권리에 관한 포고' 공포

1948년 5월 10일 총선거 실시
유엔 감시하의 남한 총선거 실시

1948년 8월 15일
대한민국 정부 수립

———

1948년 8월 1일 중앙교원훈련소, 내한한 미국
교육학자에 의한 교원 연수 실시
1948년 9월 11일 미군정, 대한민국 정부로
행정권 이양 완료
1949년 3월 미국공보원(USIS), 《월간 아메리카》
창간

1947년 6월 27일
남조선과도입법의원 입법의원선거법 의결

———

1947년 7월 2일 남조선과도입법의원, 민족반역자·부일
협력자·전범·간상배 처단 특별법 의결
1947년 11월 14일 유엔총회에서 한국 총선거안 가결,
유엔한국위원단 설치
1947년 12월 3일 중앙경찰위원회법 공포
1948년 1월 공보원(OCI), 뉴스 영화 〈대한전진보〉 제작
1948년 1월 7일 유엔한국위원단 입국

❶ 미군정하에서 탄생한 권리, 참정권
❷ 미국 = 민주주의 이미지의 탄생
❸ 민주주의 전파의 보루, 교육

하지(J. R. Hodge) 미군정 사령관이 1946년 10월 입법기관인 남조선과 도입법의원을 설치하면서 발표한 성명의 한 대목이다.

1948년 5월 10일, 한국인은 처음으로 참정권을 행사했다. 투표율은 무려 95.2퍼센트에 달했다. 이날 사람들은 독립이 곧 국민으로서의 주권 행사를 뜻한다는 사실을 체감했다. 5·10선거는 국회의원 선거법에 의해 이뤄졌다. 이 국회의원 선거법은 미군정하에서 만들어졌다. 미군정하의 남조선 과도입법의원이 제정한 입법의원선거법을 미국 정부와 유엔한국위원단이 협의하고 수정하는 과정을 거쳐 탄생했다. 하지만 그 과정은 출발부터 순탄하지 않았다. 친일파 처벌법이 먼저냐, 보통선거법이 먼저냐 하는 선후 다툼이 있었고 논란 끝에 남조선과도입법의원이 마련한 친일파 처벌법은 미군정에 의해 폐기되었다. 유엔한국위원단은 5·10선거에 앞서 선거권 보장을 위한 민주개혁을 요구했고, 미군정은 1948년 봄 '한국 인민의 권리에 관한 포고'를 공포하는 등 개혁 조치를 단행했다. 해방과 더불어 시작된 미군정의 3년 통치는 '제도'로서의 민주주의 구축기였다. 그 저변에는 19세기 이래 한국인이 축적해온 민주주의 문화역량이 자리하고 있었음은 물론이다.

미군정의 통치는 1948년 8월 15일 대한민국 정부 수립과 함께 막을 내렸다. 3년의 통치 기간 동안 미군정은 한국인에게 민주주의, 특히 미국식 민주주의를 전파하는 데 주력했다. 전국 마을 구석구석을 돌면서 미국식 민주주의를 홍보했다. 선전 영화를 상영했고 수백만 부의 잡지와 팸플릿을 만들어 비행기로 뿌렸다. 그렇게 미군정은 압도적인 물량 공세로 소련과 북한의 공산주의를 비판하고 미국식 민주주의의 우월성을 선전했다. 미국의 민주주의 제도만이 아니라 민주적 사회와 생활을 보여주는 문화 프로그램도 제작해 홍보했다. 그들은 민주주의 대 공산주의 프레임을 가르는 잣대로 자유의 있고 없음을 내세웠다. 5·10선거가 다가오면서 미군정은 한국인에게 자유로운 선거가 민주주의의 핵심이라고 선전하고 홍보했다. 미군정의 민주주의 선전과 홍보의 물량공세는 한국인에게 '미국＝민주주의'라는 이미지를 심어주었다.

　미군정은 공보 체제를 구축하고 민주주의를 선전 홍보하는 데 그치지 않고 교육을 민주주의 전파의 보루로 활용했다. 교육계 인사들이 민주주의 교육 확산을 위해 새교육운동을 펼치자 이를 지원했고, 민주주의 교육을 목표로 사회생활과라는 교과를 만들었다. 이처럼 미군정은 초중등교육에서 민주주의 교육 전파에 힘쓰는 한편, 고등교육에서는 미국식 대학 모델을 정착시키고 선별적인 대학 원조를 통해 대학과 지식인을 민주주의 전파와 반공 연대의 교두보로 삼고자 했다. 미군정과 이후 미국 정부의 지속적인 교육 원조로 대학에는 미국 유학을 선망하는 아메리칸드림의 바람이 불었다. 미국 유학의 꿈을 이룬 지식인은 선망의 대상이 되었고 스스로는 미국 민주주의를 경험한 선각자라는 선민의식을 가졌다.

1
미군정하에서 탄생한 권리,
참정권

친일파 처벌법이 먼저냐? 보통선거법이 먼저냐?

1919년 4월 11일 상하이에서 수립된 대한민국임시정부(이하 임시정부)
는 〈대한민국임시헌장〉(이하 임시헌장)을 반포했다. 이 임시헌장은 제3조
에 남녀평등의 권리를, 제5조에 참정권을 명시했다.

제3조 대한민국 인민은 남녀 귀천 및 빈부의 계급이 없고 일체 평등
하다.
제5조 대한민국 인민으로 공민 자격이 있는 자는 선거권 및 피선거
권을 가진다.[2]

이에 따르면 독립 후 새롭게 건설될 나라에서는 국민으로서 모두가 참정권을 행사할 수 있는 보통선거를 실시할 예정이었다. 이후 임시정부에서 다섯 번의 헌법 개정이 이뤄지는 동안 보통선거를 통해 국민으로서 주권을 행사하는 권리, 즉 참정권 조항은 그대로 유지되었다. 그렇게 식민지기를 살아온 한국인에게 참정권은 독립을 상징하는 절대적 권리가 되었다. 1945년 8월 15일 마침내 나라가 해방되었고, 1948년에 미군정 치하에서 보통선거법에 따라 5·10선거가 치러졌다. 이 보통선거법은 남조선과도입법의원이 제정하고 미국 정부와 유엔한국위원단 간 협의와 수정을 거쳐 마련되었다.

1945년 12월 2차 세계대전의 전후 처리를 위한 모스크바 삼상회의가 열렸다. 이 회의에서는 한국 문제에 대해 미소공동위원회(이하 미소공위) 논의를 기반으로 민주임시정부를 수립한 후 최대 5년 동안 미국·소련·영국·중국 4개국에 의한 공동 신탁통치를 실시하기로 결정했다. 김구 중심의 임시정부 세력, 이승만, 한국민주당(이하 한민당) 등의 우파는 신탁통치안에 즉각 반발하며 반탁운동에 나섰다. 반탁운동의 중심 조직은 임시정부 세력이 주도하는 비상정치회의에 이승만이 이끄는 독립촉성중앙협의회가 가담하면서 재결성된 비상국민회의였다. 그런데 미군정은 비상국민회의의 최고정무위원회를 하지 군정사령관의 자문기구로 개편하라고 요구했다. 이에 응해 탄생한 자문기구의 이름은 남조선대한국민대표민주의원(이하 민주의원)이었다. 이처럼 미군정은 민주의원을 통해 반탁세력을 미군정 체제에 흡수하고자 했다. 또한 미소공위가 결렬되면 민주의원을 기반으로 단독정부를 구성할 구상도 갖고 있었다.

1946년 2월 14일에 개원한 민주의원의 의장은 이승만이, 부의장은 김구와 김규식이 맡았다. 한 달 후인 3월 23일에는 기구 개편이 이뤄지면서 의장은 이승만, 부의장은 김규식, 총리는 김구가 맡았다. 28명의 의원으로 구성된 민주의원은 매주 세 차례 회의를 갖는 등 군정사령관의 자문기구 역할을 했다. 하지만 1946년 3월 20일에 개원한 미소공위가 5월 초 휴회에 들어가고 김규식, 여운형을 비롯한 중도파가 좌우합작운동을 전개하면서 존재감을 상실해갔다. 결국 1946년 12월 남조선과도입법의원(이하 과도입법의원)이 개원하면서 활동을 중단했다.[3]

1946년 6월에 들어 미국 정부는 미군정에 미소공위에서 임시정부 구성을 위한 협의 대상에 포함할 수 있는 입법 자문기구를 선거로 구성하라고 지시했다. 하지만 미군정은 의원의 절반은 미군정이 임명하고 나머지 절반만 선거로 선출하는 입법 자문기구 구성에 나섰다. 이 기구를 통해 보통선거법을 제정한 후 의원 모두를 선거로 선출하는 입법 자문기구를 구성한다는 방침을 마련했다. 이와 같은 단계적 실시는 좌파의 입법 자문기구 진출을 차단하고 우파의 우위를 담보하기 위한 전술이었다.[4] 6월 29일 러치(A. L. Lerch) 군정장관은 '남한에 입법기관을 설치하여 조선 인민의 손으로 조선 인민이 원하는 법령을 제정하도록 해야 한다. 이 입법기관은 미군정 산하의 기구이지 독립 기구가 아니므로 모스크바 삼상회의 결정문에 적시된 임시정부 수립에 지장을 주지 않는다. 오히려 조선 인민을 대표해 입법기관에서 활동한 경험을 축적한 입법 의원들이 미소공위가 탄생시킬 임시정부에서 자신의 역할을 제대로 할 수 있게 될 것이다'[5]라는 요지로 하지 군정사령관에게 과도입법의원 설립을 건의했다. 과도입법의원은 모스크바 삼상회의의 결정에 따라 임시정부가 수립될 때까지 활동하면서 정치·경제·사회 개혁의 토대가 될 법령의 초안을 작성하는 역할을 맡을 예정이었다.

1946년 12월 12일 김규식을 의장으로 하는 과도입법의원이 개원했다. 과도입법의원은 러치 군정장관이 이야기했듯이 미군정청 산하 기구라는 위상을 갖고 있었다. 군정장관에게는 과도입법의원 해산권, 새로운 의원 승인권, 새로운 선거 거행 명령권이 주어졌다.[6] 과도입법의원은 90명으로 구성되었다. 이 중 절반인 45명은 선거로 뽑았고, 나머지 45명은 군정사령관인 하지가 임명했다. 민선의원 45명은 납세액을 기준으로 선거권을 부여하는 제한선거로 선출되었다. 1946년 10월 31일에 치러진 간접선거에서 이승만이 이끄는 대한독립촉성국민회 소속 14명, 한민당 소속 15명, 김구가 이끄는 한국독립당(이하 한독당) 소속 2명이 민선의원에 당선되었다.[7] 무소속 당선자는 9명이었다. 민선의원 대부분이 우파 인사로 채워진 셈이었다.[8] 관선의원 45명은 민선의원 선거가 끝난 후 당시 좌우합작위원회의 심사위원인 김규식, 원세훈, 최동오, 송남헌 등이 추천한 사람 중에 하지 군정사령관이 낙점하는 방식으로 임명되었다. 미군정은 민주의원 때와는 달리 이번에는 좌우합작운동을 추진하는 중도파를 주축으로 관선의원을 임명했다. 좌우합작위원회 위원 6명, 우파 12명, 중도파 12명, 기타 15명(종교, 여성, 문화, 언론, 법조, 지역 등)이 관선의원에 임명되었다. 한편 좌파 연대체인 민주주의민족전선은 과도입법의원을 '단독정부 수립을 준비하는 입법기구'라며 반대하고 미소공위 재개를 촉구하면서 선거에 불참했다. 결국 과도입법의원에서는 민선의 우파와 관선의 좌우합작파가 양대 세력으로 자리잡았다.

과도입법의원은 1947년 1월 10일 8개의 상임위원회와 6개의 특별위원회 위원을 선임하면서 본격적인 활동에 들어갔다. 미군정은 과도입법의원에 제일 먼저 보통선거법 제정을 요구했다. '임시헌법·임시선거법 기초위원회'가 보통선거법 초안 작성을 맡았다. 한편 '민족반역자·부일 협력자·전범·간상배에 대한 특별법률조례 기초위원회'는 친일파 처벌 법 초안 작성에 들어갔다. 그런데 관선의 좌우합작파와 민선의 우파가 보통선거법과 친일파 처벌법 제정의 선후를 놓고 충돌했다. 좌우합작파 는 '선 친일파 처벌법 제정-후 보통선거법 제정'을 주장했다. 우파는 '선 보통선거법 제정-후 친일파 처벌법 제정'을 고집했다. 양 세력 간의 갈등 으로 보통선거법 제정이 미뤄지자 1947년 2월 러치 군정장관은 과도입 법의원에 조속한 제정을 요구했다. 그럼에도 과도입법의원 본회의에는 3월 13일 '민족반역자·부일협력자·전범·간상배 처단 특별법' 초안, 소 위 친일파 처벌법안이 먼저 상정되었다.

그러자 미군정이 즉각 개입했다. 러치 군정장관은 미소공위 미국 대표 단의 안을 바탕으로 작성한 보통선거법 초안을 과도입법의원에 회부했 다. '임시헌법·임시선거법 기초위원회'는 미군정이 내민 초안에 근거한 보통선거법안을 마련했다. 이 법안은 절대다수대표제(결선투표제)와 소 선거구제를 채택하고 있었고, 선거권·피선거권 연령을 각각 20세, 25 세로 규정하고 있었다. 그런데 법제사법위원회(이하 법사위)로 넘어간 보 통선거법안 심의는 제대로 이뤄지지 않았다. 반면 친일파 처벌법의 제정 논의는 점점 구체화되어갔다. 결국 1947년 5월에 러치 군정장관은 친일 파 처벌법에 앞서 보통선거법을 제정해야 한다는 입장을 다시 한번 천명 했다.⁹ 우파 의원들도 보통선거법안의 우선 통과를 주장했다. 이에 다시 친일파 처벌법안에 대한 논의가 미뤄졌고, 5월 13일 법사위는 보통선거 법안을 먼저 본회의에 상정했다.

당시 한민당 소속의 백관수를 위원장으로 하는 법사위는 우파 의원들이 장악하고 있었다. 법사위가 본회의에 보통선거법안을 상정한 후 좌우합작파와 우파는 선거권 및 피선거권 연령 등을 놓고 충돌했다. 우파 주도로 상정한 보통선거법안에는 선거권 및 피선거권 연령이 각각 25세와 30세로 미군정이 제시한 법안보다 상향되어 있었다. 이에 반발해 좌우합작파의 김규식은 의장직을 사퇴한다며 배수진을 쳤다. 결국 미군정이 나서 양측 입장을 절충하면서 선거권 및 피선거권 연령은 각각 23세와 25세로 조정되었다. 그리고 이 보통선거법안, 즉 정식 명칭으로는 입법의원의원선거법(立法議院議員選擧法, 이하 입법의원선거법)이 6월 27일 본회의를 통과했다.

입법의원선거법 제정 과정에서 쟁점 중 하나는 친일파의 선거권 및 피선거권을 제한하는 문제였다. 최종적으로 입법의원선거법에서는 친일파 처벌법에서 민족 반역자, 부일협력자 또는 간상배로 규정된 자에 대해 선거권을 박탈하도록 했다. 피선거권이 제한된 자에 대해서는 다음과 같이 규정했다.

1. 일제시대에 중추원 부의장 고문 또는 참의가 되었던 자.
2. 일제시대에 부 또는 도의 자문 혹은 결의기관의 의원이 되었던 자.
3. 일제시대에 고등관으로서 3등급 이상의 지위에 있던 자 또는 훈7등 이상을 받은 자. 단, 기술관 급 교육자는 제외함.
4. 일제시대에 판임관 이상의 경찰관 급 헌병, 헌병보 또는 고등경찰의 직에 있던 자 급 그 밀정행위를 한 자.[10]

그런데 친일파 처벌법 초안에는 부일협력자의 범주를 규정하고 이들에게 3년에서 10년까지 선거권 및 피선거권을 박탈하도록 하는 조항이 있었다. 우파 의원들은 친일파 처벌법안 심의 과정에서 친일파 범위의 축소와 처벌 규정 완화를 시도했다. 결국 7월 2일 친일파 적용 대상을 대폭 축소한 친일파 처벌법이 본회의를 통과했다. 미군정이 친일파의 선거권 및 피선거권 배제 조항을 더욱 축소할 것을 요구했으나 과도입법의원은 이를 거절했다. 결국 새로 부임한 딘(W. F. Dean) 군정장관이 11월 27일 친일파 처벌법의 인준을 보류하면서 이 법은 폐기되었다.

유엔한국위원단의 입법의원선거법 수정

미군정은 1947년 하반기에 들어와 2차 미소공위 결렬이 확실해지자 입법의원선거법에 따른 남한만의 단독선거를 기획했다. 이승만은 1차 미소공위가 결렬될 때부터 단독정부 수립을 주장하고 있었다. 그는 1947년 6월 27일 입법의원선거법이 과도입법의원을 통과하자 곧바로 미군정에 남한만의 조속한 단독선거를 실시하라고 요구했다. 우파 정당인 한민당도 통일 정부 수립 이전이라도 "남조선에 입법의원에서 통과된 보통선거법을 실시하여 조선인 자주의 민주 정부를 수립"하라고 촉구했다.[11] 8월 중순 하지 군정사령관은 미국 정부에 입법의원선거법을 제출하면서 "이 법에 따라 선거를 치를 준비를 할 것"임을 밝혔다. 당시 미국의 대한정책 점검 차 한국에 들어왔던 웨드마이어(A. C. Wedemeyer) 미국 대통령 특사도 미국 정부에 입법의원선거법에 기반한 선거 실시를 건의했다.[12]

1947년 9월 3일 미군정은 입법의원선거법을 공포했다. 다음날인 9월

4일에는 중앙선거관리위원회가 구성되는 대로 70일 이내에 선거를 실시할 것임을 천명했다. 그리고 미국이 소련에 제안한 '한국 문제의 유엔이관 및 유엔 감시하 남북 총선거 실시' 방안이 선거 이후에 현실화되더라도 먼저 치른 남한에서의 선거 결과는 유효함을 분명히 했다.[13] 즉 미군정은 유엔 감시하 남북 총선거 이전이라도 입법의원선거법을 기초로 남한에서 단독선거를 치를 생각이었다. 하지만 미국 정부가 한국 문제를 유엔을 통해 최종 해결한다는 방침을 굳히면서 미군정은 남한 단독선거 방침을 철회해야 했다. 1947년 11월 유엔총회는 유엔 감시하에서 인구비례에 따라 남북한 총선거를 실시하기로 하고, 이를 추진할 기구로 유엔한국위원단을 구성했다.

1948년 1월에 입국한 유엔한국위원단은 소련의 거부로 북한에 들어가지 못했다. 결국 활동 공간이 남한으로 제한된 가운데 유엔한국위원단은 남북한 총선거 감시의 전제조건으로 공정한 선거법 제정을 요구했다. 그리고 필리핀, 캐나다, 프랑스, 시리아 위원으로 구성된 유엔한국위원단 제3분과가 미국 정부와 협의하며 과도입법의원을 통과한 입법의원선거법과 시행규칙의 초안을 검토하고 수정했다.

유엔한국위원단은 먼저 1개 선거구에서 의원 1인을 선출하는 소선거구제를 확정했다. 본래 입법의원선거법은 인구 5만 명 이하의 선거구를 기본으로 하는 소선거구제를 채택했지만 만일 인구가 15만 이상인 경우에는 5만에서 10만 사이의 추가 인구당 의원 1명을 추가하는 중선거구제적 요소도 갖고 있었다. 유엔한국위원단은 이를 삭제하고 완전한 소선거구제를 마련했다. 한편 유엔한국위원단의 법률고문이자 제3분과 간사였던 슈라이버(M. Schreiber)는 비례대표제 도입을 주장했으나 미군정과

우파가 장악한 중앙선거관리위원회의 반대로 좌절되었다. 또한 유엔한
국위원단 제3분과는 선거권 연령을 21세로 낮췄다. 친일파에 대한 피선
거권 박탈 조항은 입법의원선거법을 그대로 따랐으나 선거권은 식민지
기 '일본정부로부터 작위를 받은 자'와 '일본제국의회의 의원이 되었던
자'에게만 적용하는 것으로 축소했다.

　이처럼 과도입법의원이 제정한 입법의원선거법은 최종적으로 유엔한
국위원단에 의해 수정되었다. 그 결과 입법의원선거법의 선거권 제한 요
소들이 사라지면서 온전한 의미의 보통·평등선거권이 확립되었다. 입
법의원선거법은 투표용지에 후보 이름을 직접 쓰는 자서 방식을 채택하
고 있었다. 이 조항은 문맹률이 70~80퍼센트에 달하는 현실을 무시했
다는 점에서 제정 당시부터 논란이 되었다. 또한 북한에서 내려온 월남
인에게 총 의석의 13.5퍼센트를 할당한 특별선거구 설치 조항도 월남인
을 과대 대표하는 독소조항이라는 비판을 받고 있었다. 유엔한국위원단
은 자서 방식 대신에 기표 방식을 채택했고, 특별선거구는 폐지했다.[14]

　그런데 유엔한국위원단은 남한만의 단독선거 가능성이 높아지는 가
운데 결국 자신들이 수정한 입법의원선거법이 극우세력의 집권을 보장
하는 절차에 이용될 뿐이 아니냐는 우려를 표시했다. 유엔한국위원단은
미국 정부와 미군정에 남한에서 법적·제도적 측면의 민주주의를 구현하
도록 요구했다. 미국 정부는 1948년 2월 26일 유엔 소총회에서 유엔한
국위원단이 '접근 가능한 지역', 즉 남한에서 선거 참관 업무를 수행한다
는 결정을 끌어냈다. 다만 거기에는 "언론, 출판, 그리고 집회의 자유라는
민주적 권리가 인정되고 존중되는 자유로운 분위기에서 선거가 행해져
야 한다"라는 단서 조항이 붙었다.[15] 유엔한국위원단 제1분과는 3월 17

일 '선거를 위한 자유로운 분위기 확보 방법 및 수단'과 관련한 최종 건의안을 하지 군정사령관에게 전달했다.[16] 미군정은 유엔한국위원단의 요구를 수용했고, 그날로 국회의원 선거법을 공포했다.[17]

최초의 보통선거, 5·10선거

미군정은 유엔한국위원단의 요청에 따른 개혁의 일환으로 먼저 경찰 개혁과 사법 개혁에 나섰다. 미군정은 이를 민주개혁이라 명명했다. 경찰 개혁의 초점은 경찰에 대한 중립적 통제 기구의 수립과 경찰 조직의 분권화에 맞춰졌다. 중앙경찰위원회는 1947년 5월 좌우합작파에 대한 경찰 탄압이 과도입법의원에서 논란이 되면서 안재홍 민정장관의 제안으로 설치된 기구였다. 이 제안에 따르면 중앙경찰위원회는 행정부, 입법부, 사법부 및 미군정에서 각 2명씩 추천한 인사들로 구성하고 경찰의 주요 인사 및 정책에 대한 승인권을 가짐으로써 극우파가 장악하고 있던 경찰에 대한 중립적 통제 기구라는 위상을 갖고 있었다. 하지만 중앙경찰위원회는 우파의 방해로 설치가 지연되다가 1947년 12월에야 6명으로 인원을 줄여 출범했다.[18] 경찰 조직의 분권화는 1948년 1월 말 딘 군정장관이 경찰 관할권을 중앙의 경무부에서 각 도로 이관한다는 조치를 발표하면서 본격화되었다. 이에 따르면 도지사는 도내의 법질서 유지와 경찰 업무에 대한 책임을 지며 조직·행정·재정·인사권을 제외한 사항에 대해도 경무국장에게 지시할 수 있었다. 미군정은 이를 통해 경찰 민주화가 이루어질 것이라 홍보했지만 조직·행정·재정·인사권을 제외한 분권화는 사실상 의미가 없었다. 이후에도 중앙의 경무부장이 전국의 경찰서장에게 직접 지시를 내리는 중앙집권체제는 유지되었다. 이처럼 경찰 개혁 과정에서 중립적 통제 기구 마련과 경찰 조직 분권화는 제대로 이뤄지지 못했다. 다만 경찰의 과도한 권한을 축소하고 인권을 보장하기 위한 법적·제도적 개혁 조치는 성과를 냈다. 경찰이 갖고 있던 각종 인허가권은 일반 행정 조직으로 이양되거나 폐지되었다. 또한 구속영장이 없는 인신구속을 금지하고 피의자의 법률 자문권을 보장하기 위한 영장제도를 마련했다. 사법 개혁과 관련해서는 우선 미군정은 1948년 4월 조선총독부가 전시에 비상조치로 제정한 재판소령·민사령·형사령에 관한 특례를 폐지하고 삼심재판제를 부활시켰다. 그리고 5·10선거 한 달을 앞두고 하지 군정사령관은 '조선 인민의 권리에 관한 포고'를 공포했다.

1. 모든 인민은 법 앞에 평등하며 법 아래 동등한 보호를 받을 권리가 있고 성별·출생·직업·신조의 특권을 인정하지 않으며 국제법에 의해 인정된 특권만이 예외가 된다.
2. 신체의 자유는 불가침이며 합법적으로 제정·공포한 법률에 의하지 않고는 이를 제한하지 못한다.
3. 주소는 불가침이며 인민이 그 인신·주거·문서 및 재물을 불합리한 압수나 수색에 대하여 보장할 권리는 이를 침해할 수 없으며 이러한 압수나 수색은 오직 법의 규정에 의해서만 이를 행할 수 있다.
4. 법에 적당한 규정과 법이 요구하는 수속에 의하지 않고는 생명·자유 또는 재산은 누구나 이를 빼앗기지 않는다.

5. 범행 당시에 시행된 법에 의하지 않고는 아무런 형벌도 이를 과하지 못한다.

6. 범행의 이유로 구인당한 자 또는 그밖에 어느 모양으로든지 자유의 구속을 받은 자는 무슨 이유와 무슨 권위하에 그런 구속을 받는지 즉시 알려질 법적 권리가 있으며 변호인의 도움을 받을 권리가 있다.

7. 범죄로 인하여 기소된 자는 불합리한 지체 없이 재판을 받을 것이며 법의 규정에 의하여 보석될 권리가 있다. 잔혹하고 비상한 형벌은 이를 가하지 못하며 종류의 여하를 막론하고 고문이나 강박에 의하여 유도된 고백은 재판이나 그밖에 어떠한 법적 수속에도 이를 사용하지 못한다.

8. 집회, 결사, 언론출판, 그밖의 모든 표현의 자유는 각종 선전 삐라나 벽 포스터의 사용까지라도 그것이 질서문란이나 정부 전복을 선동하는 정도까지 선동적인 것만 아니라면 이를 인정한다.

9. 집회와 결사의 자유는 법에 의하여 규정된다. 모든 시민, 시민의 집단은 정부와 정부 각 기관에 고정(苦情)의 구제를 청원할 권리가 있다.

10. 모든 종교는 법 아래 동등하며 공공질서 또는 도덕에 배치되지 않는 한 종교적 실천의 자유가 있다. 국교가 없으며 종교와 정치의 분리의 원칙이 수립되어 있다.

11. 소유권을 인정하여 소유권은 법에 의하지 않고는 이를 제한하지 못한다. 공익을 위하여 필요한 처분은 오직 관할 법원의 재판에 의하여 정한 합당한 보상에 의해서만 이를 행할 수 있다.

12. 이상의 열거한 권리는 오직 중대한 국가 비상시 또는 공안의 이유로 필요한 때에 한하여 다만 임시로 이를 정지할 수 있다.[19]

이처럼 '조선 인민의 권리에 관한 포고'는 다가올 선거와 관련한 한국인의 권리를 규정하고, 나아가 장차 제헌헌법의 근거가 될 기본권을 규정했다. 이와 함께 육군형법·해군형법·집회취체령·조선불온문서임시취체령·조선임시보안령·보안법 등 식민지기에 적용되던 6개 법률이 폐지되었다. 이어 5월에는 법원 행정 업무를 행정부의 부서인 사법부로부터 대법원으로 이관하고 법령 심사권과 예산, 인사권을 대법원에 부여해 사법권의 독립을 구현했다.[20]

이러한 경찰 개혁과 사법 개혁의 기반 위에 1948년 5월 10일 미군정이 주관하고 유엔한국위원단이 참관한 가운데 최초의 보통선거가 실시되었다. 유권자 등록은 3월 30일에 시작되어 4월 16일에 마감되었다. 등록 결과 1946년 8월 25일 현재 인구수를 기준으로 산출한 유권자 877만 1126명 중 805만 5295명이 등록해 91.8퍼센트의 높은 등록률을 기록했다.[21] 입후보자 등록은 4월 16일에 마감되었다. 그 결과 200개 선거구에서 총 938명이 입후보했다. 대한독립촉성국민회 239명, 한민당 91명, 대동청년단 89명, 대한독립촉성노동총연맹 22명, 조선민족청년단 21명 등의 순이었고 무소속이 413명을 차지했다.[22] 선거 결과 제주도의 2개 선거구를 제외한 198개 선거구에서 198명의 의원이 선출되었다. 무소속 당선이 85명으로 다수를 차지했고, 이어 이승만계인 대한독립촉성국민회가 55명, 한민당이 29명의 당선자를 냈다. 투표율은 등록자 대비 95.2퍼센트에 달했다.

2

미국 = 민주주의 이미지의 탄생

하늘에서 내려온 민주주의

2차 세계대전 이후 미국은 대외정책의 목표 중 하나로 민주주의 전파를
내세웠다. 이를 위해 미국은 점령 지역에서 민주주의를 전파하기 위한 선
전과 홍보에 많은 인력과 돈을 썼다. 남한에서도 미군정은 미국 삼부조정
위원회(SWNCC: State-War-Navy Coodinating Committee)가 지시한 〈38도
이남의 한반도 내 민사행정에 대해 미 육군 태평양 지구 사령관에게 보내
는 초기 기본지령〉에 따라 '모든 홍보 매체를 활용해 민주주의적 이상과
원칙을 보급함으로써 한국인을 계도하고 한국을 자유 독립국으로 만드
는' 일에 나섰다.

1946년 5월 1차 미소공위가 결렬되면서 한반도에서 체제 대결 양상이 격화되자 미국은 미국식 민주주의에 대한 선전과 홍보를 강화했다. '한국은 이데올로기의 전쟁터이므로 소련식 민주주의의 대중적 친화성에 맞서 미국식 민주주의를 전파하기 위한 선전 및 계몽운동을 강화해야 한다'라는 폴리(E. W. Pauley) 미국 대통령 특사의 한국 시찰 보고서와 보고서의 의견에 동의하면서 '한국인들에게 우리의 민주주의를 보급하기 위한 홍보 및 교육 캠페인을 강화해야 한다'는 트루먼(H. S. Truman) 미국 대통령의 언급은 민주주의에 대한 선전과 홍보 활동이 갖는 정치적 의미를 잘 보여준다.[23]

미국 정부의 선전·홍보 강화 방침에 따라 미군정은 1946년 10월 공보부를 여론국과 공보국 2국 체제에서 방송국, 여론국, 연락사업국, 공보국, 출판국 5국 체제로 개편했다. 그리고 다양한 매체를 동원해 선전과 홍보에 나섰다. 첫째, 공보부는 남한 인구 중에 가장 많은 수를 차지하는 농민을 대상으로 하는 주간지 《농민주보》를 1945년 12월부터 발행했다. 창간호부터 물량 공세를 벌여 80만 부를 발행했으며, 이후 발행 부수는 차츰 줄었으나 30만 부 이상 꾸준히 발행했다. 《농민주보》는 미군정의 농업정책과 미국의 대한정책, 미소공위와 과도입법의원 소식 같은 정치 뉴스를 게재했다. 둘째, 공보부는 〈군정 시간〉이라는 라디오 프로그램을 운영했다. 이를 통해 미군정과 과도입법의원 소식을 알리고 민주주의를 선전했다. 셋째, 영화도 선전과 홍보에 동원되었다. 공보부는 미군정 홍보용 영화, 뉴스영화, 미국 사회와 미국인의 생활을 소개하는 영화를 전국을 순회하며 상영했다. 넷째, 미국인의 생활을 소개하는 서적과 자료를 전국을 돌며 전시했다. 다섯째, 공보부에서 파견한 연설원들이 미군정의 정책을 선전하고 미군정에 유리한 여론 형성을 위한 토론회를 조직했다.

공보부는 선전·홍보의 초점을 소련의 대북정책을 비판하고 미국식 민주주의를 전파하는 데 두었다.《농민주보》는 '언론 사상의 자유', '자유와 독재', '평화와 전쟁', '분열과 민주주의' 등의 제목으로 소련 및 공산주의 체제를 전체주의 체제라고 비판하면서 미국식 민주주의를 선전하는 사설들을 실었다. 또한 헌법과 행정부·사법부·입법부의 역할을 소개하는 소책자《입헌 정치 개요》를 26만 부 제작해 배포했다. 1947년 4월에는 문교부가 나서 중등학교 학생을 대상으로 민주주의를 주제로 한 포스터 대회를 개최했다.[24] 공보부 여론국 산하 정치교육과에서는 잡지《민주 조선》을 발행했고《민주주의 강연》,《민주주의적 생활》,《새 조선의 민주정치》,《민주주의 원론》,《미국 민주주의》등 민주주의 교육용 책자를 만들어 배포했다.[25]

미군정은 남한만의 단독정부 수립 가능성이 높아지자 공산주의와의 대결을 의식하며 민주주의에 대한 선전과 홍보에 더욱 적극적으로 나섰다. 1947년 5월 미군정은 공보부와는 별도로 주한미군 본부 직속의 공보원(Office of Civil Information: OCI)을 설치했다. 원장은 홍보 전문가인 민간인 스튜어트(J. L. Stewart)가 맡았다. 그는 공보원의 임무로 첫째 한국인이 미군정에 우호적인 태도를 갖도록 할 것, 둘째 미국의 대외정책과 생활양식에 대한 한국인의 이해를 넓힐 것, 셋째 미군의 점령 통치가 종식된 후에 한국에서 미국에 대해 우호적인 인식이 지속되도록 대중의 인식을 변화시킬 것 등을 제시했다.[26] 이는 식민지기에 일본이 심어놓은 '적국' 미국에 대한 부정적 이미지, 즉 인종차별주의·개인주의·소비주

에 탐닉하는 미국의 이미지를 긍정적 이미지로 전환하려는 시도이기도 했다.[27]

공보원은 전국 주요 도시에 지부를 설치했다. 첫 번째 지부는 1947년 9월에 문을 연 부산 공보원이었다. 부산에 이어 대구, 인천, 춘천, 청주, 전주, 대전, 광주, 개성, 제주 등지에 잇달아 지부가 설립되었다. 각 지부는 도서, 잡지, 시청각 자료 등을 갖춘 도서관을 운영했고 강당과 전시실을 마련하고 방송 시스템을 갖춰 지역 문화 활동의 거점 역할을 했다. 1948년 3월까지 약 25만 명의 한국인이 공보원의 지부를 방문했다.[28]

공보원은 먼저 출범 직후인 1947년 6월에 주간신문인《세계신보》를 창간하고 5만 부에서 시작해 30만 부까지 늘려 발행했다.《세계신보》는 하지 군정사령관과 딘 군정장관의 동정, 과도입법의원 활동, 미소공위와 유엔한국위원단의 활동과 미국의 대한 원조, 유엔에서의 한국 문제 결정 등을 전하는 미군정의 선전지였다. 둘째, 1947년 7월부터 12월까지 각 도를 순회하며 여론조사 및 선전 활동을 수행했다. 이는 단독선거에 대비해 지방의 정치 상황과 여론을 파악하기 위한 작업이자 새로운 선전·홍보 전략을 수립하기 위한 활동이었다. 셋째, 지방에서의 선전·홍보 활동을 강화했다. 공보원은 시골 구석구석까지 마을을 직접 방문해《세계신보》,《농민주보》등을 배포했고 미군정 정책 관련 포스터를 붙였다. 또한 미국인 생활 등을 소개하는 영화를 상영하거나 사진을 전시했다.

1947년 말에 이르면서 미군정의 홍보·선전 활동은 공보원 주도하에 미군정청 공보부, 미군 제24군단 공보처가 협력하면서 한층 강화되었다. 미군정은 우선 유엔에서의 한국 문제 결정 및 유엔한국위원단에 대한 홍보에 집중했다. 미국의 대아시아 정책을 선전하고 북한에서의 소련군의 주둔 현실 및 유엔한국위원단에 대한 소련의 태도 등을 공격하는 활동에도 나섰다. 정치 선전을 위해 제작한 12종의 유인물 129만 부를 전국에 배포했고,《세계신보》30만 부를 비행기로 살포했다. 공보원 본부와 지부는 미국의 민주적 사회상을 강조하는 사진 전시회를 열었고, 미국의 수도 워싱턴을 소개하는 〈국도(國都, Nation's Capital)〉, 미국 동부 지역의 전통과 문화를 소개하는 〈뉴잉글랜드(New England)〉, 뉴스영화인 〈시보(Korean Newsreel)〉 등의 영화를 상영했다. 50여 명의 연설원이 전국을 순회하며 5만 3천여 명을 대상으로 미국의 대한정책을 선전했다. 한편 공보원 주관하에 성인 교육이 시작되어 약 75만 명이 저녁반에 등록했다. 성인 교육은 '민주주의의 본질', '투표' 등 민주주의와 선거 관련 내용을 중심으로 이뤄졌다.

1947년 말부터 1948년 초까지 공보원은 엄청난 물량 공세로 선전·홍보에 나섰지만 미군정은 이에 만족하지 않았다. 1948년 2월 단독정부 수립이 기정사실이 되어가자 하지 군정사령관은 미군정 및 모든 미군 조직에 공보원에 대한 지원을 최우선시하라고 명령했다. 공보원은 유엔한국위원단 소식과 선거 방법을 알리고 북한 현실을 비판하는 선전 및 홍보에 더욱 매진했다.《세계신보》는 매호 30만 부를 인쇄했고 유엔 등의 국제기구를 소개하는 팸플릿 26만 7천 부를 제작했다. 성인교육 교재로는《민주주의 교육》등 총 4종 14만 부가 제작되어 배포되었다. 라디오를 통해서는 유엔한국위원단에 대한 소련의 비협조적인 태도와 북한 헌법을 비판하고 미국의 대한정책과 미군정의 활동, 유엔한국위원단의 활약 등을 홍보했다. 40여 명의 연설원은 전국에서 6만 3천 명을 대상으로 선전·홍보에 나섰다. 전국을 돌며 연극을 공연하는 홍보 열차도 운행되었다.

공보원은 3월부터 5·10선거를 집중적으로 선전·홍보했다. 이를 통해 선거가 비밀 투표로서 투표자의 안전을 보장하는 법적 조치 아래 치러질 예정임을 강조했다. 하지 군정사령관의 선거 관련 특별담화 50만 부가 비행기로 살포되었다. 라디오 방송을 통해서는 북한의 대남 선전 활동에 맞대응하며 미국식 민주주의 생활을 알렸다. 130여 명의 연설원은 전국에서 선거에 대한 홍보 활동을 수행했다. 단독선거를 한 달 앞둔 4월에 들어서자 공보원은 무엇보다 선거 등록 및 투표 절차 홍보에 집중했다. 그리고 김구, 김규식 등이 단독정부 수립을 반대하면서 4월 18일부터 평양에서 열린 남북연석회의에 참가하자 이를 공격하는 선전에 주력했다. 《세계신보》와 농민을 대상으로 한 선거 지침용 전단 30만 부가 비행기로 살포되었다.[29]

1948년 3월 1일부터 남한 단독선거 전날인 5월 9일까지 두 달 동안 공보원이 제작·배포한 인쇄물은 전단 및 팸플릿 350만 2700부,《세계신보》1032만 5천 부, 잡지 132만 7천 부, 성인 교육용 교재 14만 4400부 등 총 1529만 9800부에 이르렀다. 이 중 470만 부는 공중에서 살포되었다.[30] 그렇게 미국과 미군정이 선전하고 홍보한 민주주의는 비행기라는 수단을 이용해 하늘에서 내려와 남한을 덮었다.

자유선거가 곧 민주주의다

미군정의 민주주의에 대한 선전과 홍보는 미·소 체제 대결, 즉 자본주의 체제와 공산주의 체제 사이의 대결이라는 맥락에서 이루어졌다. 앞서 언급했듯이 1946년 1차 미소공위 결렬 직후 폴리 미국 대통령 특사는 소련식 민주주의 선전의 효과를 강하게 의식하며 미국식 민주주의에 대한 선전 및 홍보 강화를 주장했다.

> 한국은 (…) 이데올로기의 전쟁터이다. (…) 소련 정부가 미국으로 하여금 민주주의란 용어를 배타적으로 사용하도록 허용하지 않으리라는 것이 분명하다. (…) 우리에게 민주주의란 다른 무엇보다도 언론, 출판 및 집회의 자유를 의미한다. 민주주의의 소비에트적 의미는 대중의 복지란 용어로 표현된다. 한국인에 대한 소련의 선전 효과를 고려할 때 2700만 국민 가운데 약 70퍼센트가 소농이거나 어민이란 사실을 반드시 기억해야 한다. (…) 미국은 민주주의 및 4대 기본 자유권을 보급하기 위하여 한국 내에서 선전 및 계몽운동을 수행해야 한다. (…) 이러한 운동을 수행하지 않을 경우, 한국인은 소련이 민주주의의 최고 형태라고 찬양하고 있는 공산주의에 대해서만 광범하게 귀를 기울이게 된다.[31]

이에 따르면 민주주의는 자본주의와 공산주의가 체제 우위성을 다툴 때 그것을 판가름하는 절대적 준거였다. 하지만 미군정은 민주주의 선전 및 홍보의 프레임을 자본주의식 민주주의 대 공산주의식 민주주의로 설정하지 않았다. 민주주의 대 공산주의라는 프레임으로 공산주의 체제는 '자유'가 없는 전체주의·독재 체제라는 논리를 폈다. 1차 미소공위가 열리는 동안 미국 정부와 미군정은 언론·출판·집회의 자유를 허용하는 체제는 민주주의이며, 이를 부정하는 체제는 독재 체제라는 프레임을 내세웠다. 《농민주보》 1946년 5월 25일자에 실린 〈언론사상의 자유〉라는 제목의 사설은 "인간의 자유 중 제일 중요한 것은 누구나 가지고 있는 자기의 이성과 양심의 지도에 따라 마음대로 생각할 수 있으며 또 그 생각한 것을 마음대로 발표할 수 있는 것이다. 이러한 자유를 가질 수 있는 국민은 민주주의하의 국민이라 하고, 가질 수 없는 국민은 독재주의하의 국민이다"라고 주장했다.[32]

1차 미소공위가 결렬된 후 미군정의 선전·홍보 활동에서 민주주의 대 공산주의 프레임은 더욱 강조되었다. 미군정은 1946년 말 10회에 걸쳐 〈민주주의 교육〉이라는 방송 프로그램을 내보내 전체주의 체제를 전체주의라고 비판하며 민주주의 대 전체주의라는 프레임을 내세우기도 했다.

민주주의의 목적은 개인의 자유를 보증함으로써 그의 행복을 달성시키는 것이요 전제주의의 목적은 개인을 제재함으로써 나라의 발전을 촉진시키는 것이라 하겠습니다. 다시 말하면 민주주의 정부는 인민의 이권을 위하여 행정권을 가진 것이요 전제주의 정부는 그 행정권에 제한과 구속이 없기 때문에 국민을 맘대로 지배하고 정부의 의안, 정부의 계획 방침을 그대로 써나가기 위하여 인민 개인의 자유를 무시하고 개인을 단체 생활 속에 넣어버리는 권리행사를 하는 것이란 말입니다. 이 민주주의와 전제주의의 구별을 또다시 말한다면 분명히 두 가지 정치 형태의 근본 토대를 가지고 있다고 할 수 있으나 민주주의는 법률의 정치요 전제주의는 사람의 정치이올시다.[33]

2차 미소공위 재개를 앞둔 1947년 3월 힐드링(J. R. Hilldring) 미국 국무차관보는 '한국을 참다운 민주주의적 독립 국가로 만들어야 한다'고 주장했다. 그에 따르면 한국에서의 민주주의적 자주독립 국가 수립 여부에 따라 동아시아에 평화가 올지, 아니면 전 세계 민주주의에 위기가 초래될지가 결정될 수 있었다.[34] 곧이어 4월에 모스크바에서 열린 외교장관 회의에 참석한 마셜(G. C. Marshall) 미국 국무장관은 미국에서 민주주의란 곧 자유 사회를 뜻한다고 주장했다.

미국 정부 및 미국 시민에게 민주주의는 (…) 인간은 신성불가침의 권리를 가지고 있고 남의 권리를 침해하지 않는 한 타인의 위협이나 압박에 강제되지 않고 자기 마음대로 자기의 마음과 정신을 계발할 수 있는 권리를 포함한다. 언제 남에게 강제로 잡혀갈지 모른다는 공포심 없이 안심하고 자기 신념, 확신을 자유로 발표할 수 없다면 민주주의 사회가 아니다. 또 법률을 준수하는 시민으로서 그들이 연고 없이 취업권을 거부당하거나 생명, 자유행동 등의 추구를 박탈당하는 등의 공포 중에서 생활한다면 자유 사회라 할 수 없다.[35]

미국 언론은 마셜의 미국식 민주주의에 대한 정의를 보도하면서 그가 자유는 소련 민주주의가 가져다준 선물이 아니며 소련 정부는 인민을 위한 정부가 아니라 강력한 관료정치로 전환될 것이라는 점을 지적했다고 논평했다.[36] 미군정은 마셜의 '자유 사회=민주주의'라는 정의를 신문, 방송, 포스터 등을 통해 대대적으로 홍보했다. 민주주의와 공산주의를 가르는 기준으로 제시된 자유는 미군정의 민주주의 선전·홍보에서 최전선에 배치되었다. 2차 미소공위가 진행 중이던 1947년 5월 31일자《농민주보》에 실린 〈민주주의는 새조선을 건설〉이라는 제목의 기사는 민주주의는 생명·언론·출판·집회·신앙의 자유, 자유선거, 법 앞의 평등, 교육과 노동권 등 아홉 가지 항목을 보장한다고 설명했다. 그리고 민주주의 정부는 개인의 사유재산권을 보장하고 테러나 비밀경찰로 인민을 위협하지 않고 사상의 자유를 보장하며 남녀·노소·빈부를 막론하고 모든 사람의 근본 권리를 보호하고 존중함을 강조했다.[37]

1947년 11월 유엔 감시하의 남북한 총선거가 결정될 무렵《세계신보》는 20만 부에서 30만 부로 발행 부수를 늘렸다.《세계신보》는 미소의 대립을 민주주의 대 공산주의의 대립으로 선전하며 공산주의로부터 민주주의를 수호한다는 관점을 본격적으로 개진했다. 국제 뉴스는 민주주의 진영과 공산주의 진영으로 나누어 전했고, 미국 정부의 한국 문제 유엔 이관을 한국의 독립을 위한 정책이라고 홍보했다.《농민주보》는 소련의 대한정책이 공산화를 위한 것이라고 비판했다. 또한 '한국에 민주주의가 도래해 새 시대를 맞았으니 자유라는 명분에서 이탈하지 말자'고 주장했다.[38] 이제 미군정은 미국의 대한정책이 소련의 공산화 기도로부터 민주주의 한국을 지켜내는 데 있다는 점을 강조하며 경찰과 사법 개혁을 민주개혁이라 선전했다. 또한 국제적 차원에서 민주주의와 공산주의의 대립을 부각하면서 그 속에서 미국이 담당한 중대한 역할을 선전하고 미국식 민주주의에 대한 긍정적 이미지를 심는 데 힘썼다.

미군정은 민주주의 선전·홍보에서 전체주의 체제인 북한에 대비해 남한이 우월한 민주주의 체제라고 주장하는 강력한 근거로 자유선거 실시를 앞세웠다. 과도입법의원 선거를 앞둔 1946년 10월에 러치 군정장관은 선거와 이를 통한 의회의 구성이 민주주의의 핵심임을 강조했다.

민주주의의 국법은 국민 대다수의 의사로서 성립되는 것이다. 지금 조선에 새로 설치될 입법기관은 각 도에서 여러분 자신이 선거한 2명 이상의 대의사가 참석할 것이다. 이 각 도를 대표한 대의사들은 조선을 다스릴 법률을 제정하는 데 다 같이 협조할 것이다. 여러분은 대의사들을 선거할 때에 반드시 훌륭한 사람을 투표하도록 명심하여야 할 것이다. 여러분의 이익을 보호하는 것이 대의사의 책임이다. 여러분은 그들 대의사가 누구라는 것을 잘 알아두는 동시에 그들에게 여러분의 정부를 어떻게 운영하여 달라는 희망을 말하여야 할 것이다. 이것이 곧 민주주의이다.[39]

미군정청 공보부 여론국 정치교육과가 1946년에 발행한 《민주주의 강연집》은 민주주의 국가에서 국민이 국가에 행사할 수 있는 무기이자 국민이 누리는 정치적 평등권의 핵심으로 '동등한 투표권'을 제시했다. 또한 《농민주보》 1947년 6월 7일자에는 선거의 중요성을 강조하는 미국 사회학자 맥아이버(R. M. MacIver)의 논설 〈민주주의에 대한 지도적 해석〉의 요지가 실렸다.

민주주의란 문자상으로 보면 '인민이 지배한다'는 것이다. 그러나 인민은 법률이나 명령을 제정하지는 못하며 이를 제정하는 자는 정부이다. 이에 있어 인민은 민주주의 내용을 결정하는 전적 요소는 되지 못한다. 민주주의에서는 인민이 자유로 그들의 통치자를 선거하여 정부를 조직하는 것인데, 그 선거 방법에 있어서는 인민 전부가 다 동일한 생각 의사를 가지고 있지 않으므로 인민 전체의 의견을 총망라하기 위해 투표에 의하여 이를 선거하는 것이다.[40]

이처럼 자유를 강조하고 자유선거라는 절차적 민주주의를 강조한 미군정의 민주주의 선전·홍보는 반공적 성격을 띠고 있었다. 1949년 미국 국무부의 한 고위 관리는 아시아에서 공산주의와 체제 대결을 벌이는 한국이 민주주의의 전범이 되어야 미국의 국익에 부합한다고 주장했다.

한반도는 세계에서 유일하게 민주주의와 공산주의가 동시에 실험에 들어간 지역이며, 미국과 소련은 이 지역의 패자(霸者)로서 3천만 한국인의 생활방식을 지배하기 위해서 앞으로도 대립할 것이다. 따라서 모든 세계인, 특히 아시아인들이 현재 한반도에서 치러지고 있는 미국과 소련의 대결을 주시하고 있다. 한국이 성공하는 정도에 따라서 동남아시아, 동아시아, 그리고 오세아니아의 여러 자유국가가 민주주의 원칙의 우수성을 신뢰하고 수용할 것이다. 또한 한국의 경제적 자립과 안정된 민주 정부를 발전시키기 위한 미국의 지원 노력에 따라 이 지역 사람들은 민주주의를 지원하고 공산주의에 반대하려

는 미국의 굳은 의지를 평가할 것이다.[41]

1948년 5·10선거가 다가오자 미군정은 물량 공세를 펼치며 한국인에게 자유 그리고 자유로운 선거가 민주주의의 핵심이라고 선전하고 홍보했다. 이처럼 자유의 있고 없음으로 민주주의와 공산주의를 가르는 반공적 성격의 민주주의는 이후 한국 사회에서 반공을 앞세운 보수·우파에 의해 전유되었다.

자유의 종을 높이 울려라

미군정은 1946년 하반기부터 민주주의 제도만이 아니라 미국의 민주적 사회와 생활 등을 선전·홍보하는 문화 프로그램을 강화해나갔다. 이듬해인 1947년 2월 공보부 여론국 정치교육과에서 발행한《민주주의적 생활》이라는 책자는 "민주주의와 전체주의는 근본적으로 반대되는 것"으로 "민주주의가 가장 넓은 범위에서 가장 빈번하게 우리 생활면에 접촉되는 곳은 우리의 가정이며 또한 우리와 밀접한 관계를 가진 공설기관"이며 "민주주의의 진정한 가치는 국민의 생활에서 나타나는"[42] 것으로 전제하면서 가정, 학교, 교회, 상점, 은행, 농장, 직장, 운동경기, 신문, 오락 기관, 교제, 범죄, 경찰, 군대, 위생, 생업, 사법, 행정, 예술, 세계평화 등 20개 영역에서의 민주주의적 생활을 소개했다. 이 책은 미국의 진보주의 교육을 이끈 듀이(J. Dewey)의 제자로서 1919년부터 1935년까지 연희전문학교 교수를 지냈던 피셔(J. E. Fisher)가 썼다. 그는 1946년 다시 미군정 교육 자문으로 한국에 들어와 미군정 여론국 여론조사과에서 "민주주의란 어떤 것인가를 일반에 알리기 위한 일"을 맡았다.[43] 그는 이 책의 첫머리에 "이 책을 조선에 민주국가를 건설하려는 진정한 조선 애국자들에게 충심으로써 드림"이라 새겼다.

1948년 4월 공보원은 월간지 《문화풍속》을 창간했다. 처음에는 제호를 '민주주의'로 결정했으나 소련이 이 용어를 과도하게 사용해 한국인에게 혼란을 일으킨다는 이유로 '문화풍속'으로 변경했다. 첫 호는 3만 부를 발행해 1만 5천 부가 판매되었다.[44]

이처럼 미군정은 민주주의 생활을 홍보하고 선전하기 위해 출판에 힘쓰는 동시에 대중문화도 십분 활용했다. 미군정은 대중문화 중에서도 특히 영화를 통한 선전·홍보에 힘썼다. 미군정이 최초로 제작한 문화영화의 제목은 〈자유의 종을 울려라〉였다. 이 영화는 미군정의 통치 목적이 한국에 자유의 이상을 알리고 장차 한국에 민주주의 국가를 건설하는 데 있음을 알리고자 제작되었다.

공보부는 1946년 1월부터 뉴스영화인 〈시보〉를 제작해 상영했다. 〈시보〉는 미군정 관련 소식을 주로 전했다. 오프닝에서는 태극 문양이 들어간 전남 해남군 대흥사 태극종의 이미지를 정지된 타이틀백으로 보여주었고 끝은 타종하는 장면으로 맺었다. 미국의 건국과 독립을 상징하는 자유의 종(Liberty Bell) 이미지를 연상시키는 이 장면에는 한국인의 정체성을 담아내는 태극 문양의 종에 미국의 '자유의 종' 이미지를 결합해 미국이 '자유의 종을 울리며 데모크라시를 고취'시켜 한국인이 독립 국가를 건설하는 데 일조하고 있음을 보여주려는 공보부의 의지가 담겨 있었다.[45] 〈시보〉는 공보부에서 공보원으로 제작 기능이 이관되면서

1947년 말까지 제작되었다. 1948년 1월부터는 공보원에서 〈대한전진보(Progress of Korea)〉라는 제목의 새로운 뉴스영화를 제작했다.

1948년 초부터 공보원은 5·10선거에 대비해 선거의 중요성을 강조하고 유권자의 선거 참여를 유도하기 위한 영화 선전에 집중했다. 공보원은 지부를 거점으로 선거 홍보용 영화를 상영했다. 공보원의 위탁으로 고려영화사에서 최인규 감독이 제작한 영화 〈인민 투표(People Vote)〉는 1948년 4월에 전국에 배급되어 약 300만 명이 관람했다. 이와 함께 선거 관련 영화인 〈11월의 화요일(Tuesday in November)〉과 〈투표 방법(How to vote)〉도 이 기간에 공보원 지부에서 〈인민 투표〉와 동시 상영되었다.⁴⁶ 〈11월의 화요일〉은 미국의 선거제도를 보여주는 문화영화로 미국 전시정보국(OWI)에서 1945년에 제작한 작품이었다. 미국 캘리포니아주 리버티(Liberty)라는 마을에서 치러진 1944년의 대통령 선거를 담았다. 영화는 학교에 투표소가 차려지고 학교장이 선거위원회 위원장을 맡고 민주당과 공화당의 참관인들이 배석하고 첫 투표자가 투표하는 장면 등으로 시작한다. 그리고 미국 정부의 구성 원리를 설명하는 애니메이션, 대통령 후보들의 선거운동과 개표 장면에 이어 루스벨트(F. D. Roosevelt) 후보의 당선이 확정되어 뉴욕 타임스퀘어에 모인 군중이 환호하는 장면으로 끝난다.⁴⁷

한편 이 시기에는 선거 홍보용 영화와 함께 미국 사회를 소개하는 영화도 상영되었다. 1947년 11월부터 1948년 1월까지 미국의 수도 워싱턴DC와 국회의사당을 소개하는 〈국도〉, 미국 동부의 전통과 문화를 담은 〈뉴잉글랜드〉, 뉴욕 맨해튼에 링컨 터널을 건설하는 과정을 담은 〈링컨 터널(The Story of Lincoln Tunnel)〉, 스윙재즈 뮤지션들을 소개하는

〈스윙의 왕(Swing King)〉 등의 문화영화가 상영 중이거나 혹은 배급을 위해 더빙 제작을 마친 상태였다. 〈국도〉는 링컨기념관, 워싱턴기념관, 알링턴국립묘지 등을 소개하는 동시에 미국 정치의 조직 원리와 운영 방식을 해설했다. 〈링컨 터널〉은 터널의 건설 원리를 설명하는 애니메이션 화면과 실제 공사 장면을 함께 편집해 미국의 대표적 도시인 뉴욕의 명성을 눈으로 확인할 수 있게 했다.[48]

대한민국 정부가 수립된 이후 공보원은 주한미군사령부 산하에서 미국 대사관 산하로 이관되어 미국공보원(United States Information Service: USIS)으로 개편되었다.[49] 미국공보원도 미국 민주주의와 미국인의 민주주의적 삶을 선전 및 홍보하는 데 매진했다. 1949년 3월에는 《월간 아메리카》를 창간해 미국의 역사·정치·경제·사회·교육·문화예술 등을 소개해 민주주의적 생활양식을 전파하고자 했다. 한국전쟁 이후 미국공보원은 영화 순회 상영을 선전·홍보의 주요 수단으로 활용했다. 미국공보원은 뉴스영화인 〈리버티 뉴스(Liberty News)〉와 문화영화 등을 직접 제작해 농촌 구석구석을 다니며 상영했다. 한국 정부도 미국공보원으로부터 영사 차량과 영사기를 대여받아 직접 제작한 영화와 미국공보원이 제작한 영화를 함께 상영했다. 하지만 영화 상영 빈도와 관람자 수는 미국공보원의 그것에 미치지 못했다. 1959년 한국 정부의 농촌 순회 영화 상영 횟수는 154회, 관람자 수는 20만 명이었다. 반면에 미국공보원 이동영화반의 상영 횟수는 7천여 회, 관람자 수는 680만 명에 달했다. 미국공보원은 뉴스영화와 문화영화의 이동 상영을 통해 한국인들에게 민주주의적 생활양식을 전파하고 미국이 다양하고 자유로운 문화를 가진 선진 문명국이라는 이미지를 심어주고자 했다.

이처럼 미군정기의 공보부과 공보원, 그리고 대한민국 수립 이후 미국 공보원이 추진했던 대중문화를 수단으로 한 선전·홍보 활동은 한국인에게 미국이 자유와 민주주의의 표상이자 문명의 귀감이 되는 선진국이라는 이미지를 각인하는 효과를 낳았다.

3

민주주의 전파의 보루,
교육

새교육운동의 기치, 민주주의

미군정은 단기적인 선전·홍보 활동만이 아니라 장기적 안목에서 교육
제도를 활용한 민주주의 전파에도 힘썼다. 미군정이 1945년 11월 16일
에 발표한 군정의 일반 원칙에 따르면 "진실한 민주주의 행사와 책임은
학교에서 또는 경험 있는 미국인의 지도하에" 대중에게 가르쳐야 하는
것이었다.[50] 미군정은 처음부터 미국식 교육을 민주주의 교육이라 명명
하며 한국에 이식하고자 했다. 라카드(E. N. Lockard) 미군정 학무국장에
따르면 미군정의 교육방침은 "민주주의에 기초를 두고 장차 한국의 실
정에 맞도록 하는 것"이었다.[51] 미군정 초기부터 학무국에서 일했던 키퍼

(G. Kieffer) 대위는 1946년 12월에 "한국에서 교육 프로그램의 목적은 친미적이고, 국제 문제를 평화적 방식으로 해결할 수 있는 태도를 가진 독립 한국을 세우기 위한 민주주의 정신 발전에 도움을 주고자 함이다"라고 주장했다.[52] 1947년 11월 3일 딘 군정장관은 취임식에서 미군정의 정책 목적 중 하나가 "조선 사람들이 독립 민주국가를 위한 건실한 경제와 충분한 교육제도를 수립하는 것을 원조"하는 데 있음을 천명했다.[53] 이처럼 미군정은 학교 교육을 남한에 민주주의를 이식하는 데에 유용한 수단으로 보았다.

미군정 초기의 교육정책은 학무국이 담당했다. 학무국은 1946년 초에 문교부로 재편되었다. 미군정은 1945년 9월 17일 일반명령 제4호 '신조선의 조선인 교육: 신교육방침'을 공포했다. 여기에는 교수 용어의 한국어 채택, 교육에서의 인종적·종교적 차별 철폐, 한국의 이익에 반하는 교과의 금지 등의 교육정책이 담겼다. 이어 '홍익인간'을 교육의 새로운 지표로 제정하고 6-3-3-4제를 근간으로 하는 단선형 학교제도를 채택했다. 남녀공학제와 1년을 두 학기로 나누는 제도도 마련했으며 초등교육을 의무화하는 법령을 공포했으나 현실적인 여건이 미비해 실현되지는 못했다. 또한 식민지기의 교과서를 대신할 새로운 교과서를 편찬해 보급했다. 미군정 학무국이 최초로 발간한 교과서는 초등학교용 《한글 첫걸음》과 《국어독본》이었다. 또한 현직 교사를 대상으로 교사강습회 등을 열어 재교육에 나섰고 교사 부족 문제를 해결하고자 사범학교에 강습과 혹은 초등교사 양성과를 부설했으며 직접 교사 양성소를 운영하기도 했다.

미군정 초기부터 한국인으로서 민주주의 교육 선파에 앞장선 대표적인 인물은 오천석이었다. 그는 문교부 차장으로서 1946년에《민주주의 교육의 건설》이라는 책을 출간하면서 민주주의 교육의 확산을 이끌었다. 그는 이 책에서 "민주주의 국가는 교육 없이는 성립될 수 없으므로 교육을 절대적 전제조건으로 한다. 교육을 토대로 하지 않는 민주주의는 민주주의라는 탈을 쓴 독재국가에 불과한 것이다"[54]라고 단언했다. 그리고 '민주국가에서는 모든 권한이 국민에게 있으므로 국민이 민주주의를 알도록 교육할 의무가 있다. 문맹을 퇴치하고 의무교육을 실시해 모든 사람에게 교육의 기회가 균등하게 주어져야 한다'라고 주장했다. 또한 오천석은 민주주의는 생활 그 자체라고 주장했다. "민주주의는 하나의 생활의 방식이다. 이것은 인간관계를 규율하는 하나의 원리이다. 민주주의 정신은 모든 사람으로 하여금 의식적으로 자율적인 인간으로서 가장 풍요하게 살 수 있는 공정하고 평등한 기회를 확보하려는 데 있다"는 것이다.[55] 그는 민주주의 교육에서는 정치적 이념을 가르치고 이해하도록 하는 것 이상으로 민주주의 이념과 행동 덕목이 생활에 스며들도록 하는 것이 중요하다고 보았다.[56]

　미군정의 민주주의 교육은 오천석의 주장대로 개인과 생활의 발달과 실용에 중점을 둔 생활교육에 초점을 맞추고 있었다. 앞서 언급한 미군정의 일반명령 제4호에도 이미 공민적 자질을 계발하고 생활과 긴밀한 교육을 실시한다는 내용이 포함되어 있었다. 이를 위해 미군정은 미국의 교수법과 교과를 도입했다. 미군정과 교육계에서는 여기에 새교육운동이라는 이름을 붙였다.

　새교육운동은 오천석과 같은 미국 유학파 고위 관리와 함께 문교부 관리들이 주도하고 교사 및 교육계 인사들이 호응하면서 일어난 교육운동이었다.[57] 여기서 새교육이란 일본 식민지하 교육과 구별되는 새로운 교육, 그리고 전통적 교육을 지양하고 민주주의 이념 위에 세워진 교육이라는 의미를 담고 있었다. 새교육운동은 '차별적이고 계급적인 교육이 아닌 민주 정신에 터를 둔 새로운 교육, 인간을 도구화하는 교육이 아닌 사람 자체를 위한 교육, 억압주의적 교육이 아닌 개인의 권리가 중요시되고 개인적 능력·성격·취미·희망 등이 존중되는 교육, 지식과 서적 중심의 교육이 아닌 사람의 생활 자체와 사람의 생활을 풍유하게 만드는데 도움이 되는 교육'을 지향했다.[58] 새교육의 이론적 기반은 듀이의 진보교육(Progressive Education)이었다.[59] 오천석은 미국 컬럼비아대학 유학 당시 듀이의 강의를 수강하며 그의 진보교육론을 익혔다.[60]

1946년에 새교육운동을 추진하기 위한 신교육연구협회가 창설되었다. 역시 그해에 창립한 민주교육연구회는 민주교육연구강습회를 개최했다. 강습회에서는 미국식 교수법인 프로젝트법, 문제 해결법, 단원 계획법 등을 소개했다. 이처럼 새교육운동이 초등교육을 중심으로 전개되자 미국 정부와 미군정이 지원에 나섰다. 1947년 6월 미국 정부는 뉴욕대학 교수 아른트(C. O. Arndt)를 단장으로 하는 5명의 대한공보·교육 조사사절단을 파견했다. 두 달간 조사를 마치고 돌아간 사절단은 미국 국무부와 전쟁부에 "미국 교육 전문가 그룹을 한국에 최소한 6개월 이상 파견"하고 "훈련기관을 설립하여 한국 교사와 교육 행정가를 단기간에 집중적으로 훈련"하자고 건의했다. 이에 따라 1948년 8월 중앙교원훈련소(Teacher Training Center)가 설치되어 교사연수를 실시했다.[61] 미국인 전문가로만 강사진을 구성한 이 연수에는 400명의 교사가 참가해 미국의 교수학습이론을 익혔다.[62]

한편 미군정은 새로운 교과로 사회생활과를 도입했다.[63] 사회생활과에는 지리, 역사, 공민 과목이 포함되었다. 미군정은 사회생활과를 '사회생활에 대한 적응력을 높여 유능한 사회인을 양성하고 민주주의를 훈련하는 데 가장 적합한 교과이며 초중등학교 교과목의 중심이 되는 교과'라고 소개했다. 문교부 관리 이상선은 1946년에 미국 콜로라도주의 초등학교 교육 과정을 소개한 《사회생활과의 이론과 실제》를 발행하면서 사회생활과가 "민주주의에 입각한 교육"[64]의 실질적 수단이 되는 기본 과목이라고 주장했다.

이처럼 미군정기에 민주주의 교육은 새교육운동의 일환으로 전파되었다. 이호성 문교부 초등교육과장은 새교육은 민주주의를 표방하고 있으며 전체주의 교육, 전제주의 교육, 봉건적 교육의 타파를 위해 필요하다고 주장했다.[65]

새교육을 특히 민주주의라 표방한 것은 전체주의 교육, 전제주의 교육, 봉건적 교육을 타파하려는 의도와 색채를 명료하게 하기 위해서며 우리나라 정책이 민주주의로 나갈 것이 확정적이며 엄연한 사실인 이상 여태까지 밟아온 교육법을 혁신하여 민주주의에 합치되도록 할 것이 당연한 일이요 결코 반동적이거나 유행적이 아닌 것이다. (⋯) 전체주의는 계급적이요 강제적이요 구속적이며 개성을 무시하고 형식적임에 대하여 민주주의에서는 자유와 평등을 존중하고 개성을 중시하고 자연성을 존중한다. (⋯) 민주주의 교육이 기하는 본정신을 다시 요약하여 말하면 부자연하고 계급적인 전체주의 교육의 형태를 단연히 청산하고 민주주의 원칙에 합치되도록 교육 방법을 고치어 나가자는 데 불과하다. 즉 자유, 평등과 개성, 자연성 이 네 가지를 존중하는 교육 방법을 하자는 것이다.[66]

이상선은 "우리는 현재 민주주의 국가를 세우려고 노력하고 있으며 그러려면 민주주의 국가를 이룰 수 있는 인민을 길러내는 것이 기본이 되어야 하고, 그래서 먼저 민주주의 교육에 전심전력을 노력해야 한다"[67]라고 역설했다. 사공환 문교부 사범교육과장은 사회생활과를 통한 민주적 공민의 양성에 주목하면서 "이 땅에 민주주의 국가를 수립하려면 민주국가의 주인이 될 성실유능한 공민 양성이 시급하다. 그래서 제일착으로 조선 실정에 적응한 민주교육을 실시하기로 단정하였고 '홍익인간의 건국 이상에 기하여 인격이 완전하고 애국정신이 투철한 민주국가의 공민 양성'이란 큰 이념하에 교육 사업을 공작하여온 것이다"[68]라고 주장했다.

그런데 민주주의 교육의 실현을 표방하는 새교육운동은 미국식 교육을 답습한 것에 불과하다는 비판을 받기도 했다.

미군정청 문교부에 가서 자료를 얻어 보니 이게 웬일인가. 미국의 어느 한 주의 초등학교 사회생활과 교과 과정을 번역하여 우리 학교에 시달하고 있는 것이었다. (…) 일제하 교육이 우리 땅에 일제 문화를 옮겨 심고 있었다면 미군정하 교육은 미국 문화를 옮겨 심고 있었던 것이다.[69]

이처럼 미군정은 교육계 인사들과 함께 새교육의 이름으로 민주주의 교육을 설계하는 동시에 이를 구현하기 위한 교육 원조를 실시했다. 미군정은 교육 원조를 민주주의를 위한 지출이라 불렀다.

> 한국에서 공산주의에 대한 방책 중 아마 가장 견고한 방책은 모든 한국인을 교육시키는 것이다. (…) 한국인(남녀)이 교육을 받는다면 한국을 민주주의의 적으로부터 가장 잘 방어할 수 있다. 한국 교육에 대한 돈의 지출은 민주주의를 위한 지출이다.[70]

미국식 대학 모델의 정착과 대학 원조

미군정은 초·중등교육에 미국식 교수법과 사회생활과를 도입해 민주주의 교육의 전파와 확산을 꾀했을 뿐 아니라 대학 교육을 미국식으로 재편하고 대학 원조로 교수와 학생들에게 미국식 민주주의를 익힐 기회를 제공했다.

미군정의 대학 정책의 핵심 사안은 국립서울대학교의 설립이었다. 1946년 7월 13일에 발표한 국립서울대학교안(이하 국대안)의 요지는 식민지기에 문을 연 경성제국대학과 관립전문학교들을 통폐합해 종합대학교인 국립서울대학교(이하 서울대)를 신설한다는 것이었다. 문교부 차장 오천석은 '민주주의 독립국가에 권위 있는 종합대학 하나 없어서야 말이 안 된다'며 국대안에 강한 집착을 보였다. 그는 국대안이 무능력하거나 좌파인 교수를 축출하는 데도 유효한 안이라고 보았다.[71] 국대안을 둘러싼 찬반 논쟁의 쟁점은 이사회 구성이었다. 국대안 계획에 따르면

서울대 운영은 이사회가 전담하는데 '당분간'이라는 단서 조항이 있기는 했지만, 이사 6명을 미군 문교부장, 한국인 문교부장, 미군 문교차장, 한국인 문교차장, 미군 문교부 고등교육국장, 한국인 문교부 고등교육국장 등 전원 문교부 관리들로 임명할 예정이었다.[72] 당시 국대안 반대운동이 거세게 일어났는데 이사회의 구성과 권한에 대한 반대가 제일 컸다. 강력한 저항에 부딪혀 국대안이 표류하게 되자, 결국 이사회는 2년 임기의 한국인 이사 9명으로 구성하도록 변경되었다. 하지만 교수의 이사회 참여의 길은 끝내 열리지 않았다.

난항 끝에 설립된 서울대는 미국의 주립대학교를 모델로 한 것이었다. 학술계열과 직업계열의 대학이 각각 독립적으로 운영되는 유럽과 달리 서울대는 하나의 대학 안에서 학술계열과 직업계열을 모두 포괄하는 미국식 대학 모델을 좇아 설립되었다.[73] 이사회를 통한 학교 운영, 문리과대학을 중심으로 여러 전문대학과 대학원을 두는 조직 방식, 교수·부교수·조교수·전임강사의 직제 등도 미국의 주립대학에서 들여왔다. 한편 미군정의 교육 고문들은 한국에 미국 대학을 설립하는 안을 제안하기도 했다. 미국인 교수들이 미국식 건물에서 미국 주립대학의 교육 과정에 따라 미국 교재를 사용해 영어로 강의하는 대학을 만들자는 안이었다. 1947년 1월에 학부 과정과 함께 교수 양성을 위한 대학원 과정까지 마련한 미국 대학 설립안이 제안되었으나 재정 부족을 이유로 철회되었다.[74]

그런데 미국식 대학 제도를 이식하는 과정에서 가장 난감한 문제는 교수 확보였다. 미군정은 우선 기존 교수에게 재교육 기회를 제공했다. 1947년 5월 초 문교부 고등교육국에서는 대학 교수들을 대상으로 미국의 고등교육을 주제로 한 특강 계획을 수립했다. 1947년 5월 24일부터 매주 토요일에 서울대 강당에서 실시할 예정이었다. 그 특강의 계획안은 다음과 같다.

미국 대학교의 교수와 학생기구(염광섭)/ 미국 대학에서의 교재 사용, 도서관 연구소 설비(로버트 스트리트)/ 미국 대학 과정의 학생 창의성과 개인 연구개발(안트)/미국 고등교육에서의 연구방법 및 강의와의 관계(밀러)/ 미국 대학 교수들의 교육과 훈련(백낙준)/ 교육과 애국: 국가 건설에서의 그 역할(피셔)/ 주한 미군정의 고등교육 정책(오천석, 언더우드)[75]

하지만 미비한 준비와 참석자 부족으로 특강은 중단되고 말았다.

미군정이 교수 확보를 위해 마련한 근본적인 방안은 미국 유학과 파견 교육이었다. 미군정은 1946년 초 교수 양성을 위해 미국 대학으로의 유학에 주력한다는 방침을 수립하고 인문과학 30명, 사회과학 30명, 자연과학 40명 규모의 유학생 파견을 추진했다. 이 계획은 일부 축소된 채 시행되었다. 이처럼 교수 양성을 미국 유학으로 해결하려는 풍조에 대해 고려대 교수 유진오는 다음과 같이 우려했다.

우선 당장 급한 교수진의 양성은 국내에서도 불가능은 아닌 것이다. 그런데 필자가 보기에는 지금 일반적으로 교수 양성에는 유학생 해외 파견밖에 방도가 없는 것으로 생각하고 있는 듯하여 교수진을 우리 손으로 양성하는 데 대해서는 아무도 관심을 갖지 않는 듯하니 이것도 또한 가탄할 일이라 아니 할 수 없다.[76]

이처럼 미군정기 대학 교육은 미국식 대학 모델을 이식하고 교수 양성을 미국의 대학에 위탁하는 양상으로 진행되었다. 이 과정에서 미국 원조는 결정적인 재원 역할을 했다. 미국의 교육 원조는 1945년 10월 아널드(A.V. Arnold) 군정장관이 교육 원조 요청안을 작성하도록 지시하면서 시작되었다. 학무국은 자문기관인 조선교육위원회 내에 미국교육원조추진심의회를 설치했다. 미국교육원조추진심의회는 한 달간의 회의를 거쳐 미군정에 다음과 같은 제안을 내놓았다.

- 한국인 교육자 100명을 미국에 단기간 파견한다.
- 미국인 교육 전문가 10명을 고문으로 한국에 초빙한다.
- 미국인 전문가로 구성된 교육조사단을 한국에 파견한다.
- 한국인 학생을 미국 대학에 유학시킨다.
- 미국인 교사 100명을 한국에 초빙하여 1년간 각지의 사범학교에서 교원 및 학생 지도에 임하게 한다.
- 도서 및 실험 설비를 기증한다.[77]

이 제안에 따라 1946년 3월 도미교육사절단이 파견되었다. 이 사절단은 장이욱, 김훈, 고황경, 구영숙, 나기호, 문장욱 등 6명으로 구성되었는데 모두 미국 유학 출신자였다. 미국에서는 앞서 언급했듯이 1947년 6월 아른트를 단장으로 한 5명의 대한공보·교육 조사사절단을 파견했다. 이들이 미국 정부에 건의한 교육 원조 내용 역시 미국교육원조추진심의회의 그것과 방향이 같았다. 사절단은 "자격 있는 사람들 중 신중하게 선발한 일부 인사들을 미국 고등 교육기관에 파견"하사고 선의했다. 미국 전쟁부는 이 건의를 받아들여 '장학위원회'와 '미국유학·연수위원회'가 추천한 35명에게 미국 유학 여비를 제공했다.[78]

1950년대에 들어 미국의 대학 원조가 본격화되었다. 그것은 미군정기와는 달리 원조기구에 의해 계획적으로 추진되었다. 대표적인 기구가 운크라(UNKRA, United Nation Korean Reconstruction Agency: 유엔한국부흥위원단)와 FOA(Foreign Operation Administration: 대외활동본부)/ICA(International Cooperation Administration: 국제협조처)였다. 전후 재건에 집중된 운크라의 대학 원조는 대부분 대학에 분산 지원하는 방식을 취했다. 주로 자연과학 계열을 지원하는 데 주력했다. 하지만 미국의 대학 원조의 핵심은 FOA/ICA에 의한 원조였다. FOA/ICA에 의한 교육 원조는 운크라 교육 원조의 두 배 가까운 규모였는데 대학 교육에 55퍼센트를 할당했다. 최대 수혜자는 서울대였다. 대학 원조 중 60퍼센트 이상이 서울대에 집중되었다. 미국이 교육 원조를 고등교육, 그중에서도 서울대에 집중하는 전략을 취한 것은 원조의 목적을 한국에 민주주의의 보루를 마련하여 반공 연대를 강화하는 데 필요한 지배 엘리트를 육성하는 데 두었기 때문이었다. 고려대 총장 유진오의 언급처럼 미국의 대한 원조가 갖는 정치적 목표를 당시 한국인들은 명확히 인식하고 있었다.[79]

> 미국의 대외 원조는 단순한 인도주의적 동정에 인한 것이 아니라, 소련의 침략에 대항하는 미국 전략의 일부분인 것이다. 우리나라는 아시아의 민주 보루로서 대소전의 첨단에 서 있으니 우리나라에 대한 원조는 고마운 것이지만, 미국으로서는 당연한 일이다.[80]

아메리칸드림의 실현, 미국 유학

미군정기부터 시작된 대학과 교육 엘리트에 대한 원조로 미국의 선진문물을 접한 교수와 학생이 생겨나면서 미국 유학을 선망하는 아메리칸드림의 바람이 불었다. 한국전쟁기를 거쳐 1950년대에도 대학에서 발행하는 학보나 대중 잡지에는 미국 여행기, 시찰기, 유학 경험담이 넘쳐났다. 연세대 학보인 《연세춘추》의 경우, '아메리카 통신'이라는 고정란을 통해 미국 유학 과정에서 일어난 일을 소상히 알려주었다. 또한 미국 대학을 탐방하거나 미국 대학 문화를 소개하는 글이 실렸다. '미국 대학 교육의 주요 목적이 개인이 잘 살고 동시에 그 사회의 복리를 증진시킬 수 있는 능력을 가지게 한다'[81]라는 문구처럼 그것들은 아메리칸드림을 자극하며 미국식 민주주의 제도와 가치의 우월성을 알리는 역할을 했다.[82] 미국화의 공간, 대학에서 아메리칸드림을 실현하는 최상의 통로는 미국 유학이었다. '유학병 환자'라는 말이 등장할 만큼 유학은 동경의 대상이었다. 미국 유학을 다녀온 교수도 "한 사람이라도 더 많이 미국 유학을 가는 것이 좋다"[83]며 유학을 권했다.

  미국 유학은 앞서 살펴보았지만 미군정기부터 대학 원조에서 중요한 비중을 차지했다. 미군정은 교수에게는 단기 유학, 학생에게는 장기 유학의 기회를 제공했다. 교수들은 교환교수 혹은 연수라는 명목으로 단기 유학을 다녀왔다. 1950년대에 교수들은 미국 국무성 초청 교환 교수 유학과 ICA에서 원조의 일환으로 주는 장학금으로 단기 유학의 꿈을 실현했다. 미국 국무성 초청 교환교수 유학은 미국이 국제 이해 증진을 위해 만든 스미스-먼트법(Smith-Mundt Act)에 의거해 추진되었다. 해마다 35세미만의 조교 및 전임강사 10여 명이 미국으로 파견되었고, 기간은 1년, 모든 유학 경비는 미국 국무성이 부담했다. 1952년부터 1959년까지 총 152명이 유학을 떠났다. 유학생은 필기 및 구두 영어시험, 한미합동전형위원회의 전형 등을 거쳐 선발되었다. ICA 원조로는 주로 서울대 교수와 행정직원들이 미국 유학을 떠났다. 장기 유학의 경우는 자비 유학도 있었지만, 장학금을 받는 경우도 적지 않았다. 미국의 대학이 제공한 장학금은 한미장학위원회에서 선발한 유학생에게 제공되었다.

마침내 미국 유학의 꿈이 실현되어 태평양을 건너는 학생들에게는 〈미국유학지원자 편람〉이 제공되었다. 이 편람에 따르면 유학생은 미국의 풍속, 역사, 당면 문제 등에 관해 가급적 풍부한 지식을 갖도록 노력하고 미국에 도착한 후에는 교수 또는 학우는 물론 동포에게도 누를 끼치지 않고 독립행동을 해야만 했다.[84] 유학생은 곧 한국을 알리는 외교사절로서 미국과 한국 사이의 훌륭한 가교자가 되어야 하기 때문이었다. 그들은 '세계 영도자로서의 미국은 물론 세계 각국의 문화와 그들이 당면한 여러 문제를 알아야 하겠거늘 그 중간 역할을 하는 인사 중 하나가 유학생'[85]임을 명심해야 했다.

이처럼 미국 원조로 재건된 대학은 미국 유학생 출신이 가장 많은 공간이 되었다. 이는 대학이 미국 문화의 유입 통로로서 미국의 영향력이 가장 직접적이고 전면적으로 미치는 공간이 되었음을 뜻한다. 우마코시(馬越徹)가 합동통신사에서 발간한 《현대한국인명사전》을 분석한 결과에 따르면, 1969년 현재 인명사전에 등재된 3336명의 엘리트 가운데 유학 경험자는 1708명(51.2퍼센트)이었다. 해방 후 유학 경험자는 443명이었는데 이 중 348명(78.6퍼센트)이 미국 유학 경험자였다. 이들이 가장 많이 진출한 분야는 학계로 절반을 차지했다.[86] 또한 우마코시는 1953년부터 1973년까지 20년간 해외 유학을 한 정규 유학생 1만 2370명 중 90퍼센트 정도가 미국으로 유학을 가면서 유학은 곧 미국 유학을 뜻하는 문화가 만들어졌다고 지적했다.[87] 이처럼 미국 유학생은 학계로 다수 진출했고, 1960년대 말부터 학계의 주도권을 장악했다. 실제로 유학생들이 가장 선호하는 직업이 대학 교수였다고 한다.[88]

1950년대 미국 유학을 떠나는 이들에게는 '선진 국가의 문명을 섭취하여 우리나라의 후진성을 극복하는 건국의 일꾼이 되길 바란다'라는 격려가 따랐지만[89] 미국 유학파에게는 이러한 국가적 사명감보다는 미국과 미국 문화를 향유한 자신들이 선진적인 엘리트라는 의식이 앞섰다.

도미 유학파들이 정계·재계·학계·군부 등에 신진 엘리트로 두루 진출하게 되는데, 그들은 영어 실력 하나만 가지고도 일본어 세대인 직장 선배들을 능히 비웃을 수 있었다. 그들의 세계관은 보편주의·기능주의였다. 그들에게 있어서 세계는 하나이고, 그 세계는 미국을 구심으로 한 태양계이며, 영어는 세계어이고, 한국의 이익은 미국의 이익에서 부수적으로 창출된다고 보았다. 그들은 대미관계의 실무에서 영어를 잘하고, 외교석상의 술자리에서 자기가 노래 부를 차례가되면 으레 영어 노래를 해야만 체면이 서는 것으로 알았다.[90]

미국 유학파, 그들에게 미국은 국민 단결이 잘되며 국가 기능이 일사불란하게 움직이는 나라였고, 도시와 지방 농촌의 문화 시설에 큰 차이가 없으며 1955년도 미네소타대학의 연간 예산이 우리나라 총예산에 맞먹을 정도로 국력이 위대한 나라이고, 청소년은 아르바이트로 경제적 자립성과 개척정신을 함양하고 근검절약에 철저한, 정말 본받을 점이 많은 민주주의 나라였다.[91]

이처럼 미군정기 이래 미국 유학은 개인적 출세의 발판이자 선진 문물과 의식이 도입되는 통로로 작동했다. 그리고 대학은 미국화의 거점으로 자리를 잡아갔다. 미국 하면 곧 한국에 민주주의를 가르쳐준 나라라는 인식이 대중화되는 데는 미국화된 대학이 결정적인 역할을 했다. 1963년 《경향신문》 논설위원 송건호는 아메리칸드림이 여전히 맹위를 떨치는 가운데 미국 유학생 출신이 학계는 물론 행정 분야까지 장악한 세태를 다음과 같이 지적했다.

오늘의 한국 지식인층을 압도적으로 지배하고 있는 것은 말할 것도 없이 아메리카 사상이다. 비단 사상뿐 아니라 정치, 경제, 교육, 사회 풍속 생활에 이르기까지 아메리카 영향을 떠나서는 거의 볼 만한 것이 없다. 젊은 학생들이 다투어 아메리카 유학을 하며 아메리카 유학을 못한 지식인들도 다투어 아메리카 학풍을 모방하기에 여념이 없다. 한국이 아메리카 영향 안에 들어선 지도 벌써 18년, 그간 학계·행정계에는 어느덧 아메리카 학풍의 훈련을 받은 일꾼들이 대부분 요직을 차지하게 되었고 이들의 영향은 점차 우리 생활 깊숙이까지 미치게 되었다.[92]

그렇게 '한국에 민주주의를 선사한 아름다운 나라'를 선망하는 아메리칸드림은 한국인의 삶에 파고들었다.

2장

반공에 포획된
민주주의

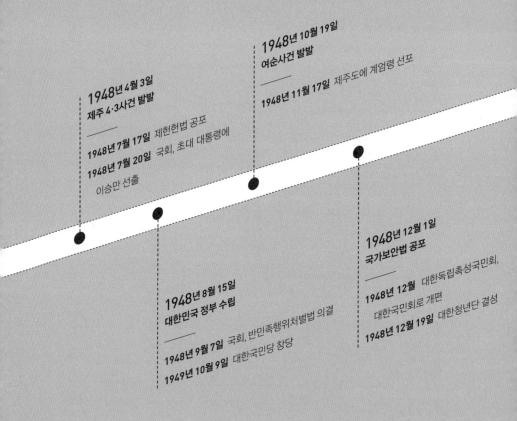

1948년 10월 19일
여순사건 발발

1948년 11월 17일 제주도에 계엄령 선포

1948년 4월 3일
제주 4·3사건 발발

─────
1948년 7월 17일 제헌헌법 공포
1948년 7월 20일 국회, 초대 대통령에

    이승만 선출

1948년 12월 1일
국가보안법 공포

1948년 12월 대한독립촉성국민회,
    대한국민회로 개편
1948년 12월 19일 대한청년단 결성

1948년 8월 15일
대한민국 정부 수립

─────
1948년 9월 7일 국회, 반민족행위처벌법 의결
1949년 10월 9일 대한국민당 창당

1949년 1월 8일
반민족행위특별조사위원회 발족

1949년 2월 24일 대한부인회 결성
1949년 4월 22일 중앙학도호국단 결성
1949년 5월 18-20일 소장파 국회의원 3명 체포
1949년 6월 5일 국민보도연맹 결성
1949년 6월 6일 경찰, 반민족행위특별조사위원회 습격

1958년 2월 25일
진보당 해산

1959년 7월 31일
조봉암 사형 집행

1949년 6월 21-25일
소장파 국회의원 7명 체포(국회프락치사건)

1949년 6월 26일 김구, 안두희 소위에게 피살
1949년 7월 6일 반민족행위처벌법 1차 개정
1949년 12월 2일 국가보안법 제정
1949년 12월 2일 국회프락치사건 관련자에 대한 1심 선고
1950년 3월 14일 국가보안법 2차 개정
1950년 4월 8일 자유당 창당
1951년 12월 23일 《사상계》 창간
1953년 4월 1일 6·25북진통일의날 국민대회 개최
1953년 6월 25일 서울법대생과 고려대생, 각각 이념 서클인 신조회와 협진회 결성
1955년 서울대 문리대 정치학과생, 이념 서클인 신진회 결성
1956년 진보당 창당
1956년 11월 10일 필화사건으로 신진회 해산
1958년 1월

❶ 반공의 칼날 위에 선 민주공화국
❷ 반공민주주의 시대
❸ 반공의 벽에 부딪힌 민주주의

1948년 8월 15일 대한민국 정부가 수립되었다. 헌법 제1조에 따라 대한민국은 민주공화국으로 출발했다. 그런데 이승만 정부는 민주공화국의 출발점에서 친일파 청산을 방해하고 제주도와 여수·순천에서 국민을 학살했으며 사상과 언론의 자유를 옥죄는 국가보안법을 제정했다.

　　그리고 1949년 6월에 이승만 정부는 좌파와 반대파를 잇달아 탄압하는 6월 공세를 펼쳤다. 사상 검사들은 국민보도연맹을 결성해 좌파 전력이 있는 사람들을 가입시켰고, 경찰은 반민특위를 습격했다. 친일파 처벌과 농지개혁을 주도하고 국가보안법 제정에 반대하며 외국군 철수를 주장한 소장파 국회의원들은 북한의 프락치라는 혐의로 체포되었다. 그리고 김구가 미군 방첩대 정보요원이던 안두희의 총탄에 쓰러졌다.

　　이승만 정부는 정적을 제거하는 파상 공세와 함께 반공동원체제 구축에 나섰다. 여순사건 이후 국민을 총동원할 목적으로 대한국민회와 대한청년단, 대한부인회 등의 관변단체를 만들고 이들을 반공체제 강화와 정권 옹호를 위한 집회와 시위에 동원했다. 일민주의는 이와 같은 반공동원체제를 합리화하는 이념이었다. 그것은 민주주의를 표방했으나 사실은 전체주의적 논리에 기반한 반공 파시즘이었다.

　　한국전쟁을 거치면서 한국 사회에는 반공이라는 장막이 더욱 두껍게 드리워졌다. 1950년대에는 전쟁의 강렬한 상흔 속에서 반공이 곧 민주주의와 동일시되었다. 그렇게 빚어진 반공민주주의는 권력도 지식인도 함께 공유하는 지배담론으로 작용했다. 반공민주교육이라는 이름하에 학생 자치활동은 사라졌고 학생 군사훈련을 위한 학도호국단이 운영되었다. 하지만 이승만 대통령이 자신의 장기집권을 위해 민주공화국 헌법을 유린하자 지식인을 중심으로 민주주의 회복을 내걸며 반공민주주의를 대항담론으로 전유하는 흐름이 등장했다. 또한 반공의 자장을 넘지 않는 선에서 사회민주주의가 혁신계와 대학의 이념 서클을 통해 명맥을 유지했다.

1950년대 말 반공민주주의를 내세우며 독재정치를 하고 있다는 비판이 거세지는 가운데 이승만 정부는 평화통일을 주장한 진보당을 해산하고 당수 조봉암을 간첩으로 몰아 사형시켰다. 철학자 조가경은 4·19 1주년을 맞아《사상계》1961년 4월호에 실은 글에서 이승만 정부 시절을 반공이라는 이름으로 민주주의가 짓밟힌 민주주의 시련기였다고 회고했다.

　　우리나라는 해방 이후로 줄곧 민주주의의 시련기를 겪어왔다. 밖으로는 북한의 공산주의의 위협에 대하여, 안으로는 부패된 독재정권의 압력 밑에서, 새로 싹튼 민주주의의 묘목은 언제나 마음 놓고 자랄 날이 없었다. 한국적 민주주의의 운명적 아이러니는 지난 십여 년 동안 반공이라는 이름 아래 짓밟혔던 데에 있다. 공산주의에 반대한다는 것과 민주주의와는 동의어로 간주되었으며 정부는 이 간소화한 국시의 표어로서 건설적인 비판마저 봉쇄하였다.[1]

1
반공의 칼날 위에 선
민주공화국

민주공화국, 학살의 역사로 출발하다

1948년 8월 15일 민주공화국 대한민국 정부가 수립되었다. 이튿날인 8
월 16일에는 국회 본회의에 반민족행위처벌법안(이하 반민법)이 상정되
었다. 반민법은 상정된 지 20여 일 만인 9월 7일에 본회의를 통과해 9월
22일 이승만 정부에 의해 공포되었다.[2] 그런데 이승만 대통령은 다음날
인 9월 23일 대한민국은 수립되었으나 아직 정권 이양이 진행 중이므로
반민족행위자 처벌은 "정부가 완전히 수립된 후에" 시행하자는 담화를
발표했다.[3] 그것은 이승만 정부가 반민족행위특별조사위원회(이하 반민특
위) 활동에 협조하지 않겠다는 선언이었다.

1949년 1월 김상덕을 위원장으로 하는 반민특위가 가동되기 시작했다. 1월 8일 기업가 박흥식을 시작으로 김연수·이광수·최남선·최린 등 대표적인 친일파들이 반민특위에 체포되었다. 1월 25일에는 고등계 형사로 악명 높던 노덕술이 체포되었다.[4] 이때부터 이승만 정부는 반민특위 활동을 노골적으로 방해했다. 이승만 대통령은 반민특위 위원장 김상덕과 부위원장 김상돈을 불러 노덕술은 경찰의 기술자이며 경험자라며 석방을 요구했다.[5] 2월 2일에는 반민특위 활동이 헌법의 삼권분립 정신에 위배된다는 담화를 발표했다.[6] 2월 10일에는 총무처가 각 부처와 각 도청에 반민법 관련자 조사를 중지하라고 지시했다.[7] 2월 15일에는 이승만 대통령이 반민특위 내의 특별경찰대를 폐지한다는 담화를 발표했고, 정부는 반민법 개정안을 국회에 제출했다. 하지만 제헌국회는 대통령의 담화 취소를 요구하는 동의안을 통과시켰고 정부 개정안도 즉각 부결시켰다.

1949년 1월 반민특위가 활동을 시작할 무렵 제주도에서는 이승만 정부에 의한 주민 학살이 일어나고 있었다. 1947년 3월 1일 제주도에서는 삼일절 기념대회가 끝나고 '미군 통치 반대' 등을 주장하는 시위가 일어났다. 경찰과 시위대가 충돌하면서 주민 6명이 경찰의 발포로 사망했다. 이 사건에 항의하며 제주도에서는 제주3·1사건대책위원회가 결성되었고 도청 공무원과 경찰관까지 가세한 총파업이 일어났다. 이에 미군정은 강경하게 대응했고 경찰과 월남한 청년들로 구성된 우파 청년단체인 서북청년회가 제주도로 들어와 치안유지에 나서며 주민들과 갈등을 빚었다.[8] 이러한 긴장된 분위기 속에서 1948년 4월 3일 새벽 2시 한라산에서 남조선노동당(이하 남로당) 제주도당이 이끄는 1500여 명의 인민자위대가 24개 경찰지서 중 11개, 그리고 우파 청년단을 습격하는 4·3사건이 일어났다.[9] 그런데 주민 학살은 대한민국 정부가 수립된 후인 1948년 10월 하순부터 이듬해인 1949년 3월 사이에 주로 일어났다.[10] 1948년 10월 17일 제주도경비사령부 부사령관이자 제9연대장인 송요찬은 제주 해안선에서 5킬로미터 이외의 내륙 지역에 통행금지를 명령하고 다음날에는 제주 해안을 봉쇄했다. 10월 19일에는 여수 주둔 제14연대 병력 일부를 제주도에 파견하라는 명령이 내려졌다. 11월 중순에는 한라산 고지대에 사는 주민들에게 해안 마을로 이주하라는 소개령이 발동되었고, 11월 17일에 이승만 대통령은 제주도에 계엄령을 선포했다. 이때부터 한라산 고지대에 있던 마을들은 불태워졌고 소개하지 못한 주민들은 죽임을 당했다.[11] 경찰, 군인만이 아니라 서북청년회원도 주민 학살에 가담했다. 1949년 3월 10일 현재 제주도 내 전체 400개 마을 중 295개 마을이 사라졌고 소실된 가옥은 2만여 호에 달했다.[12] 그리고 2만 5천에서 3만명으로 추정되는 주민이 희생되었다. 이는 제주도민의 10분의 1에 해당하는 인구였다.[13]

한편 여수에서는 1948년 10월 19일 제14연대 일부 병력에게 제주도 출동 명령이 떨어지자 하사관들이 주도한 봉기가 일어났다. 봉기군은 다음날 새벽에 여수를 점령했고 오후에는 순천을 점령했다.[14] 이어 봉기군과 좌파는 광양·승주·구례·보성·곡성 등을 일시적으로 장악했고 여수와 순천 등에는 인민위원회가 조직되었다. 곧바로 국군이 미군의 지원을 받으며 진압에 나섰다. 국군은 10월 23일에 순천을 탈환했으나 여수 탈환에는 실패했다. 국군은 10월 26일부터 이틀간 장갑차까지 동원한 끝에 여수를 탈환했다. 그리고 11월 5일 이승만 대통령은 불순분자는 모두 제거한다는 담화를 발표했다. 여수와 순천에서는 주민을 학교 운동장 등에 모이게 한 후 소위 심사를 했다. 주민 중에 가담자 혹은 협조자로 지목된 이는 즉결 처분장으로 보내 처형했다.

대한민국 정부가 수립된 지 2개월 만에 일어난 군사 봉기는 이승만 정부와 우파에게 충격이고 위협이었다. 제주도에서는 군과 경찰과 서북청년회에 의한 주민 학살이 본격화되었고, 국회는 국가보안법 제정에 나섰다. 1948년 9월 국회에서는 우파인 대동청년단 소속 김인식 의원 등이 내란행위특별조치법을 긴급히 제정하자는 안건을 제기했다. 10월 19일 여순사건이 일어나자 국회 법사위는 법안 제정을 서둘렀다. 이 과정에서 국가보안법으로 이름이 바뀐 이 법의 목적은 내란행위보다 반국가적 결사나 집단의 구성과 가입을 처벌하는 데 있었다.[15] 11월에 들어 법사위가 본회의에 국가보안법을 상정하자 반대와 우려의 목소리가 나왔다.

> 이 법의 제정은 대한민국의 전도를 위해서나 우리 국민의 정치적 사상적 교양과 그 자주적 훈련을 위하여 크게 우려할 악법이 될 것을 국회 제공(諸公)에게 경고하고자 한다. (…) 국제 정세가 미묘한 가운데 민족과 국가의 운명을 염려하는 정치론도 다기(多岐)할 수 있는 이 정세에서 국가보안법의 내용은 무서운 결과를 가져올 것이다.[16]

여기서 말하는 무서운 결과란 국가보안법의 악용 가능성을 의미한다. 국가보안법 제정을 반대하는 입장의 핵심은 식민지기의 치안유지법처럼 정치범·사상범을 양산할 우려가 있다는 것이었다. 하지만 국가보안법에 반대하는 국회의원들이 제출한 법안 폐기 동의안은 부결되었다. 전문 6조에 불과한 국가보안법은 국회를 통과해 1948년 12월 1일에 공포

되었다.[17]

국가보안법 제정 반대론자들의 우려는 현실이 되었다. 1949년 한 해 동안 국가보안법 위반으로 검거된 사람은 11만 8621명에 달했다. 전국 교도소 수형자의 70퍼센트가 국가보안법 사범이었다. 반국가사범, 즉 좌파를 잡겠다고 만든 법을 국회의원, 법조인, 언론인은 물론 일반인도 피해 갈 수 없었다.[18]

혼란한 정국을 틈타서 일부 악질분자들은 진실해야 할 애국을 도리어 사리사욕에 악용하며 가장 애국자인 척 가장하고 국가의 보안과 사회의 질서를 파괴하는 폐단이 많은 수에 달하고 있다. 그중에서도 가장 비열한 행위로서의 중상모략은 민, 군, 경(警)의 이간은 물론이며 또한 사감에 대한 보복 수단으로 상대방을 소위 빨갱이라 하여 관계 당국에 허위로 밀고하여 심지어는 이해관계에 있어서도 역시 상대방을 빨갱이로 몰아 이익을 독점하는 예가 불소하다고 한다. (⋯) 요구해서 주지 않으면 빨갱이, 같이 장사해서 남는 이익을 독점하고자 다른 쪽을 빨갱이로, 관리권을 횡탈하는 수단도 빨갱이, 정치노선이 달라도 빨갱이, 여하간 근래 빨갱이는 마치 약국의 감초처럼 어디나 이용되지 않는 곳이 없다. 그야말로 언제 어떤 모략에 걸릴지 불안해서 아무리 양민이라도 안심하고 지내기 힘든 세상이다.[19]

이승만 정부는 1949년에 다시 최고법정형으로 사형제를 도입하고 국가보안법 위반 사건에 대한 재판을 단심제로 하는 내용의 국가보안법 개정안을 내놓았다. 권승렬 법무부 장관은 단심제의 타당성을 주장하면서 국가보안법은 총이고 탄환으로 비상시기의 비상조치라고 밝혔다.

> 지금 여러분이 아시는 바와 같이 지금 우리 건국을 방해하는 사람하
> 고 건국을 유지할 사람하고 총칼이 왔다 갔다 하고 하루에 피를 많이
> 흘립니다. 즉 국가보안법은 총하고 탄환입니다. 이것을 가지고 우리
> 들이 치안을 유지하고 건국을 완전히 하지 않으면 안 되겠다는 것이
> 중대한 단계입니다. (…) 이것은 물론 평화시기의 법안은 아닙니다.
> 비상시기의 비상조치니까 이런 경우에 인권옹호상 조금 손상이 있
> 다 하더라도 불가불 건국에 이바지하지 않으면 안 되리라고 생각합
> 니다. 그런 의미하에서 법무부에서도 2심제는 도저히 안 되겠다고
> 생각했기 때문에 단심제에 동의한 것입니다.[20]

하지만 1949년 12월에 국회를 통과한 개정안이 인권침해 논란에 휩싸
이면서 곧바로 1950년 4월에 단심제를 철폐하는 2차 개정이 이뤄졌다.

헌법 제1조에 따라 대한민국은 민주공화국으로 출발했다. 그런데 이
승만 정부는 민주공화국의 출발점에서 친일파 청산을 방해하고 국민을
학살하고 사상과 언론의 자유를 옥죄는 국가보안법을 제정했다. 이와 같
은 적대 정치의 산물이 바로 '빨갱이'라는 주홍글씨였다.

1949년 6월 공세

1949년 6월에 미군이 군사고문단만 남기고 철수했다. 그 무렵 중국의

국공 내전에서는 중국공산당의 승리가 확실해졌다. 그리고 남한에서는 이승만 정부에 의한 6월 공세, 즉 좌파와 반대파에 대한 탄압이 잇달아 일어났다. 1949년 6월 국민보도연맹 결성, 반민특위 습격 사건, 국회 프락치 사건이 일어났다. 그리고 김구가 암살되었다.

국민보도연맹(이하 보도연맹)은 1949년 6월 5일 오제도 등 사상 검사들이 나서서 '대한민국을 절대 지지·육성하고 북한 정권을 타도하고 공산주의 사상을 배격·분쇄할 목적'으로 과거에 좌파 단체를 만들었거나 좌파 운동을 한 사람을 모두 가입시켜 일정한 심사와 교육을 받게 하려고 만든 관변단체였다.[21] 해방 이후 좌파 정당과 단체에 가입한 경력이 있는 모든 사람이 보도연맹의 가입 대상이었다.[22] 보도연맹 중앙본부 총재는 내무부 장관이 맡았고, 고문은 국방부 장관·법무부 장관 등이 맡았다. 검찰과 경찰 간부들이 지도위원장과 지도위원 등을 맡아 조직을 관리했으며, 지역 유지들은 참사관이라는 직책을 맡았다. 보도연맹 운영은 검찰과 경찰 등이 참여한 운영협의회가 맡았다.[23] 서울특별시연맹의 경우 특별구 5구를 포함해 19구의 연맹으로 조직되었는데 구연맹 밑에는 분회가 있었고 각 분회 아래에는 반이 있었다. 서울특별시연맹 지도위원장은 서울지검 검사장 이태희였고, 지도위원은 장재갑 차장검사, 오제도·정희택 검사, 김태선 시경국장, 최운하 시경사찰과장, 김준연 의원, 양우정 연합신문사 사장 등이 맡았다.

보도연맹에 가입한 사람은 대략 30만 명 정도였다. 지역마다 할당량이 책정되어 그 수를 채우기 위해 강제로 보도연맹에 가입시키기도 했다. 보도연맹에 가입한 사람은 먼저 좌파 경력에 대한 자백서를 써야 했다. 여기에는 함께 좌파 활동을 한 사람의 이름을 모두 적어야 했다. 사법당국은 보도연맹 가입자의 자백서에 적힌 명단에 기반해 약 3천 명의 좌파 인사를 체포해 그중 600여 명을 구속했다.[24]

보도연맹이 결성된 다음날인 6월 6일에는 서울 중부경찰서장이 경찰을 이끌고 반민특위를 습격했다. 반민특위 와해 공작은 1949년 5월 18일에 이문원, 최태규, 5월 20일에 이구수 등 소장파 국회의원 3명이 남로당의 남북평화통일의 7원칙에 따라 활동했다는 혐의로 체포되면서 시작되었다.[25] 세 의원이 구속되자 국회에서는 석방동의안 표결에 들어갔다. 하지만 동의안은 찬성 88표, 반대 94표, 기권 1표로 부결되었다. 그러자 손홍원, 김정한 등 친일 전력이 있는 이들이 만든 국민계몽회의 주도로 5월 31일 석방동의안에 찬성한 88명의 의원을 공산분자라며 규탄하는 민중대회가 열렸다. 물론 이들의 최종 표적은 88명의 의원이 아니라 반민특위였다. 6월 3일 국민계몽회가 이끄는 1천여 명의 시위대가 '특위 내의 공산분자를 숙청하라'고 외치며 반민특위 사무실 진입을 시도했다.[26] 다음날 반민특위는 전날 시위의 배후로 서울시경 사찰과장 최운하, 종로경찰서 사찰 주임 조응선, 국민계몽회 회장 김정한 등을 체포했다. 그러자 6월 6일 중부경찰서장 윤기병이 경찰을 이끌고 반민특위를 습격해 특별경찰대를 무장해제하고 무기와 서류 등을 빼앗았다.

6월 6일 반민특위가 경찰에 습격당하는 사태가 벌어지자 그날로 국회는 이승만 대통령에게 내각 총사퇴와 반민특위의 원상회복, 책임자 처벌 등을 요구했다. 그리고 만일 이를 거부하면 정부 제출 법안과 예산안 심의를 거부한다는 결의안을 가결했다. 대법원장이자 반민특위 특별재판부 재판관장인 김병로는 반민특위 습격 사건은 불법이라는 담화를 발표했다. 하지만 장경근 내무차관은 국회에서 반민특위 습격 사건은 내무부가 책임지고 조치한 일이라고 밝혔다. 서울시경 간부들은 반민특위 인사의 쇄신 등이 이뤄지지 않으면 총퇴진하겠다며 배수진을 쳤다. 이날 이후 반민특위는 동력을 상실하며 무력화되어갔다. 이로부터 한 달 후인 7월 6일 국회는 반민특위 활동 기간을 1949년 8월 31일로 단축하는 반민법 개정안을 통과시켰다. 반민특위 조사위원 전원과 일부 특별검찰관 및 특별재판관도 사임했다. 반민특위는 8개월여의 활동 기간에 688명을 취급했고 특별검찰부로 599명을 송치했다. 이 중 293명이 기소되었으나 8월 31일까지 특별재판부에서 선고를 받은 친일파는 41명이었다.[27]

1949년 6월 21일부터 6월 25일까지 7명의 소장파 의원이 경찰과 헌병대에 의해 체포되었다. 소위 국회 프락치 사건이 일어났다. 서울시경 국장 김태선은 이들이 남한에 공산국을 세우려는 의도로 공산당의 지령을 받고 실천 행동을 감행했다는 담화를 발표했다. 7월 2일 채병덕 육군 총참모장은 국회에서 월북을 시도한 간첩 정재한의 몸에서 비밀서류를 발견해 그로부터 국회 프락치 사건의 단서를 얻었다고 발언했다.

제헌국회에서 소장파 의원들은 반민법과 농지개혁법 제정에 주도적인 역할을 했다. 또한 국가보안법 제정에 반대했다.[28] 미군 철수와 평화통일도 주장했다. 1948년 10월부터 미군 철수를 주장했고,[29] 1949년 2월에는 71명의 의원이 '남북평화통일에 관한 결의안'을 국회에 제출했다. 이 결의안에서 소장파 의원들은 이승만, 김구, 김규식 등의 총단결을 촉구하고 유엔 결의대로 한국 내 외국군은 즉시 철수해야 한다고 주장했다. 1949년 3월에는 김약수 국회 부의장 등 63명의 의원이 유엔한국위원단에 외국군 철수를 촉구하는 진정서를 전달했다.[30] 6월 17일에는 김약수 등의 의원들이 유엔한국위원단에 미·소 양군이 모두 철수하는 마당에 미국이 굳이 군사고문단을 남겨놓을 필요가 없다는 의견서를 보냈다.

이승만 정부는 6월 17일에 유엔한국위원단이 제출한 의견서를 빌미로 소장파 의원들을 체포했다. 6월 21일 김병회, 김옥주를 시작으로 다음날 박윤원, 강욱중, 황윤호, 노일환이 체포되었다. 김약수는 6월 25일에 체포되었다. 그후에도 소장파 의원들이 계속 체포되었다. 7월 30일에는 서용길과 신성균이, 8월 11일에는 차경모, 원장길, 김영하가, 8월 14일에는 배중혁이 체포되었다. 5월에 체포된 세 의원을 포함해 구속영장이 발부된 16명 중 차경모, 원장길, 김영하를 제외한 13명이 기소되어 재판에 넘겨졌다.[31] 국회 프락치 사건에 대해 재판부는 중형을 선고했다. 유엔한국위원단에 남로당이 주장하는 미군 철수를 요구한 것은 대한민국을 중대한 위기에 봉착하게 하고 국가의 변란을 야기해 마침내 공산 독재정권을 수립하려는 의도가 있는 반역행위이자 이적행위라는 게 이유였다.[32] 재판부는 노일환, 이문원에게 징역 10년, 김약수와 박윤원에게 징역 8년을 선고했다. 1949년 10월 국회에서 소장파 의원들이 구속된 의원 일부의 석방 긴급동의를 제안하자 이승만 대통령은 "불량분자들이 아직도 남로당과 기타 공산 파당으로 여전히 변란을 꾀하고 있으니 국회의장은 이를 막으라"는 경고서한을 국회에 보냈다.[33]

국회부의장 김약수가 검거된 다음날인 6월 26일 낮 12시 36분에 김구가 안두희 소위의 총탄에 쓰러졌다. 암살 현장에는 경찰보다 먼저 헌병대가 출동했고 헌병대 부사령관 전봉덕은 사건 발생 1시간 24분 만인 오후 2시에 "범인이 도주하지 않고 현장에서 자수한 것을 체포하여 헌병사령부에서 구금 취조 중"이라고 발표했다.[34] 7월 20일 육군본부 정훈감실 보도과는 김구가 이끄는 한독당의 비밀당원인 안두희가 한독당이 대한민국 전복을 도모하면서 소련이 주장하는 미군 완전 철수를 추진하는 데 회의를 품고 암살을 기도한 것이라고 발표했다.[35] 김구 암살이 일어난 직후부터 암살범의 체포, 조사, 수사, 기소, 재판은 모두 군부가 관할했다. 경찰과 검찰은 사건 진상을 전혀 알 수 없었고, 국회는 진상 조사조차 하지 않았다.[36] 그런데 안두희의 실체는 군부 발표와 달랐다. 그는 우파 청년단체인 서북청년회의 대북 전문가 출신이었고 우파 테러단체인 백의사의 최정예 암살단원이었으며 미군 방첩대 정보요원이었다.[37]

1949년 6월을 거치면서 한국 사회에서 반공은 절대 가치이고 이념이며 상대가 누구든 무너뜨릴 수 있는 위력적인 무기가 되어갔다. 국회의원을 포함해 모든 국민이 이승만 정부가 매달아놓은 반공의 저인망을 빠져나갈 수 없는 세상이 되었다.

반공동원체제

1948년 10월 여순사건의 충격파는 컸다. 이승만 정부는 국가보안법 제정과 함께 반공을 기치로 내건 동원 체제 구축에 나섰다. 이를 위해 국민 중 성인 모두를 회원으로 하는 대한국민회를 비롯해 대한청년단, 대한부인회 등의 관변단체를 결성했다. 그리고 관변단체를 동원해 집회와 시위를 이어갔다.

먼저 1948년 12월에 이승만 대통령은 자신이 이끌던 대한독립촉성국민회를 대한국민회로 개편했다.[38] 대한국민회는 '관민 일체의 국민운동'을 표방했는데 이는 "중앙 및 지방 그리고 관민 구별이 없이 모두가 국민회원이 되는 것"을 의미했다.[39] 1949년 2월 대한국민회 총본부는 다음과 같은 국민운동 방침을 발표했다.

- 국민운동은 단일체계를 갖추어 당면한 중요 과업을 완수하기 위하여 관민 협조하에 부락, 직장의 말단에 조직 활동을 강력히 전개한다.
- 급속한 국가 충실의 완성을 위하여 3월 말까지 전국적 조직과 기구의 개편을 결행하는 동시에 도·군 책임자는 총본부 인준을 필요로 한다.
- 민족의식과 증산 의욕을 최고도로 앙양하기 위하여 국민계몽을 목적한 국민지도원(國民指導院)을 개설한다.
- 신임 유엔한국위원단을 맞이하여 남북통일의 조속 성취를 위하여 일대 사상운동을 전개하기 위한 국민계몽대를 각 지방에 파견한다.
- 재일동포의 사상 지도와 권익 옹호가 요청되므로 본회에서는 재일지부를 설치하기로 한다.[40]

이승만은 국무회의에서 공무원들에게 "반공 투쟁을 성공시키기 위해 국민회의 조직 강화가 필요하니 협조하라"고 지시했다.[41] 이에 도지사·시장·군수·동장·읍장이 대한국민회 간부가 되었다. 1949년 8월 24일에도 이승만 대통령은 다시 한번 국민운동 강화 방안을 마련하라고 지시했다. 이에 따르면 대한국민회는 "국민의 자발적인 애국 열성의 응결력으로써 정부 시책을 호응 완수하여 공산주의를 분쇄 극복하는 주축 기관"이었다. 이때부터 식민지기 국민총동원체제부터 존속했던 애국반이 국민반으로 개편되었다. 국민반은 행정기구의 최말단 조직이자 대한국민회의 하부조직으로 10호 내지 20호 단위로 편성되었고 최소한 한 달에 1회 이상 반상회를 개최했다.[42] 그리고 18세 이상의 모든 국민은 대한국민회에 가입하고 매호당 200원의 회비를 납부해야 했다. 이처럼 대한국민회는 국민 전체를 하나의 조직으로 묶어 통제하고 동원하기 위한 기구로서 이승만 대통령을 총재로 받들었다.

1948년 12월 대한국민회 결성과 함께 청년층을 동원체제로 묶기 위한 청년단체도 결성되었다. 이승만 대통령의 지시에 따라 대동청년단, 청년조선총연맹, 국민회청년단, 대한독립청년단, 서북청년회 등을 주축으로 40여 개의 청년단체가 통합해 대한청년단을 결성했다.[43] 대한청년단의 선서문은 다음과 같았다.

- 우리는 총재 이승만 대통령의 명령을 절대 복종한다.
- 우리는 피와 열과 힘을 뭉치어 남북통일을 지급(至急)히 완수하여 대한민국의 국위를 천하에 선양하기를 맹서한다.
- 민족과 국가를 파괴하려는 공산주의 주구배를 남김없이 말살하여 버리기를 맹서한다.
- 우호열방의 세계 청년들과 제휴하여 세계평화 수립에 공헌코자 맹세한다.[44]

이듬해인 1949년 1월에는 이승만 대통령의 지시에 따라 이범석이 이끄는 조선민족청년단도 대한청년단에 흡수되었다. 대한청년단의 총재는 이승만 대통령이 맡았고, 단장은 내무부 장관인 신성모가 맡았다. 대한청년단 산하에는 10개의 도단부, 36개의 시단부, 16개의 지구단부, 132개의 군단부, 12개의 직장단부, 그리고 4230개의 면동단부가 결성되었다.[45] 경비는 정부 보조금과 회비로 충당되었다. 대한청년단은 이승만 대통령에게 충성을 바칠 것을 맹세했고 경찰의 보조 역할도 했으며 군사훈련을 담당하는 배속장교를 갖춘 준군사 조직이었다. 대한청년단이 출범하면서 신성모 단장은 "강렬한 반공산주의의 한국 각 청년단체는 모두 통합할 준비가 되어 있으며 그 총수는 실로 600만여 명에 달하고 있다"라고 하면서 "사업계획안에는 주로 도로 수선과 식림 등의 각종 민간사업을 포함하고 있으나 중요한 임무는 방공이다"라고 주장했다.[46] 1949년 초 주한 미국 대사관 직원 드럼라이트(E. Drumwright)는 이와 같은 청년을 주축으로 하는 준군사 조직에 대해 다음과 같이 언급했다.

공산주의자들의 위협에 대한 유일한 해답은 적합하지 않은 부류를 제거한 비공산주의 청년들이며, 이런 단체를 좌익과 마찬가지로 엄격하게 조직하고 단호하게 행동하도록 하는 것이다. 이것은 강력한 정부 관료의 통제 아래 기본 군사 수단을 가지고 게릴라 활동이나 파괴 공작을 진압하는 훈련을 받은 잘 통일된 청년운동을 의미했다.[47]

대한부인회는 독립촉성애국부인회를 기반으로 "여성은 민족을 움직인다"라는 구호 아래 1949년 2월 24일에 결성된 단체였다.[48] 대한부인회는 그해 5월 11일 제1회 전국총회를 개최하고 대통령 영부인 프란체스카(Franccsca)를 총재로 선출했다.[49] 대한청년단이 청년운동의 난일체

이듯 대한부인회는 군소 여성단체를 아우르며 여성운동을 이끄는 단일 조직으로 자리매김했다. 또한 대한부인회는 대한국민회, 대한청년단과 함께 관민일체로 반공 태세 강화를 추구하는 3대 애국단체로 불렸다.

국민운동의 주축인 이 세 단체는 관민합작을 내세웠지만 실제로는 국민 동원을 위한 관변단체였다. 국민은 대한국민회, 청년은 대한청년단, 여성은 대한부인회에 사실상 강제로 가입해야 했다. 이들 세 단체 외에도 노동자는 대한노동총연맹, 농민은 대한농민총연맹, 학생은 1949년 4월에 결성된 학도호국단에 가입해야 했다. 또한 대한국민회는 물론 반공동원체제하에서 활동하는 모든 단체는 전국애국단체연합회에 속했다.[50] 이처럼 반공동원체제를 떠받치고 있는 관변단체들은 이승만 대통령을 영도자로 받들었다. 이승만은 대한국민회, 대한청년단, 학도호국단의 총재였다. 대한노동총연맹과 대한농민총연맹의 총재도 이승만이었다.[51]

이승만 정부는 전 국민을 총동원한 관변단체들을 반공체제 강화는 물론 정권 옹호를 위해 동원했다. 관변단체들은 1949년 6월 소장파 의원들이 미군 철수를 주장하자 전국 각지에서 이를 성토하는 국토방위 강화 국민대회를 열었다. 1950년 2월에는 야당인 민주국민당(이하 민국당)이 내각제 개헌안을 국회에 상정하자 전국 각지에서 개헌 반대 총궐기 국민대회를 개최했다.[52] 한국전쟁 와중인 1952년에는 이승만 대통령이 강행한 직선제 개헌을 요구하는 시위를 전개했다. 대통령 직선제를 내용으로 하는 발췌개헌안이 국회를 통과한 후에는 이승만 대통령의 출마를 요구하는 시위를 벌였다.

이승만 정부는 한국전쟁 와중인 1951년부터는 관변단체를 동원해 정전 반대와 북진통일을 주장하는 궐기대회를 개최했다. 북진통일운동의 핵심은 반공의 절대적 지도자인 이승만을 중심으로 단결하자는 데 있었다. 이승만은 자신이 대통령을 계속해야 하는 이유로 통일을 앞세웠다. 1953년 삼일절 기념식은 아예 북진통일운동대회라는 이름으로 치러졌다.[53] 중단되었던 정전회담이 재개된 1953년 4월 26일 직후가 북진통일운동의 절정기였다. 4월 하순에서 5월 12일까지 전국에서 7500여 회의 민중대회와 540회의 지방의회 주최 결의대회가 열렸는데, 여기에는 800만 명이 동원되었다.[54] 6월에도 궐기대회는 계속되었고, 6월 18일 이승만 대통령은 유엔군포로수용소에 있던 약 2만 5천 명의 반공포로를 석방했다. 6월 25일 서울의 중앙청 광장에서 열린 '6·25 북진통일의 날 국민대회'에는 대통령, 대법원장, 국무총리와 전 국무위원이 참석했다.[55] 이와 같은 반공 집회와 시위는 주로 전국애국단체연합회의 이름으로 개최되었다.

이승만 정부의 관변단체에 기반한 반공동원체제에 대해 1955년 야당인 민주당의 조병옥 의원은 민주주의의 상도(常道)를 벗어난 것이라고 비판했다.

이 대통령께서는 청년단체·농민회·노동총연맹 부인회 할 것 없이 모든 중소단체의 총재가 되어 있다. 물론 그대로 상관은 없겠지만 여기서 민주정치의 병폐가 생기기 때문에 좋지 못하다는 것이다. 무슨 까닭에 중소단체가 전부 자유당에 투입하느냐는 말이다. 이것은 민주주의의 상도를 벗어난 것이니 대한부인회에 들어간 부인들은 전부가 다 자유당이고 노동하는 사람들 청년들 다 각기 자기들의 단체에 들어가면 자유당이 되므로 이 나라에는 야당에 속할 인물이 하나

도 없게 되는 것이라고 이론상으로는 볼 수밖에 없다.[56]

헌법학자 한태연은 《사상계》 1959년 2월호에 실린 〈한국 자유민주주
의의 위기〉라는 글에서 반공동원체제가 자유민주주의의 위기를 보여주
고 있다고 주장했다. "현재 우리 사회의 국시로 간주되고 있는 그 자유민
주주의의 한국적 성격은 과거의 전제군주 시대의 가산(家産)국가적 관념
에 입각하고 있는 데에 그 특색이 있다"라며 구체적으로 "공사의 무분별
이며, 그것이 바로 민주주의에 대한 집권자의 유권적 해석"에 따른 것이
라고 비판했다. 이로 인해 "우리 사회에 있어서는 이러한 그릇된 관념이
모든 사회단체로 하여금 여당의 산하 단체로 하게" 만들었다는 것이다.[57]

2

반공민주주의 시대

반공 파시즘, 일민주의

이승만 정부의 반공동원체제를 합리화하는 이념은 일민주의였다. 일민주의는 정치적·경제적·사회적 평등에 입각한 민족으로의 균등화, 즉 '일민(一民)'으로의 통합을 내세운 이승만의 통치 이념이었다.[58] 이승만은 일민주의에 대해 '온 국민이 신봉할 민주주의 지도 이념으로, 국민 평등의 의미로 한국 민주주의 토대'라고 역설했다.[59] 또한 그러한 민주주의 지도 이념으로서의 일민주의는 공산당 타도, 즉 반공주의의 뿌리라고 주장했다. "공산당을 타도하고 일부 동족 간의 투쟁을 하는 것은 우리 동포 마음속에 민주주의 정신을 확립하여 국가의 독립과 국민의 자유를 확보

하는 동시에 그 토대를 영구히 지속하는 데 그 의의"가 있으며 "일민주의
는 이 목적을 달성하는 데 있어서 근원"이 된다는 것이다.[60]

이승만 대통령은 정부 수립 직후 일민주의를 제창했다. 1948년 10월
9일 이승만 대통령의 뜻에 따라 여당 격인 대한국민당이 발기했다. 대한
국민당은 "하나 아닌 둘 이상의 상대적 존재가 있을 수 없다는 일민주의"
를 당시(黨是)로 내세웠다. 또한 대한청년단은 일민주의를 단시(團是)로
삼고 일민주의의 보급과 실천을 주요 목표의 하나로 삼았다. 학도호국단
도 일민주의를 지도 원리로 내세웠으며, 안호상 문교부 장관은 일민주의
를 교육 이념으로 내세웠다. 1951년 12월 여당인 자유당이 창당될 때도
일민주의는 기본 이념이 되었다.[61] 나아가 이승만은 일민주의를 "헤치면
죽고 뭉치면 산다"라는 간명한 구호로 정리해 당시를 넘어 국시(國是)의
반열에 올리고자 했다.[62]

1949년 4월 초 이승만 대통령은 대한국민회와 대한청년단에 일민주
의 선전대 역할을 당부했다.

일민주의의 4대 정강(필자: 빈부·신분·지역·남녀 차별 타파)은 우리 민
국의 민주주의의 토대가 될 것임으로 국민 전체가 이것을 절실히 흡
수해야만 될 것이니 정당조직 여부를 막론하고 이 주의만으로 철저
히 믿는 남녀들로 굳게 결속하여 이를 일반 동포에게 널리 선전 공
작하여 이 주의를 모르는 사람이 없도록 목표를 삼고 국민회와 대한
청년단이 이를 전적으로 담당하여 그 임무를 수행함으로써 이 주의
가 우리 국민의 기초 위에 주춧돌이 되도록 노력하기를 부탁하는 바
이다.[63]

그리고 일민주의의 선전 공작을 위한 기구로 일민주의보급회가 결성되었다.[64] 이어 이승만 대통령은 4월 20일에 서울중앙방송을 통해 〈일민주의 정신과 민족운동〉이라는 제목의 담화를 송출했다. 여기서 그는 민주주의만으로 공산주의에 대항하기 어려우므로 일민주의를 내세우게되었다고 주장했다.

이 싸움이 아직은 사상적 싸움이므로 이 정도가 변해서 군사적 싸움이 될 때까지는 사상으로 사상을 대항하는 싸움이 되고 있으니, 민주주의로 공산주의를 대항하는 것은 사상이 너무 평범해서 이론상 치밀한 조리(條理)에 들어서는 공산주의에 선전을 대항하기 어려울 것이므로 일민주의하에서 4대 정강을 정하여 한 정당을 세워 한편으로 공산화를 배격하며 다른 한편으로는 민주주의 영구한 토대를 삼기로 한 것이니…[65]

이승만 대통령은 1949년 9월에 출간한《일민주의 개술》에서도 민주주의로는 공산주의에 대항하기 어렵다고 주장했다. 일민주의 이론가인 안호상도 1950년에 내놓은《일민주의의 본바탕》에서 민주주의는 유행에 불과하므로 민족적 지도 원리가 되기에는 부족하다고 주장했다.

극도로 유행되고 있는 이 민주주의야말로 다시 흘러갈 것이요 결코 길이 머물러 남아 있지 못할 것임으로써, 우리 민족에 길이길이 남아 있을 지도 원리가 되기에는 너무나 빈약하고도 천박하다 아니할 수 없다.[66]

또한 안호상은 파쇼주의자, 독재주의자, 군국주의자, 제국주의자, 자본주의자, 공산주의자 등 온갖 주의자들이 민주주의를 앞세우므로 민주주의로는 공산주의에 대항할 수도 없다고 주장했다.

그런데 일민주의의 가장 큰 특징은 '일민'이라는 단어에서 알 수 있듯이 온 겨레가 일민주의라는 하나의 주의하에 생각도 행동도 하나로 같아야 한다는 유일성을 강조한 점이었다. 이승만은 유일성에 대해 다음과 같이 간명하게 표현했다.

> 하나가 미처 되지 못한 바 있으면 하나를 만들어야 하고, 하나를 만드는 데에 장애가 있으면 이를 제거하여야 한다.[67]

이에 따라 일민주의는 일민주의 정당에 의한 일당 정치를 지향했다. 이승만 대통령은 일민주의 정당 외에 모든 정당을 파벌로 치부했다. 나아가 일민주의는 유일영도자론을 내세워 이승만 대통령을 우상화했다. 안호상은 이승만 대통령을 "우리의 영명하신 최고 영도자"이고 "위대한 인격과 뛰어난 능력"을 가진 영도자로 추앙했다.[68] 대한국민당 최고위원이자 초대 내무부 장관이었던 윤치영은 "이승만 대통령은 3천만의 대통령이요, 이 대통령의 총명한 지도력을 3천만이 균등히 받을 권리가 있는 것"이라며 "이렇게 위대한 지도자 아래 이와 같은 민족이 나라를 이룩하지 못한다면 이 세계는 멸망할 것"이라고 주장했다.[69] 일민주의자들에게는 이승만 대통령을 지지해야만 민족주의적인 것이고 민주주의를 위한 길이었다.[70]

하지만 일민주의는 민주주의를 전면 부정하지는 못했다. 다만 개인주의를 비판하는 방식으로 우회적으로 공격했다. 안호상은 오늘날 세계 각 나라들이 내세우는 민주주의는 개인을 중심 표준으로 삼는다며 다음과 같은 폐단이 있다고 말했다.

민주주의의 원칙은 개인의 자유와 권리를 절대로 존중함이란 것을 들고 저마다 남의 것 모르고 또 남의 말 안 듣고, 모든 것을 오직 제 마음대로 함부로 하는 것이 민주주의인 줄로 알고 있는 것이 이 땅의 많은 수의 백성들이다.[71]

안호상에게 법치주의나 개인의 자유와 권리의 주장은 "오직 혼란된 민주주의 한 글자"일 뿐이었다.[72]

일민주의는 이와 같은 개인주의를 배격한 민주주의를 '한국적 민주주의'라고 호명했다.[73] 이승만 정부의 공보처에서 발행한 《주보》 1949년 11월 2일자에 실린 〈우리 교육의 지향〉이라는 글에서는 미국의 민주주의와 소련의 공산주의는 "모두 그대로 우리 민족에게 적합한 것은 아님을 깨달았다. 거기서 우리는 우리 민족에게 가장 적절한 민족적인 민주주의를 찾게 되었"다고 주장했다.[74] 안호상 역시 자본주의와 공산주의에 대해 양비론을 펼치며 일민주의의 독창성을 주장했다. 그에 따르면 겨레가 위태롭게 된 원인은 공산주의에 있지만 그다음은 자본주의와 민주주의의 해독에 있었다. 그리고 '폭력적 공산주의, 이기적 자본주의, 흉내낸 민주주의의 결점과 해독을 가장 짧은 시일에 가장 심하게 겪으며 맛본 이 나라 백성들은 개인주의적이고 기회주의적인 노예의 근성을 가진 이들을 제외하고 새로운 삶의 원리, 새 세계 역사의 창조 원리를 찾아 나섰

던바, 그러한 욕구에 완전한 이론 체계로 등장한 것이 더 말할 것도 없이 일민주의'라고 주장했다.[75]

이처럼 일민주의는 민주주의를 개인주의와 등치시키고 이를 비판하면서 '한국적 민주주의' 또는 '진정한 민주주의'를 내세웠다. 하지만 일민주의에서 말하는 '한국적 민주주의'나 '진정한 민주주의'는 유일영도자론과 일당정치에 기반한 반공 파시즘과 다름없었다.[76]

민주주의 대 공산주의 프레임

해방된 한반도에는 민주주의 열풍이 불었다. 그야말로 모두가 민주주의 국가 건설을 원했다. 남한과 북한에 각각 군대를 주둔시킨 미국과 소련도 이에 동의했다. 하지만 '어떤' 민주주의 국가를 건설할 것인가를 놓고 의견이 갈렸다. 좌파는 민주주의 대 반민주주의 프레임을 내세우며 우파를 반민주주의 세력이라 공격했다. 우파는 민주주의 대 공산주의라는 이분법으로 맞섰다. 우파 신문인 《대동신문》은 인민의 정치는 어느 개인이나 어느 계급의 독재정치가 아니므로 공산주의적 독재정치는 민주주의가 아니라고 단언했다.[77] 재미한인위원회 회장 임병직은 미국 덕에 세계대전에서 민주주의가 완전한 승리를 거두었고, 한반도에 진주한 미국 군대는 한국인에게 민주주의를 전하고자 애쓰고 있는데 이것이 실패하면 공산주의의 암흑에 빠질 것이라고 경고했다.[78]

누구보다 민주주의 대 공산주의 프레임을 강조한 이는 이승만이었다. 해방 직후 귀국한 이승만은 '군주 정치나 독재정권하에서 구속을 받고 지내는 습관을 타파하고 민주정체 밑에서 자유롭게 활동하여 전 세계의 해방된 민족들과 함께 동등의 복리를 누리자'고 역설했다. 그런데 그의 민주주의는 '세계의 모든 지역에 공산주의가 아닌 민주주의의 토대를 구축해야 한다'[79]라는 주장에서 엿볼 수 있듯이 민주주의=반공이라는 등식에 기반하고 있었다.

이승만은 미국에서 활동할 때부터 반공주의자였다. 이승만은 독립협회 활동 시절부터 반러의식을 갖고 있었다. 러시아가 전제국가로서 청과 다름없는 후진국이라고 여겼다. 1917년 볼셰비키 혁명 이후의 소련을 미국 민주주의에 대한 도전 세력으로 보고 경계했다.[80] 그에게 소련은 제정러시아 때부터 한반도를 지배하려는 야심을 가진 침략 세력이자 세계의 적화를 위해 끊임없이 노력하는 '악마의 나라'였다. 그런 그의 눈에 좌파는 공산주의자였고 모두 소련의 사주를 받는 것으로 비쳤다.[81] 귀국 초기 이승만은 경제적 측면에서 근로대중의 복리를 증진하기 위해 공산주의와 협조할 용의가 있다고 말하기도 했으나, 곧 '러시아를 조국으로 섬기는' 공산주의자들과 협력할 수 없음을 천명한 이래 반공주의로 일관했다.[82] 그는 공산주의자들이 자신들을 민주주의자라고 부르며 대중을 현혹하고 있다고 비판했다.[83] 그가 보기에 모스크바 삼상회의의 결정에 의해 민주주의 임시정부를 수립한다는 것은 결국 공산주의와 민주주의의 비빔밥 정부를 세우는 것을 의미했다.[84]

해방정국에서 이승만을 포함한 우파는 한국민주당 간부 김준연의 언급처럼 민주주의 대 공산주의를 자유 대 독재 프레임으로 구체화하여 좌파를 공격했다.

이 민주주의에 두 가지 해석이 있어 좌익계열에서는 공산주의적 독재를 의미하게 된다. 그러나 우리는 민주주의를 세계에서 널리 쓰이는 의미로 해석하고 사용하는 것이 정당하다고 생각되는데 그는 자유를 기초로 하는 것이다.[85]

이처럼 민주주의 대 공산주의의 이분법은 민주주의 대 전체주의, 자본주의 대 공산주의라는 상식적 이분법이 반공의 위력에 밀리는 가운데 확고한 이념의 틀로 자리를 잡아갔다.[86] 한국전쟁을 치르면서 민주주의 대 공산주의 프레임은 더욱 강화되었다. 1953년 3월 1일 삼일절을 맞아 《동아일보》는 북진통일만이 민주 건설의 첩경이라는 주장을 내놓았다.

민주주의가 곧 삼일정신이라는 것을 재확인하고 민주 건설에 일로 매진하는 것만이 북진통일을 최소의 희생으로써 최단의 시간 내에 달성하는 첩경이라는 것을 다시 명념하는 것이 이 삼일절을 옳게 기념해야만 할 삼천만의 의무가 아닐 수 없다.[87]

이처럼 반공주의에 기반한 민주주의 대 공산주의라는 이분법적 인식은 민주주의 앞에 '자유'를 붙인 자유민주주의라는 개념으로 한국 사회에서 통용되었다.

해방정국에도 자유민주주의라는 개념은 존재했다. 1946년 3월에 열린 1차 미소공위 개회사에서 미국 대표 아널드 소장은 자유민주주의 또는 민주주의라는 말을 단 한 번도 사용하지 않았다. 하지만 소련 대표인 스티코프(T. F. Stykov) 중장은 민주주의를 열두 번, 자유민주주의를 한 번

호명하면서 조선에 자유민주주의적 정부 수립을 갈망한다고 천명했다. 그만큼 해방정국에서 자유민주주의는 좌우 이념 대립과는 무관하게 쓰이기도 했다.[88] 그런데 1947년 말 미소공위가 무산되고 한국 문제가 유엔으로 이관되자, 하지 군정사령관이 '공산주의 모략을 분쇄하고 미국은 한국인에게 자유민주주의적 국가를 갖도록 하자는 연합국의 공약을 이행하고자 한다'[89]라고 천명한 사례에서 알 수 있듯이, 냉전 구도가 본격화하면서 자유민주주의에 반공의 색깔이 덧씌워졌다.

이승만 정부 초기에 대통령과 정부가 나서서 선전한 일민주의와 북진통일론이 1950년대 중반부터 힘을 잃어가면서 이승만 대통령은 이제 자유민주주의의 수호자를 자처했다. 1959년 공보실에서 펴낸《우리 대통령 리승만 박사》에 따르면 "리승만 대통령 각하의 정치 이념은 철저한 자유민주주의이며 이에 반하는 어떠한 독재주의나 침략주의도 이를 용인하지 않는 것"이었다. 여기서 독재주의나 침략주의는 공산주의를 의미한다.[90] 또한 이승만 대통령은 "몸소 체험과 시험을 통해 자유민주주의의 이론을 사상 체계화"한 위대한 지도자였다. 그 이론의 골자는 "우리 민족으로 하여금 민족의 진로를 명시한 것이니 그것은 반공 자유민주주의에 입각한 민족국가를 완성해야 된다"는 것이었다.[91]

그런데 1955년 당시 민의원이었던 신도성은《사상계》1955년 8월호에 실은 〈한국 자유민주주의의 과제〉에서 공산주의와 구별 짓기 위해 굳이 자유민주주의라는 개념을 사용하는 풍토를 비판했다. "요즈음 유행하는 자유민주주의란 용어는 공산주의자들이 스스로 민주주의를 참칭하는 데 대하여 개념의 혼동을 피하기 위해서라고 할 수 있으나, 공산주의를 근본적으로 민주주의와 대척적인 것으로 보는 우리의 입장에서는 이

것 또한 그다지 의미 없는 일"이라는 것이다.[92]

1950년대 후반에 들어서는 민주주의 대 공산주의 프레임을 강조하는 미국 지식인의 책이 번역되거나 내한 강연 등이 이어졌다. 1957년 미국에서는 우파 정치학자 콜그로브(K. Colegrove)가《민주주의 대 공산주의》라는 책을 출간했다. 이 책은 문교부와 주한미군사령부의 번역과 수정을 거쳐 1959년에 한국어로 출간되었다. 저자는 1장에서 공산주의와 민주주의의 대결을 서술하고, 2장부터는 공산주의와 공산당에 대해 상세히 서술했다. 콜그로브는 처음부터 민주주의와 공산주의의 차이를 자유의 유무로 구분했다.

> 베를린은 분할되어 일부는 공산 독재하에 있고 다른 일부는 공산 치하에서는 볼 수 없는 자유를 향유하는 서방 자유 진영의 보호하에 있다. 여러분은 이 책을 통해서 공산 치하 국민들이 얼마나 자유 없는 생활을 하고 있는가를 알 수 있을 것이다.[93]

또한 그는 공산주의를 "일반적으로 소련과 중공의 정체(政體)를 의미하고 과격한 혁명으로 정권을 장악한 소수인의 지배"라고 정의하고, 공산주의자들이 "노동자의 이름으로 통치한다고는 하나 정권 유지를 위해서 폭력과 기만을 행사하며 모든 재산을 국유화하여 통제한다. 이 독재자들은 이상적 사회를 논하나 이러한 사회를 구현하기 위한 여러 결정에는 노동자를 전연 참가시키지도 않는다. 공산 독재자들은 자유를 약속하나, 실제로는 언론, 출판 기타 여러 가지 개인적 자유를 박탈했다"라고 비판했다.[94]

1959년 9월 8일에는 존 듀이의 제자인 철학자 후크(S. Hook)가 한국을 방문해 서울대에서 '민주주의와 공산주의는 공존할 수 있는가'라는 제목으로 강연을 했다. 젊은 시절 마르크스주의자였던 그는 "공산 침략 대항에는 첫째로 무력에 무력으로 대할 역량을 양성해야 하며, 둘째로 참된 민주주의 생활의 수립이 필요하다"라고 주장했다. 그리고 반공의 역량을 키울 것을 주문했다.

> 우리는 공산 침략에 강경하게 대항하는 태도와 민주국가를 내부적으로 든든하게 하고 자유의 소리를 외치고 소리쳐 공산주의를 억압해야 하는 힘을 키워야 한다.[95]

1950년대를 거치면서 민주주의 대 공산주의 프레임은 상식으로 자리를 잡아갔다. 4·19를 이끈 학생과 지식인은 1950년대에 반공민주주의의 가치와 이념을 내면화한 세대였다.[96] 1960년 4월 19일 대학생들은 거리에서 "민주주의 바로잡아 공산주의 타도하자"[97]라는 구호를 외쳤다.

반공민주교육의 추진

한국전쟁 직후 이승만 정부는 본격적으로 반공민주교육을 추진했다. '민주에는 반공이 따르게 마련이고 반공하려면 민주적이어야 하는 법'[98]이라는 의미에서 나왔다는 반공민주교육의 목표는 "북진통일에의 민족적 요망에 호응하여 반공교육을 강조하고 동란 때 겪은 공산주의의 포악무도한 만행의 쓰라린 경험을 토대로 철저한 반공의식을 함양함으로써 교육을 통하여 국민적 사상통일을 도모하는 데"에 있었다.[99] 공산주의에 반대하는 것이 곧 민주주의의 수호라는 논리를 교육 목표로 천명하던 그 시절 제2대 문교부 장관을 역임한 연세대 총장 백낙준은 교육정책의 하나로 국방교육을 내세웠다. 그것은 "공산주의의 그릇된 점을 가르치며 민주주의의 바른길을 깨닫게 하는" 교육이었다.[100]

1954년에 제4대 문교부 장관에 취임한 이선근은 취임 기자회견에서 문교 행정의 당면 정책으로 첫째, 반공민주교육의 강화, 둘째, 교육의 질적 향상 도모를 천명했다. 이에 대해 《경향신문》은 교육의 질적 향상 도모 역시 반공민주교육의 강화를 바탕으로 추진되어야 한다고 주장했다.

> 반공민주교육을 질적으로 강화하는 데는 공산주의에 대하여 이론적·현실적 비판이 엄밀히 냉정히 서야 하고 민주주의 자체에 대한 새로운 반성, 검토를 통해서 체계적인 이론의 확립이 필요한 것이니 그러기 위해서는 먼저 학자·문인 할 것 없이 전 지식인을 총동원해서 반공민주이론의 확립을 도모하는 학술회의가 선행하여야 할 것이다. 다음으로 교육의 질적 향상이란 것도 반공민주이론이 체계화되기 전에는 무엇이 질적 향상의 목표가 될 것인지 정립하기 곤란하지 않을까. 설령 수학 기타 자연과학 계통은 논외로 하자는 편도 있을지 모르나 자연과학의 발달마저 이데올로기적 발전의 일분야로서 소위 유물변증법적으로 규정지으려는 자연과학자도 있다는 것을 간과해서는 안 된다면은 교육의 질적 향상이라는 것이 반공민주이론 체계의 확립과 불가분의 관련을 갖는다는 것을 인식하여야 할 것이다.[101]

고려대 총장 유진오 역시 민주교육이 바로 반공을 위해 절대적으로 필요하다는 주장을 펼쳤다.

지금은 6·25사변을 겪은 직후가 되어서 공산당이 얼마나 나쁘고 얼마나 폭악하다는 것을 눈으로 보았기 때문에 공공(恐共), 증공(憎共)의 기풍은 일반 민중에게도 다 젖어 있지만 좀 시일이 지나갈 것 같으면 우리 자신의 민주적 자각이 없이는 공산주의가 왜 나쁜가 하는데에 대한 인식마저 흐려질 것이다. 민주정치란 그렇지 않다는 것을 생리적으로 느끼고 있어야만 일체의 비민주정치란 참을 수 없게 된다. (…) 지금 대공투쟁에 있어서도 제일 강력한 방책은 민중을 완전한 민주적 체제로 교육하고 훈련하고 조직하는 데 있다.[102]

이와 같은 반공민주교육의 정점에 학도호국단이 있었다. 학도호국단은 1949년 10월 여순사건으로 팽배해진 학생 통제의 분위기 속에서 문교부 장관 안호상의 주도로 설립되었다. 그가 볼 때 "학생들은 자력으로 학내 공산분자들의 파괴 행동을 막아내고 열심히 공부해야 하며," "이기적인 행동을 버리고 씩씩하고 협동적이며 조직적인 행동과 기풍을 길러야" 했다.[103] 그해 12월 중순에는 학도호국단 조직 및 지도요령이 제정되었다. 이어 1949년 1월 말까지 각 학교 학도호국단이, 2월 말까지 시군 학도호국단이, 3월 말까지 각 도 및 서울특별시 학도호국단이 결성되었다. 단장은 각 학교 교장이 맡았고 학생 중에서 학도부장 또는 대대장을 임명했다. 각 대학 학도호국단은 중앙학도호국단 직속으로 4월 20일까지 조직을 완료했다. 4월 1일부터 10일간에 걸쳐 육군사관학교에서는 각 대학 학도호국단 간부 200명을 대상으로 제1기 학도반 특별훈련이 실시되었다. 1949년 4월 22일에는 서울운동장에서 총재 이승만 대통령, 단장 안호상 문교부 장관을 비롯해 수만 명의 학생이 참석한 가운데 중앙학도호국단 결성식이 열렸다. 학도호국단은 멸공정신으로 사상 순화를 도모하고 강한 민족의식과 국가 관념을 기르는 것을 목표로 내세웠다. 그중 멸공의식의 앙양이 가장 주된 목표였다. 학도호국단 결성이 마무리된 후 안호상 문교부 장관은 학도호국단이 민주주의 실천을 위한 사상통일을 위해 만들어졌다고 주장했다.

> 첫째 학도호국대는 학원의 민주화를 기도하여 조직된 것이다. (…) 학원을 파괴하려는 모든 불순, 반동분자를 숙청하여 민족적 단합을 꾀하려는 것이 나의 둘째 동기라 할 것이다. (…) 학도호국대 결성의 동기가 무엇인가를 요약해서 말하면 민주주의를 실천하자면 우리나라의 현 단계에 있어서는 민족적 단합이 선결조건이라는 것을 말할 수 있다. 즉 사상의 통일이 민주주의 실천의 첫 단계이며 이것을 실행하는 가장 첩경은 청장년의 정수부대인 학도의 사상통일이 급선무다. 학도의 사상통일이 없이는 진정한 민주주의는 기대하기 어렵다.[104]

이처럼 50만 명의 학생을 아우르는 학도호국단은 반공민주주의 기치와 군대식 집단 훈련을 통해 좌파 교사와 학생을 근절하고자 하는 목표를 갖고 출발했다. 그래서 출범 직후 먼저 좌파 교사를 축출하는 활동을 펼쳤다. 1949년 9월부터는 학도호국단이 주관하지 않는 모든 학생 활동을 금지했다. 이승만 정부는 문교부 안에 중앙학도호국단 사무국을 설치하고 학생 활동과 학도호국단 산하 군사훈련반을 지도했다.[105] 학도호국단은 4·19 직후인 1960년 5월 3일에 국무회의의 의결을 거쳐 해체되었다.[106]

3

반공의 벽에 부딪힌
민주주의

반공민주주의, 지배담론 혹은 대항담론

반공민주주의는 이승만 정부의 전유물이 아니었다. 한국전쟁을 경험한 지식인들도 민주주의를 반공적 시각에서 바라봤다. 1950년대 지성계를 대표하던 잡지 《사상계》의 주간 장준하는 한국전쟁은 자유와 평등을 지키기 위한 희생이었다고 주장했다.

> 이 광고(曠古)의 동란(動亂)에 우리는 모든 것을 바쳤다. 온 나라가 초토화되도록 싸웠다. 젊은 목숨을 수없이 내던졌다. 사랑하는 아들 딸을 바쳤고 부모 형제자매를 잃고도 후회함이 없었다. 이 모든 것은

나라를 위함이요, 자유를 위함이요, 평등을 갈구함이었다.[107]

한국전쟁이 본격적인 정전 협상 국면으로 들어설 무렵,《사상계》1953
년 5월호에는 한국신학대 교수 김재준의 글 〈민주주의론〉이 실렸다. 이
글에서 그는 공산주의를 비판하면서 민주주의의 우월성을 강조했다.

민주주의는 기성품도 아니오 완성품도 아니다. 이것은 끊임없이 성
취해가는 도중에 있는 것이다. 이 자기겸허야말로 민주주의의 위대
한 점이며 민주주의에 소망을 부치는 것도 여기에 있다. 공산주의는
어떤 체계에 사로잡혀 자기절대화, 자기폐색에 빠져 몰락 과정을 밟
고 있으나 민주주의는 인격적 정신적인 자유, 자기 개방에 의한 자유
로운 섭취, 그리고 부단의 개선, 창건, 성장을 기도하는 하나의 생명
운동이다.[108]

장준하도 공산주의를 자유와 인권을 무시하는 전체주의적이고 독재
적인 체제라고 비판하면서 민주주의는 자유·평등·인권을 보장하는 체
제라고 옹호했다. 그런데 장준하가 말하는 민주주의는 미국을 중심으로
한 '자유 진영'의 민주주의를 가리키는 것이었다. 그에게 민주주의는 공
산주의에 맞서기 위한 최선의 무기였다.[109] 나아가 민주주의는 국가 재건
을 위한 운영 원리가 되어야 했다. 하지만 장준하가 볼 때 이승만 정부에
서 민주주의는 점점 파괴되고 있었다. 그는《사상계》1957년 6월호의 권
두언인 〈우리는 특권계급의 밥이 아니다〉에서 북한의 남침 위협 앞에서
특권계급이 발호하면서 국정농단이 일어나는 현실을 질타했다.

휴전을 계기로 잠정적인 평화는 왔다 할지라도 호시탐탐 재침을 노리는 적을 앞에 두고도 이 망국도배들은 법을 짓밟고 백성을 짓밟고 나라를 짓밟고 온 천하의 고혈을 짜서 자가 자당만의 의롭지 못한 비만을 꾀하고 있으니 어찌 비분을 참을 것인가? 국민의 혈세를 삼킨 자 누구며 특권 융자와 원조 분배의 그늘에서 백성의 희생 위에 부당이익을 도득(盜得)한 자 누구며 국헌을 자파의 편의에 따라 제멋대로 고친 자 누구며 부정선거로 민주주의를 파괴하고 국민을 우롱·모욕한 자 누구며 그래도 오히려 부족하여 눈과 귀를 막은 채 비등하는 여론을 무시하고 국민을 겹겹이 묶어 세우고 언론을 봉쇄하고 간악한 모든 수단을 농하여 민의의 자유로운 발현을 일소함으로써 특권을 영원히 농단하려고 드는 자는 누구냐?[110]

1950년대 말 장준하의 이승만 정부에 대한 비판의 강도는 점점 강해졌다. 그는《사상계》1958년 10월호의 권두언인 〈나라의 주인은 백성이다〉에서 민주정치가 특권계급의 정치로 타락하고 다시 그것이 독재정치로 변질된다면 결국 민주 질서는 종언을 고하게 될 것이라고 경고했다.

민주사회에 있어서는 국가가 국민 생활의 안정을 꾀하려는 일을 그 지상의 과업으로 삼고 있다. 그러므로 이를 결한 국가를 국가라 할 수 없고 그것에 등한한 정부를 정부라 할 수 없는 것이다. 우리가 온갖 힘을 모아 지켜야 할 것은 이 민주 질서이며 우리가 반공 투쟁에 목숨을 걸어야 하는 연유도 이에 있는 것이다. 이제 여기서 민주정치의 타락되는 경로를 더듬어보면 타락되어가는 정부는 주권자인 국민을 최대한으로 속박할 수 있는 길을 찾는다. 그리고 그 속박의 도를 점차로 강화하여 모든 권력을 정부에 집중시킨다. 또다시 정부는 그 자체의 권력을 다수의 손에서 소수의 손으로 넘겨놓는다. 즉 민주정치는 특권계급의 정치로 변화하고 이 특권계급의 정치는 또다시 독재자의 전단 정치로 변모하여 민주 질서의 종언을 고하게 된다. 이같이 주권을 찬탈한 독재자는 법률이나 다수 의사에 따라 나라를 다스리는 길을 포기하고 오직 자기의 멋대로 국사를 농단하게 된다.[111]

그리고 "우리나라는 민주국가"로서 이 나라의 주인으로서 "괴뢰의 침략을 생명으로 막은" 백성이 잘 살아야 나라가 강해진다고 주장했다.[112]

이처럼 1950년대 반공민주주의는 이승만 정부가 추동하는 지배담론으로서만 작동한 것이 아니라 이승만 정부를 특권정치 혹은 독재정치로 비판하는 대항담론 역할도 수행했다.

한편 야당 정치인들도 반공민주주의를 주장했고 그에 기반해 이승만 정부를 비판했다. 1956년 야당인 민주당의 대통령 후보였던 신익희와 1960년 민주당 대통령 후보였던 조병옥도 반공민주주의를 주장했다. 신익희는 "이 세상은 민주주의와 공산주의가 서로 다투고 서로 싸워서 누가 죽느냐 사느냐 하는 문제를 결정하는 세계"라고 단언했다. 그래서 "우리의 살길은 민주주의"뿐이라고 주장했다. 그가 볼 때 "한국전쟁은 곧 민주와 공산 두 진영의 시전장이었고 전위적인 열전"이었다.[113] 조병옥 역시 민주주의 대 공산주의 프레임이라는 반공의 맥락에서 민주주의를 이해했다. 그는 "소연방주의적 적색 전체주의와 민주주의는 상극"이라고 주장했다.[114] 민주주의는 인간 본성에 부합하는 정치질서이고, 공산주는 비인간적이라 민주주의적일 수 없기 때문이었다.[115] 그리고 해방 이후 역사를 공산주의에 맞서 민주주의를 수호하기 위한 투쟁의 역사로 정의했다.

> 우리는 민주주의 국민이며 민주주의를 선택한 국민이다. 그리하여 군국주의 일제의 질곡 속에서 해방된 지 어언 10년 동안 우리는 자유롭고 행복된 생활을 하기 위하여 반민주주의적인 제요소에 대하여 항거하면서 투쟁하였던 것이다. 즉 공산주의와 싸운 것도 그것이고 극소수의 신판 한국적 파시스트들과 싸운 것도 그것이었다. 그것은 우리가 민주주의 이외 다른 제도하에서는 살 수 없다는 것을 의미하는 까닭이다. 즉 우리의 살림은 하나도 민주주의요 둘도 민주주의요 나아가서는 우리는 전체 생활이 민주주의적이 아니면 안 된다는 것이다. 우리가 한국동란을 통하여 수만의 생령을 잃어버리고 가장 고귀한 피를 흘린 것도 민주주의를 공산주의로부터 수호하기 위한 것이었다. 그러므로 과거의 반공적인 투쟁 역사를 배경으로 하여 이 무수한 젊은 장정들의 거룩한 피의 대가를 신성시하고 보답하는 길은 오직 이 나라를 민주주의 방향으로 이끄는 길밖에 없다.[116]

또한 조병옥은 평화통일은 불가능하므로 무력 통일을 하려면 민주정치에 기반해 국방력을 길러야 한다고 주장했다.[117] 그리고 이승만 정부를 비판하면서 그에 대한 저항의 정당성을 민주주의에서 구했다. 1957년에 〈이 대통령께 드리는 공개장〉이란 제목으로 《동아일보》5월 31일자부터 6월 4일자까지 게재된 글에서 조병옥은 "철권정치에 대항하여 자유를 부르짖고, 혁명을 일으키고 폭동과 파업을 감행하는 것도 주권자의 자유 쟁취"를 위한 "인권옹호의 정당방위"라고 주장하고 현대 민주정치 확립의 역사는 "인간의 자유를 전취하기 위한 피비린내 나는 투쟁의 기록"임을 강조했다.[118]

　이처럼 1950년대에 반공민주주의는 지배담론이자 대항담론으로 작동했다. 1960년대에 들어와서도 민주주의 앞에 놓인 반공의 벽은 두꺼웠다. 장준하는 4·19 직전 《사상계》 1960년 3월호에 쓴 권두언 〈다시 맞는 3·1절〉에서 "우리가 공산주의자들을 불공대천의 원수로 삼는 것은 그들이 인권을 유린하는 데"[119]에 있다는 점을 환기했다. 그는 4·19 직후 분출한 혁신계의 중립화통일론도 경계했다. 《사상계》 1960년 12월호에 쓴 권두언 〈1960년을 보내면서〉에서 중립주의에 의거해 남북이 통일되면 자유와 민권이 침해될 것이라고 우려했다.[120] 그리고 5·16쿠데타 직후 《사상계》 1961년 7월호에 쓴 권두언 〈긴급을 요하는 혁명과업의 완수와 민주정치에로의 복귀〉에서 5·16쿠데타를 혁명이라 호명하며 반공민주주의적 시각에서 기대를 피력했다.

　5·16혁명은 우리들이 추구하는 민족적 이상에서 볼 때 4·19혁명의 과업을 군사정권이 과감하게 수행한다는 점에서 5·16혁명의 긍정적 의의를 발견할 수 있는 것이다. 우리들은 그 어느 때보다도 지금 공산 제국주의의 도전을 받고 있다. 공산당의 전체주의적 공포에 세력을 분쇄할 수 있는 최대의 사상적 무기는 민주주의적 자유의 선용에서 구해야 한다. 이런 의미에서 혁명 정권은 현하의 여러 과업을 수행하는 동시에 민주주의를 새로운 정신과 내용에서 복구시킬 일

련의 방안과 공명하고 청신하고 정직한 모범적 총선의 시행을 준비하여도 그 시기는 빠르다고 할 수 없을 것이다.[121]

장준하의 쿠데타 세력에 대한 호의적인 평가는 쿠데타 세력이 빠르게 민정이양을 하리라는 기대에서 나온 것이었다.

평화통일의 죽음

1959년 7월 31일 사형대 앞에 선 진보당 당수 조봉암은 다음과 같은 유언을 남겼다.

> 이 박사는 소수가 잘 살기 위한 정치를 했고 나와 나의 동지들은 국민 대다수를 고루 잘 살게 하기 위한 민주주의 투쟁을 했다. 나에게 죄가 있다면 많은 사람들이 고루 잘 살 수 있는 정치운동을 한 것밖에 없다. 나는 이 박사와 싸우다 졌으니 승자로부터 패자가 이렇게 죽음을 당하는 것은 흔히 있을 수 있는 일이다. 다만 내 죽음이 헛되지 않고 이 나라의 민주 발전에 도움이 되기 바랄 뿐이다.[122]

평화통일론자였던 조봉암이 간첩 혐의로 사형선고를 받았다. 그것은 평화통일론에 내린 사형선고였다.

1948년 5·10선거로 선출된 제헌 국회의원 중에는 무소속이 85명으로 가장 많았다. 제헌국회는 한국민주당계, 대한독립촉성국민회계, 그리고 무소속으로 삼분되어 있었다. 조봉암은 60여 명의 무소속 의원들과 함께 무소속 구락부를 만들었다. 이승만 대통령은 조봉암을 초대 농림부 장관에 발탁했고, 그는 농림부 장관으로서 농지개혁을 이끌었다. 조봉암은 1950년에 다시 국회의원에 당선되었고 1952년 제2대 대통령 선거에 무소속으로 출마했다. 이듬해 이승만 대통령은 조봉암을 보좌하던 이영근을 대남간첩단 사건으로 구속했다. 1954년에 조봉암은 국회의원 선거 입후보 등록을 거부당했고, 그의 측근 김성주가 헌병대에 체포되어 살해당했다. 1955년 9월에는 민주당 창당에 합류하려 했으나 조병옥, 김준연, 장면 등이 반대해 좌절되었다. 결국 이 과정에서 배제된 혁신계는 1955년 12월 진보당 발기추진위원회(이하 진보당 발추위)를 구성했다.[123] 그리고 1956년 제3대 대통령 선거를 맞아 진보당 발추위는 평화통일론을 선거 공약으로 내걸고 조봉암을 대통령 후보로 선출했다. 선거 결과 조봉암은 216만여 표를 얻었다. 이는 예상 밖의 선전이었고《동아일보》의 표현에 따르면 "경이적인 결과"[124]로 이승만의 북진통일론에 비판적인 대중의 지지를 받았기에 가능한 일이었다. 그리고 1956년 11월 10일에 진보당은 "공산 독재는 물론 자본가와 부패 분자의 독재도 이를 배격하고 진정한 민주주의 체제를 확립하여 책임 있는 혁신 정치"의 실현을 약속하며 공식 창당했다.[125]

진보당은 창당하면서 북진통일에 반대하고 평화통일을 추구한다는 점을 분명히 했다. 진보당 강령에서 "민주세력이 결정적 승리를 얻을 수 있는 평화적 방식에 의한 조국 통일"을 천명했다.[126] 그리고 평화통일을 연구하는 통일문제연구위원회를 설치했다. 조봉암은 이승만 정부가 내세운 북진통일은 실현 가능성조차 없다고 비판하면서 자신은 현실적으로 가능한 평화통일론을 천명한다고 주장했다.[127] 즉 통일은 전 민족의 숙원이므로 꼭 성취해야 하는데 무력적·군사적 방법으로는 이루어질 가능성이 희박하기에 평화통일론을 주장한다는 것이었다.[128] 또한 "평화적 통일에의 길은 오직 하나 남북한에 있어서 평화통일을 저해하고 있는 요소를 견제하고 민주주의적 진보세력이 주도권을 장악"하는 데 있다고 주장했다.[129]

그런데 조봉암과 진보당의 부상은 여당인 자유당은 물론 야당인 민주당에도 부담이었다. 자유당과 민주당 모두 진보당의 평화통일론이 국가 체제를 심각하게 위협한다고 보았다. 진보당은 창당부터 가시밭길을 걸어야 했다. 경상남도의 지방당부 결성은 경찰 침입으로 유예되었고, 1957년 4월에 열린 서울특별시·경기도당 결성대회는 테러단과 경찰에 의해 중지되었다. 7월에는 전남도당 추진위원회 조직부장의 집에 괴한들이 쳐들어와 조직부장 부부에게 중상을 입혔다. 하지만 언론은 진보당에 대한 테러를 보도하지 않았다. 민주당조차 진보당에 대한 테러 사건을 외면했다. 진보당의 김달호 의원이 도당 결성대회에서 일어난 테러를 국회에서 보고했지만 여당은 물론 야당 의원들도 이를 문제 삼지 않았다. 오히려 두 당이 합세해 "진보당은 통일 이후나 만들어라", "평화통일론은 대한민국 국시를 도끼로 찍어내려는 것이니 의장이 조치해주라"라며 진보당과 평화통일론을 성토했다.[130] 1958년 5월 제4대 민의원 선거를 앞두고 자유당과 민주당은 진보당의 선거 참여를 원천봉쇄하려 했다.[131] 이처럼 반공민주주의의 우산 아래 동거하던 여당과 야당의 공조 속에 진보당 사건이 일어났다.

1957년 10월 '남반부 정치변혁공작대 사건'이 발표되었다. 여기에 연루되어 체포된 박정호를 수사하던 조인구 서울지방검찰청 부장검사는 이듬해인 1958년 1월 12일에 기자간담회를 자청했다. 이 자리에서 조인구는 박정호 등에 대한 공소 내용을 설명하면서 진보당의 평화통일론을 비판했다. "평화통일이란 구호는 남한의 적화통일을 위한 방편으로서 대한민국의 존립을 부인하는 것이다. '북진 없는 정강정책을 갖는 정당을 조직하라'는 김일성의 지령 내용은 바로 진보당의 확대 공작에 귀착된다"라고 주장했다. 그리고 "진보당이 내건 평화통일의 진의가 무엇인가를 규명한 후 그것이 북괴의 지령과 동일할 때 수사 대상이 될 것"임을 천명했다.[132] 그날로 윤길중, 이동화 등 5명의 진보당 간부가 체포되었다. 조봉암에 대한 구속영장도 전날 서울지방법원에서 발부된 상태였다. 조봉암은 잠시 몸을 피했다가 다음날인 1월 13일에 자진 출두했다. 그러자 정순석 검찰총장은 "평화통일을 주장하는 진보당은 불법 결사단체"라고 발표했다.[133] 이승만 대통령은 1월 14일 국무회의에서 "조봉암은 벌써 조치되었어야 할 인물"이라고 언급했다. 조봉암을 비롯한 진보당 간부들은 2월 8일과 2월 17일 두 차례에 걸쳐 기소되었다. 진보당은 2월 25일에 해산되었다. 이승만 정부는 "진보당이 대한민국의 국법과 유엔 결의에 위반되는 통일 방안을 주장"했고, "진보당 간부들은 북한 괴뢰집단이 밀파한 간첩과 밀사와 파괴 공작원들과 항상 접선"했다는 이유로 진보당 등록을 취소했다.[134] 그렇게 진보당은 사라졌고, 5월 2일에 실시된 민의원 선거에 후보를 내지 못했다.

1958년 3월 진보당 사건 재판이 시작되었다. 검찰은 두 가지 혐의를 적용했다. 먼저 진보당의 평화통일론이 북한의 통일론과 같다고 주장했다. 남북한 총선거를 통한 평화적 통일과 근로대중의 단결을 내세우는 진보당의 강령은 북한의 평화통일 노선과 매우 비슷한데 이는 북한을 국가로 인정하지 않는 국시에 위배되고 대한민국 정부를 전복하기 위한 주장이라는 것이었다. 두 번째로 조봉암을 비롯한 진보당 간부들이 박정호를 비롯한 간첩들과 접촉했다고 주장했다. 그런데 재판 과정에서 간첩과 접촉한 사실이 증명되지 않자 검찰은 대북 첩보 공작원으로 북한과 접촉하면서 남북교역으로 돈을 벌고 있던 양이섭이라는 인물을 증거로 내세웠다. 조봉암이 기소되던 2월 8일 양이섭은 육군 특무대로 연행되어 북한의 지령 및 자금을 조봉암에게 전달한 혐의로 조사를 받았다. 양이섭의 자백을 근거로 조봉암은 4월에 간첩죄로 기소되었다.

1958년 7월 2일 서울형사지방법원 유병진 판사는 조봉암 등 진보당 간부의 국가변란 혐의에 대해 무죄를 선고했다. 조봉암과 양이섭에게는 간첩죄가 아닌 국가보안법을 적용해 징역 5년을 선고했다.[135] 며칠 후인 7월 5일 반공 청년을 자칭하는 200여 명이 법원에 난입했다. 그들은 "친공 판사 유병진을 타도하라", "공산 자금을 받은 조봉암 등에게 간첩죄 규정을 적용하라"라고 주장했다.[136] 서울고등법원에서 열린 2심 재판은 한국전쟁 당시 월남한 후 반공 사상 검사로 유명한 오제도 등의 주선으로 판사로 복직한 김용진이 맡았다. 10월 25일에 김용진은 조봉암과 양이섭에게 사형을, 진보당 간부들에게는 징역 2년에서 3년을 선고했다.[137] 양이섭은 자신의 자백이 특무대의 강요에 따른 허위진술이라고 주장했지만 2심 선고에 영향을 끼치지 못했다. 1959년 2월 27일 대법원은 진보당의 평화통일 주장은 합법이지만 조봉암은 이중첩자 양이섭을 통해 간첩행위를 했다고 하여 사형을, 진보당 간부들에게는 국가변란 의식이 없다며 무죄를 선고했다. 조봉암은 재심을 청구했으나 대법원은 기각했다.[138] 이승만 정부는 재심 기각 결정이 나기 전날 양이섭에 대한 사형을 집행했다. 그리고 재심청구가 기각된 다음날인 7월 31일 조봉암에 대한 사형을 집행했다.

진보당은 창당 당시 발표한 통일 정책에서 "조국의 평화적 통일을 파괴한 책임은 6·25의 죄과를 범한 북한 공산 집단에 있다. 그들의 반성과 책임 규명은 평화통일의 선행조건이 아닐 수 없다"라고 전제하면서 "우리는 조국의 평화적 통일 방안이 결코 대한민국을 부인하거나 말살하는 데 있지 아니하고 도리어 그것을 육성하고 혁신하고 진실로 민주화하는 데 있음을 확인한다"라고 천명했다.[139] 하지만 진보당은 해산되었고, 조봉암은 간첩 혐의로 사형당했다.

제3의 이념, 사회민주주의

1950년대는 반공주의가 반공민주주의라는 이름으로 압도적 세를 과시하던 시대였다. 그럼에도 반공의 자장을 넘지 않는 선에서 '자본주의도 공산주의도 모두 부정한다'는 사회민주주의가 혁신계와 대학의 이념 서클을 통해 명맥을 유지하고 있었다.

1956년에 결성된 진보당은 "공산주의도 자본주의도 다 같이 부정하고 새 인류의 새 이상으로 만인공존의 복지사회를 건설하자는 혁신정당"을 지향했다.[140] 조봉암은 진보당 창당대회 개회사에서 "자본주의 세계도 날로 수정되어서 어느 나라에 있어서도 거의 똑같이 그들이 몹시 미워하던 사회민주주의적인 전법을 아니 쓰는 나라가 한 곳도 없습니다.

그리고 또다른 한편으로 공산주의의 그 기계적이고 반인간적인 독재정치도 우리가 미워합니다. 그러나 그 공산주의 세계도 날로 수정되고 탈취(脫臭)돼서 그들이 원수같이 생각하던 사회민주주의적인 방향으로 움직여가고 있는 것도 역시 우리가 눈으로 보고 있는 바입니다"라고 주장했다.[141]

이처럼 진보당은 반공의 입장에서 사회민주주의 노선을 취했다. 먼저 한국전쟁을 "온갖 파괴적 수단으로서 통일 자주독립의 민주 한국 건설을 극력 방해하여오다가 급기야 그들의 상전인 스탈린(J. Stalin)의 명령을 따라 동족상잔적인 6·25의 참변을 일으킨 저 공산 역도들의 침략"이라고 규정했다.[142] 하지만 공산당을 불법화하지 말고 대중 앞에 내세워 그들의 정체를 알려주어야 한다고 주장했다. 그리고 발기 취지문에서 "공산독재는 물론 자본가와 부패 분자의 독재도 이를 배격하고 민주주의 체제를 확립해 책임정치를 실현"하고자 한다며 부르주아 독재인 자유민주주의도 프롤레타리아 독재도 모두 거부하고 제3의 길을 주장하는 사회민주주의 노선을 천명했다.[143]

진보당의 사회민주주의는 경제정책에도 녹아들어 있었다. 진보당은 사회민주주의적 경제 목표로 광범위한 근로 민중의 이익 실현과 함께 계획민주주의, 계획경제에 의한 민족자본의 육성, 자립경제 건설을 표방했다.[144] 여기서 계획민주주의란 '자유민주주의적 방식과 볼셰비즘적 방식을 거부하는 대중적이고 과학적인 사회민주주의적 방식'을 뜻했다.

후진국의 경제 건설에서 기본적 문제는 산업혁명을 시급히 수행하고 사회생산력을 전반적으로 급속히 제고하는 데 있다. 이렇게 하기 위해서는 낡은 '자유민주주의 = 자유자본주의적' 방식은 무력하고 무효할 뿐만 아니라 도리어 유해하다. 그러므로 우리는 폭력적·독재적인 볼셰비즘적 방식과 아울러 소위 자유민주주의적 방식을 단호히 거부·배격하여야 하는 동시에 우리의 새로운 건설에 있어서는 대중적이고 과학적인 사회적 민주주의=계획적 민주주의의 방식과 원칙에 의거하지 않으면 안 되는 것이다.[145]

진보당이 사회민주주의의 깃발을 들기 이전에도 정계에서는 사회민주주의를 둘러싼 논란이 존재했다. 1952년 야당인 민국당의 일부 간부들이 당세를 만회하기 위해 전당대회에서 사회민주주의를 지향하는 노선으로 당헌을 수정하려 시도했다. 하지만 사무총장 조병옥이 사회민주주의는 노폐(老廢)한 이론이라며 반발했다. "사회주의·공산주의가 사유재산을 부인하는 점에 있어 방법이 다를 뿐으로 사회주의 운운은 찬동할 수 없다"[146]라는 것이다. 그는 반공주의자로서 "사회민주주의라는 것은 사회주의적 경향을 띠고 있다"[147]라고 경계했다. 1955년에 창당한 야당인 민주당 역시 사회민주주의는 한국 사회의 현 단계에는 맞지 않는 시기상조의 이념이라고 비판했다.[148]

1950년대에 혁신계로 분류되는 지식인 중에서도 사회민주주의 이론을 개진하는 이들이 있었다. 정치학자 신도성은 반공의 시선에서 "공산주의를 극복할 만한 우리 자신의 사상적 무기로서의 민주주의의 이론 체계"를 수립할 것을 주장했다.[149] 동시에 자유민주주의를 비판하면서 사회민주주의를 옹호했다. 그는 자유민주주의의 본질은 경제적 자유주의에 있다고 주장했다. 그리고 경제적 자유주의는 곧 경제적 자유방임으로 자본 축적과 기업 독점에 의한 빈부 현격을 초래해 사회를 자본가와 무산 대중이라는 두 계급으로 분리함으로써 국민 전체의 공동 이익의 소멸을 초래하는 문제점이 있다고 비판했다. 즉 신도성은 자본의 독점을 야기하는 자유민주주의를 비판하고 국가 주도의 성장과 분배를 요구하는 사회민주주의를 옹호했다. "무정부적인 생산과 분배와 소비에 대하여 국민 전체의 '사회적 복지'라는 견지에서 정치적 조정을 통해 사유재산의 절대불가침성을 수정함으로써 현대 민주주의의 위기를 극복해나가야 한다"는 것이다. 그리고 영국의 페이비언사회주의, 독일의 사회민주주의 등을 소개하면서 "평화적 의회주의와 민주주의의 입장에서 사회생활의 연대성 내지 협동성을 전제로 한 성실한 사회민주주의만이 현대 국가가 내포하고 있는 위기와 혼란과 고민을 해결할 수 있는 유일한 방도"라고 주장했다.[150]

정치학자 이동화도 사회민주주의론을 개진했다. 그는 자유민주주의는 19세기의 자본주의적 이데올로기라며 오늘날에는 자유방임주의적 야경국가로부터 사회주의적 복지국가로의 이행, 자유경제로부터 계획경제로의 이행이 사회민주주의에 의해 수행되고 있다고 주장했다.[151] 그에게 사회민주주의는 자본주의와 볼셰비즘을 동시에 지양할 수 있는 이데올로기였다. 그런데 그는 오늘날 시대 이념인 사회민주주의만이 볼셰비즘을 제대로 비판할 수 있다며 반공주의를 견지했다.[152]

1950년대 사회민주주의 바람은 대학가에도 불었다. 당시 대학에는 학생 자치기구인 학생회가 없었다. 1949년에 탄생한 학도호국단만이 있을 뿐이었다. 그 대신 합법적이고 공개적인 이념 서클이 생겨나 활동했다. 그런데 특정 이념이나 사상을 추구하는 학생들이 결성한 이념 서클은 학과 혹은 단과대학을 근간으로 조직되는 특징을 보였다. 서울대에서는 1955년 법대 학생들이 신조회를 결성했다. 이듬해인 1956년에는 문리대 정치학과 학생들이 신진회를 조직했다.[153] 고려대에서는 1955년경 경제학과 학생들의 주도로 협진회가 만들어졌다. 이념 서클은 주로 독서토론과 함께 공개토론회를 개최했다. 협진회를 이끈 김낙중은 이념 서클의 성립 배경을 이렇게 회고했다.

전쟁이 끝난 후 50년대 중반 젊은 지식인들은, 우리 민족이 왜 싸워야 하는가, 사회주의·공산주의가 뭐길래 이렇게 적대시하는가 하는 의문을 가지게 되고 이런 물음에 답하기 위해서 공부를 해보자는 관심이 일어나게 된다. 그러나 이 방면으로 공부를 해보고 싶어도 책을 구할 수 없었고 도서관에 소장된 사회주의 관계 서적은 모조리 '대출 불허'라고 명시되어 있었다. 학생들의 이러한 지적 갈등은 정규적인 대학교육으로는 채워지지 않았다. 이러한 분위기하에서 사회과학을 같이 연구하자는 움직임이 자연발생적으로 일어나기 시작하였다. 서클은 구하기 힘든 책들을 돌려 읽을 수 있는 좋은 기회였기 때문이다.[154]

1950년대 대학의 이념 서클들이 지향한 가치는 사회민주주의였다. 신조회는 '사기업을 적당히 사회 통제하에 두며 사회보장제도를 확충해 사회의 불평등을 해소하고자 한'[155] 페이비언주의에 관심이 많았다.[156] 신진회 역시 자본주의와 공산주의의 한계 모두를 극복할 수 있는 대안으로 서유럽의 사회민주주의에 주목했다. 신진회 회장을 역임한 윤식은 사회민주주의에 관심을 갖고 이념 서클을 만들게 된 연유를 이렇게 회고했다.

> 미국을 중심으로 하는 전형적인 서구적 자본주의와 공산진영에서 표방하는 전형적인 공산주의를 다 비판하는 서구적인 사회주의에 매력을 느끼는 사람들의 모임이었습니다. 양 이데올로기를 지양하면서 우리나라에 맞는, 독자적인, 그 당시로서는 제3의 이데올로기를 모색해보자는 뜻에서, 처음부터 '주의자'라기보다는 연구해보자는 생각에서 연구 서클을 만들자고 했던 것으로 알고 있습니다. 우리로서는 제3의 길로서 사회민주주의를 말했던 것이기도 합니다. 처음에 착상한 것은 영국의 페이비언 소사이어티에서였습니다.[157]

고려대의 협진회 역시 후진국인 한국이 갈 수 있는 제3의 길로 사회민주주의에 관심을 갖고 활동했다. 이처럼 사회민주주의에 관심을 갖고 있던 이념 서클인 신조회, 신진회, 협진회는 두 달에 한 번 모임을 갖고 사회민주주의를 연구하고 공동연구 발표회를 개최했다.

그런데 한국전쟁의 상흔이 삶을 짓누르고 반공주의가 기승을 부리던 1950년대에 이념 서클은 결국 그들이 추구한 사회민주주의 때문에 탄압을 받을 수밖에 없었다. 1957년 신진회 회원인 류근일이 연루된 필화 사건이 일어났다. 그가 서울대 문리대 신문인 《우리의 구상》 1957년 12월 9일자에 쓴 〈모색〉이라는 글의 "무산대중을 위한 체계로의 지향"이라는 부제와 "새로운 형태의 조국", "무산대중의 단결" 등 본문 표현이 문제가 되었다.[158] 류근일은 경찰 수사를 받았고 이 사건으로 신진회는 1958년 1월 말에 해산당했다.[159]

4·19 직후 혁신정당들은 사회민주주의 노선을 공개적으로 표방했고, 학생들도 사회민주주의를 주제로 하는 공개토론회 등을 열었다. 1960년 5월 사회민주주의를 표방하며 창당한 혁신정당인 사회대중당은 발기 취지문에서 '공산독재와 극우독재를 엄격히 배격하고 민족적 입장을 고수하면서 자유세계와 긴밀히 제휴협동한다'라고 밝혔다. 이에 대해 《동아일보》는 사설을 통해 "사회대중당이 외치는 반공민주 건설이 만일 실천함에 있어 표리부동하면 민주 발전에 중대한 지장을 초래할 수 있다"라고 경계했다. 그리고 반공 노선을 분명히 하고 국영사회화 노선을 포기하고 자유시장경제를 선택한 서독의 사민당을 타산지석으로 삼을 것을 요구했다.[160]

3장

민족을 소환한
민주주의

1961년 2월 14일
2·8한미경제원조협정반대공동투쟁위원회 결성

1961년 2월 25일
민족자주통일중앙협의회 결성

1961년 2월 28일 국회, 한미경제기술원조협정 비준 의결

1961년 3월 장면 정부, 반공임시특별법안과 데모규제법안

국회 제출

1961년 3월 14일 반민주악법공동투쟁위원회 결성

1961년 3월 16일 악법반대전국학생공동투쟁위원회 결성

1951년 10월 20일
한일예비회담 시작

1953년 10월 구보타 발언 논란으로 한일

제3차 회담 파행

1960년 2월 28일 2·28대구학생시위 발발

1960년 3월 15일 정·부통령 선거 실시,

부정선거에 항의하는 시위 발발

1961년 5월 4일
서울대 민족통일연맹, 남북학생회담 제안

1961년 5월 13일 민족자주통일중앙협의

회, 남북학생회담 환영 및 통일촉진 궐

기대회 개최

1960년 4월 19일
4·19 발발, 경찰 발포로 사상자 발생

1960년 4월 26일 이승만 대통령 하야

1960년 8월 14일 북한 정부, 과도적 연방제안 제안

1960년 11월 18일 서울대 민족통일연맹 발족

1961년 2월 8일 한미경제기술원조협정 조인

1961년 2월 12일 한미경제협정반대투쟁위원회 결성

1961년 5월 16일
5·16군사쿠데타 발발

———

1961년 5월 18일 국가재건최고의회 설치
1962년 11월 12일 김종필-오히라 비밀회담에서
대일청구권 문제 합의
1963년 2월 26일 민주공화당 창당

1964년 6월 3일
한일회담 반대 대규모 학생 시위에
박정희 정부, 계엄령 선포

1965년 6월 22일
한일협정 조인

———

1965년 7월 12일 서울 소재 대학 교수들,
한일협정비준반대선언 발표

1963년 10월 15일
제5대 대통령 선거 실시, 박정희 후보 당선

———

1964년 3월 9일
대일굴욕외교반대범국민투쟁위원회 결성

———

1964년 3월 24일 한일회담에 반대하는 대학생 시위 시작
1964년 5월 20일 서울의 대학생들, 민족적 민주주의 장례식
및 성토대회
1964년 5월 23일 난국타개전국학생대책위원회 결성
1964년 5월 30일 서울대 문리대 학생회, 단식농성 시작

❶ 민족 공존과 자주를 제기하다
❷ 쿠데타 세력의 민주주의 담론과 민족적 민주주의 논쟁
❸ 한일 문제, 민족주의를 소환하다

전쟁과 재건에 의해 지체된 민족주의가 지금 한국 사람들의 삶에서 중요한 요소가 되고 있다.[1]

4·19 이후 통일 담론이 대두하고 한미경제원조협정 반대운동이 일어나자 당시 주한 미국대사인 매카너기(W. P. McConaughy)가 한 말이다. 그의 말대로 1950년대에 수면 아래로 가라앉았던 민족주의가 4·19로 열린 민주주의 광장에서 제일 먼저 통일운동으로 분출했다. 중립화통일론, 남북협상론과 같은 통일 담론이 활발히 개진되었고 학생과 시민사회가 '가자 북으로, 오라 남으로'를 외치며 통일운동에 나섰다. 이처럼 민족통일과 함께 민족자주를 앞세운 민족주의 풍토가 만개하면서 우방이자 혈맹인 미국과 맺은 불평등한 한미경제원조협정 체결에 반대하는 운동도 일어났다. 하지만 거대한 물길을 내기 시작한 민족주의는 5·16쿠데타로 꺾이고 말았다.

쿠데타 세력은 제3세계를 중심으로 민족주의가 득세하던 1950년대 후반부터 아시아의 후진국에서 일어났던 민주주의 토착화의 흐름을 연구했다. 인도네시아 수카르노의 교도민주주의와 파키스탄 아유브칸의 기본민주주의가 관심을 끄는 가운데 군사정부는 5·16쿠데타를 '5·16혁명'이라 부르며 '혁명' 담론을 전파했고 자신들이 추구하는 민주주의를 행정적 민주주의라고 호명했다. 그리고 1963년 민정이양을 위한 대통령 선거에 나선 박정희 후보는 윤보선 후보가 내세우는 민주주의는 민족적 이념을 망각한 가식의 사대주의적 자유민주주의이며 자신이 내세운 민주주의는 강력한 민족적 이념을 바탕으로 한 자유민주주의라고 주장했다. 윤보선 후보는 박정희 후보의 민족적 민주주의는 이질적 민주주의로 중립주의, 반미주의, 공산주의에 다름 아니라고 응수했다.

1963년 대통령 선거 승리로 들어선 박정희 정부는 한일협정 체결을 서둘러 강행했다. 결국 일본이 식민지 지배가 불법이라고 인정하고 배상금을 제공하는 과거사 청산은 이뤄지지 않았다. 박정희 정부가 청구권이라는 이름으로 일본의 원조를 받는 조건으로 한일협정을 체결하려 하자 야당은 물론 학생과 시민사회에서 격렬한 반대운동이 일어났다. 서울대 학생들은 박정희 정부가 내세운 민족적 민주주의의 허구성을 질타하며 '민족적 민주주의 장례식'을 치렀다. 학생들의 한일협정 반대운동이 격렬해지는 가운데 박정희 정부는 민정이양을 한 지 8개월도 되지 않은 1963년 6월 3일에 계엄령을 발포했다. 박정희의 민족적 민주주의도 결국 독재의 기반이 될 것이라는 학생들과 지식인들의 우려가 현실이 되었다.

이처럼 한일협정 반대운동은 4·19 직후 통일운동을 통해 분출되었다가 5·16쿠데타로 수면 아래로 가라앉은 민족주의를 소환했다. 그리고 한일협정 반대운동을 통해 민족주의와 다시 조우한 민주주의 담론은 반정부적 대항담론의 역할을 하기 시작했다.

1
민족 공존과 자주를
제기하다

민주주의 광장에 만개한 통일운동

1960년 4·19의 발단은 국민의 참정권을 농락한 3·15부정선거였다. 1898년 독립협회 주도로 의회 개설 운동이 일어났지만, 이를 무력으로 진압한 대한제국은 전제군주정인 채로 망했다. 이후 일본의 식민 지배를 받는 동안 참정권은 대한민국임시정부의 '헌법'에 명문화되어 이어져 내려왔다. 나라를 잃은 한국인은 다양한 자발적 결사체를 결성해 선거권, 피선거권 등을 포함한 민주적 절차를 훈련하며 참정의 권리를 제대로 누리는 독립의 그날을 꿈꿨다. 이러한 열망은 1948년 5월 10일에 치러진 제헌의원 선거에서 95.2퍼센트라는 높은 투표율로 이어졌다. 이처럼 한국인에게 참정권은 독립과 자유를 상징하는 소중한 권리였다.

1960년 이승만 정부는 한국인이 식민 지배의 긴 터널을 지나 마침내 누리게 된 소중한 참정의 권리, 즉 '주권재민'을 확인하고자 하는 정서를 경시하고 제4대 대통령·부통령 선거를 앞두고 부정선거를 모의했다. 당시 최인규 내무부 장관은 부정선거를 준비하면서 "세계사상 대통령 선거에서 소송이 제기된 일이 있느냐? 법은 나중이니 우선 당선시켜놓고 보아야 한다. 콩밥을 먹어도 내가 먹고 징역을 가도 내가 간다"[2]라고 호언장담했다. 여당인 자유당은 각종 부정선거 방법을 사전에 계획했다. 무리수는 여기서 그치지 않았다. 일요일인 2월 28일 대구에서는 야당인 민주당의 유세에 가지 못하도록 학생들을 강제 등교시켰다. 이에 경북고, 경북여고, 경북사대부고, 대구고, 대구여고, 대구공고 학생들이 거리에서 "민주주의를 살리자", "학원 내에 미치는 정치력을 배제하라"는 등의 구호를 외치며 시위에 나섰다.[3] 다음날인 3월 1일 서울운동장에서 열린 삼일절 기념식에서는 공명선거추진전국대학생투쟁회와 공명선거추진전국학생위원회 명의의 '삼일정신으로 공명선거를 추진하자'는 내용의 호소문이 배포되었다.

3월 15일의 선거는 우리 조국이 민주주의를 살리느냐 매장하느냐가 증명되는 날이다. 어느 누가 선거에 이기느냐가 문제가 아니다. 오직 이 땅에서 국민의 주권 행사가 공명정대하게 이루어지느냐가 문제일 뿐이다. 선거가 공명하게 이루어지지 않는다면 이는 곧 선열 앞에 죄짓는 것이요 민주 우방을 배신하는 결과가 된다.[4]

선거 전날인 3월 14일 저녁 무렵에는 서울의 고등학생 천여 명이 "대한민국은 민주공화국이다" 등의 구호를 외치며 공정 선거를 촉구하는 시위를 벌였다.[5]

3월 15일 예상대로 노골적인 부정선거가 자행되자 전국 곳곳에서 항의 시위가 벌어졌다. 마산에서는 수천 명의 시위대를 향해 경찰이 발포해 사상자와 실종자가 발생했다. 그로부터 27일 만인 4월 11일 선거 날 마산 시위에서 실종된 고등학생 김주열의 시신이 마산 앞바다에서 최루탄이 박힌 참혹한 모습으로 떠올랐다. 분노한 마산 시민 2만여 명은 마산경찰서와 시청으로 돌진했고 파출소를 습격했다. 이날 처음 "이승만 정권 물러가라"는 정권 퇴진 구호가 등장했다. 4월 18일에는 고려대 학생들이 "민주 역적 몰아내자"며 시위를 벌이고 돌아가다가 조직폭력배에게 습격당하는 사건이 일어났다.

4월 19일 아침 고려대 학생 습격 사건을 조간신문에서 접한 서울 시내 대학생들이 거리로 쏟아져 나왔다. 오후에는 중·고등학생들까지 가세했다. 10만여 명이 시위를 벌이던 중 경무대 앞에서 경찰이 발포했다. 부산과 광주에서도 발포가 일어나면서 이날 시위로 전국에서 100명 이상이 목숨을 잃었다. 이날을 사람들은 '피의 화요일'이라 불렀다. 이로부터 6일 후인 4월 25일 서울에서 대학 교수 258명이 "학생의 피에 보답하라"는 플래카드를 앞세우고 시위에 나섰다. 이날 전국에서 시민들이 거리로 쏟아져 나와 시위를 벌였다. 마산에서는 할머니 시위대가 등장해 "죽은 학생 책임지고 리 대통령은 물러가라"고 외쳤다.[6]

4월 26일 새벽 5시 통금이 해제되자 학생들과 시민들이 광화문 일대로 몰려들었다. 오전 9시 45분경에는 탑골공원에서 "부숴버리자"라는 고함 소리와 함께 이승만 동상이 끌어내려졌다. 시위대가 10만 명으로 불어난 가운데 10시 20분경 이승만은 시민대표와의 면담에서 "국민이 원한다면 물러나겠다"고 약속했다. 일주일 만에 '승리의 화요일'이 온 것이다. 그날 오후 국회는 이승만 대통령 즉시 하야, 3·15선거 무효와 재선거 실시, 과도 내각하에 완전 내각책임제 개헌, 개헌 후 민의원 즉시 총사직을 만장일치로 결의했다.[7] 4·19 직후 서울법대 교수 김증한은 한국인이 스스로 민주주의를 쟁취하면서 전근대사회에서 근대사회로의 전환을 이뤄냈다고 평가했다.

> 이번의 혁명은 학생을 전위대로 하는 우리 국민이 집권자의 힘보다 강하다는 것을, 따라서 진정한 민주정치를 누릴 수 있는 기본적 역량을 우리 국민은 확실히 가지고 있다는 것을 세계만방에 과시한 것이다. 아시아의 다른 모든 나라들은 민주주의라는 제도를 외국으로부터 하나의 기성 제품으로 수입하였지만, 그 수입품은 그 나라의 사회에 뿌리를 박지 못하고 물과 기름처럼 유리되어 있는 감이 있다. 마치 4·19 이전의 우리 사회도 그랬던 것과 같이. 그러나 우리는 우리에게 자유를 우리의 힘으로 전취한 것이다. 민주주의는 이제는 외래의 수입품이 아니라 우리 사회에 태어난 제도로 된 것이다. 환언하면 우리 사회는 전근대사회로부터 근대사회로의 전환을 우리 스스로의 힘으로 이룩한 것이다. 그리고 이것은 아시아에서는 최초의 일이다. 어찌 우리가 자랑하지 않을 수 있겠는가.[8]

이처럼 4·19 직후 민주주의 광장이 활짝 열리면서 제일 먼저 통일 문제가 부상했다. 2차 세계대전이 끝난 후 아시아와 아프리카에서 많은 독립국가들이 탄생했다. 신생 독립국가들은 1955년 인도네시아 반둥에 모여 식민주의 배격, 내정간섭 반대, 강대국 중심의 방위조약 배격 등을 결의하며 제3세계라는 세력권을 형성했다. 그리고 제3세계를 중심으로 민족주의가 고양되고 있었다. 반면 한국에서는 전쟁의 상흔과 이승만 정부의 반공주의 공세 속에 평화통일론이 죽음을 맞아야 했다. 이렇게 북한은 곧 타도해야 할 적이고 미국은 혈맹이라는 반공주의가 압도하면서 수면 아래 가라앉아 있던 민족주의가 4·19 직후 통일을 화두로 분출했다.

4·19 직후 국회에서 국가보안법이 완화되는 방향으로 개정되었고, 언론의 자유와 정치활동의 자유를 확대하는 법안들이 통과됨에 따라 통일 문제를 자유롭게 논의할 수 있는 여건이 조성되었다. 북한 정부는 1960년 8월 14일 남북 정부 대표로 구성된 최고민족위원회를 만들어 남북의 경제 및 문화 발전을 통일적으로 조절하는 과도기적 단계를 거쳐 통일하자는 과도적 연방제안을 제안했다.[9]

하지만 장면 정부는 남북 대화를 거부했다. 민주당은 야당 시절인 1957년 10월에 열린 전당대회에서 유엔 감시하의 남북 자유 총선거로 통일 국회를 구성하고 헌법을 제정해 통일 정부를 수립한다는 통일 방안을 제시했다. 하지만 자유당의 공격을 받자 헌법 '제정'을 '개정'으로 수정했다. 1960년 7·29총선으로 들어선 민주당의 장면 정부는 유엔 감시하에 자유선거를 실시해 반공통일을 완수한다는 기존의 입장을 고수했다. 그해 10월에 미국 상원의원 맨스필드(M. Mansfield)가 오스트리아식의 중립화 통일 방안을 언급하자 장면 정부는 공산화의 길이라고 비판했다.

반면 7·29총선을 전후해 시민사회에서는 평화통일론이 부상했다. 구체적으로는 중립화통일론과 남북협상론이 주목을 받았다. 중립화통일론자들은 스위스 또는 오스트리아처럼 주변 강대국 간의 협정으로 한반도를 영세중립화하는 방식으로 통일을 달성하자고 주장했다. 한국전쟁 무렵부터 해외에서 활동하던 김용중, 김삼규 등이 중립화통일론을 한국에 설파했다. 김삼규는 7·29총선 무렵 일시 귀국해 언론에 중립화통일론을 알렸다. 이 무렵 김용중의 중립화통일론도 언론에 소개되기 시작했다.[10] 남북협상론자들은 통일은 외세의 간섭 없이 민족 내부적인 타협과 협상을 통해 이뤄야 한다고 주장했다.

1950년대부터 평화통일론을 주장했던 혁신계는 7·29총선 이후 통일 논의에 가담했다. 혁신계는 4·19 이후 사회대중당, 혁신동지총연맹 등의 혁신정당을 결성해 7·29총선에 후보를 냈으나 참패했다. 이후 이합집산을 거듭하다가 1960년 11월에서 1961년 1월 사이 4개 혁신정당으로 재편되었다. 혁신계 의원 대부분을 망라하고 있어 당세가 가장 컸던 통일사회당은 영세중립화통일론을 주장했고 남북협상론에는 반대했다. 혁신정당 중 사회당이 가장 급진적이었다. 다른 혁신정당은 사회민주주의를 내세웠지만, 사회당은 사회주의 이념을 앞세우며 통일 문제에서는 남북협상론을 지지했다. 혁신당과 사회대중당은 통일사회당처럼 영세중립화통일론을 주장했다.

1960년 11월부터는 시민사회를 중심으로 통일운동이 본격화되었다. 통일운동단체 중 가장 규모가 컸던 것은 1만여 명의 연맹원을 둔 경북민족통일연맹이었다. 경북민족통일연맹은 다양한 이념을 가진 집단들을 아우르고 있어 단일한 통일 방안을 내세우지는 않았지만 남북협상론이 주류를 이뤘다.[11] 1961년 1월 17일에는 혁신정당과 시민단체를 망라한 민족자주통일중앙협의회(이하 민자통) 준비위원회가 천 명의 준비위원 명단과 〈통일선언서〉를 발표했다. 민자통은 〈통일선언서〉에서 "민족 자주적이며 평화적인 국토 통일을 기하며 민족자주 역량의 총집결을 기하고 민족자주의 처지에서 국제 우호의 돈독을 기한다"[12]라는 기본 노선을 제시했다. 민자통은 1961년 2월 25일 1560명의 대의원이 참가한 가운데 민자통 중앙협의회 결성대회를 열었다.[13] 민자통은 스스로가 "정당운동을 하자는 것이 아니고, 다만 자주적으로 조국의 평화통일을 하자는 범국민운동체"임을 분명히 했다. 그리고 통일 문제에 대한 입장을 담은 결의문을 채택했다.

- 우리는 외세에 의존하는 사대노예들의 난무를 배격하고 민족통일 역량을 총집결하여 통일에 매진할 것을 엄숙히 맹세한다.
- 우리는 통일 유보 또는 선건설후통일론으로 국민을 현혹케 하여 통일을 방해하는 일체의 세력을 철저히 분쇄한다.
- 우리는 유엔총회에 진정한 민족의 의사를 대표할 수 있는 민족자주통일협의회 대표를 사절단으로 참가케 하여 국민 총체의 의사를 반영시킬 것을 주장한다.
- 우리는 유엔 및 미소 양국이 이 이상 더 우리 조국을 냉전의 제물로 삼지 말고 유엔의 기본정신에 입각하여 하루속히 통일이 성취되도록 협조하기를 강력히 요구한다.
- 우리는 평화통일에 있어서 민족의 한 사람도 피해가 없도록 하기 위하여 전국결성대회 이전의 일체 범죄자에 대하여서는 평화통일된 후에는 망각법을 제정하여 일체 불문에 부친다.

- 우리는 통일에 앞서 민족친화의 정신 밑에서 다음 사항을 실천에 옮기도록 노력할 것을 정부 및 국회에 건의한다.

  ㄱ. 완충지대에 우편국을 설치하여 남북 간의 서신 왕래를 실시할 것.

  ㄴ. 남북 간의 경제 교류를 촉진케 할 것.

  ㄷ. 완충지대에 민족친화의 기구를 설치하여 때때로 남북 동포가 서로 만나 민족혼과 민족 정기가 얽히도록 할 것.

  ㄹ. 신문 기자 및 민간인 시찰단을 파견하여 이북 동포를 위문하고 실정을 상호 토로할 것.

  ㅁ. 금후 국제적인 모든 경기대회는 남북 간의 혼성 선수단을 파견할 것.[14]

통일유보론을 규탄하고 평화통일을 지향하며 남북 교류 및 협력 문제를 구체적으로 제시한 이 결의문은 당시 민자통에 참여했던 다양한 통일운동단체가 합의할 수 있는 최대공약수였다. 민자통 내에서는 남북협상론자가 다수를 차지했지만 결의문에 통일 방안을 적시하지는 못했다. 민자통은 1961년 3월 통일방안심의위원회를 설치하고 통일 방안을 논의했으나 5·16쿠데타로 중단되었다.[15] 민자통은 중앙협의회와 함께 지방협의회를 결성했다. 민자통 지방협의회는 도·군·면 단위까지 협의체 형식으로 조직되었다.[16] 5만여 명의 회원을 보유한 민자통은 한국전쟁 이후 전국적 조직을 갖춘 최대 시민단체였다.

가자 북으로, 오라 남으로, 만나자 판문점에서

1960년 4·19 당시 대학생들이 앞장섰지만 이를 주도한 학생 자치조직이나 세력이 별도로 존재하지는 않았다. 4·19 직후 학도호국단이 해체되자 학생들은 학생 자치기구인 학생회를 만들었다. 서울대 문리대에서는 학도호국단이 해체되자 곧바로 5월 10일 학생총회를 개최하고 학생회 구성을 논의했다.[17] 이처럼 학생 자치의 기반을 마련한 대학생들은 통일운동에 뛰어들었다. 4·19 직후 대학에서 신설되거나 재건된 이념 서클들이 이러한 변화를 선도했다. 이념 서클들은 한국 사회의 후진성의 근본 원인을 분단 모순과 외세 의존에서 찾고, 그 해결책으로 남북의 평화공존과 교류, 통일, 자립경제 수립 등을 제시했다.[18]

1960년 9월 개강과 함께 통일운동이 본격적으로 시작되었다. 9월 24일과 25일에 고려대 정경대 학생회 주최로 '전국학생통일문제토론회'가 열렸다. 이 자리에 참석한 학생 대부분은 중립화통일론을 주장했다. 11월 1일에는 '서울대학교 민족통일연맹 발기대회'가 열렸다. 이날 학생들은 다음과 같은 대정부 건의문을 발표했다.

- 기성세대는 남북 분단의 비극을 야기하도록 한 도의적 책임을 통탄하고 민족통일에 대한 새 세대의 정당한 발언을 묵살 내지 억압할 자격이 없음을 시인하라.
- 남한의 모든 정당 및 사회단체는 패배의식을 철저히 불식하고 남북한 총선거에 대비하여 공산당과 대항하기 위하여 연합할 기틀을 마련하라.

- 정부는 조국 통일 문제에 대하여 현실에 입각한 적극 외교로 전환하라. 장 국무총리는 이러한 외교의 일환으로 한국 통일 문제만을 협의하기 위하여 미국과 소련을 특별 방문하고 미소 지도자와 회담하라.
- 세계인권선언에 의하여 보장된 인간의 기본권인 통신의 자유를 남북한에 하루바삐 시행하라.[19]

언론은 세 번째 건의에 주목하며 이를 오스트리아식 중립화통일론을 주장한 것이라고 해석했다. 장면 정부는 즉각 대응했다. 11월 2일 장면 총리가 직접 나서서 오스트리아식 중립화는 한국 현실에서는 불가능하다는 담화를 발표했다. 그날 저녁에는 긴급 장관회의를 열어 중립화통일론, 남북교류론을 주장하는 학생단체 단속 문제를 논의했다. 국회 역시 그날 밤 긴급회의를 열어 "남북통일은 대한민국 헌법 절차에 의하여 유엔 감시하에 인구 비례에 따라 자유선거를 실시함으로써 실현한다"라는 내용의 결의안을 만장일치로 통과시켰다.[20] 그날 서울대 법대 극동문제연구소에서는 정치인, 학자, 학생이 참가한 통일문제토론회가 개최되었다. 여기서 민주당 정책위원회 의장 주요한은 "실제로 통일되는 것은 우리의 민주주의를 올바르게 지키고 경제체제를 확립하여 남한이 북한을 자석처럼 끌어당기는 힘을 배양한 후에 이룩될 수 있는 것"이라며 선건설후통일론을 주장했다.[21]

이처럼 통일 논의가 정치 쟁점으로 부상하는 가운데 11월 18일 서울대에서는 이념 서클인 신진회, 후진사회연구회, 사회법학회의 주도로 서울대 '민족통일연맹'(이하 민통련)이 발족했다. 민통련의 목표는 학생과 일

반인의 통일의식을 고취하고 통일 문제에 관한 다양한 견해와 방법론을 연구·비판하는 데 있었다. 서울대 민통련의 결성을 시작으로 1961년 초까지 전국 18개 대학에서 통일운동 조직이 결성되었다.

이처럼 학생운동 내부에서 통일 논의가 고조되면서 1961년에 들어와서는 전국적인 학생 통일운동 조직을 결성하려는 움직임이 본격화되었다. 서울대 민통련은 5월 4일 남북학생회담을 제안했다. 첫째 빠른 시일 안에 남북학도회담을 개최하고, 둘째 회담 의제는 학생기자 교류, 학술토론대회 개최, 예술·학문·창작 교환, 체육대회 개최로 하며, 셋째 남북 행정 당국은 학생들의 결의를 전폭적으로 지지할 것 등을 제안했다. 다음날인 5월 5일에는 18개 대학과 경북고 등의 학생 통일운동 조직 대표 30명이 모여 민족통일전국학생연맹(이하 민통전학련) 결성준비대회를 열었다.[22] 이 자리에서는 서울대 민통련의 제안이 곧 민통전학련의 결의임을 확인했다. 이날 민통전학련은 학생회담 장소는 판문점으로 하며, 시일은 5월 이내로 하고, 대표는 지역별로 선정하기로 결의했다.

북한 정부는 즉각 반응했다. 서울대 민통련이 남북학생회담을 제안한 다음날인 5월 5일 북한 내무성과 조선로동당, 조선학생위원회, 조선민주청년동맹 중앙위원회가 남북학생회담 지지성명을 발표했다. 5월 6일에는 조선학생위원회와 조선민주청년동맹 대표와 각 학교 대표 500여 명이 집회를 열고 조선학생회담 준비위원회를 구성했다. 5월 13일에는 조국평화통일위원회를 조직했다.[23]

남한 내의 반응은 둘로 갈렸다. 장면 정부는 남북학생회담 제안에 반대했다. 장면 정부는 즉각 불허방침을 내놓았다. 문교부는 통일운동을 주도하는 학생들에 대한 처벌 방안을 검토했다. 대부분의 언론도 남북학생회담에 반대했다. 반면 민자통과 소속 단체들은 남북학생회담 제안을 환영하고 지지 집회를 기획했다. 5월 5일 민자통은 통일 문제를 협의하기 위한 관민합동회의를 열자는 내용의 편지를 정부, 국회, 시민단체에 발송했다. 그리고 전국에서 남북학생회담 지지 집회를 열었다. 5월 13일에는 서울운동장에서 민자통이 주최하는 '남북학생회담 환영 및 통일촉진 궐기대회'가 열렸다. "이 땅이 뉘 땅인데 오도 가도 못하느냐", "가자 북으로 오라 남으로 판문점에서 만나자" 등의 플래카드를 든 참석자들은 "지금까지 위정자들이 쌓아놓은 남북 민족 간의 적개심을 풀기 위해서도 정치적으로 순진한 학생들로 하여금 한 피 받은 한겨레의 감회를 풀 수 있도록 정부는 판문점 회담을 알선하라"라고 주장했다.[24]

그런데 서울대 민통련은 5월 12일 학생운동의 순수성을 주장하며 민자통이 주최하는 남북학생회담 지지 집회에 참여하지 않을 것임을 선언했다. 일부 서울대 민통련 지도부는 장면 정부의 고위 관리들을 만나 남북학생회담 제안을 유보할 뜻을 비쳤다. 5월 14일 민통전학련은 일간지에 "남북 학생 및 통일축제 개최에 관한 원칙, 우리의 요구"라는 제목의 광고를 게재했다. 여기서 민통전학련은 첫째 남북학생회담 지지 여부를 알기 위해 국민 또는 전 학생의 투표를 실시할 것, 둘째 남북학생회담을 친선사절단 교환, 학생기자 교환, 체육예술단 교환 등 비정치적 부분으로 한정하고, 만약 정치적 문제가 제기되면 회담을 중단할 것, 셋째 대표단은 학생회, 일반 학생, 민통련 각 3분의 1씩 구성할 것 등을 주장했다. 이 광고를 통해 민통전학련은 자신들이 제안한 남북학생회담이 비정치적 교류임을 분명히 했다.[25] 하지만 이틀 후 군사쿠데타가 일어나면서 모든 시도가 없던 일이 되었다.

장면 정부는 통일운동이 분출하자 반공의 칼을 앞세워 저지하고자 '반공임시특별법'과 '집회 및 시위에 관한 법률'(이하 데모규제법) 제정을 시도했다. 1960년 11월 1일 서울대 민통련이 발기대회를 열자 다음날인 11월 2일에 장면 정부는 데모규제법을 마련하겠다는 의사를 밝혔다. 그리고 이듬해인 1961년 3월 반공임시특별법안과 데모규제법안을 내놓았다. 두 법안은 곧바로 '2대 악법'이라는 오명을 얻었다. 반공임시특별법안에는 기존의 국가보안법과 중복되는 조항이 많았다. 데모규제법에는 시위에 불법이라는 덫을 씌울 수 있는 조항이 많았다. 당시 대부분의 언론은 두 법안에 비판적이었다. 야당인 신민당의 일부 의원과 민주당 내 소장파들도 반대했다.[26]

민자통을 비롯한 시민단체와 혁신정당은 반공임시특별법과 데모규제법 제정 시도를 자신들에 대한 탄압으로 받아들이며 반대했다. 1961년 3월 14일에는 통일사회당·사회당·사회대중당·혁신당·삼민당 및 민자통, 중립화조국통일총연맹 등이 '반민주악법반대 공동투쟁위원회'(이하 공투위)를 조직했다.[27] 각 지방에서도 정당과 시민단체들이 공투위를 결성했다. 각 대학 민통련 조직과 전한국학생총연맹 등 17개 학생단체도 '악법반대 전국학생투쟁위원회'를 결성했다. 전국에서 공투위가 결성되면서 3월 18일 대구를 시작으로 '2대 악법' 반대운동이 전국에서 벌어졌다.[28]

장면 정부는 두 법안을 4월 안에 국회에서 처리하겠다는 의지를 피력했으나 결국 반공임시특별법 제정은 포기했다. 그리고 국가보안법을 반국가단체에 대한 선전·찬양 금지조항과 예비음모조항을 강화하는 방향으로 개정하고자 했다.[29] 4월에도 '2대 악법' 반대 시위는 전국에서 계속되었다. 여론마저 악화되자 야당인 신민당은 여당의 2개 법의 제정 관련 협상에 응하지 않겠다고 선언했다. 결국 국회는 장면 정부가 제출한 두 법안의 처리를 연기했다.[30]

민족 자립을 제기하다

4·19 이후 통일운동이 확산되는 가운데 한미관계의 종속성을 비판하는 움직임이 나타났다. 1961년 2월 8일 한미경제기술원조협정(이하 한미경제원조협정)이 조인되었다. 이 자리에서 정일형 외무장관은 "현존하는 경제원조협정을 대체하게 되는 신협정은 이 나라의 경제 자립과 생활수준 향상의 목표를 달성하는 데 다대한 역할을 하리라고 확신하는바"라는 소감을 밝혔다.[31] 하지만 한미경제원조협정에는 한국의 주권을 제약한다는 논란을 일으킬 만한 조항들이 있었다. 곧바로 이 협정이 주권을 침해하며 한국 측에 일방적 의무만을 요구한다는 비판이 일었다.

문제가 된 조항은 제3조, 제6조, 제7조였다. 이에 따르면 원조자금 사용에서 한국 정부는 미국 당국자들에게 사업 및 그 계획과 관련 기록을 제한없이 관찰하고 재검토하도록 허용하고(제3조 제1항), 미국 정부와 미국 정부의 재정 지원을 받는 계약자가 본 협정에 따라 사업이나 계획을 수행할 목적으로 한국에 도입하는 또는 한국 내에서 취득하는 자동차를 포함한 공급물자, 원료, 기구, 물품 또는 기금이 원조사업에 연관되어 사용될 경우에는 면세 조치하고(제6조 제3항), 그들의 구성원과 가족은 사적 용도로 한국에 도입한 자동차를 포함한 개인 소지품, 기구, 공급물자 등에 관한 관세 지불에서 서울에 주재하는 미국 대사관의 외교관에 제공되는 바와 동일한 대우를 받으며(제6조 제6항), 원조 계획의 전부 혹은 일부에 대해 미국 정부가 사정 변경으로 지속이 불필요하거나 부적당하다고 결정한 경우에는 중단할 수 있었다(제7조 제7항).[32]

그런데 한미경제원조협정에 포함된 미국 정부의 원조에 대한 관리·감독 권한 규정은 종전에 체결된 경제원조 관련 협정에 담겨 있거나 관행적으로 관철되던 것이었다. 하지만 관행마저 모두 성문화한 데 더해 치외법권까지 부가하면 미국의 한국에 대한 감독권과 내정간섭이 강화되어 종속성이 한층 강화된다는 우려가 일었다. 야당 의원들은 경제적으로 미국의 식민지가 될 우려가 있다며[33] 반발했고 이 협정을 '을사보호조약'에 비유하기도 했다.[34] 이에 대해 장면 정부는 한미경제원조협정 내용은 미국이 원조를 주는 나라와 맺는 표준협정의 기준을 따른 것이라고 항변했다. 하지만 여론은 비판적이었다. 《경향신문》은 사설에서 한미경제원조협정이 주권 침해의 우려가 있다고 주장했다. "원조 운영 면에 있어 거의 자주적 권한을 찾아보기 힘들 정도로 미국의 발언권이 커졌"다는 사실에 주목하며 "아무리 원조를 받는 국가이긴 하지만 적어도 국제적 협정인 이상 상호간 주권 존중과 권리 의무에 관한 규정이 내용이 되어야 할 것이다. 단적으로 말해서 이번 협정은 일방적인 요구 조건이나 통고나 진배없"다고 일갈했다.[35]

한미경제원조협정 조인 직후 야당은 물론 시민사회는 미국 정부와 장면 정부에 항의하는 운동에 나섰다. 사회대중당은 연대운동을 제안하고 주선했으며, 통일민주청년동맹 준비위원회는 한미경제원조협정이 "한국의 항구적 예속화와 조국의 민족통일에 배역(背逆)"되는 것이라고 비판하며 범민족적 항쟁을 촉구했다.[36] 대학생들도 한미경제원조협정을 예속적·식민지적 불평등협정으로 규정하고 연대운동에 나섰다. 2월 12일 서울대, 고려대, 항공대, 건국대, 성균관대, 외국어대, 단국대, 경희대 8개 대학 민통련 조직과 서울대 국민계몽대, 전국학생조국통일추진위원회, 전국학생민주수호공명선거추진위원회 등의 조직이 연대해 '전국학생한미경제협정반대투쟁위원회'를 결성했다. 그리고 이틀 후인 2월 14일 서울 탑골공원에서 전국학생한미경제협정반대투쟁대회를 개최해 '한미경제원조협정을 철회하고 국회는 비준동의를 거부하며 대미관계에 있어서 민족자주성을 절대 고수할 것' 등을 요구하는 대정부 및 국회 건의문을 채택했다. 이날 17개 혁신계 정당과 시민단체는 '2·8한미경제협정반대공동투쟁위원회'(이하 경협반대공투위)를 결성했다.[37]

이처럼 민자통을 비롯해 통일운동 단체들이 주로 가입한 경협반대공투위는 부산, 대구, 서울 등에서 한미경제원조협정 성토대회를 열었다. 2월 21일에는 명동성당 앞에서 전국학생한미경제협정반대투쟁위원회는 한미경제협정반대 성토대회를 열고 시위행진에 나섰다. 학생들은 장면 정부가 "민족의 분할을 영구화하고 조국의 주권을 굴욕적으로 침해하는 한미경제협정"을 체결했다고 비판했다.[38]

그런데 장면 정부의 일방적인 조인에 반발했던 야당은 경협반대공투위 결성을 경계했다. 신민당의 박준규 의원은 "의회 투쟁을 통하여 동 협정을 반대할 수 있으며 원외에서 통일체를 구성하여 국민운동을 일으킬 필요는 없다"[39]라고 주장했다. 장면 총리는 "공산당의 흉계는 남한에서 한미경제협정을 반대한다는 구실 아래 합법을 가장하여 '양키고홈' 등 반미사상을 고취"[40]하는 데 있다며 반공의 칼날을 들이댔다. 또한 '반미

사상을 조장하는 북한 괴뢰의 흉계가 표면화되고 있어 이에 대한 단서를 잡고 수사 중'이라고 밝혔다.[41] 이에 신민당은 '자주성을 지키려는 정당한 투쟁을 하는 야당을 공산당으로 몰려는 태도'는 "반대파를 무작정 빨갱이로 몰아붙이던 이승만 수법의 부활"이라며 반발했다.[42] 경협반대공투위도 "애국적인 국민의 의사나 운동을 무조건 반미적이라고 몰아친 것은 반민주적 폭언이며 미국에 대한 아부"라고 비판하고, 자신들의 목표는 "반미운동이 아니라 호혜적이고 자주적인 외교정책에 입각한 대미관계를 수립"하는 데 있다고 주장했다.[43]

이처럼 시민사회에서 한미경제원조협정에 대한 반대가 거세게 일어나자 2월 16일 매카너기 미국 대사는 정일형 외무부 장관에게 '한국 주권을 전적으로 존중하며, 미국 정부는 대한민국의 자립과 경제적 복지를 증진하는 데 기여할 것을 굳게 결의하고 있다'라는 요지의 미국 정부 공한을 보냈다. 그리고 직접 장면 총리를 만나서는 논란이 된 조항들이 '미국과 프랑스, 이탈리아, 타이완 등의 다른 나라와 맺은 경제원조협정의 유사 규정과 비교할 때 결코 굴욕적 규정이 아니라는 점'을 전달했다.[44] 장면 정부는 2월 20일 민의원에 비준 동의 요청서를 제출했다. 2월 23일 민의원 외무위원회는 원안대로 통과시켰고, 2월 25일 본회의에 상정했다. 2월 28일 "동 협정의 적용이나 해석은 대한민국 주권을 존중하는 원칙에서 한다"라는 부대 각서를 조건으로 민의원에서 비준 동의안이 가결되어 참의원으로 이송되었고, 같은 날 참의원에서 가결되었다.

위에서 살펴보았듯이 한미경제원조협정에 대해 시민사회는 주권 침해를 문제 삼았다. 그 협정이 "주권을 침해하고 종속 체제를 규정하여 대다수 국민의 빈곤을 조성한다면 우리는 그것을 받아들일 수 없다"는 것이다.[45] 또한 미국 상품시장에 예속되는 것을 경계했다. 주권 침해와 경제 예속에 대한 저항은 원조를 받지 말고 자립해보자는 논의로 이어졌다. 또한 경제 자립을 이루려면 원조보다 남북통일이 먼저 이루어져야 한다는 주장도 등장했다.[46] 중립화통일론자 김용중은 "통일은 민족의 지상 혁명"으로 경제 자립을 하려면 반드시 통일이 요구된다고 주장했다.[47]

2
쿠데타 세력의 민주주의 담론과
민족적 민주주의 논쟁

5·16쿠데타와 '혁명' 담론

1961년 5월 16일 박정희 소장과 그를 따르는 청년 장교들이 3600여 명의 병력을 이끌고 군사쿠데타를 일으켰다. 쿠데타군은 별다른 저항을 받지 않고 한강을 건너 서울에 진입했고 주요 기관과 시설을 장악했다. 그리고 군사혁명위원회를 세워 입법, 사법, 행정 3부의 기능을 접수했다. 사흘 후에는 장도영 육군참모총장을 의장으로 하는 국가재건최고회의를 설치했다.[48] 국가재건최고회의는 국회와 정부를 통합한 성격의 기구로 각군 참모총장을 포함한 32명으로 구성했다.

4·19 이후 박정희와 청년 장교들은 군부 개혁운동인 정군운동을 일으

켰다. 그들이 군부에 만연한 부정부패를 비판하며 추진한 정군운동은 군부 내에서 지지를 받았다. 그러자 박정희 소장과 청년 장교들은 군부 개혁을 넘어 정치와 사회 개혁으로 눈을 돌렸다. 그들은 장면 정부는 4·19로 분출된 시민의 요구를 제대로 충족시키지 못하는 무능한 정부이고 정치권은 분파 투쟁에 찌들어 있으며 만연한 기업 부패로는 절대빈곤을 극복할 수 없다는 현실 인식을 갖고 있었다. 그리고 자신들만이 개혁을 이뤄낼 주체라고 자부하며 쿠데타를 일으켰고, 미국은 이를 묵인했다.

1950년대 말부터 미국은 후진국의 새로운 지배 세력으로 농촌 출신의 젊고 친서구적이며 비공산주의적인 엘리트 군인에 주목했다. 그 군인을 엘리트로 키워낸 것은 미국의 원조였다. 한국에서도 1950년대에 약 6천 명을 헤아리는 장교와 하사관이 미국으로 건너가 군사 연수를 받았다. 그들은 한국으로 돌아와 주한미군과의 협력하에 복무하면서 미국의 선진 문화를 익혔다는 자부심에 찬 엘리트 군인으로 살아갔다. 1961년에 들어선 미국의 케네디(J. F. Kennedy) 정부는 후진국 엘리트 군인들의 민족주의 성향을 경제개발의 동력으로 활용하는 대외정책을 추진했다. 그리고 그해 5월 한국에서 엘리트 군인들이 쿠데타를 감행했다.[49]

그런데 케네디 정부가 쿠데타 세력의 민족주의적 성향에 주목한 것과 달리 학생들과 지식인들은 그들이 미국의 군사원조에 기반해 선진화된 세력이라는 점에 기대를 걸었다. 학생들은 쿠데타를 지지하는 가두시위를 벌였다. 5월 23일 서울대 학생회는 쿠데타를 지지하는 성명서를 발표했다. 지식인 중에도 공개적으로 쿠데타에 대한 기대를 밝힌 경우가 있었다. 장준하는 5·16쿠데타 직후《사상계》1961년 6월호의 권두언 〈5·16 군사혁명과 민족의 진로〉에서 5·16쿠데타를 "부패와 무능과 무질서와 공산주의의 책동을 타파하고 국가의 진로를 바로잡으려는 민족주의적 군사혁명"으로 규정했다. 그리고 "민주주의 이념에 비추어 볼 때는 불행한 일이요, 안타까운 일이 아닐 수 없으나 위급한 민족적 현실에서 볼 때는 불가피한 일이다"[50]라고 주장했다. 다음달인 7월호의 권두언 〈긴급을 요하는 혁명과업의 완수와 민주정치에로의 복귀〉에서도 "국가 재건의 엄숙한 공약을 내걸고 5·16혁명정권이 이 나라의 국정을 담당한 지도 이제 만 2개월을 산(算)하게 되었다. 혁명정권은 초기의 혼란을 재빨리 수습하고 혁명 과업수행의 원칙과 구체적인 대책을 수립함에 과감했으며, 목전의 부정과 부패, 사회악을 소탕하는 데도 신속했다"라고 평가하며 기대감을 드러냈다. 그리고 "유산(流産)에 임했던 4·19혁명의 과업을 군사정권이 과감하게 수행한다는 점에서 5·16혁명의 긍정적인 의의를 발견"[51]할 수 있다고 주장했다.

쿠데타 세력 역시 5·16쿠데타의 정당성을 4·19가 민주주의 혁명으로서 제기한 과제의 중단 없는 추진에서 찾았다. 박정희는 1961년 7월 3일 국가재건최고회의 의장에 취임하면서 일성으로 "진정한 민주주의적 국가 재건", "진정한 민주공화국 재건"을 내세웠다.[52] 이듬해 4·19 기념식에서는 "5·16혁명이 4·19의거의 연장"임을 천명하며 곧 군정을 끝내고 민정으로 이양하겠다고 약속했다.

5·16혁명은 4·19의거의 연장이며, 조국을 위기에서 구출하고 멸공과 민주 수호로써 국가를 재생하기 위한 긴급한 비상조치였던 것이다. 군정이 환영할 만한 체제가 못 된다는 것은 알고도 남음이 있다. 그러나 이는 어디까지나 과도적 조치이며 우리들의 노력에 따라 멀

지 않아 자유민주의 기틀이 견고히 될 것을 믿어 마지않는 바이다.[53]

그런데 4·19를 의거라 부르고 5·16쿠데타를 혁명으로 호명하는 논리
에는 두 사건 사이에 자리하는 장면 정부와 시민사회의 통일운동에 대한
강력한 비판이 들어 있었다. 박정희는 장면 정부에 대해 '고귀한 희생의
대가로 성취한 혁명을 미완성으로부터 완성으로 이끌어야 했음에도 그
사명을 역행한 반혁명적 배신자이고 역사의 반동이고 국민의 소망을 배
신한 불신집단'이라고 비판했다.[54] 통일운동에 대해서는 "몰지각한 용공
분자들"이 "통일을 구실한 북한 괴뢰의 책동에 부화뇌동"한 것으로 치부
했다.[55] 그리고 5·16쿠데타로 들어선 군사정부의 역할은 자유민주 건설
의 기틀을 마련하는 데 있다고 주장했다. 박정희는 1961년에 출간한《지
도자도》에서 5·16쿠데타의 목표는 반민주체제를 전복하고 진실한 자유
민주주의를 실현하기 위한 기틀을 마련하는 데 있다고 주장했다.

이번 혁명은 꼭두각시의 반민주체제를 근본적으로 전복하고 진실한
자유민주주의를 실현하기 위한 기틀을 마련하는 것이었다. 그것은
결코 새로운 독재와 전제주의를 확립하기 위함이 아님은 명명백백
하다.[56]

나아가 쿠데타는 "법실증주의의 견지에서 볼 때 현존 법질서에 대한
침범일지 모른다. 그러나 법질서 이전에 있는 또 실지로는 현존 법질서
의 기저에 있는 아무에게도 양보할 수 없는 국민의 기본권의 행사이며
기본적 의무의 이행인 것이다. 이러한 관점에서 혁명은 정당성과 합법성

을 가진다"[57]라고 주장했다.

이처럼 박정희는 군사쿠데타에 군사혁명이라는 위상을 부여하며 세계혁명사에서 역사적 정당성을 구하고자 했다. 그는 1963년에 출간한 책《국가와 혁명과 나》에서 "5·16군사혁명은 4·19혁명의 연장으로 이미 국민혁명으로 승화하고 있다"[58]라고 거듭 주장하며 나세르의 이집트 혁명, 중국의 근대화와 쑨원 혁명, 일본의 메이지 유신과 일본의 근대화, 케말 파샤의 튀르키예 혁명과 같은 "민족의 재기와 발전을 성취한 거룩한 거사"라고 찬양했다.[59]

또한 "모든 혁명이 다 그렇게 성공적인 것은 아니다"라고 주장하며 쿠바를 비롯해 중남부 아메리카 혁명에 대해서는 만성적 정치 불안을 야기하며 공산주의 혁명을 수출하려 한다고 비판했다.[60] 그리고 5·16쿠데타를 세계사에 유례가 없는 신사적 혁명이고 민주주의적 이상혁명이라고 주장했다.

중남미, 동남아, 중근동 아프리카 그리고 또 이전의 온갖 혁명사를 보라. 우리처럼 신사적인 혁명이 또 어디에 있는가? (…) 모든 혁명은 피와 살과 뼈를 도려내는 유혈투쟁이고 적에 대한 무자비한 탄압, 그리고 섬멸적 투쟁으로 결실을 맺었다. 우리처럼 혁명의 적대세력을 대등한 위치로 대접하고 순리와 자유경쟁의 원칙에 따라 혁명의 결실을 시도한 예가 세계혁명사의 그 어느 대목에 있었는가 말이다. 이는 민주주의적 이상혁명이다.[61]

그는 쿠데타 세력이 혁명을 시도하되, 혁명적 방법 대신 민주주의적

이상혁명을 택한 것은 자신들의 고민이 "혁명과 민주주의적 체제와의 조절, 그리고 양자의 병립에 있었기 때문"이라고 주장했다.

군사정부와 행정적 민주주의

1961년 11월 미국을 방문한 박정희 국가재건최고회의 의장은 쿠데타의 목적이 자유민주주의의 토대를 세우는 데 있다고 주장했다. "우리의 혁명은 전 정권의 비민주적인 모든 잔재를 일소하는 데 그 목적이 있는 것"이고 "진정한 자유민주주의의 토대를 세우는 데 있다"고 했다.[62] 미국 정부는 박정희가 혁명의 목적으로 내세운 자유민주주의를 의심하지 않았다. 다만 쿠데타 세력의 민족주의적 성향에 더 관심을 보였다. 군사정부 시절 주한 미국대사였던 버거(S.D. Berger)는 쿠데타 세력에 대해 다음과 같이 말했다.

> 그들은 근본적으로 반공주의자이며 반자본주의자로 교도(敎導) 또는 계획된 민족적 민주주의에 기반을 둔 새로운 정치, 경제 질서를 한국에 세우겠다고 말했다. 그들은 말은 안 했지만 아유브칸, 히틀러, 나세르 그리고 수카르노를 존경했다.[63]

1950년대 말 아시아에서 군부가 정치무대의 전면에 등장했다. 이라크, 레바논, 수단, 파키스탄, 미얀마, 태국에서 군부가 집권했다. 이들 군부 지도자들은 서양 민주주의가 자국에 맞지 않다고 주장했다. 그리고 인도네시아의 수카르노는 교도민주주의(guided democracy), 파키스탄의 아유브칸은 기본민주주의(basic democracy), 스리랑카의 반다라나이케는 민주주의의 본질(substance of democracy), 인도의 나라얀은 정당 없는 민주주의(partyless democracy) 등을 제기하며 민주주의의 토착화를 주장했다. 군사정부는 이러한 아시아의 군사 쿠데타와 민주주의 담론을 조사하고 연구했다. 국가재건최고회의가 발간한 《외국 군사혁명 개요》제1집에는 미얀마, 파키스탄, 태국, 튀르키예, 통일아랍공화국, 이라크, 남아메리카 등의 최근 역사와 국내외 정책 등이 실렸다.[64] 이 중에서 군사정부가 가장 관심을 보인 것은 교도민주주의였다. 군사정부 당시 일본 《마이니치신문》의 편집부국장이던 에다마쓰(枝松茂之)는 박정희가 수카르노의 교도민주주의와 유사한 민주주의를 채택하려 한다고 보도했다.[65]

인도네시아의 수카르노 대통령은 1957년 서방식 민주주의를 폐기하고 교도민주주의를 채택했다.[66] 수카르노는 교도민주주의의 원리로 인도네시아 고유의 민주주의의 세 가지 기본요소인 만장일치제, 대의제, 토론 제도를 꼽았다.[67] 그것은 촌락의 모든 분쟁을 만장일치로 해결하고 개인이 토지를 소유하지 않고 추장을 중심으로 공동경작을 하면서 각자가 필요에 따라 분배받는 촌락공동체인 고똥로용(Gotong Royong) 전통에서 나온 것이었다.[68] 수카르노는 이와 같은 교도민주주의의 원리에 입각해 민주주의, 통합, 동원을 구호로 내세웠다. 그리고 국가 재건을 위한 세 가지 조건으로 민족자본, 경영 지식, 재건에 필요한 정치 환경을 제시했다.[69] 그런데 그가 말한 재건에 필요한 정치 환경은 영구집권을 위한 강력한 지도체제를 뜻했다. 수카르노는 1959년에 서구식 의회제 민주주의 헌법을 폐기하고 제헌의회를 해산했다. 1963년에는 임시국민의회에 의해 종신대통령에 임명되었다.[70] 그는 영구집권과 강력한 지도체제 확립을 국민혁명이라 명명했다. 그리고 국민혁명의 추진력으로 국민의 단결된 힘을 강조했다.

> 우리의 혁명은 국민혁명이다. 모든 국민혁명의 주요 원동력은 전 국민 세력의 통합에서 나온다. 전 국민 세력의 통합이 이루어지기 위해서는 국민 사이의 대립이 한 가정 내의 대립 같이 해소되어야 한다.[71]

수카르노에 따르면 국민혁명의 강력한 주도권을 확립하기 위해서는 서구식 권력분립 상태를 극복하고 대통령 한 사람의 가부장적 교도에 따라 권력이 행사되어야 했다.[72]

파키스탄의 아유브칸 장군은 쿠데타에 성공한 이듬해인 1959년에 기본민주주의를 천명했다. 이에 따라 지방 의회는 촌락회의 → 분군(分郡)회의 → 군회의 → 분주(分洲)회의 → 주개발자문회의의 상향식으로 구성되었다. 이 같은 상향식 구성은 문맹률이 높은 나라에서는 지방 사정을 숙지하는 인사들이 정치에 참여해야 한다는 아유브칸의 주장에 따른 것이었다. 그러므로 기본민주주의에서는 촌락회의가 가장 기초적이면서 중요한 기관이었다. 촌락회의는 인구 만 명 기준으로 구성되어 전국에 약 8천 개의 촌락회의가 있었다. 임기 5년의 촌락회의 의원은 선거로 뽑힌 10명 내외의 의원과 지방관리 중에 임명된 의원으로 구성되었다. 최초의 촌락회의 선거는 1959년 12월에 치러졌다.

그런데 아유브칸 역시 수카르노처럼 1962년에 대통령의 권한을 대폭 강화한 신헌법을 공포했다. 신헌법에 따르면 대통령은 5년마다 8만 명의 선거인단에 의해 선출하도록 했다. 대통령은 긴급명령권을 갖고 있었으며 국회와 주의회가 제정한 법에 대해 거부권을 행사할 수 있었다. 그리고 의회가 의원 3분의 2의 찬성으로 대통령의 거부권을 부의해도 대통령은 다시 국민투표에 부칠 수 있는 권한을 가졌다. 이는 사실상 대통령의 동의 없이는 입법할 수 없음을 뜻했다.[73]

이처럼 교도민주주의와 기본민주주의는 쿠데타를 일으킨 지도자에 의해 제창되었고 민주주의의 토착화를 앞세웠지만 결국 현실에서는 대통령의 영구집권과 독재체제로 귀결되는 공통점을 보였다.[74]

아시아의 군부 집권 세력이 제기한 민주주의 담론에 대한 관심이 높아진 가운데 장면 정부 시절부터 교도민주주의, 기본민주주의 등이 정치 논쟁에 등장하거나 언론 지상에 오르내렸다. 장면 정부에서는 지방자치제 실시를 앞두고 민주당 신파가 직선제의 폐단을 막기 위해 임명제 부지사를 두자고 주장하자 민주당 구파가 민주주의의 후퇴라며 반발했다. 이때 민주당 신파인 엄민영 의원은 "우리나라의 특수한 전통과 민도를 전혀 고려하지 않고 풍토가 다른 서구의 민주주의를 무비판적으로 받아들이려고 하는 것은 커다란 비극을 낳게 하는 요인이 된다"라고 말하면서 "우리는 우리의 후진성에 알맞은 민주주의의 일례를 들자면 교도민주주의 같은 것이 필요하다"라고 주장했다. 《경향신문》은 이 같은 논란을 보도하면서 교도민주주의에 대해 "참다운 민주주의를 성립시키기 위해 일정 기간은 훈련기에 들어가야 된다는 주장 아래 야당의 존재와 언론·출판 등 국민의 기본권이 철저하게 제약되는 하나의 정치형태를 의미한다. 이 교도하는 민주주의의 관념은 히틀러나 무솔리니가 주장한 지도자 정신과도 일맥상통하는 바가 있어 오늘날 자유민주주의는 이를 극도로 의문시하고 때에 따라서는 적대시까지 하고 있는 것이다"라고 비판적으로 소개했다.[75] 한편 5·16 직후 일부 지식인들은 아유브칸의 기본민주주의나 수카르노의 교도민주주의를 긍정하며 쿠데타 세력이 지도성과 통제를 가미한 '후진국형 민주주의'를 실천하리라 기대하기도 했다.[76] 그와 같은 후진국형 민주주의가 민주주의 성장을 위한 학교 구실을 할 것이라는 기대도 피력했다.[77]

군사정부는 후진국형 민주주의에 대한 검토를 거쳐 자신들이 지향하는 민주주의에 '행정적 민주주의'라는 이름을 붙였다. 군사정부는 행정적 민주주의란 과도정부적 성격을 갖고 일사불란한 지도를 통해 빠르게 민정이양으로 가야 한다는 입장이 반영된 민주주의라고 정의했다. 박정희는 군사정부 시절인 1962년에 발간한 《우리 민족의 나갈 길》에서 행정적 민주주의론을 펼쳤다.

나는 혁명 기간에 우리가 지향하는 민주주의는 서구적인 민주주의가 아닌 즉 우리의 사회적 정치적 현실에 알맞은 민주주의를 해나가야만 된다고 생각한다. 이러한 민주주의가 다름 아닌 행정적 민주주의라고 할 수 있다.[78]

여기서 말하는 행정적 민주주의는 "혁명이 불가피하였던 우리나라에 있어서는 진정한 민주주의를 재건 확립하기 위한 과도기적인 단계의 민주주의"를 뜻했다. 그에 따르면 민주주의는 "정치적으로 당장 달성할 것이 아니라 어디까지나 과도기적인 단계에 있어서는 행정적으로 구현해야"[79] 하는 것이었다. 즉 "혁명단계에 있어서 완전한 정치적인 자유민주주의를 향유할 수 없다 하더라도 최소한 행정적 레벨에 있어서는 민주주의적인 원칙이 고수되고 민주주의적 원칙에 의하여 국민의 의견과 권리가 존중되어야" 했다.

> 행정적 민주주의는 정부가 하는 일에 대하여 국민의 정당한 비판과 건의를 봉쇄하는 것이 아니라 오히려 이것을 환영하며 국민의 여론 앞에 정부의 업적을 심판하고 국민의 정당한 의견 아래서 정부의 잘못(만일 있다면)이 시정되어나가는 방향으로 되어야 할 줄 안다.

여기에 더불어 행정에 대한 민주적 통제가 필요함도 주장했다.

> 행정적 민주주의는 행정 개혁과 행정의 민주화를 통해 달성될 수 있는데 특히 관리의 합리화와 함께 행정 자체가 국민을 위하고 행정의 당사자 가운데서도 아래에 있는 사람들의 입장을 생각해주고 행정 조직 내에 관계되는 모든 사람이 인격과 능력을 인정받을 수 있고 부당한 고급관리의 월권행위를 부하 관리나 또는 일반 국민이 견제할 수 있는 행정의 민주적 통제를 중요시하지 않을 수 없다.[80]

이처럼 과도정권으로서의 성격을 갖는 군사정부가 행정적 민주주의를 내세운 데에 대해 언론은 기대와 경계심을 동시에 드러냈다.《조선일보》는 수카르노의 교도민주주의, 아유브칸의 기본민주주의, 나세르의 대통령민주주의, 기니 대통령 투레의 전체적 민주주의 등을 소개하면서 박정희가 제창한 행정적 민주주의가 "명칭이야 무엇이든 본질상 변화가 없는 민주주의"여야 한다는 점을 강조했다.[81]

민정이양과 민족적 민주주의 논쟁

1963년 2월 18일 박정희는 군의 정치적 중립과 민간 정부 지지, 5·16 혁명의 정당성 인정, 정부의 한일문제 방침에 대한 협력 등 9개 항의 요구를 내놓고 이것이 실현되면 대통령에 출마하지 않겠다고 선언했다. 2월 26일에는 쿠데타 세력이 준비한 정당인 민주공화당(이하 공화당)이 창당했다. 다음날인 2월 27일에는 군부의 민정 불참 선서식이 거행되었다. 이 자리에서 박정희는 정치자금법을 해제하고 민정에 참여하지 않을 것을 약속했다. 그런데 이 약속이 미국 정부의 압력 때문이라는 소문이 퍼지면서 이에 반발하는 군인 시위가 일어났다. 3월 15일 국가재건최고회의 건물 앞에서 무장군인 80여 명이 군정 연장을 요구하는 시위를 벌였다. 그러자 다음날인 3월 16일 박정희는 국민투표에서 신임을 받는다면 앞으로 4년간 군정을 연장하겠다는 성명을 발표했다. 그리고 그날로 국가재건최고회의를 열어 군정 연장 국민투표를 실시할 때까지 정치권과 언론을 통제하도록 규정한 '비상사태 수습을 위한 임시조치법'을 공포했다.[82] 이에 언론과 학생들이 크게 반발했다. 《동아일보》와 《조선일보》는 사설 게재를 중단하며 항의했다. 서울대 총학생회는 군정 연장 반대 시위에 나섰다. 미국도 크게 반발하며 경제원조를 중지하겠다고 압박했다.[83] 결국 박정희는 4월 8일 군정 연장을 위한 국민투표를 보류한다고 발표했다. 7월 27일에는 다시 연내에 민정이양을 한다는 성명을 발표했다. 하지만 박정희는 군정 연장은 포기하면서도 "혁명 주체 세력이 민간인의 자격으로 제3공화국에 참여"하는 것, 즉 자신의 대통령 출마는 포기하지 않았다. 8월 31일 박정희는 공화당 총재직과 대통령 선거 후보를 수락했다.

박정희는 공화당 대통령 후보로 출마하면서 9월 23일 〈내가 바라는 한국의 민주 건설〉이라는 제목의 정견 방송을 통해 사상논쟁을 촉발했다. 그는 이번 대통령 선거는 야당의 민족적 이념을 망각한 가식의 자유민주주의 사상과 여당의 강력한 민족적 이념을 바탕으로 한 자유민주주의 사상의 대결임을 천명했다.[84]

남들이 그렇게도 좋다는 민주주의, 또 우리가 가져보려고 그렇게도 애쓰던 자유민주주의가 왜 이 나라에서는 꽃이 피지 않는 것인지 아십니까? 그 이유는 간단합니다. 자주와 자립을 지향한 민족적 이념이 없는 곳에서는 결코 진정한 자유민주주의는 꽃피지 않는 법입니다. 민족의식이 없는 사람에게 자유민주주의는 항상 잘못 해석되고 또 잘 소화되지 않는 법입니다. 따라서 우리는 자주와 자립의 민족의식을 가진 연후에야 올바른 민주주의를 가질 수 있다는 것입니다. 사회질서를 요구하는 것은 탄압이다, 교통신호를 지키게 강요하는 것은 독재다, 외국대사관 앞에서 데모하는 것은 자유다 하는 이러한 사고방식은 모두 자유민주주의를 잘못 이해하고 있는 것이며 이것은 자주 자립의 민족적 이념이 없는 사람들이 가지고 있는 천박한 자유민주주의인 것입니다. 본인이 가진 자유민주주의는 본질적으로 그들의 것과는 다름이 없다 할지라도 근본적으로 그 자세와 조건이 다릅니다. 그 자유민주주의는 건전한 민족주의의 바탕 위에 존재해야 한다는 것입니다.[85]

민주정의당(이하 민정당)의 윤보선 후보는 다음날인 9월 24일 전주 유세에서 반격에 나서 "이번 선거는 민주주의와 이질적 민주주의의 대결이다"라며 민족적 민주주의를 이질적 민주주의라고 비판했다. 그리고 "여순반란사건의 관계자가 정부에 있는 듯하다"는 발언을 했다.[86] 이 발언의 의미는 다음날인 9월 25일 야당들이 연대해 만든 재야6당공명선거투쟁위원회가 개최한 시국강연회에서 밝혀졌다. 이 자리에서 자유민주당 대표 최고위원 김준연은 미국의 《타임》지를 인용해 박정희 후보가 '공산주의자로서 여순사건 당시 반란군을 조직했고 전향해 사형을 면제받았다'라고 주장했다.[87]

사흘 후인 9월 28일 윤보선 후보는 대구 유세에서 박정희 후보가 "자유민주주의자가 아닌 것만은 뚜렷하다"고 주장했다. 이날 서울에서 첫 선거 유세를 펼친 박정희 후보는 자신의 사상검증 문제에 대한 언급을 피하면서 "서구의 민주주의를 덮어놓고 들여다가 우리에다 맞추려는 것은 마치 서양 사람 양복을 그대로 우리가 입으려 해도 소매가 길고 기장이 안 맞고 품이 넓은 것처럼 무리한 일이니 우리에게 알맞도록 개조해야 한다"라고 주장했다. 10월 3일 전라도 광주 유세에서도 "내가 말하는 민주주의는 19세기에 있었던 고립·배타·복고주의와 상통하는 민족주의가 아니라 사대주의 근성과 식민주의 근성 등 전근대적 봉건 잔재를 일소하고 민족 주체의식을 갖춘" 민주주의라고 주장했다.[88]

이틀 후인 10월 5일 윤보선 후보는 서울 유세에서 박정희가 주장하는 민족적 민주주의가 민족민주혁명을 주장하며 공산혁명을 꾀하는 후진국 공산세력과 히틀러, 나세르 등의 독재자의 주장과 무엇이 다른지를 밝히라고 요구했다.

이번 선거는 민주주의 사상과 이질적 민주주의 사상의 대결이다. (…) 우리나라는 자유 블록을 이탈할 수 없다. 나는 외세 의존주의자라고 할는지 모르나 미국의 원조를 받지 않는다면 원조를 받을 나라는 소련뿐일 것이다. 나를 가식된 민주주의자라고 하는 말에 무엇보다 분노를 참을 수 없었다. 그래서 과거를 따지자고 하며 여순 관련자가 정부에 있는 듯하다고 했다. (…) 박 의장을 의심하지 않을 수 없다. 그의 저서는 중립주의자인 나세르를 찬양하고 히틀러를 훌륭한 사람이라고 했다. 자유민주주의 국가에서 독재자와 중립주의자를 찬양하고 있으니 그것이 그 사람의 사상이 어떻다는 것을 말해주는 것이다. 이 나라에는 교도민주주의도 못할 것이고 행정적 민주주의도 못한다. 현하 공산당의 세계혁명은 후진 지역에 있어서 민족민주혁명이라는 탈을 쓰고 있다. 박씨는 '강력한 민족주의를 바탕으로 한 민주주의'가 이것과 다른 것을 말하라.[89]

이 유세에서 찬조 연설에 나선 민정당 국회의원 윤제술은 "박정희는 대통령 후보를 사퇴하라"고 요구하며 "일본 군대 출신인 박씨를 대통령 시킬 수 없으며 여순반란사건에 관련된 흔적을 밝혀라. 박씨가 주장하는 민족의 자주 자립은 우연히도 북괴의 주장과 같다. 민주주의와 민족주의를 결부시키지 말라. 수카르노, 나세르, 히틀러, 스탈린까지도 민족을 팔아 독재했다. 독재자치고 민족주의를 팔아먹지 않은 사람이 없다"[90]라고 주장했다.

같은 날 박정희 후보는 대전 유세에서 자신의 좌파 경력을 거론하는 윤보선 후보에 대해 "지금까지 반공을 구호로만 내놓고 다방에 앉아서 편안히 지내던 구정치인들이 이제 와서 반공 일선에서 생명을 내걸고 싸운 혁명정부 지도자들을 빨갱이로 모는 것은 가소로운 일"이라고 비판하고 "앞으로 민정은 강력한 민족주의 이념을 바탕으로 한 민주주의의 정치질서가 되어야 한다"라고 주장했다.[91] 그리고 같은 날 〈전진이냐 후퇴냐〉라는 제목의 신문 광고를 게재해 야당을 외세에 기생해 낡은 지반을 고수하려는 전근대적 정치집단이자 자기들의 정치지반이 위협을 당하면 용공이니 하는 상투적인 술어로 상대를 학살한 한국적 매카시즘의 아류라고 비판했다. 그리고 대통령 선거를 "참다운 반공도, 참다운 민주주의도 모르고 낡은 질서를 고수하려는 사대주의 세력 대 근대화를 추진하는 새로운 민족주의 세력의 싸움"이라고 규정했다.[92] 그리고 10월 8일 마산 유세에서 자신은 여순사건 당시 육사 생도대장으로 복무 중이라 아무런 관련이 없다고 주장했다.[93]

이처럼 대통령 선거 유세 현장에서는 민족적 민주주의와 박정희 후보의 남로당원 경력 여부를 놓고 사상논쟁이 뜨거웠지만 언론들은 두 후보의 정견 차이를 권력 집중과 분산의 관점에서 조명했다.《조선일보》는 두 후보 모두 정치적으로 '민주화의 길'을 추구하지만 박정희 후보는 권력 집중·교도정치를 지향하고 윤보선 후보는 권력 분산·법치 확립을 주장한다고 보았다.

박정희는 서구적 민주주의는 우리 실정에 맞지 않고 민주정치에도 하나의 강력한 지도 원리가 확립되어야 한다며 왜곡된 정당관과 의회 만능주의를 지양하고 확고한 지도 원리하의 교도정치를 주장한다. 공화당 정책위의장 백남억은 파키스탄의 기초민주주의, 인도네시아의 교도민주주의를 거론하면서 한국에서도 경제 근대화를 위해 우리 나름의 민주주의인 한국적 민주주의가 필요한데 그것은 바로 강력한 지도 원리가 요구된다고 주장했다. 이에 대해 윤보선은 자유민주주의의 탈을 쓴 비민주주의적 생각이라고 비판한다. 공산주의에 서구적 공산주의와 동구적 공산주의가 없듯이 민주주의에도 동구적 민주주의와 서구적 민주주의가 있을 수 없다며 민주주의 보편성을 주장한다. 또한 강력한 지도 원리 주장에 대해 군정 2년의 암흑과 공포와 비밀주의 그리고 정보정치를 들어 비판한다. 선의의 독재라는 이름으로 독재의 악순환이 이뤄질 것을 우려한 것이다. 그는 개인의 기본권과 자유가 보장되는 법치주의의 확립에 의한 신질서를 건설해야 한다고 강조한다. 또 우선 시급한 것은 부패를 막는 길이며 언론자유를 주고 민주주의를 하는 것만이 부정부패를 막는 길이라고 주장한다.[94]

《동아일보》역시 "박 후보가 전근대적 봉건 잔재를 일소하고 강력한 지도체제와 정치체제를 확립하는 길만이 한국 근대화의 원동력이라고 주장했다. 반면 윤 후보는 정치권력의 분산만이 민주주의를 실현하는 첩경이라고 맞섰다. 박씨의 권력 집중의 주장과 윤씨의 권력 분산 주장의 대결이다"[95]라고 두 후보의 정견을 비교했다.《경향신문》은 민족적 민주주의의 사례로 교도민주주의를 들며 "민주주의에 민족적이라는 삿갓을 씌운 사람들이 있다. 인도네시아의 교도민주주의란 것도 강렬한 민족주의 이념을 바탕으로 한 것이다. 그것은 말만 민주주의이지 완전한 독재주의 체제이다"라고 우려를 표했다.[96]

이처럼 박정희 후보는 대통령 선거에서 박정희 = 군사혁명 세력 = 민족적 민주주의 = 민족주의 세력 대 구정치인 = 야당 = 서구 민주주의 = 사대주의 세력이라는 구도를 내세웠다.[97] 여기에는 민주주의와 민족주의를 지배담론으로 선점하겠다는 의도가 담겨 있었다.[98] 이에 윤보선 후보는 자유민주주의 담론으로 맞섰고, 야당은 민족적 민주주의는 중립주의, 반미주의, 공산주의에 다름 아니라고 비판했다.[99]

1963년 가을을 사상논쟁으로 뜨겁게 달구며 치러진 대통령 선거에서 박정희 후보가 470만 2640표를 얻어 454만 6614표를 얻은 윤보선 후보를 15만 6026표 차이로 이기고 대통령에 당선되었다. 이 선거는 박정희 후보가 "해방 18년을 주름잡았던 전통 있는 보수세력을 물리치고 당선됐다는 점에서는 이겼으나 삼권을 장악한 권력에 따른 막대한 사전조직과 풍성한 자금으로써도 불과 15만 내외의 표차로 당선됐다는 점에서 보면 졌다"고 할 수 있고, 윤보선 후보가 "쿠데타로 집권한 박씨한테 군정 종식이란 좋은 명분을 갖고 여론의 뒷받침을 받았으면서도 낙선된 것은 패배임에 틀림없으나 여러 가지 불리한 조건하에서 또 있을 수 있는 얼마간의 부정을 고려에 넣을 때 박씨와 백중한 표를 얻었다는 것은 큰 승리"라 할 수 있다는 평을 들었다.[100]

3

한일 문제,
민족주의를 소환하다

한일협정, 미완의 과거사 청산

1951년 샌프란시스코 강화조약 체결 직후 한국과 일본은 국교 정상화를 위한 협상에 들어갔다. 한일 국교 정상화 교섭은 1951년 10월 예비회담이 열린 이래 1965년 6월 22일 협정 체결까지 14년 4개월이 걸렸다. 그동안 천 회 이상의 회의가 진행되었고 회담 중단과 재개를 일곱 차례 반복했다.[101]

국교 협상이 시작되면서 제일 먼저 불거진 난제는 식민 지배에 대한 배상금 문제였다. 한국 정부는 일본이 한국을 식민지로 지배하고 통치하면서 저질렀던 여러 잘못에 대한 배상의 의미로 배상금을 제공하라고 요구했다. 하지만 일본 정부는 1945년 이후 미군정이 수립되면서 한국에 있던 모든 일본인의 개인 재산이 동결되었고, 그 재산이 1948년 한국 정부로 이양되었다는 점을 감안할 때 오히려 한국 정부로부터 돈을 받아야 한다고 주장했다. 일본의 주장은 패전국의 공적 재산만을 몰수한다는 국제법에 따른다면 무리한 주장은 아니었다. 하지만 1951년 샌프란시스코 강화조약이 체결될 때 부록에 일본의 패전 이후 1951년 이전까지 미국이 점령한 지역에서 이루어진 모든 조치를 일본이 무조건 수용한다는 조항이 있었으므로 일본의 주장은 성립될 수 없었다. 그런데 미국은 배상금 문제에 대해 명확한 입장을 내놓지 않았다. 일본의 극우 정치인들은 한국이 오히려 식민지기에 일본이 개발한 부분과 일본인 개인 재산에 대해 배상하라고 요구했다.

1950년대에는 1951년 10월의 예비 회담을 시작으로 1958년 4월의 4차 회담에 이르기까지 예비회담과 본회담이 여러 차례 열렸지만 한국 정부와 일본 정부의 입장 차가 좁혀지지 않아 협상이 교착상태에 빠졌다. 1953년 10월 3차 회담에서는 일본 측 수석대표였던 구보타 간이치로(久保田貫一郎)의 발언이 논란이 되어 4년간 회담이 열리지 않았다. 구보타 발언의 요지는 다음과 같다. 첫째, 카이로 선언에서 연합국 3거두가 '한국인의 노예 상태'를 지적한 것은 전시 흥분 상태에서 나온 것이다. 둘째, 한국에 거주하던 일본인의 재산을 미군정이 몰수하고 90만 재한일본인을 내쫓은 것은 국제법 위반이다. 셋째, 한국을 일본과 의논 없이 분리, 독립시킨 조치도 국제법 위반이다. 넷째, 일본의 한국 통치는 한민족에게 혜택을 베푼 것이다.[102] 일본 우익의 입장을 고스란히 드러낸 구보타의 발언과 함께 미국이 한국전쟁의 군수물지와 1950년대 대한원조 물품 대부분을 일본에서 구매하면서 일본의 급속한 경제성장이 가능했다는 사실이 알려지면서 한국에서는 반일감정이 뜨거워졌다. 더욱이 1959년 일본에서 조총련계 재일 한인들이 북한으로 귀국하는 북송사업이 이뤄지면서 한일관계는 더욱 나빠졌다.

1961년 5·16쿠데타 이후 한일관계 국교 정상화를 위한 논의가 본격화되었다. 쿠데타 세력은 경제개발을 제일의 목표로 내세운 만큼 국교 정상화를 통해 일본 자본이 하루라도 빨리 국내에 유입되는 경로를 조성하고자 했다. 군사정부는 중앙정보부장 김종필을 앞세워 한일 국교 정상화를 위한 본격적인 외교 활동에 들어갔다. 1961년 11월 박정희는 케네디 대통령의 초청으로 미국에 가는 길에 일본을 방문해 이케다 하야토(池田勇人) 수상과 만나 "맨주먹으로 황폐한 조국을 이끌어보겠다는 의욕만은 왕성하다"고 밝혔다.[103] 1962년 2월에는 김종필이 이케다 수상을 만났다. 그리고 그해 11월 김종필은 일본에서 오히라 마사요시(大平正芳) 외상과 비밀 회담을 열어 대일 청구자금 규모에 대해 합의하고 '김-오히라' 메모를 교환했다. 그런데 이 합의에 따라 '배상' 대신 '청구'라는 용어가 채택되었다. 일본이 무상으로 3억 달러를 10년에 걸쳐 한국에 제공하고 경제협력을 명목으로 한국에 차관 2억 달러를 연리 3.5퍼센트, 7년 거치 20년 상환의 조건으로 10년 동안 제공하며 민간 상업차관으로 1억 달러 이상을 제공하기로 했다. 김종필과 오히라 외상의 합의 이후 2년 동안은 어업 관련 논의가 주로 이뤄졌다.

박정희 정부는 1964년 3월에 한일회담을 조속히 타결하고자 김종필 공화당 의장을 일본에 파견했으나 국내에서 거세진 한일협정 반대운동으로 뜻을 이루지 못했다. 결국 1년여를 끌다가 1965년 1월에 열린 한일회담에서는 일본 측 수석대표 다카스키 신이치(高杉晉一)가 '한국이 일본의 지배를 20년쯤 더 받았으면 좋았을 것'이라는 발언을 해 논란이 되었다. 하지만 박정희 정부는 이를 문제 삼지 않고, 2월 20일에 한일기본조약을 가조인했다.[104] 그리고 박정희 대통령이 미국을 방문해 존슨(L. B. Johnson) 대통령과 회담하고 돌아온 직후인 6월 22일에 한일협정이 조인되었다. 8월 14일에는 여당인 공화당 의원들만이 참석한 가운데 국회에서 한일협정이 비준되었다. 그리고 12월 18일 한일 양 정부는 한일협정 비준서를 교환했다. 한국의 이동원 외무부 장관과 일본의 시나 에쓰사부로(椎名悅三郎) 외상이 조인한 한일협정은 '대한민국과 일본국 간의 기본관계에 관한 조약'(이하 한일기본조약)과 이에 부속된 4개 협정인 '재일한국인 법적 지위와 대우에 관한 협정', '어업협정', '재산 및 청구권에 관한 문제의 해결과 경제협력에 관한 협정', '문화재 및 문화협력에 관한 협정'으로 구성되었다.

한일협정의 쟁점을 살펴보면 다음과 같다. 첫째, 1945년 이전의 한일관계를 명확하게 규정하지 않았다. 한일기본조약 제2조에는 "1910년 8월 22일 및 그 이전에 대한제국과 일본 제국 간에 체결된 모든 조약 및 협정이 이미 무효임을 확인한다"라고 명시되었다. 즉 1910년 이전에 맺은 조약에 대해 단지 "이미 무효"라고만 규정했다. 이 조항에 대해 한국 측에서는 1910년 이전에 대한제국 정부와 일본 사이에 맺어진 모든 조약을 무효로 한다고 해석했다. 반면 일본은 1910년 이전의 조약들은 그 자체로서 무효가 아니라 1945년 일본이 패망하는 시점부터 무효가 된다고 해석했다. 일본은 그 근거로 1951년에 일본이 연합국과 체결한 샌프란시스코 강화조약 제4장 제8조를 들었다. 이에 따르면 "1945년 이전

에 일본이 다른 나라와 맺은 조약들은 무효"인바, 그 상한선이 1919년이
어서 대한제국이 1905년에 맺은 을사조약과 1910년에 맺은 한일병합
조약은 포함되지 않는다는 것이었다.[105]

둘째, 이 협정에 따라 한국은 일본으로부터 청구권이라는 이름으로
유·무상의 자금을 받았다. '청구권'이라는 말 자체는 한국이 일본에 경
제적 원조를 청구한다는 것을 의미한다. 그런데 무엇 때문에 한국이 자
금을 청구하고, 그 청구한 자금을 왜 일본이 줘야 하는가에 대해서는 전
혀 언급이 없었다. 하지만 이는 식민지기의 문제에 대해 한국이 일본에
더이상 책임을 묻지 않는다는 것을 의미했다. 일본 정부는 5년 남짓 점
령한 동남아시아 국가에 대해 배상금이나 독립축하금을 지불했다. 반
면 한국에 대해서는 샌프란시스코 강화회의에 교전국 지위로 참여한 연
합국에서 제외되었으므로 배상할 의무가 없다고 주장했다.[106] 결국 한국
정부는 일본 정부로부터 청구권 자금의 명목으로 무상 3억, 유상 2억, 민
간 차관 3억 달러를 받았다. 그런데 여기에는 청구권에 관한 문제가 "완
전히 최종적으로 해결된 것이 된다는 것을 확인한다"라는 규정이 달려
있었다.[107] 하지만 한일 양국은 청구권 협정으로 해결된 대상과 범위에
대해 해석을 달리했다. 한일협정에는 개인에 대한 보상이 명시되어 있
었다. 즉 일본이 청구권 자금을 지급하면, 한국 정부가 이 자금으로 개인
에 대한 보상을 실시해야 했다. 개인 보상은 한일협정이 체결된 지 10년
만인 1975년에 처음 실시되었다. 박정희 정부는 식민지기에 징용으로
끌려간 사람들이 신고하면 보상한다는 공고를 냈다. 하지만 당시에는
신고가 잘 들어오지 않았고 징용으로 피해를 입었다는 것을 증명하기도
어려웠다. 또한 강제로 끌려간 사람만 있는 것도 아니었다. 일본에 돈을

벌기 위해 간 사람들도 노동권을 보호받지 못해 피해를 입었지만 자원해서 간 것이었기 때문에 보상을 신청하기 어려웠다. 또한 징용으로 일본이나 사할린에 끌려간 사람들 중에는 1945년 이후 귀환하지 못한 사람도 많아 한국 정부에 보상 신청을 할 수 없었다.

셋째, 어업협정의 경우는 한국의 낙후된 어업과 일본의 선진 어업 현실이 고스란히 반영되어 있어 불공정하다는 비판을 받았다. 이에 따르면 12해리까지를 배타적 경제수역으로 정하고 이를 어기는 어선에 대해서는 어선이 속한 나라에서 재판 관할권을 갖도록 했다. 이는 이승만 정부가 선포한 평화선을 철폐하는 셈이 되고 한국 어장을 보호하지 못한다는 비판을 받았다. 당시 한국 어선의 조업 능력이 낙후해 일본 해역까지 진출할 가능성은 거의 없었기 때문이다.

넷째, 재일한국인의 법적 지위와 대우에 관한 협정에서는 1945년 이전부터 일본에 거주하던 재일한국인과 그 자녀에게 영주권을 부여하기로 합의했다. 하지만 지문 날인, 취업 제한 등의 차별 문제는 해결하지 못했다.

다섯째, 문화재 반환과 관련해서는 협정에 반환 대신 인도라는 용어가 사용되었다. 일본 정부는 기증이라는 용어를 사용하려 했으나 한국 정부가 반발하면서 등장한 용어였다. 문화재 협정으로 일본 측이 한국에 인도한 문화재는 미술품 363점, 전적(典籍) 852점이었다.[108]

이처럼 한일협정으로 국교는 재개했으나 과거사 청산에서 미해결 문제를 남겼다. 특히 일본군 위안부와 강제 징용자 등 개인 피해자에 대한 보상이 청구권 자금에 포함되어 있는가라는 문제는 지금도 뜨거운 쟁점이다. 이에 대해서는 지금까지 한국 정부와 일본 정부가 다른 해석을 내리고 있다.[109] 하지만 무엇보다 한일 간의 과거사 청산에 걸림돌이 되는 것은 식민지 지배가 불법이라는 한국 측의 인식과 합법이라는 일본의 인식 차이다. 한일협정 교섭 과정에서 한국 정부는 한 번도 식민지 지배가 합법이라는 일본 정부의 주장을 수용한 적이 없었다. 하지만 이를 문서화하지 못했다. 1965년 2월 20일 한일기본조약이 가조인하면서 발표한 한일공동성명에 다음과 같은 문구가 담겼다.

> 이 장관(이동원 외무부 장관)은 과거 어떤 기간에 걸쳐 양국 간에 있었던 불행한 관계에서 연유하는 한국 국민의 대일감정을 설명하였다. 시나 (일본) 외상은 이 장관의 설명에 유념하고 그와 같은 과거 관계에 대하여 유감의 뜻을 표명하였으며 깊이 반성하는 바라고 말하였다.[110]

국교 정상화를 통한 공동번영을 천명하는 자리에서 한국 장관은 식민지기를 '과거 어떤 기간'이라고 부르고, 일본 장관은 식민 지배-피지배 관계를 '과거 관계'라고 표현했다. 그렇게 한일협정을 통한 과거사 청산은 미완에 그치고 말았다.

민족적 민주주의 장례식

1964년 박정희 정부는 연내에 한일협정 체결을 마무리하려고 서둘렀다. 하지만 결국 실패하고 다음해로 넘겨야 했다. 예상과 달리 한일협정 반대운동이 거셌기 때문이다. 박정희 정부는 일본으로부터 사과와 배상도 받아야 마땅하다는 민족주의적 정서를 고려하지 않고 한일협정 체결을 밀어붙였다. 그렇게 자신들이 앞세운 민족적 민주주의에 이율배반적인 박정희 정부를 비판하면서 학생운동이 전면에 나섰다.

1964년 3월 24일 4·19 이후 가장 규모가 크고 민정이양 이후 최초인 가두시위가 일어났다.[111] 서울대, 고려대, 연세대 학생 5천여 명이 거리로 나섰다. 이날 시위에 나선 서울대 문리대의 대일굴욕회담반대투쟁위원회는 다음과 같은 결의문을 발표했다.

- 민족반역적 한일회담을 즉각 중지하고 동경 체재(滯在) 매국 정상배는 일로(一路) 귀국하라!
- 평화선을 침범하는 일본 어선은 해군력을 동원하여 격침하라!
- 한국에 상륙한 일본 독점자본가의 척후병을 즉시 축출하라!
- 친일 주구의 국내 매판자본가를 타살하라!
- 미국은 한일회담에 관여치 말라!
- 제국주의 일본 자민당 정권은 너희들의 파렴치를 신의 앙화(殃禍)를 입어 속죄하라!
- 박 정권은 민족 분노의 표현을 날조·공갈로 봉쇄치 말라!
- 오늘 우리의 궐기를 역사가 증언하려니와 우리의 결의와 행동이 '신제국주의자'에 대한 반대투쟁의 기점임을 만천하에 공포한다![112]

학생들은 한일회담의 조속한 타결을 위해 일본에 건너간 김종필의 소환과 한일회담 중지를 주장했다. 다음날인 3월 25일에도 서울에서 11개 대학과 4개 고등학교 학생 4만여 명이 시위에 나섰고 부산, 대구, 전주에서도 학생들이 시위를 벌였다. 야당은 국회에서 한일회담 즉각 중지와 구속 학생 즉각 석방을 요구했다. 하지만 3월 26일 박정희 대통령은 "한일회담을 정부의 종전 방침대로 계속 추진"한다는 특별담화를 발표했다.[113] 그러자 이에 반발하며 그날 11개 도시에서 6만여 명의 학생들이 시위를 벌였다. 3월 27일에는 시위가 군소도시로까지 확산되었다. 결국 박정희 정부는 김종필 소환을 발표했고, 김종필은 3월 28일 일본에서 귀국했다.[114] 며칠 후인 3월 30일에는 박정희 대통령이 서울 시내 11개 대학 학생 대표들을 만났다. 이 자리에서 학생들은 박정희 대통령에게 김종필-오히라 메모를 보여달라고 요구했다. 그리고 다음날 38개 대학 학생 대표 57명에게 김종필-오히라 메모의 내용이 공개되었다.[115] 김종필의 귀국과 박정희 대통령과 학생 대표의 면담을 계기로 학생 시위는 잦아들었다.

그런데 4·19 4주년을 전후해 학생 시위가 재개되었다. 4월 17일 서울대 학생 200여 명은 "한일굴욕외교 반대", "학원 사찰의 즉각 중지" 등을 외치며 시위했다. 4월 19일에는 서울 시청 앞에서 연세대를 비롯한 17개 대학 학생 천여 명이 모여 4·19기념식을 가진 후 "조국의 주체성을 포기하는 일체의 굴욕 외교를 반대한다"는 요지의 4·19시국선언문을 발표했다.[116] 4월 20일에도 서울대, 성균관대, 동국대 학생들이 시위에 나섰다. 이번에는 박정희 정부가 강경 진압에 나섰다. 4월 21일 문교부 장관은 각 대학에 시위 참가 학생을 퇴학 처분하라고 지시했다. 4월 22일에는 학생 시위가 국가 기본질서를 위협한다며 강경 진압책을 마련했다. 이러한 정부의 강경책에도 아랑곳하지 않고 4월 23일과 24일에도 서울대와 동국대에서 시위가 일어나자 4월 24일 서울 28개 대학 총장들은 정부에 학원 사찰을 중지하라고 요구하고 학생들에게는 학업에 전념할 것을 호소했다.[117]

4·19 4주년 즈음에 재개된 학생 시위는 5월 들어 수그러들었으나 5월 20일 서울대 문리대에서 한일굴욕외교 반대 학생총연합회가 주최한 '민족적 민주주의 장례식 및 성토대회'를 계기로 다시 본격화되었다.[118] 이날 서울대 문리대에는 서울대, 고려대, 동국대, 성균관대, 건국대, 경희대, 한양대 등에서 모인 3천여 명의 학생이 운집한 가운데 "축 민족적 민주주의 장례식"이라고 쓴 만장이 펄럭였고 4명의 학생이 민족적 민주주의를 상징하는 관을 메고 나타났다. 이날 발표한 선언문에서 학생들은 반외세·반독재·반매판의 민족·민주 정신과 민족 자립을 강조하고 5·16이 4·19를 부정한 것으로 규정했다.

4월 항쟁의 참다운 가치성은 반외압 세력, 반매판, 반봉건에 있으며 민족민주의 참된 길로 나가기 위한 도정이었다. 5월 쿠데타는 이러한 민족 민주 이념에 대한 정면적인 도전이었으며 노골적인 대중 탄압의 시작이었다. (……) 우리는 오늘의 혼란이 외세 의존이 아닌 민족적 자립으로 해결할 수 있음을 재확인한다. 우리는 외세 의존의 모든 사상과 제도의 근본적 개혁 없이는, 전체 국민의 희생 위에 홀로 군림하는 매판자본의 타도 없이는, 외세 의존과 그 주구 매판자본을 지지하는 정치질서의 철폐 없이는, 민족 자립으로 가는 어떠한 길도 폐쇄되어 있음을 분명히 인식한다.[119]

이처럼 민족적 민주주의 장례식은 1963년 대통령 선거에서 민족적 민주주의를 내세워 당선된 박정희 정부를 정면으로 비판했다. 민족적 민주주의 장례식에서 낭독된 조사에서는 박정희 정부를 신랄하게 풍자했다.

시체여! 너는 오래전에 이미 죽었다. 죽어서 썩어가고 있었다. 넋 없는 시체여! 반민족적, 비민주적 민족적 민주주의여! 썩고 있던 네 주검의 악취는 사쿠라의 향기가 되어, 마침내는 우리들 학원의 잔잔한 후각이 가꾸고 사랑하는 늘 푸른 수풀 속에 너와 일본의 2대 잡종, 이른바 사쿠라를 심어놓았다. (…) 절망과 기아선상에서 허덕이는 민생고를 시급히 해결하겠다던 공약 밑에 너는 그러나 맨 먼저 민족적 양심세력에 대한 무자비한 탄압을 시작하였다. (…) 시체여! 반민족적 비민주주의여! 석학의 머리로서도 천부의 의감으로서도 난해하기만 한 이즘이여! 너의 정체는 무엇이냐? (…) 말 못하는 시체여! 길고 긴 독재자의 채찍을 휘두르다가 오히려 자신의 치명적인 상처를 스스로 때리고 넘어진 너, 누더기와 악취와 그 위에서만 피는 사쿠라의 산실인 너, 박 의장의 이른바 민족적 민주주의여! 너의 본질은 곧 안개다! (…) 한없는 망설임과 번의, 종잡을 길 없는 막연한 정치이념, 끝없는 혼란과 무질서와 굴욕적인 사대근성, 방향감각과 주체의식과 지도력의 상실, 이것이 곧 너의 전부다. (…) 시체여! 고향으로 돌아가라! 너는 이미 돌아갔어야 했다. 죽어서라도 돌아가라, 시체여! 우리 3천만이 모두 너의 주검 위에 지금 수의를 덮어주고 있다. (…) 가거라! 말없이 조용히 떠나거라! 그리하여 높은 산골짜기를 돌고 돌아가, 다시는 돌아오지 말아라, 시체여![120]

민족적 민주주의 장례식 후 학생들은 관을 앞세우고 교문 밖으로 진출했으나 이화동 삼거리에서 경찰과 충돌해 5시간 동안 대치하다가 해산했다. 그런데 다음날 새벽 무장군인들이 법원에 난입해 시위 관련자들에게 영장을 발부하라고 판사를 협박했다. 날이 밝자 박정희 정부는 민족적 민주주의 장례식을 폭동으로 규정하고 무장군인의 법원 난입은 우국충정에 따른 우발적 행동이라고 옹호했다. 민족적 민주주의 장례식을 주도했던 학생들은 곧 경찰의 수배를 받아 잠적하거나 체포되었다.

이러한 박정희 정부의 강경한 태도에 야당은 5월 23일 대통령 하야 권고 결의안을 국회에 제출하기로 결의했다. 전국 31개 대학 학생회는 난국타개전국학생대책위원회(이하 학생대책위)를 결성하고 5월 25일과 5월 26일 대학별로 난국타개학생총궐기대회를 열었다. 학생대책위는 궐기대회에서 굴욕적인 한일회담, 박정희 정권의 실정, 무장군인의 법원 난입, 학원 사찰 등을 규탄했다. 그리고 '부정부패 규명과 사죄, 법원 난입 군인 처벌, 구속 학생 석방, 독점매판 재벌 몰수, 정치자금 양성화 입법 조치' 등을 주장했다.[121] 서울대 교수들은 5월 27일 군의 정치적 중립, 학원 자유 보장, 구속 학생 전원 석방 등을 요구하는 시국수습 결의문을 채택했다. 5월 29일에는 학생대책위가 대정부 통고문을 발표했다. 학생대책위는 자신들이 5월 25일부터 주장해온 요구 사항을 5월 30일 밤 12시까지 받아들이지 않으면 실력투쟁에 나설 것임을 천명했다. 하지만 박정희 정부는 학생 시위에 법대로 대응한다는 입장을 고집했다. 5월 30일 서울대 문리대 학생회는 자유 쟁취 궐기대회를 열고 학생운동 사상 최초로 단식투쟁에 들어갔다. 20여 명이 시작한 집단 단식농성은 사회적 반향을 일으켰다. 단식농성에 동참하는 학생들은 6월 2일에 이르러 200여 명으로 늘어났고, 언론은 단식 학생들의 상황을 수시로 전했다. 학생대책위가 제시한 시한이 지나자 6월 1일 학생들은 예고대로 실력행사에 들어갔다. 학생대책위 소속 19개 대학 31명의 학생이 청와대 앞에서 집단 단식농성을 하다가 연행되었다. 6월 2일에도 전국에서 학생 시위가 이어졌다. 서울에서는 3500명의 대학생이 거리에서 "박 정권은 하야하라"를 외치며 시위를 벌이다 632명이 연행되었다.[122]

다음날인 6월 3일 서울 시내에는 약 1만 명의 학생들이 학교에서 박정희 정부를 성토하는 집회를 열고 오후 2시경 거리로 쏟아져 나왔다. 이날 서울 대부분의 대학에서 학생들이 시위에 가담했다. 세종로 일대에서 가장 치열한 시위가 벌어졌다. 시위대는 경찰의 저지선을 뚫고 청와대를 포위했다.[123] 하지만 수도경비사령부 군인들의 저지로 해산되고 말았다. 전국에서도 시위가 일어났다. 충남대 농대생 400여 명은 교내에서 학원 사찰 중지를 비롯한 박정희 정부 성토대회를 열고 거리로 나갔다. 광주에서는 2개 대학과 2개 고등학교 학생 1만여 명이 시위를 벌이다 경찰이 최루탄을 쏘자 2개 파출소와 도청 건물, 그리고 공화당 전남도당 당사에 돌을 던졌다. 이날 시위는 4·19 이후 최대 규모의 학생 시위였다. 학생들은 '박 정권 하야, 악덕재벌 처단, 학원 사찰 중지, 여야 정객의 반성 촉구, 민생고 시급 해결, 부정부패 원흉 처단' 등의 구호를 외쳤다.[124]

박정희 정부는 강경하게 대응했다. 6월 1일과 2일의 시위 규모에 놀란 정부는 계엄 선포 준비에 들어갔다. 6월 3일 오후 박정희 정부는 계엄 선포를 위해 미국 정부와 접촉했다. 학생들이 청와대를 포위하고 있던 밤 9시 버거 주한 미국대사와 멜로이(G. S. Meloy Jr.) 주한미군사령관이 헬리콥터로 청와대에 도착해 박정희 대통령과 긴급회담을 열었다. 마침내 6

월 3일 밤 9시 50분 서울시 일원에 비상계엄이 밤 8시로 소급되어 선포되었다. 동시에 수도경비사령부 소속 군인들이 동원되어 청와대를 포위한 시위대를 세종로 방면으로 밀어내는 해산 작전에 들어갔다.[125] 이날 시위로 체포된 학생과 시민은 1200명이 넘었고, 그중 91명이 구속되었다. 이처럼 1964년 6월 3일 연합 시위로 절정에 달한 한일협정 반대운동은 계엄 선포로 막을 내렸다.

대항담론으로서의 민족주의와 민주주의의 조우

1963년 10월 대통령 선거가 끝난 후 선거 쟁점이던 박정희의 민족적 민주주의 담론을 비판적인 시각에서 바라보는 지식인들이 등장했다. 대통령 선거가 끝나자마자 《사상계》 1963년 11월호는 박정희의 민족적 민주주의를 비판적으로 분석했다. 장준하는 권두언인 〈누가 국민을 기만하고 있는가?〉에서 "민족주의는 신생 제국뿐만 아니라 자유 사회의 자주정신으로 우리가 소화해야 할 고귀한 국민적 자세로서 긍정되어야 한다"라고 주장하면서 "민주주의라는 국민 자치의 원리를 바탕으로 하지 아니한 민족지상주의"와 "신경질적인 민중 불신이 인간의 존엄성과 관용의 원리를 기초로 한 대의민주정치를 실질적으로 마비케 하는 반민주의 함정으로 떨어지는" 것을 경계했다.[126] 서양사학자 김성식은 〈민족주의와 민주주의〉라는 글에서 "최근 선거 기간을 두고 일부 정치인에 의해서 민족주의와 민주주의가 곡해되어가고 있다"는 사실에 유감을 표하며 "민주주의는 물론 민족주의도 평민의 결의나 인민의 투표 또는 인민의 주권을 전제로 해야 한다"는 점을 강조했다. 그리고 민족주의와 민주주의는 모두 자유주의를 근거로 한다고 주장했다.

민족주의나 민주주의는 모두 자유주의를 근거로 하고 있다. 오늘날에 이르러서는 그 자유주의가 대외적으로는 민족주의의 형태를 취하게 되고 대내적으로는 민주주의의 양식을 갖게 되는 것이다. 그러니까 거기에 무슨 자유적 민주주의니 민족적 민주주의니 따위의 말을 사용할 필요조차 없는 것이다. 인민의 자유로운 결의와 주권이 있는 곳에 진정한 민족주의와 민주주의가 있을 뿐이다.[126]

그리고 2년간의 군정에 대해서는 민족의식과 민주의식이 모두 손상된 시기로 민주주의는 후퇴하고 민족주의는 익사 상태에 빠졌다고 비판했다. 또한 그는 오늘날과 같은 개방된 국제적 사회에서 유달리 민족주의가 집권자에 의해서 강조될 때 그것은 독재정치의 하나의 이데올로기라고 주장했다.[128]

교도적 민주주의니 민족적 민주주의니 선의의 독재니 (…) 그와 같은 말은 좋게 보아서 사회질서와 정국의 안정을 위하는 말로 해석할 수도 있으나 실인즉 독재자가 자기의 독재정치가 막다른 골목에 다다랐을 때 그것을 타개하기 위한 방법으로 사용하는 상투어에 불과한 것이다. 보라! 과거에 얼마나 많은 독재자들이 민족주의와 민주주의를 팔고 있었던가를. 소련의 공산독재자 스탈린도 히틀러의 침략에 항전하기 위하여 민족주의를 강조하였고 또 자기의 독재정치

를 합리화하기 위하여 민주주의를 말하지 않았던가.[129]

정치평론가 신상초 역시 〈무엇이 사상논쟁이냐?〉라는 글에서 "소비에 트 민주주의나 인민민주주의는 물론 수카르노의 교도민주주의도 아유브칸의 기본민주주의도 민주주의가 아님은 물론 민주주의의 존엄한 의의 그 자체를 모독하는 것이라 볼 수 있다"[130]라고 비판했다. 그리고 "서구에서도 근대적인 민족주의의 형성 과정이 사회의 자유민주화 과정과 불가분의 관계를 가졌다"[131]라고 주장하면서 "민족주의와 자유민주주의가 마치 배리 관계에 놓여 있는 것같이 생각하는 사고방식이나 또 이와 같은 배리 관계가 있는 것처럼 착각해가지고 민족적 민주주의니 민족주의적 민주주의니 하는 말을 고안하고 사용한다는 것은 황당무계한 일"이라고 주장했다.

임방현《동아일보》논설위원도 〈자주·사대 논쟁의 저변〉이라는 글에서 "민중적 기반과 과학적인 이론 체계로 보완되지 못하는 '민족적'이라는 개념은 이미 다른 나라에서 정치권력의 동맥경화를 유발하여 스스로 극우 파시즘의 구렁텅이로 굴러 떨어졌던 역사적 교훈"을 언급하면서 민주주의가 우리나라에서 인민의 권력으로서 실현되기 위해서는 "민주주의 실천 기반으로서의 민중의 자발적 공감과 동조를 불러일으킬 만한 민족적 에네르기의 구심점 위에 이와 동질적인 자주적 민주 정치세력이 형성되어야"[132] 한다고 주장했다.

이처럼 1960년대 중반《사상계》를 기반으로 활동하는 지식인들은 박정희의 민족적 민주주의 담론이 교도민주주의나 기본민주주의처럼 독재 이데올로기로 전락할 가능성을 경계했다.《동아일보》의 남재희 기자는《사상계》1963년 12월호에 〈박 정권의 공약과 '미지수' 민주주의〉라는 글을 실어 박정희의 기본노선은 파시즘, 선의의 독재, 교도민주주의혹은 민주사회주의, 사회민주주의, 민족혁명론 중 어느 것이 될 수 있는분기점에 있다며 '미지수 민주주의'라고 평했다.[133]

그리고 이로부터 채 몇 달이 지나지 않은 1964년 봄에 박정희 정부는한일협정 체결을 강행하다가 거대한 저항의 파고에 부딪혔다. 학생만이아니라 지식인들의 저항도 거셌다. 5·16쿠데타로 통일운동이 좌절되면서 수면 아래로 가라앉았던 민족주의가 한일협정 반대운동에서 더욱 강력한 힘을 발휘하며 부상했다.

장준하는 박정희 정부가 들어선 직후부터 한일 국교 정상화 과정에서 박정희는 자신이 말한 민족자주를 역사적으로 검증받게 될 것이라고 주장했다.[134] 그리고 1964년 3월 야당과 재야인사들이 구성한 대일굴욕외교반대범국민투쟁위원회의 지도위원으로 전국 순회강연에 나섰다.[135] 4월에는 한일 문제를 다룬 20여 편의 글이 실린《사상계》긴급증간호를 발행했다. 이 긴급증간호에서 장준하는 〈우상을 박멸하라!─굴욕외교에 항의한다〉라는 제목의 권두언을 썼다. 그는 "우리는 최후의일각까지 민국을 수호해야 하겠다"로 글을 시작해 "총칼로 이 숭엄한민중의 항의를 막을 수 있다는 우상을 박멸"하겠노라며 정권 타도를 주장했다.[136] 함석헌은 〈매국외교를 반대한다!〉라는 글을 실어 매국적 외교를 중단하라고 촉구했다.

정부는 이런 따위 매국적인 외교를 집어치워야 한다. 툭하면 한일회담을 조속히 해야 한다고 서두르는 너, 제2의 이완용을 자처하면서 하겠다는 너, 말마다 방정맞게 국운을 걸고라도 하겠다는 너는 정말 이 나라의 정부냐? 일본의 정부(情婦)냐?[137]

정치학자 양호민은 〈교섭에 임하는 정부와 국민의 자세〉라는 글에서 당국자들이 일을 독선적으로 저질렀다고 비판하면서 비밀외교의 문을 굳게 닫고 일본의 지배층하고만 이마를 맞대고 쑥덕거리며 국민이나 국회나 심지어는 여당까지도 그 내막을 알까봐 꺼리는 상황에서는 일반의 의혹은 점점 깊어갈 뿐이라고 박정희 정부를 질타했다. 그리고 한일 간의 국교가 비정상적으로 정상화되어 초래할 결과에 대해 우려했다.

지금까지대로의 자세에서 한일 간의 국교가 비정상적으로 정상화된다면, 경제협력이란 미명하에 멀지 않아 한국은 일본의 상품시장으로 전락하고 한국의 실업인은 일본의 매판자본가로 타락할 가능성은 너무나 크다. 그렇게 되면 반민족친일군상이 다시 발호하고 이들을 거점으로 정치자금과 끄나풀이 여야를 포함한 한국 정계를 조종하리라는 것은 명약관화하다. 그때는 대한민국은 이름뿐 구만주국을 새로이 시작해야 할 운명에 처하게 될 것이다. 그러한 슬픈 역사를 되풀이하지 않기 위해서 정부는 민족 자립의 자세로 돌아가야 하는 것이다.[138]

장준하는 한일협정 조인 직전 《사상계》 1965년 5월호에 〈현행 한일회담을 분쇄하자〉라는 권두언을 실어 다시 한번 한일회담을 강행하는 박정희 정부를 비판했다. 그는 "국민 대중의 애국적 비판과 드높은 반대 여론의 함성 속에서 졸속과 양보와 굴욕을 거듭하면서 한일회담을 강행해온 박 정권은 드디어 국가적 이익과 민족적 명분에 전면적으로 위배되는 일련의 조약과 협정을 체결하고 이에 가조인하는 암우를 범하고 말았다"고 비판하면서 이를 '신을사조약'이라고 일갈했다. "당연히 과거 반세기에 걸친 일본 군국주의와 제국주의의 대한 침략행위를 깨끗이 청산한다는 기본적 목적이 명문화"되어 있지 않기 때문이었다.[139] 장준하는 다음호인 《사상계》 1965년 6월호에도 권두언으로 〈이 나라와 이 사회는 어디로?〉라는 글을 실어 박정희 정부를 비판했다.

현 정권의 대일의존주의와 백일몽 속에서 만일 한일관계가 현재대로 타결되는 날에는 멀지 않아 이 나라는 일본 매판자본의 종복으로 전락할 것이요, 따라서 구만주국을 방불케 하는 일본의 괴뢰정부가 이 민족에 군림할 것은 명약관화하다. 2차 대전 이후 일단 정치적, 형식적 독립을 쟁취한 후진국의 민족주의는 다시 경제적 자립과 사회 개혁을 내용으로 하는 '근대화=현대사'의 방향을 달리고 있는 것은 주지의 사실이다. 그러나 슬프게도 '근대화'의 슬로건을 팔아먹는 박정희 4년에 근대화된 것이라고는 정보정치 수법과 부패의 수법과 민중 억압의 기술밖에 없다. 4대 의혹 사건을 비롯하여 편타(便他) 대출이라는 특혜에 이르기까지 무수한 '부정과 부패'는 바로 이 정권의 상징이 되고 말았다.[140]

이처럼 박정희 정부가 자신들이 내세운 민족적 민주주의를 스스로 부정하면서 대일 종속과 독재의 길을 가고 있다는 비판은 민족주의와 민주주의 관계의 재정립을 모색하는 계기로도 작동했다. 정치학자 차기벽은 《사상계》 1965년 5월호에 〈오용된 민족주의〉라는 글을 실어 한일회담 정국에서 "공화당이 내세우던 민족주의, 정확히 말하면 민족적 민주주의 는 세대교체, 체질개선 등 숱한 혁신적인 슬로건들과 함께 어느새 행방 불명되고 있다. 조국의 근대화를 표방하며 민족중흥 세력임을 자처하고 나섰던 공화당의 민족주의가 내걸어진 지 얼마 되지도 않아 흐지부지되 고 만 것은 어찌된 영문일까?"[141]라고 반문했다. 그리고 민족주의는 민주 주의 정착의 불가결의 조건이라고 주장했다.

> 민족주의와 민주주의는 상호 대립하는 게 아니라 상호 보완하는 것
> 이어서 어느 하나를 결하고는 진정한 다른 하나는 존재할 수 없음은
> 역사가 증명해주고 있는 바다. 따라서 우리의 민주주의가 정착하지
> 못한 근본적인 이유는 민족주의의 뒷받침이 없었기 때문이라고 봐
> 야 할 줄 안다. 사실 민족주의의 앙양은 민주주의의 정착을 위한 불
> 가결의 조건이다.[142]

또한 "건전한 민족주의를 육성하는 일이야말로 오늘날 우리가 공산화 와 일본의 경제식민지화를 다 같이 피하는 길이요, 조국의 통일을 위한 올바른 대비책이다"[143]라고 주장했다.

1965년 6월 한일기본조약이 조인되자 7월 12일 서울 소재 대학의 교 수 357명이 〈한일협정 비준반대선언문〉을 발표했다. 이 선언문에서 교 수들은 압도적 다수가 반대하는데도 폭력을 동원해 그와 같은 저항을 봉 쇄하고 한일협정을 체결했다며 박정희 정부를 비판했다.

대한민국의 주권자는 엄연한 국민이다. 국민은 정부의 정책을 언제나 자유로이 비판하는 권리를 가진다. 그럼에도 불구하고 정부는 국민의 비등하는 여론을 최루탄과 경찰봉에 의한 폭압 및 가식에 찬 선전으로 봉쇄하는 한편 일본에 대해서는 이해할 수 없는 초조와 애걸로서 굴욕적인 협정에 조인하고 말았다.[144]

그리고 한일협정의 쟁점을 하나하나 분석해 그것이 왜 불평등하고 굴욕적인 협정인지를 규명했다.

첫째로 기본조약은 과거 일본 제국주의 침략을 합법화시켰을 뿐 아니라 우리 주권의 약화 및 제반 협정의 불평등과 국가적 손실을 초래한 굴욕적인 전제를 설정해놓았다.

둘째로 청구권은 당당히 요구할 수 있는 재산상의 피해를 보상하는 것이 못 되고, 무상 제공 또는 경제협력이라는 미명 아래 경제적 시혜를 가식하였으며 일본 자본의 경제적 지배를 위한 소지를 마련해주었다.

셋째로 어업협정은 허다한 국제적 관례와 선례에 비추어 의당히 정당화되는 평화선을 포기함으로써 우리 어민의 생존권을 치명적으로 위협하고 국가 어업을 일본 어업자본에 예속시키는 결과를 초래했다.

넷째로 재일교포의 법적 지위에 관한 제 규정은 종래의 식민지주의적 처우를 청산시키기는커녕, 징병, 징용 등 일본 군국주의의 강제노력동원 등에 의해 야기된 제 결과를 피해자(재일교포)에게 전가시킴으로써 비인도적 배신을 자행했다.

다섯째 강탈로 불법 반출해간 문화재의 반환에 있어서 정부는 과장적 나열에 그친 무실한 품목만을 '인도'받음으로써 마땅히 요구해야 할 귀중한 품목의 반환을 자진 포기한 결과가 되었다.[145]

다음날인 7월 13일에는 《사상계》가 긴급증간호를 발간해 사상계 편집 동인 일동의 이름으로 〈한일협정 조인을 폐기하라〉라는 제목의 권두언을 실었다.

한일협정은 형식에 있어서는 준식민주의자와 준식민지 간의 협정이요 본질적으로는 상전과 하인 간의 협약이다. 이 협정은 시대사조에 영합하는 수다한 표현으로 그 본질을 은폐하려고 애쓰고 있지만, 대한민국의 국가적 이익과 위신을 회복할 수 없을 정도로 훼손시킨 극단적인 불평등협정이다. 만일 이 협정이 국회에서 비준하는 날이면 한국 연해의 어로 자원은 급속한 고갈을 면치 못할 것이요 한국의 영세 어민은 일본 어업의 세력권 내에 합법적으로 끌려들어 그 후진성으로부터 탈피할 수 있는 기회마저 박탈당할 것이다. 그리고 이제 겨우 싹이 트려는 취약한 한국 경제는 경제협력이라는 미명하에 밀려드는 일본 자본에 완전히 예속되어 건실한 민족자본가들은 파멸하고 식민지적 매판자본이 이 나라의 경제를 지배하게 될 가능성이 보장되었다고 할 것이다.[146]

이처럼 한일협정 반대운동은 4·19 직후 통일운동을 통해 분출되었다가 5·16쿠데타로 수면 아래로 가라앉았던 민족주의를 소환했다. 박정희 정부가 국민의 정서와 의사를 무시한 채 한일협정 체결을 강행하자 학생과 지식인들은 반민족적이고 반민주적인 행태라고 반발하며 거리로 나섰다. 이에 박정희 정부는 민정이양을 한 지 8개월도 되지 않은 1963년 6월 3일에 계엄을 선포했다. 박정희의 민족적 민주주의도 결국 독재의 기반이 될 것이라는 지식인들의 우려가 현실이 되었다. 그리고 한일협정 반대운동 과정에서 민족주의와 다시 조우한 민주주의 담론은 대항담론의 역할을 하기 시작했다.

4장

개발과 불화한
민주주의

1959년 12월 31일
이승만 정부, 경제개발 3개년 계획안 발표

1960년 4월 19일 4·19 발발, 경찰 발포로 사상자 발생
1961년 2월 장면 정부, 경제개발 5개년 계획 수립 요강 마련
1961년 5월 16일 5·16군사쿠데타 발발

1961년 6월 10일
재건국민운동에 관한 법률 공포

1961년 7월 22일 군사정부, 종합경제재건계획안
발표

1962년 1월 13일
제1차 경제개발5개년계획 발표

1962년 3월 5일 국회, 수출진흥법 의결
1962년 6월 10일 화폐개혁 시행
1964년 2월 13일 대통령 자문기구인 경제
과학심의회 설치
1964년 6월 24일 수출 진흥 종합 시책 발표

1964년 11월 30일
수출의 날 제정

1964년 12월 7일 박정희 대통령, 서독
방문
1965년 5월 미국의 근대화론자인 국무
부 정책기획실장 로스토, 한국 방문
1965년 7월 1일 제1차 경제개발5개년
계획 중간평가를 위한 평가교수단 설치
1966년 1-8월 중산층 논쟁

1961년 7월 22일
경제기획원 신설

1962년 1월 20일 재건국민운동본부에
재건국민교육원 건립

1970년 11월 13일
전태일 분신 사건

1971년 2월 9일
제3차 경제개발5개년계획 발표

1971년 3월 7일 《김대중 씨의 대중경제 100문 100답》 출간
1971년 8월 10일 광주대단지 사건 발발
1972년 3월 15일 새마을운동중앙협의회 첫 회의

1976년 6월 18일
제4차 경제개발5개년계획 발표

1978년 4월 1일 박현채, 《민족경제론》 출간

1972년 8월 3일
박정희 대통령, 경제안정과 성장에 관한 긴급명령 발표

1975년 11월 30일 재건국민운동중앙회 해산

1966년 7월 29일
제2차 경제개발5개년계획 발표

1967년 3월 24일 경인고속도로 착공
1968년 2월 1일 경부고속도로 착공
1970년 4월 8일 서울 와우아파트 붕괴 사고 발생
1970년 4월 22일 박정희 대통령, 새마을운동 제창
1970년 7월 7일 경부고속도로 준공

❶ 개발의 시대를 맞다
❷ 개발의 열망, 민주주의를 압도하다
❸ 대항의 논리, 저항의 세력

1960년대 한국은 개발의 시대로 진입했다. 군사정부에 의해 경제개발계획이 수립되었고 후진국의 근대화를 추동하는 방향으로 원조 방향을 바꾼 미국은 군사정부와 박정희 정부가 추진하는 경제개발의 든든한 후견자가 되어주었다. 1960년대 중반부터는 '수출만이 살길이다'라는 절박한 구호 아래 수출 진흥을 도모하면서 경제성장이 본격화되었다. 이처럼 경제개발이 국가의 절대적 목표가 되면서 국민은 총동원 대상이 되었다. 개발을 위한 동원체제로서 군사정부의 재건국민운동은 실효를 거두지 못했지만 1970년대 새마을운동은 효과를 발휘했다.

1950년대에 등장한 민간 주도형 경제개발 담론, 정부 주도형 경제개발 담론, 사회민주주의형 개발 담론 모두 경제개발계획의 불가피성을 인정했고 경제성장을 갈망했다. 군사정부와 박정희 정부에게 경제개발은 민주주의에 선행하고 나아가 민주주의를 희생해서라도 가야 하는 유일노선이었다. 박정희는 1962년에 쓴 《우리 민족의 나갈 길》에서 경제적 기반이 뒷받침되지 않는 민주주의는 빛 좋은 개살구이고 경제개발계획의 성공이 민주주의의 성패와 장래를 결정하는 유일한 관건이라고 주장했다.

민주주의라는 빛 좋은 개살구는 기아와 절망에 시달리는 국민 대중에게는 너무나 무의미한 것이다.[1]

서구에서 물려받은 자유민주주의의 이념과 체제(비록 외양적인 것이라 하더라도)하에 종국적으로 국민 개개인의 소득을 높일 수 있는 경제개발계획을 어느 정도 성공적으로 달성할 수 있는가가 비단 한국뿐만 아니라 아시아에 있어서 진정한 민주주의의 성패와 장래를 결정하게 될 유일한 관건이 될 것이다.[2]

이듬해인 1963년에 펴낸《국가와 혁명과 나》에서는 "진정한 민주주의는 무엇보다 건전한 경제적 토대 위에서만 확립될 수 있다"라고 단언했다. 지식인들도 민주주의에 앞서 경제적 후진성을 타파하는 개발이 이루어져야 한다는 선개발 후민주화 담론을 개진했다. 1960년대 중반에는 경제개발의 주체로서 중산층을 둘러싼 논쟁도 일어났다. 하지만 선개발 후민주화 담론을 공유했던 박정희 정부와 지식인 간의 연대는 오래가지 않았다. 박정희 정부가 한일협정 체결을 강행하자 지식인들이 파시즘과 독재의 도래를 우려하고 경계하면서 양자 간의 골은 깊어져갔다. '개발'과 '민주주의'는 결국 공존하지 못했고 불화의 길을 걸었다.

1960년대 말부터 경제개발의 성과와 함께 부정적 효과가 나타나면서 그 폐해를 고스란히 떠안아야 했던 민중이 저항에 나섰다. 1970년 전태일은 "근로기준법을 준수하라"며 분신했고 이 사건은 노동운동은 물론 민주화운동에도 커다란 변화를 초래하는 변곡점이 되었다. 1971년에는 돈벌이를 찾아 서울로 올라온 빈민들이 경기도 광주로 자신들을 밀어내고서도 주거권을 제대로 보장하지 않는 정부에 저항한 광주대단지 사건이 일어났다.

1
개발의 시대를 맞다

개발을 위한 계획, 수출을 통한 성장

1961년 5·16쿠데타로 들어선 군사정부는 경제개발계획 추진에 나섰다. 먼저 1961년 7월 경제개발계획을 추진할 기구로 건설부의 모든 기구와 재무부의 예산국, 내무부의 통계국을 통합한 경제기획원을 발족했다.[3] 경제기획원은 경제개발계획의 수립, 정부 예산의 편성, 외국 자본과 기술의 도입 및 배분 등의 업무를 맡았다. 재무부로부터 가져온 예산 편성권을 토대로 정부 각 부처의 개발계획을 조정하는 등 막강한 권한을 가졌다.[4] 이듬해인 1962년 2월 군사정부는 〈제1차 경제개발 5개년 계획〉을 발표했다. 장면 정부가 마련했던 〈경제개발 5개년 계획 수립 요강)을 기반으로 경제기획원이 발족 당시 발표했던 〈종합경제재건계획안〉을 수정한 계획을 내놓았다. 박정희는 1963년에 출간한 《국가와 혁명과 나》에서 경제개발계획 수립의 목적은 건전한 경제 질서를 수립하고 경제발전의 토대를 다지며 산업 전반의 균형 성장을 추구하는 데 있다고 밝혔다.

> 이 계획의 최대 주안점은 한국의 사회적, 경제적 발전을 저해하는 일체의 부패, 부정, 사회악을 제거하여 새로운 건전한 경제의 질서를 세우며, 자원의 합리적인 배분과 효율적인 사용을 통한 경제발전의 토대를 견고히 하고 공업화와 기타 산업구조를 균형 있게 하기 위함에 있었다.[5]

그런데 이 경제개발계획 발표는 다른 신생 독립국에 비하면 다소 늦은 것이었다. 인도, 파키스탄, 인도네시아 등 신생 독립국들은 정부 주도로 특정 기간과 특정 목표를 정해 제한된 자원을 집중투자하는 경제계획 정책을 이미 시행하고 있었다. 북한은 1954년부터 '인민경제복구 3개년 계획'을 추진해 전쟁 이전의 경제 수준을 회복했다. 이어 1957년부터 '제1차 5개년 계획'을 추진했다. 한국전쟁 이후 1950년대 북한의 경제성장률은 연평균 20퍼센트 안팎이었다. 북한 경제 복구의 기본 방향은 중공업 우선과 경공업·농업의 동시 발전을 통한 자립적 민족경제의 건설에 있었다.[6] 북한의 전후 복구와 경제성장은 소련과 중국의 원조에 힘입은 것이기도 했다. 소련은 미국보다 빠르게 후진국 원조를 군사원조에서 경제성장을 돕는 경제원조로 전환했다.[7] 군사정부의 경제개발 추진은 때늦

긴 했지만 신생 독립국들의 경제개발 흐름과 맞닿아 있었다.

경제개발계획은 1950년대 말 이승만 정부에 의해 처음 마련되었다. 1959년 12월 부흥부 산하 산업개발위원회는 〈경제개발 3개년 계획안〉을 완성했다. 이 계획안은 국무회의를 거쳐 1960년 4월 '경제개발 3개년 계획'으로 입안되었다. 이 계획의 목표는 생산력을 증가시키고 국제수지를 개선해 자립경제의 기반을 조성하는 데 있었다. 그리고 이를 위해 2차 산업, 즉 공업화에 매진해 산업구조의 근대화를 달성할 계획이었다. 2차 산업 중에서도 중화학공업 발전에 주력하고자 했다.[8]

4·19로 들어선 장면 정부는 경제제일주의를 내세웠다. 4·19 이후 처음 맞는 광복절 경축사에서 윤보선 대통령은 다음과 같이 말했다.

제2공화국에서 처음으로 있는 8·15기념식에서 서슴지 않고 말하고 싶은 것은 우리는 부강하는 길만이 사는 길이요 공산주의를 막아내는 길이라고 단언하고 싶습니다.[9]

1961년 1월에 장면 정부는 7개 항의 당면 시책을 발표했다. 그중 5개 항이 경제 요소의 정상화, 장기개발계획, 국토건설계획, 고용도 향상과 국제수지 개선, 근로자 주택 건설 등 경제에 관한 것이었다.[10] 이어 장면 정부는 〈경제개발 5개년 계획 수립 요강〉을 내놓았다. 이 계획의 목표는 국내 자본을 동원한 수입 대체 공업화와 외국 자본이 뒷받침하는 수출 지향적 공업화를 동시에 추진해 자립경제를 확립하는 데 있었다.

5·16쿠데타로 장면 정부는 무너졌지만 경제개발계획은 군사정부에 의해 계승되었다. 1961년 군사정부가 발표한 〈종합경제재건계획안〉은

국가재건최고회의 산하 재정경제위원회에 설치된 종합경제재건기획위원회에서 재정경제위원인 유원식 대령의 주도하에 박희범 등 박정희가 직접 발탁한 경제학자들이 참여해 입안했다. 경제기획원이 〈제1차 경제개발 5개년 계획〉을 작성할 때는 민주당 정부 시기 부흥부와 재무부의 관료, 국가재건최고회의 기획위원회, 경제기획원, 한국은행, 학계, 기술계 등이 두루 참여했다. 군사정부가 마련한 〈종합경제재건계획안〉과 〈제1차 경제개발 5개년 계획〉(이하 제1차 경제개발계획)의 특징을 살펴보면 다음과 같다.

첫째, 정부 주도의 '지도받는 자본주의'를 표방했다. 정부에 의한 중요 산업의 국영화, 은행 통제, 산업 정책 마련 등이 이를 뒷받침하는 정책이었다. 둘째, 자립경제 확립을 목표로 시멘트·비료·철강·제철·정유 등 기간산업의 건설, 농가 소득 향상과 국민경제의 균형 개발을 내세웠다. 셋째, 국내 자본 동원을 위한 산업개발공사 설치를 강조했다. 넷째, 수출 증대와 국제수지 개선을 제시했다. 하지만 공산품 수출을 위한 구체적인 성장 전략은 제시되지 않았다.[11]

이 계획안에서 말하는 '지도받는 자본주의' 체제란 국민의 내핍과 근로, 저축, 그리고 국민 동원을 기반으로 경제개발을 이끄는 강력한 리더십의 체제를 뜻했다. 언론은 이 '지도받는 자본주의 체제'를 인도네시아의 수카르노가 제창한 교도민주주의에 빗대어 교도자본주의라고 부르기도 했다.[12] 이에 대해 국가재건최고회의 경제기획위원 오정근은 "강력한 계획이 앞서는 이상 강력한 지도가 수반되지 않을 수 없으며, 개인의 이윤 추구에 몰두해 국가의 이익을 잊었던 과거에서 탈피하여 국가 이익을 위해 공헌하는 모멘트를 만들도록 하는 데서 시작하는 것"[13]이라고 설명했다.

그런데 경제개발계획을 입안할 때 군사정부에는 두 가지 선택지가 있었다. 먼저 수출 주도 전략으로 수출은 후진국이 소규모 국내 시장이라는 한계를 극복하면서 산업시설의 가동률을 최대로 높일 수 있고 수출산업 내 경쟁을 통해 생산성을 올릴 수 있는 장점이 있었다. 반면 수입 대체 전략에 따르면 후진국이 무역장벽을 내세워 해외의 값싼 공산품이 국내로 유입되는 것을 막아 국내 투자자의 이윤을 보장해주고 국내 기업이 외국의 선진 기술을 따라잡을 수 있는 시간을 벌어주는 장점이 있었다. 앞서 언급한 것처럼 장면 정부는 양자를 결합한 자립경제 노선을 천명했다. 군사정부에서 경제개발계획 입안에 참여한 관료와 학자들은 후자를 선호했다. 그리고 무엇보다 후진국인 한국의 경제개발을 위해서는 정부가 강력한 행정력을 바탕으로 경제를 주도해야 한다고 주장했다. 경제개발계획 입안 과정에 참여한 경제학자 박희범은 후진국에서는 내포적 공업화에 기반한 산업의 구조적 변혁이 필요하다고 주장했다. 내포적 공업화란 국내 자금을 동원해 우선적으로 생산재 공업을 건설하는 방식을 말한다. 그는 "자주적 생산능력의 배양을 뜻하는 내포적 공업화가 아니고서는 지속적인 경제성장의 기초를 마련할 수 없다"[14]라고 주장했다. 제1차 경제개발계획은 이러한 수입 대체 전략을 중시하는 입장에서 입안되었다. 또한 경공업보다는 중화학공업에 비중을 두고 기간산업 등에서는 정부가 주도성을 갖도록 했다.[15]

그런데 경제개발계획에는 자금이 필요했다. 1962년 6월 10일 군사정부는 국내 자본을 확보하기 위한 화폐개혁을 단행했다.[16] 화폐 단위를 '환'에서 '원'으로 바꾸었고 10환을 1원으로 교환하도록 했다. 하지만 한국에 원조를 제공하는 미국 정부의 반대에 부딪혔다. 미국은 첫째 화폐 개혁이 정부에 대한 신뢰 상실을 초래해 기업의 투자 활동을 저해하고 산업 부흥을 정체시키고 제1차 경제개발계획 달성에 역효과를 가져올 것이며, 둘째 화폐개혁과 같은 자의적이고 광범위한 정부의 개입은 미국 이 지향하는 건전한 경제 질서 구축에 부정적인 영향을 미치며, 셋째 화 폐개혁이 주요 결정임에도 불구하고 미국의 동의 없이 이뤄졌다는 점을 들어 반대했다.[17] 그리고 만일 군사정부가 화폐개혁을 고집한다면 대한 원조 정책을 재검토하겠다고 경고했다.[18] 박정희 국가재건최고회의 의장 은 12월 16일에 기자회견을 통해 화폐개혁의 실패를 인정했다.[19]

군사정부의 제1차 경제개발계획 추진은 화폐개혁의 실패에서 알 수 있는 것처럼 출발부터 순탄치 않았다. 첫해인 1962년의 경제성장률 목 표치는 5.7퍼센트였지만 실제로는 2.8퍼센트를 달성했다. 제1차 경제개 발계획은 그해 말부터 수정에 들어갔다. 이번에는 경제기획원 관료들이 미국 정부의 조언을 받으며 작성했다. 미국 정부는 한국이 아직 중공업 위주의 수입 대체 산업을 육성할 단계에 이르지 못했고, 재원이 부족하 고 내수 시장도 협소해 경제성장을 이루려면 "노동집약적 산업에 중점을 두는 수출 지향적 경제를 추구"해야 한다고 보았다.[20]

1963년 12월에 출범한 박정희 정부는 수출 주도 전략을 본격적으로 추진했다. 박정희 대통령은 1964년 벽두에 발표한 연두교서에서 "수출 진흥에 최대의 노력을 경주"할 것임을 공언했다.[21] 경제개발의 핵심 전략 으로 수출 증대를 내세운 것이다. 이어 2월에 박정희 정부는 수출 지향적 경공업 부문의 육성 방안을 담은 보완 계획을 내놓았다. 또한 경제기획원 경제협력국을 확대·개편하는 등 수출 증대와 원활한 외국 자본 도입을 위한 제도적 장치를 마련했다. 5월에는 수출 산업에 유리하도록 환율을 현실화했다. 이어 6월에는 수출 진흥 종합시책을 마련했다.[22] 여기에는 수출검사제도의 일원화, 수출 물자의 철도운임 할인, 수출용 국산 원료 생산 공장의 감·면세를 위한 세제 개편, 수출 금융의 달러당 융자 비율의 인상, 수출 장려금 지급 등의 방안이 포함되었다.[23] 1964년 하반기부터는 박정희 정부의 수출 증대 의지를 담은 '수출만이 살길이다'라는 슬로건이 전국 곳곳에 내걸렸다. 1965년 박정희 대통령은 연두교서에서 영국 수상 처칠이 내세운 '수출 아니면 죽음'이라는 구호를 언급하면서 수출입국 (輸出立國)을 위한 총력전을 선포했다.[24] 박정희 정부는 1965년을 '수출의 해'로 정하고 수출 전략 산업을 집중 육성하고자 은행에 대한 통제권을 장악하고 경제 자원을 전략적으로 배분하는 데 적극 나섰다. 박정희 대통령은 매달 상공부가 개최하는 수출 진흥 확대회의에 참석해 회의를 주재했다.[25] 또한 박정희 정부는 1964년의 수출 진흥 종합시책에 더해 수출 기업에 금융 지원과 조세 혜택을 확대하는 방안을 마련했다.[26] 이에 따르면 당시 은행의 대출 금리는 25~35퍼센트였지만 수출 특별융자의 이 자율은 6퍼센트에 불과했다. 수출 소득에 대한 직접세는 80퍼센트를 감면받았다. 그리고 수출 특화 산업을 선정해 중점적으로 지원했다.[27]

박정희 정부의 수출 증대 전략의 효과는 수치로 나타났다. 1964년 수출 목표는 1억 달러였으나 실제로는 1억 1900만 달러를 달성했다. 1억 달러를 수출한 날인 11월 30일을 기념해 '수출의 날'로 제정했다. 제1차 경제개발계획이 끝나는 1967년에는 수출 실적이 3억 2020달러로 늘었다.[28] 박정희 정부는 수출은 곧 애국이라며 수출 진흥 홍보에도 열을 올렸다.[29] 전국 곳곳에서 수출에 관한 표어나 행진곡 가사를 짓는 행사나 수출 진흥 글짓기 대회가 열렸다.

그런데 저임금 노동력에 기반한 경공업 중심의 수출 주도 전략은 1970년대로 넘어가면서 자금, 원료, 기계, 시장에서 해외 의존도가 심화되는 가운데 한계에 부딪혔다. 1970년대 초 미국이 긴급 경제 조치를 발표하면서 세계적으로 신보호무역주의가 등장했고, 제1차 석유파동이 일어났다. 선진국들은 개발도상국의 노동집약적 경공업 제품에 대한 수입 규제 조치를 강화했다. 당시 미국은 한국의 주요 수출 품목인 섬유제품의 최대 시장이었는데 미국이 수입 규제 조치를 취하자 한국 경제는 심각한 위기를 맞았다. 많은 수출업체 및 관련 업체 등이 조업을 단축하거나 도산했고, 물가가 치솟고 실업률이 증가했다.

박정희 정부는 1972년 8월 3일 기업 사채 동결 등을 내용으로 하는 '경제안정과 성장에 관한 긴급명령'을 발동하는 동시에 중화학공업화를 본격적으로 추진했다. 1973년 초 '중화학공업 건설로의 총력전'을 선포한 박정희 대통령은 그해 2월 '전 산업의 수출화'라는 휘호를 써서 청와대 비서실에 설치한 중화학공업추진위원회 기획단 사무실에 걸었다. 중화학공업 건설의 목적 역시 수출이었다.[30] 박정희 정부는 수출 100억 달러 달성을 목표로 '전 산업의 수출화'와 함께 '전 국민의 참여화', '전 자원의 동원화', '전 상품의 우위화', '전 부락의 공장화', '전 지원의 국제화' 등을 국민 동원을 위한 구호로 내세웠다.[31] 이를 경제학자 한기춘은 '유신경제'라고 불렀다.[32]

개발의 후견자, 미국

1950년대 후반부터 후진국들이 자립경제를 표방하며 경제개발계획을 추진한 데는 미국의 원조정책 변화가 영향을 미쳤다. 한국도 예외는 아니었다. 미국은 한국의 경제개발계획 수립과 추진에 개입했고 자금을 제공했다.

미국은 1950년대 중반 경기 후퇴와 국제수지 악화로 후진국에 예전처럼 원조를 제공하기 어려워졌다. 이에 아이젠하워(D. D. Eisenhower) 정부는 1957년경부터 대외 원조정책을 군사 안보 중심에서 저개발 지역의 경제개발을 촉진하는 방향으로 전환하고 개발차관기금을 창설했다. 기존 원조가 국제평화와 안전을 목표로 한 무상공여였다면 개발차관기금 원조는 수혜국의 경제발전을 위한 차관 형태로 제공되었다. 1961년에 들어선 케네디 정부는 후진국에 대해 경제원조와 함께 경제개발계획, 지역 개발 등에 관련된 기술 지원에 나섰다.[33]

케네디 정부의 후진국 정책은 1950년대부터 부상한 근대화론에 기반해 추진되었다. 1950년대와 1960년대에 미국에서 나온 근대화론 관련 저서와 연구보고서는 직접 혹은 간접적으로 미국 정부로부터 지원받는 연구소의 제3세계 연구 프로젝트의 결과물이었다. MIT대학에 설치된 국제문제연구소(Center for International Studies)가 대표적인 곳이었다. 국제문제연구소는 포드재단의 돈으로 창립했으며 이후 록펠러재단, 카네기재단, 그리고 미국 중앙정보국(CIA)에서 연구비를 지원받았다.[34] 1952년에 문을 연 국제문제연구소의 책임자는 CIA 부국장을 지낸 경제학자 밀리칸(M. Milikan)이었다. 그는 경제학자 로스토(W. W. Rostow), 로

즌스타인-로던(P. Rosenstein-Rodan), 헤이건(E.Hagen), 정치학자 파이(L. Pye) 등을 모아 근대화론을 연구했다. 밀리칸에 따르면 국제문제연구소는 "경제 및 다른 요소들과 더불어 정치적인 가치, 시민의 사회화, 그리고 조직과 관료 및 군인들을 훈련하는 것 사이에 최적의 관계를 찾아냄으로써 신생국 근대화를 위한 정책 대강을 제시할 수 있게 하는 것"을 목표로 했다.[35] 다시 말해 미국이 후진국의 정치, 경제 및 사회 변동에서 어떤 역할을 할 수 있는지를 연구했다. 국제문제연구소는 1961년에《신생국가론(The Emerging Nations)》을 출간해 미국이 자국의 이익을 충족하는 방향에서 신생국가에 어떤 영향을 미칠 수 있는가에 대한 행동 지침을 제시했다.[36]

근대화론자들은 후진국에서 근대화를 추진할 주체로 군부에 주목했다. 정치학자 파이는 근대 시민을 만들어내는 데 있어 군부의 역할을 강조하면서 '후진국의 정치 근대화는 민주주의 체제만이 아니라 독재체제에서도 가능하다'[37]라고 주장했다.

식민지에서 벗어난 국가에서는 군대가 가장 근대적인 제도이고 본질적으로 산업조직이므로 신생국의 군대는 급속한 산업기술 발전을 촉진할 수 있다. 무엇보다 군사기술의 혁명으로 신생국 군사 지도자는 자기 나라가 경제적으로 기술적으로 저개발 상태에 있다는 것을 예민하게 느낀다. 그리고 군대는 타국과의 대결이라는 의미에서 경쟁의식을 가진 기구로서 군인은 국제 수준을 더 잘 파악하고 자신이 속해 있는 사회의 약점을 더 잘 안다. 결론적으로 후진국의 군대는 근대화에 전심전력할 수 있다. (…) 군이 시민을 훈련하여 근대 시민

을 만들어낸다는 것이다.[38]

　이러한 인식하에 근대화론자들은 저개발국의 근대화 과정에 직·간접
적으로 개입했다. 그들 중 로스토가 군사정부와 박정희 정부의 경제개발
계획에 직·간접적으로 영향을 미쳤다. 로스토는 1950년대 중반부터 매
사추세츠주 상원의원이던 케네디와 인연을 맺어 케네디의 대통령 선거
운동 캠프에서 대통령 안보 담당 특별 부보좌관으로 활동하면서 주로 아
시아 정책을 담당했다. 1961년부터는 국무부 정책기획위원회 위원장 겸
자문위원으로 활동했다. 1962년에 발표한 〈기본적인 국가안보 정책〉에
서는 미국이 후진국에 대해 갖는 이해관계를 "군사적으로는 이 국가들이
공산주의의 수중에 떨어지지 않게 하는 것이다. 이데올로기적으로는 미
국 사회의 정신과 합치하는 세계 환경을 제공할 수 있는 방향으로 나가게
한다는 것이다. 경제적으로는 이들 지역의 자원과 시장이 미국 및 다른
자유진영의 산업 국가들에 이용되도록 만드는 것이다"[39]라고 주장했다.
그리고 그 역시 후진국 근대화의 주체로 군부를 주목했다.

　전통적인 사회로부터 근대적이고 민주적인 사회로 이행하는 진화
　과정의 특징을 극적으로 보여주는 근대화의 역동성에 대한 현재의
　설명들, 즉 군대의 역할이 절대적으로 필요한, 그리고 어느 정도 그
　러한 역할을 합법화할 수 있다는 설명은 민주주의적 신념에 대한 우
　리의 기본적인 공약과 일치하면서 미국의 외교 논리 및 정책에 조응
　하는 조건을 제공할 것이다.[40]

로스토는 5·16쿠데타 직후인 1961년 6월 13일에 열린 국가안전보장회의에서 "쿠데타를 일으킨 주역들이 새 세대이므로 희망을 가져야 한다"라며 군부 쿠데타를 옹호했다. 그들이 나라의 위엄과 세계적인 경제 건설을 꿈꾸고 있으므로 이들을 도와주어야 한다고 강조했다. 이처럼 케네디 정부의 대한정책은 로스토의 손을 거쳐 결정되었다.[41]

한국에 미국의 근대화론이 소개된 것은 1950년대 후반부터였다. 《사상계》는 1960년 1월호부터 3회에 걸쳐 로스토가 1959년 《이코노미스트》에 수록한 〈비공산당선언: 경제성장단계설〉의 번역본을 게재했다. 로스토는 이 글에서 경제성장 5단계론을 제시했다. 전통적 사회 단계 → 도약의 준비 단계(과도기에 있는 사회) → 도약 단계 → 성숙 사회 단계 → 대중적 대량 소비 시대에서 그가 가장 중시한 것은 도약 단계였다. 로스토는 대한정책을 입안했을 뿐만 아니라 직접 한국을 방문해 자신의 견해를 밝히기도 했다. 그는 1965년 5월 한국을 방문해 박정희 대통령을 만난 자리에서 한국 경제는 이미 도약 단계에 진입했다고 언급했다. 그리고 〈아시아에 있어서 경제발전〉이라는 제목으로 열린 서울대 강연에서 한국은 도약 단계에 있으며 외국 자본을 적극적으로 활용한 개발계획이 경제성장을 가져다줄 것이라고 주장했다.

인도, 파키스탄, 필리핀, 말레이시아, 타이완 그리고 나중에 설명할 것이지만 한국 등은 이미 도약 단계의 초기에 있다고 본인은 확신합니다. (…) 본인은 여러분의 도약이 방금 진행 중이고 정책 면에서는 귀국이 근본적으로 올바른 방향을 지향하고 있으며 아울러 중대한 표지가 될 여러분의 주요 분야는 수입 대체 산업과 종래에 없었던 수출 면에 있다고 결론하는 바입니다. (…) 여러분은 외국 기업의 도입을 두려워해서는 안 되며 외국 기업은 자본만이 아니라 기업 기술과 공업 기술에도 기여할 수 있습니다. (…) 만약에 여러분이 공업 분야에서 이미 이룩하고 있는 동력을 유지한다면, 만약에 여러분이 일본뿐만 아니라 미국·서독 등 여러분이 원하는 나라로부터 외자를 도입하여 어떤 분야를 개발하고 싶다는 것을 분명히 하는 국가개발계획을 세웠다면 외국 자본이 여러분을 압도하지 못할 것이며 외국 자본과 관리 기술 및 전문 기술의 순효과는 여러분이 다른 방도로서 얻을 수 없는 한국 경제 분야의 높은 성장률을 이룩할 수 있게 될 것임을 확신합니다.[42]

그는 미국으로 돌아가 그해 11월에 미국 국무부 정책기획실장으로서 작성한 〈국가정책 문서: 한국〉에서 근대화에 입각한 미국의 대한정책의 장기 목표를 다음과 같이 밝혔다.

미국의 대한정책의 장기적인 목표는 생존할 수 있고 성장하는 경제, 한국민의 요구에 부응하는 정부, 자유세계의 요구와 목표에 부합하는 국가 정책, 내부 안보를 유지하고 국지적인 외부 공격에 저항할 수 있는 능력을 지닌 통일되고 안정된 독립국가를 이루는 데 있다.[43]

박정희 정부는 미국 정부와 근대화론자들이 제시한 개발 노선을 충실히 따랐다. 미국의 근대화론자들은 가장 근대화된 친미세력인 군부를 움직여 근대화를 추진하고자 했다. 한국과 같은 개발도상국에서 경제발전을 저해하는 방해물을 제거하기 위해서는 변화와 발전을 추진할 수 있는 자생적 리더십이 필요하다는 이유로 군부를 지지했다. 그리고 미국 정부는 자국의 이익을 저해하지 않는 범위 내에서 한국의 경제성장을 견인했다. 미국 정부와 그들의 지지를 받는 박정희 정부는 민주주의 발전을 미루더라도 한국 경제를 발전시켜야 한다는 과업을 우선적으로 완수하는 데 뜻을 같이했다.[44]

동원체제에 기반한 개발

박정희 국가재건최고회의 의장은 1963년 8·15경축사에서 다음과 같이 선언했다.

> 경제적 자립을 통한 빈곤으로부터의 해방이야말로 승공 통일을 위한 실력 배양의 길이며, 민족 자주독립의 완전한 길이다.[45]

이처럼 박정희 정부의 경제개발 목표는 경제 자립과 부국강병을 달성하고 공산주의를 이기는 데 있었다. 개발은 국가의 절대적 목표가 되었고, 국민은 이 목표 달성을 위한 동원 대상이 되었다. 개발을 위한 동원체제는 국가가 앞장서 후진성에 찌든 국민을 지도한다는 국민 개조 프로젝트이기도 했다. 이에 따르면 개조 주체는 국가였고 개조 대상은 국민이었다.[46] 그리고 이 동원체제를 이끈 주도 세력은 5·16쿠데타로 집권한 군부 엘리트들이었다. 그들은 개발을 목표로 '군대식' 동원체제를 구축했다. 군대식 동원체제란 전략적 목표를 향해 모든 역량을 집중해 속전 속결로 돌진할 것을 요구하고 최고 지휘자를 정점으로 일사불란한 편제를 유지하며 저항은 강력히 제압하는 속성을 갖고 있었다. 이와 같은 동원체제에서 박정희 대통령은 "100억 달러 수출을 전쟁으로 생각하고 최전방에서 진두지휘"하는 사령관이었다.[47] 그는 1968년 국방대학원 졸업식에서 "현대는 군사·정치·경제·과학·문화 등의 총체적인 국력이 승패를 좌우하는 총력전의 시대"[48]임을 천명했다. 총력전의 시대에 국민은 '산업역군'이라 불리며 군인과 같은 무장 태세로 살아야만 했다.

경부고속도로 건설은 이와 같은 군대식 동원체제에 기반해 추진되었다. 박정희는 1964년 서독을 방문했을 때 서독의 경제 부흥을 이끈 기간시설인 아우토반을 눈여겨보았다. 그리고 1967년 4월 대통령 선거 공약으로 "조국 근대화 기본 설계의 하나인 대국토 건설계획을 발전시켜 항만 건설, 4대 강 유역의 종합개발과 함께 고속도로 건설을 제2차 경제개발 5개년 기간에 착수할 것"을 제시했다.[49] 같은 해 5월에는 경인고속도로를 착공하고 서울을 중심으로 인천, 강릉, 부산, 목포를 잇는 고속도로를 건설하는 〈고속도로 건설 10개년 계획〉을 제2차, 제3차 경제개발 5개년 계획에 포함할 예정이라고 발표했다. 박정희 대통령은 우선 서울-부산 간 고속도로를 제2차 경제개발계획 기간 내에 건설하라고 지시했다.[50] 1968년 2월에 착공해 1970년 7월에 준공한 경부고속도로 건설은 429억 원의 예산과 연인원 893만 명을 동원해 이뤄졌다. 대통령 경제수석비서관을 지낸 오원철은 고속도로 건설의 동기, 추진 방법, 공사 방식이 모두 군대식이었다고 회고했다.[51]

이같은 국민을 개발에 동원하는 체제는 정신적·실천적 개조를 도모하는 국민운동에 의해 뒷받침되었다. 군사정부에서는 재건국민운동이 추진되었고 박정희 정부에서는 새마을운동이 실시되었다.

5·16쿠데타 직후 군사정부는 인간 개조와 사회 재건을 목표로 재건국민운동을 전개했다. 재건국민운동의 궁극적인 목표는 "국가 재건에 이바지할 수 있는 새로운 인간형의 창조, 즉 인간 개조"[52]에 있었다. 구체적으로는 서구의 근대 윤리인 투철한 직업의식·근면정신과 농촌의 전통적인 협동정신이 결합된 인간으로의 개조를 지향했다. 재건국민운동을 총괄하는 재건국민운동본부의 예산은 전적으로 정부에 의존했다.[53] 재건국민운동에 대해서는 박정희가 《국가와 혁명과 나》에서 다음과 같이 정의했다.

이 국민운동은 5·16 혁명이념을 국민혁명으로 결실 구현시키는 동시에 인간 개조와 국민정신 진작을 하기 위한 순수한 기관이다. 일체의 정치와 상관없이 오직 국민운동만을 전개함을 생명으로 하고 있는 것이다. 그러기에 이 운동에 관한 법률에서도 "(…) 복지국가를 이룩하기 위하여 전 국민이 민주주의 이념 아래 협동 단결하고 자립 자조 정신으로 향토를 개발하며 새로운 생활체제를 확립하는 운동 (…)"으로 규정되고 있는 것이다. 따라서 전 국민의 자율적인 참여와 창의적인 기획이 요청되는 것이다. 그런 까닭으로 재건국민운동본부와 각 지부는 민족 역량의 배양과 국민 단합을 통하여 한민족의 비약을 위한 '뜀틀'의 구실이 되는 기관이라 할 수 있다.[54]

재건국민운동에서 가장 역점을 둔 것은 혁명의 불가피성과 당위성을 강조하고 협력을 독려하는 국민교육 활동이었다. 이를 위해 재건국민운동본부는 재건국민운동훈련소를 마련해 재건운동 요원을 양성했다. 1962년 1월에는 재건국민운동훈련소를 재건국민교육원으로 확대해 전국에 건립했다. 1962년 한 해 재건국민교육을 받은 인원은 606만 6256명에 달했고 1963년에는 1355만 8천 명이 교육을 받았다.[55] 재건국민운동본부는 농촌 개발 운동을 비롯해 문맹퇴치 운동, 반공방첩 운동, 도의 양양 운동은 물론 미신타파 운동, 허례허식 일소 운동, 표준 의례 제정 등 국민의 정신과 함께 일상까지 개조하려는 '국민 총동원 운동'을 펼쳤다. 하지만 1964년 재건국민운동은 사단법인 재건국민운동중앙회가 주도하는 민간운동으로 전환되면서 급격히 위축되었다. 재건국민운동중앙회는 새마을운동이 한창이던 1975년 12월에 해체되었다.

1970년대에 들어와 박정희 정부가 추진한 새마을운동 역시 정부가 조직적으로 나서서 농민, 나아가 국민을 동원한 총력운동이었다. 박정희 정부는 1971년 전국 3만 3천여 개 마을에 시멘트 335부대씩을 보내는 것을 시작으로 새마을운동에 돌입했다. 1973년에는 전국 3만 4665개 마을을 자립마을, 자조마을, 기초마을로 구분하고 그에 맞춘 사업을 요구하면서 선별 지원했다. 성적이 나쁜 농촌은 '낙제생', '유급생' 취급을 받았다.[56] 이처럼 마을마다 등급을 부여하고 승격 기준을 제시하자 새마을운동은 급속히 확산되었다.[57] 1979년까지 전국 3만 4천여 개 마을 중 97퍼센트가 자립마을로 승격했고, 기초마을은 사라졌다.

새마을운동의 일차적 추진 주체는 정부였다. 중앙정부에는 내무부 장관을 위원장으로 하는 새마을중앙협의회가 설치되었다. 도에는 도새마을협의회, 군에는 군새마을협의회가 조직되었고, 최말단에는 이·동(里·洞)

개발위원회가 조직되었다. 중앙정부에서 마을에 이르기까지 지역별 담당 공무원이 배치되었고 이·동개발위원회에는 정책 결정권이 없었다. 개인 으로서의 농민은 자율적 주체가 아니라 일차적 주체인 정부에 의해 동원 된 이차적 주체였다.[58] 즉 새마을운동은 관 주도로 농민 개인이 아닌 마을 을 동원 단위로 추진되었다. 마을은 새마을사업의 계획과 집행은 물론 평가 및 보상의 단위였다.[59] 그리고 마을에는 행정기관의 지도를 받으며 새마을운동을 이끄는 새마을 지도자가 있었다.[60] 새마을 지도자는 마을 회의에서 선출되었으나 농민 동원을 관리하는 역할을 넘어서지 못했다.[61]

새마을운동은 박정희 대통령이 수시로 농촌을 방문해 현지 지도하는 가운데 내무부가 매달 전국의 군·면·리 단위의 새마을운동 추진 상황을 보고받은 후 관련 정책을 수립하고 이행을 지시하는 한편, 관리를 파견 하거나 대학 교수에게 위탁하여 검사하고 감독하는 방식으로 추진되었 다.[62] 이 과정에서 정부의 지시를 거부하거나 반대하는 것은 '반란'이나 '빨갱이'와 동일시되었다. 즉 무조건 복종하고 집행해야 하는 군대식 멘털리티가 작동했다.[63]

이 같은 박정희 정부의 개발동원체제는 개발, 산업화, 발전, 성장 등을 향해 국가가 위로부터 사회를 강력히 추동하고 동원하는 체제였다. 1960년대와 1970년대에는 한국만이 아니라 제3세계 국가, 특히 타이완 을 포함한 동아시아 여러 국가에서 개발동원체제가 작동했다. 네 마리의 용이라 불리며 경제 기적을 달성했다는 한국, 타이완, 싱가포르, 홍콩의 주요 성장 동력은 개발동원체제였다.[64] 박정희 정부는 민주화 요구를 억압하면서 국민 에너지를 경제성장의 한 방향으로만 몰아가는 데 동원체제를 활용하고자 했다.[65] 국민은 정치적으로는 억압과 통제의 대상이면

서 경제적으로는 적극적인 동원 대상으로 치부되었다.[66] 하지만 유신독
재에 저항하는 민주화운동이 확산되고 생존권 확보를 위한 민중운동이
본격화되면서 개발동원체제는 무너지기 시작했다.

2

개발의 열망,
민주주의를 압도하다

세 갈래의 경제개발 담론

경제개발계획이 이승만 정부 당시부터 모색되었듯이 한국전쟁이 끝나고 전후 복구 과정에서 경제개발 담론이 개진되었다. 당시 경제개발 담론의 쟁점은 정부와 민간 중에서 누가 주도권을 행사하느냐의 문제였다. 대세는 자유시장형 경제개발, 즉 민간 주도형 경제개발 담론이었다.[67] 이에 따르면 민간기업이 경제개발의 동력이므로 정부는 자유시장 체제를 보조하는 역할만 해야 마땅했다.《사상계》의 논객들은 주로 경제민주화와 외국 자본 투자에 기반한 경제개발을 주장했다. 먼저 경제민주화와 관련해서는 정부 통제를 완화하고 자유 경쟁적인 기업 풍토를 조성해야 한다고 보았다. 이를 위한 방안으로는 국영기업의 민영화와 은행의 자유화를 제시했다. 외국 자본 문제에 대해서는 그것을 배척하기보다는 효율적으로 이용해 중소기업을 육성함으로써 수출 주도형 경제개발에 나서야 한다고 주장했다.[68]

4·19로 들어선 장면 정부에서 경제정책은 여당인 민주당의 신파가 주도했다. 당시 민주당 신파로서 상공부 장관을 지낸 주요한은 1950년대부터 민간기업이 주도하는 경제개발을 주장했다. 그는 후진국으로서 '지금은 분배보다는 생산에 집중할 때이고 대기업 중심의 경제개발이 필요하며 미국 원조를 적극 수용해야 한다'는 입장을 견지했다. 민주당은 신파의 주도하에 3대 당면 정책의 하나로 '자유경제 체제의 확립에 입각한 경제적 부흥'을 제시했고 정강에 '자유경제 원칙하에 생산을 증강'한다는 내용을 명시했다.[69]

1950년대에는 주류는 아니었지만, 정부 주도형 경제개발 담론도 제기되었다. 경제개발 과정에 정부가 강력히 개입해야 효율적인 경제성장이 가능하다는 것이다. 5·16쿠데타 이후에는 경제개발계획 과정에 참여한 지식인들을 중심으로 정부 주도형 경제개발 담론이 활발히 개진되었다. 제1차 경제개발계획 수립에 참여하고 있던 경제학자 박희범은 후진국의 경제개발은 정부가 주도해야 한다고 역설했다.

후진국 경제개발이란 산업구조의 변혁을 의미하며 기존 경제기반의 점진적인 한계 변화를 특징으로 하는 선진국의 경제성장과 성격상 판이한 만큼 적어도 경제자원의 동원(조달)과 그 산업부문 간의 배분에 있어서는 정부의 주체적 지도 아래 중점적 투자가 요망된다. (…)

후진국의 경제개발에 있어서는 실로 정부에게 힘에 겨운 부담이 과
해지지 않을 수 없으며 정부 그 자체의 행정 능력과 과단성 및 그 의
욕이 전(全) 정황(情況)을 결정짓게 된다.[70]

그는 정부 개입과 경제개발의 효율성이라는 측면에서 독일의 파시즘
적 경제체제가 수정자본주의보다 낫다고 보았다.[71]
　한편 1950년대에 제기된 경제개발 담론 중 하나가 사회민주주의형 경
제개발 담론이었다. 주로 진보당으로 대표되는 혁신계가 주장했다. 진보
당은 자유경제 체제를 전면적으로 부인하지 않으면서 정부가 주도하는
계획된 경제체제의 필요성을 강조했다.

20세기의 사회적 민주주의는 모든 사람(다수인)의 자유를 의미하며,
따라서 그것은 모든 사람의 자유와 평등적 민주주의다. 그리고 사회
적 민주주의는 동시에 계획과 통제의 제 원칙에 입각하는 계획적 민
주주의다. 계획과 통제는 자본주의 경제에 있어서의 모순과 무정부
성을 지양하기 위하여 필요하며 선진 제국에 있어서의 경제 건설을
촉진·달성하기 위하여 불가결한 것이다. 우리는 계획과 통제를 자유
의 대립물로서 속단 오인하여서는 안 된다. 우리는 계획과 통제에 의
하여서만 자본주의 경제에 있어서의 무정부 상태를 극복할 수 있고
건설적 노력과 자원의 배분을 합리화할 수 있으며 물질적 결핍 상태
의 조정을 공정화할 수 있는 것이다.[72]

4·19 이후 혁신계의 사회민주주의형 경제개발 담론은 더욱 주목을 받

았다.《민족일보》는 사설을 통해 계획경제 체제를 통한 경제개발의 필요성을 주장했다.[73] 사회대중당 선전위원장이던 유병묵은 주요 산업을 국유화하고 권력과 금력의 야합을 허용하지 않는 민주적 사회주의 경제체제를 수립해야 한다고 주장했다. 그것이 전 국민을 빈곤으로부터 해방하고 나아가서 공산주의에 승리하는 유일한 길이기 때문이었다.[74] 통일운동이 활발해지면서는 사회민주주의형 경제개발 담론에 통일 문제가 포함되었다. 경공업 중심의 남한과 자원이 풍부하고 중공업이 발전한 북한의 통일은 외국의 경제 침투를 막고 자립적 경제 건설의 기초를 제공한다는 주장이 제기되었다.[75]

이처럼 1950년대에 부상해 1960년대까지 이어진 민간 주도형 경제개발 담론, 정부 주도형 경제개발 담론, 사회민주주의형 경제개발 담론은 모두 공통적으로 정부가 경제 질서에 개입하는 경제개발계획에 긍정적인 태도를 보였다. 민간 주도형 경제개발 담론을 주장하는 지식인들도 정부가 개입하는 경제개발계획의 불가피성에 공감했다. 그리고 세 갈래의 경제개발 담론 모두 인플레이션 억제를 통한 안정보다는 성장을 우선시했다.[76] 경제성장을 위한 경제개발계획의 필요성에 대한 광범위한 공감대가 형성되어 있었던 것이다.

유일 노선, 경제개발

박정희는 1963년 대통령 선거에 후보로 나선 다음날《국가와 혁명과 나》를 출간했다. 이 책에서 박정희는 5·16쿠데타의 명분을 민족의 산업

혁명화, 경제재건에서 구하고자 했다.

> 5·16군사혁명의 핵심은 민족의 산업혁명화에 있었다는 것만은 재
> 강조하고 싶다는 것이다. 물론 이 5·16혁명의 본령이 민족국가의 중
> 흥 창업에 있는 이상 여기에는 정치혁명, 사회혁명, 문화혁명 등 각
> 분야에 대한 개혁이 다 포함되어 있지 않았던 것은 아니나, 그중에도
> 본인은 경제혁명에 중점을 두었다는 말이다. 먹여놓고, 살려놓고서
> 야 정치가 있고 사회가 보일 것이며 문화에 대한 여유가 있을 것이기
> 때문이다. 또한 이 경제 부문에 희망이 없다면 타 부문이 개혁되고
> 온전히 나갈 리가 없다는 것도 당연한 말이다. 중언 복사가 되겠으나
> 이 경제재건 없이 공산당에 이길 수 없고 자주독립도 기약할 수 없는
> 일이다.[77]

그리고 경제 산업혁명이란 구체적으로 난맥상의 경제를 완전한 궤도
에 올려놓는 일이요, 국가 경제를 현대화하는 것이라고 천명했다. 군사
정부는 이를 목표로 내세우며 제1차 경제개발 5개년 계획을 추진했다.
박정희는 군정 기간에 행정력을 총동원해 경제제일주의를 기조로 국정
을 운영해 경제재건의 포문을 열었다고 자부했다. 동시에 국민 모두에게
한강의 기적을 이루기 위해 일치단결해 최대한으로 노력해달라고 주문
했다.

교수는 좋은 이론을 제공하고, 정치가는 적절한 시책과 국민을 계도
하며, 학자는 민족 재생의 철학을 창조하며, 문화예술인은 건설의 의

욕을 고조시키고, 전 상공인은 각기 산업에 매진할 것이며, 농민, 노
동자는 땀을 흘리고, 학생은 검소한 기풍으로 일신되고, 군은 천금의
중량처럼 늠름하고, 전 공무원은 진실한 봉사자가 되어야만 우리도
'한강의 기적'을 이룩할 수가 있는 것이다.[78]

그리고 '경제 지상(至上), 건설 우선, 노동 지고(至高)'의 세 가지 행동강
령을 제시했다.[79]

이처럼 박정희는 후진국을 넘어 중진국을 거쳐 선진국으로 도약하는
길을 오직 경제개발을 통해서만 닦으려 했다. 그는 "인간 생활에 있어 경
제는 정치나 문화에 앞서는 것"[80]이라는 신념을 갖고 있었다. 박정희는
후진성의 핵심을 빈곤으로 보았고, 후진국은 곧 빈곤한 나라라고 인식했
다. 그리고 경제성장의 모델로서 전후 독일의 성공에 깊은 관심을 보였
다. 박정희는《국가와 혁명과 나》의 5장을 〈라인강의 기적과 불사조의 독
일 민족〉이라는 제목으로 독일의 성공을 설명하는 데 할애했다. 그는 한
국이 가난한 이유가 조선시대의 그릇된 정신적·문화적 유산에서 비롯된
국민성 때문이라고 믿었기에 무엇보다 독일의 성공 요인으로 가장 먼저
국민성에 주목했다. 근면하고 검소하고 질서를 존중하며 단결심이 강한
독일인의 국민성이 라인강의 기적을 일으켰다는 것이다. 독일 부흥의 원
동력으로 좋은 지도자를 꼽기도 했다. "아데나워 수상이나 그의 각료들
은 전후 세계가 점차 공산주의에로 기울어져가자 실속 없는 반공 구호보
다 적절하고 효과적인 방안으로써 경제 안정을 강구하였다"는 것이다.[81]
그러므로 박정희에게 근대화는 빈곤한 후진국의 상태를 벗어나 부유
한 선진국이 되어 남들처럼 잘사는 나라가 되는 것을 뜻했다. 즉 산업화

에 따른 경제성장이 곧 근대화였다.[82] 그리고 근대화의 핵심 전략은 바로 수출 중심의 공업화였다.

우리가 택한 수출 중심의 공업화의 길은 당시 우리의 형편으로서는 무척 대담하면서도 또한 가장 합리적인 근대화의 전략이었다고 할 수 있다. 우리의 농촌이나 도시가 모두 가난했기 때문에 국내 시장을 중심으로 하는 공업화로서는 빈곤의 악순환에서 벗어나기 어려웠다. 결국 천연자원이 빈약하고 국내 시장이 협소한 우리나라의 경우, 유일한 성장 잠재력인 풍부한 인적자원을 최대한 활용하기 위해서는 수출에 역점을 둔 외향적인 개발전략이 유일한 활로였던 것이다.[83]

박정희는 수출 중심의 공업화를 추진하는 정부에게 필요한 것은 기업지도주의라고 보았다. 그는 경제체제를 "되도록 민간의 자유와 창의를 존중하는 자유기업제도를 원칙으로 하고" 있으나 "기간산업 부문에 있어서만은 정부가 직접, 간접으로 공적 부문에 주력 관여"한다는 입장이었다. 그리고 그것을 기업지도주의라 불렀다.[84]

이처럼 박정희에게 근대화의 유일 노선은 경제개발이었다. 이 인식은 1970년대 말까지 변함없었다. 1978년에 출간한 《민족중흥의 길》에서도 그는 여전히 경제개발이 민주주의와 복지사회 건설의 성공 열쇠이자 북한과의 체제 경쟁에서도 이기는 최우선 요건이라고 주장했다.

우리에게 있어서는 민주주의의 발전도, 복지국가의 건설도, 그리고 평화통일의 달성도 어느 의미에서는 우리가 얼마나 빨리 이 땅에서

가난을 몰아내고 풍요와 번영을 이룩하느냐에 달려 있는 것이다.[85]

나는 일찍이 우리의 자유체제와 북한의 공산체제 가운데 어느 것이 더 국민을 풍요롭고 잘살게 할 수 있느냐를 결정하기 위해 개발과 건설의 경쟁에 나설 것을 제의했다.[86]

경제개발이 민주주의의 토대라는 그의 생각은 군사정부 시절부터 확고했다. 박정희는 1961년 11월 미국을 방문했을 때 "우리가 심은 새로운 민주주의 뿌리는 건전한 경제성장의 영양보충을 필요로 합니다. 우리는 국민 전체를 위한 적의한 생활수준 및 국민생산고의 상승 없이는 민주주의가 유지되지 못한다는 것을 인식하고 있습니다"[87]라고 발언했다. 또한 1962년에 펴낸 책 《우리 민족의 나갈 길》에서 "정치적 민주주의의 전제가 되는 경제적 조건이나 기반을 이룩할 수 없는 데서는 민중의 진정한 지지 위에 선 민주주의가 성장될 수 없다"[88]라고 단언했다. 또한 "아시아에 있어서는 국민 대중의 생활 조건을 개선하려는 시도와 노력이 효과를 거두기 위해서는 말할 것도 없이 대개 비민주적인 비상수단을 쓰지 않으면 아니 되기 때문에 정부가 서구에서 말하는 민중의 정부가 되기에는 거의 불가능에 가깝다"[89]라고 주장했다.

이처럼 18년의 박정희 시대는 경제개발이 유일 노선이던 시대였다. 박정희 정부는 경제개발의 첫 삽을 떴고 경제제일주의 노선을 따라 질주했다. 하지만 '비민주적 비상수단'을 불사하며 추진한 경제개발이 부작용을 낳으면서 국민 저항에 부딪히기 시작했다.

선개발 후민주화 담론

1950년대부터 민주주의에 앞서 경제개발이 우선이라는 인식을 가진 지식인들이 있었다. 그리고 민주주의의 경제적 토대를 마련해야 한다는 담론은 경제개발을 서둘러 후진성을 극복해야 한다는 주장과 맞물려 개진되었다. 지식인들은 해방 이후 한반도의 운명이 강대국에 의해 좌우되면서 전쟁의 참화까지 겪게 된 현실을 마주하면서 후진성을 극복하는 방법을 탐색했다. 그 답 중 하나가 '지체 없는 경제개발'이었다.[90] 그렇게 민주주의도 경제개발 없이 불가능하다는 담론이 부상했다.

1956년 새해 첫날《조선일보》는 사설에서 "국민이 고루 먹고 힘껏 활동할 만한 경제 건설의 토대가 없이 무슨 민주주의가 성취될 수 있겠는가"라며 경제개발이 민주주의의 토대라는 점을 강조했다.[91] 야당인 민주당의 김영선 의원은 한국에서 민주주의는 '관료의 지배체제를 없애고 대한민국 존립의 핵심체를 만들고, 국민 대중을 무의식 상태에서 끌어올려 자주적 경제적 토대를 구축하는 데서 출발해야 한다'라고 주장했다.[92] 또한 한국은 "개인과의 합리적 경쟁의 자유를 보장하여 경제 부면에서 기회균등을 통해서 경제적 민주주의를 달성"하려고 하는 미국식 경제민주주의를 따라야 한다고 주장했다.[93] 이처럼 '경제성장이 민주주의 발전의 선행조건'이라는 1950년대 지식인들의 인식에는 경제력을 기준으로 선진과 후진을 가르고 선진국인 미국을 좇고자 하는 풍토가 자리하고 있었다.

1960년 4·19로 들어선 장면 정부가 경제제일주의를 천명하며 경제개발계획안을 마련하는 가운데 4·19로 보여준 민주주의의 힘을 경제개발의 에너지로 전환하자는 주장이 등장했다.[94] 철학자 조가경은 장면 정부가 국토개발, 국토건설에 나서자 "이 나라의 자유와 민주주의가 이제야 비로소 실질을 갖출 필요를 느끼는 단계에 들어섰나 보다"라고 소감을 피력하면서 "해방으로서의 자유가 적극적인 자유, 즉 경제부흥의 실속을 겸한 자유로 발전해야 한다"라고 주장했다.[95]

5·16쿠데타로 장면 정부가 무너지고 군사정부가 경제개발계획 수립에 나설 때 지식인들도 참여했다. 대표적인 인물인 경제학자 박희범은 경제가 민주주의의 토대라고 주장했다.

> 민주주의는 인민의 행복을 위한 수단이지 그 자체가 목적이 될 수는 없는 일이다. 자유와 민주주의가 진정코 인민의 행복을 위한 최선의 수단이라면 국가주의는 배척되어야 하겠지만 민주주의적 경제 기반을 마련하는 효과적 수단이 또한 국가주의라면 이는 용납되어야 한다. (…) 후진국의 경제개발은 결과적으로 새로운 중산층과 자치 농민을 육성하는 데 있으며 경제개발의 결과가 이와 같은 대중적인 사회적 세력 기반을 조성하지 못하는 한 확고한 민주주의의 기반을 갖지 못하게 된다. 이러한 기반을 육성할 때까지는 국가주의도 좋다.[96]

여기서 "국가주의도 좋다"라는 언급은 "후진국의 경제개발이란 산업구조의 변혁을 의미하며 기존 경제 기반의 점진적인 한계 변화를 특징으로 하는 선진국의 경제성장과 성격상 판이한 만큼 적어도 경제자원의 동원(조달)과 그 산업부문 간의 배분에 있어서는 정부의 주체적 지도 아래 중점적 투자가 요망된다"[97]라는 그의 주장에서 알 수 있듯이 경제개발에서의 정부의 주도성과 계획성을 의미했다. 그는 군사정부가 표방하는 "계획성 있는 자유경제 체제 그 자체가 민주주의와 모순 대립하지 않는다"라며 그 정당성을 "마치 선진 수정자본주의가 경제를 계획적으로 운영하면서도 민주주의를 온존하고 있으며 오히려 그러한 계획으로서만 민주주의 체제를 지속"하고 있다는 점에서 찾았다. 정치학자 차기벽도 "경제 건설을 촉진하기 위해서는 강력한 정치권력과 적극적인 정부의 관여가 절실히 요청되므로 정부는 자본 형성과 투자 방향 결정을 위해서 계획적, 목적의식적으로 시책을 강구하지 않으면 안 되게 된다"라며 경제개발에서의 정부 역할을 강조했다.[98]

법학자 김형수는 "국민은 민주주의를 먹고살 수 없는 것이다"라며 국민의 경제적 안정과 성장을 건설해줄 수 있는 제도 구축이 먼저이고 민주주의는 그다음 문제라고 주장했다.

> 국민의 복된 생활을 건설해줄 수 있는 제도라면 민주주의에 어떠한 형용사가 붙어도 좋고 민주주의란 말 자체가 말살되어도 좋다고 생각한다. 복된 생활은 국민의 경제적 안정과 성장을 의미하는 것이고 지적으로도 성장하게 하는 것이다. 환언하면 민주주의를 원활하게 적용할 소지를 마련하는 것이다. 그렇게 되면 역사의 수레는 필연적으로 진정한 민주주의에 도달하고 마는 것이다.[99]

정치학자 이극찬은 "한국 정치의 민주화를 저해하는 요인의 하나는 그 산업의 미발달로 인하여 민주주의의 발달을 이룩케 할 수 있는 경제적 기반이 없다는 점"이고 "민주주의는 다른 어떠한 조건이 아무리 갖추어

진다 할지라도 생산력의 파괴와 경제의 수축이 지배적인 경제적 기반 위에서는 좀처럼 발전할 수가 없는 것"이라고 주장했다.[100]

이처럼 하루빨리 경제개발을 실행해 민주주의의 기틀을 마련해야 한다고 주장하는 글이《사상계》에 많이 실렸다.[101] 하지만 장준하는 생각이 좀 달랐다. 그는 경제개발을 효율적으로 달성하기 위해서도 민주주의가 중요하며 민주주의를 궤도에 올려놓기 위해서 산업화가 필요하다는 입장에서 양자의 병행적 추진을 강조했다.[102]

경제개발이 민주주의에 선행한다는 선개발 후민주화 담론은 경제개발을 위해 개인의 자유를 희생할 수 있다는 지식인의 정서와도 맞닿아 있었다. 1966년 고려대 사회조사연구소의 조사에 따르면 59.74퍼센트에 달하는 지식인이 경제개발을 위해 개인의 자유가 희생될 수 있다는 견해를 갖고 있었다. 이에 반대하는 지식인은 39.28퍼센트였다.[103]

1965년 5월 한일협정 비준 직전 긴장이 감도는 정국에서 정치학자 차기벽은 시민혁명을 거치지 못한 한국의 경우 산업화는 민주화의 터전을 닦은 일이므로 경제 건설에 총력을 기울여 경제 자립을 서둘러야 한다는 자세로 국교 정상화를 이루어야 한다고 주장했다.

민주화와 산업화는 밀접히 관련되어 상호 보완하는 관계에 있으며 사실 서구에서는 양자가 병행해서 발전했었다. 그러나 중산계급의 미발달로 인하여 전형적인 시민혁명을 거치지 못한 우리나라는 먼저 산업화에 치중해야 한다고 믿는데, 그렇게 하는 것이 민주화의 터전을 닦는 셈이 되기도 하는 것이다. 우리는 근대화란 다름 아닌 산업화임을 명심하고 경제 건설에 총력을 기울여 경제 자립을 서둘러

야 하며 대일 국교 정상화도 어디까지나 이러한 자세를 갖고 임해야 한다.[104]

지식인들이 민주주의에 앞서 경제적 후진성을 타파하는 개발이 이루어져야 한다는 선개발 후민주화 담론을 개진하는 가운데 1966년 초에는 중산층 논쟁이 일어났다. 논쟁은 주로 시민계급 중에서도 "생산적 중산층"인 중소기업의 역할을 놓고 전개되었다.

1966년 초 야당인 민중당은 민주정치의 기본 부대이며 사회 안정의 근간인 중산계층이 몰락하면서 빈부 양극화가 일어나고 있다며 "중소상공인, 중농, 봉급자, 지식인 등 중산층의 안정과 이익 증진 없이는 민주주의는 영원히 토착화할 수 없으며, 사회 안정을 결단코 바랄 수 없다"라고 주장했다. 그리고 대중자본주의라는 개념을 제시하며 중소기업의 철저한 우선 육성주의와 자본의 대중화 및 100만 안정 농가의 창설을 제안했다. 여당인 공화당도 근대화는 중산층 확대를 통해 이루어지므로 중소기업을 육성해야 한다고 주장했다.[105]

지식인들도 중산층 논쟁에 뛰어들었다. 경제학자 임종철은 중산층은 경제적으로 중소기업 형태로 나타나는데, 그들은 전근대성과 비효율성으로 인해 필연적으로 소멸한다고 주장했다. 그리고 정책적 보호 육성의 대상은 중간층이 아니라 최소소득의 사회적 침전층이어야 한다고 주장했다.[106] 또한 그는 경제개발을 위해 희소한 자본자원을 배분하면서 대기업을 육성할 것인가 혹은 중소기업을 보호할 것인가를 논할 때 경제학적 결론은 어김없이 대기업 우선론으로 귀결된다고 주장했다. 그리고 민주주의는 중산층 육성에 의해서가 아니라 가난한 사회적 침전층

보호를 통한 동등적 대중화 및 국민 통합에 의해서 반석 위에 놓일 수 있다고 주장했다.[107]

반면 경제학자 이창렬은 "대기업 발전 위주로 나갈 때 한국 사회 현실이 직면한 과잉인구와 실업자 범람을 어떻게 해결하느냐의 난제가 남을 것"이라면서 "한국 경제의 현실 조건 밑에서 균형발전을 위해서는 중소기업 육성 단계가 우선 긴요하다"라고 주장했다. 대기업이 특혜와 이권을 바탕으로 성장하면서 낭비와 비효율성을 수반하므로 차라리 특혜 없이 자라나는 중소기업이 더 합리적이기 때문이었다.[108] 경제학자 박희범은 중소기업 소멸론은 "우리나라가 당면하고 있는 자본 대 노동의 구조적 불균형을 무시한 탁상공론"이라고 비판했다.[109] 사회학자 신용하도 중소기업 소멸론을 비판했다. 그는 "대기업주의를 주장하고 중소기업 소멸론을 주장하는 견해는 우리나라의 대기업이 대부분 외국 자본에 종속되어 있으며 오히려 중소기업이 민족산업자본적 속성을 더 많이 가지고 있다는 우리나라의 특수성을 외면하는 결함을 가지고 있다"라고 비판하면서 "민족산업자본적 속성을 더욱 많이 가진 중소기업은 우리나라의 진정한 근대화를 위해서 큰 기여를 하고 있으며 중소기업을 보호 육성하는 것은 민족산업자본을 보호 육성하는 것과 긴밀한 관련을 가지고 있다"는 점을 강조했다.[110] 이 같은 비판에 대해 임종철은 "민족자본이 진정한 공업화를 위해 절실히 요구된다면 그 결정체인 중소기업을 그 생산에 있어서의 비효율 때문에 매판적인 대기업에 의해 구축 소멸되게 할 것이 아니라 경제적으로 대기업과 대등한 경쟁을 할 수 있는 최적 생산 규모로 발전적으로 지양시켜야 된다"라고 주장했다.[111]

이처럼 중소기업을 놓고 벌어진 중산층 논쟁은 사실상 민주화, 그리고 그에 선행하는 산업화의 주체를 둘러싼 논쟁이었다.[112] 하지만 그와 같은 산업화와 민주화의 주체인 중산층이 자생적으로 형성되기를 마냥 기다릴 수 없었다. 중산층 논쟁은 결국 정부의 경제개발 기조를 둘러싼 논쟁이기도 했다. 그만큼 경제개발에 있어 강력한 리더십이 요구된다는 사실에 대한 동의가 전제된 것이었다. 차기벽은 "민주주의의 이식 정착 과정에 있는 오늘의 신생 국가에서는 강력한 정치적 리더쉽은 민주주의를 위협하는 것이라고 일률적으로 보질 말고 경우에 따라서는 그것이 민주주의를 지지 육성할 수도 있음을 인정해야 할 것 같다"[113]라면서 산업화와 민주화에 있어 강력한 리더십의 필요성을 강조했다. 이런 점에서 선개발 후민주화 담론은 박정희 정부의 지지 기반의 역할을 했다.[114]

3

대항의 논리, 저항의 세력

개발 권력과 지식인의 불화

1960년 3월 근대화론에 입각해 후진국 정책을 생산하는 MIT 국제문제 연구소는 미국 상원 외교위원회에 제출한 보고서에서 후진국의 경제개발에 있어 군인과 지식인의 결합을 강조했다.

> 군인들은 안정을 유지할 통합력을 갖고 있고, 세속적 인텔리들은 개혁을 수행하는 데 필요한 지식을 갖고 있다. 군대 지도자 혼자만으로는 이들의 시각이 너무 좁아 근대화하는 사회에서 일어나는 다양한 문제를 수습하지 못하기 때문에 실패하기 쉽다. 또한 세속적 인텔리

혼자만으로는 그들의 관념이 실제로 작동할 제도를 개발할 수 있는 능력을 초과하기 때문에 실패하기 쉽다.[115]

이와 같은 미국 근대화론자들의 현실 인식은 5·16쿠데타가 일어난 한국에서 그대로 구현되었다. 5·16으로 들어선 군사정부는 자문위원회, 평가단 등의 이름으로 지식인을 정책 수립에 참여시켰다. 1961년 7월 박정희 국가재건최고회의 의장은 박동암, 조가경, 이한기 등 6명의 학자를 고문으로 등용했다. 그리고 자문기구로 기획위원회를 운영했다. 이 위원회는 정치, 경제, 사회·문화, 재건기획, 법률 등 5개 분과위원회로 구성되었다.[116] 여기에 참여한 학자, 언론인 등 지식인은 470여 명에 달했다.[117] 군사정부의 국민 동원 기구였던 재건국민운동본부가 전국에 재건국민교육원 142개를 설치해 실시한 국민교육에도 지식인들이 참여했다.

1963년 민정이양을 통해 들어선 박정희 정부에서도 경제개발에서 전문성과 기능성을 갖춘 지식인 역할론이 부상했다.[118] 1964년 2월 박정희 대통령은 자문기구로 경제과학심의회를 두었다. 이 위원회에는 주요한, 김영선 등 민주당 정부의 경제관료 출신을 비롯해 다수의 경제학자들이 참여했다. 1965년에는 제1차 경제개발계획 및 각종 정부 정책을 평가하고 심의하는 평가교수단을 조직했다. 14명으로 출발한 평가교수단은 1966년에 60명으로 늘었다.[119]

그런데 박정희 정부가 들어서자마자 《경향신문》 논설위원 송건호는 《사상계》 1963년 11월호에서 군사정부와 지식인의 관계가 "정치와 지성의 제휴같이" 보이지만 실제로 5·16 이후 대거 동원된 지식인의 역할

은 "지식의 철저한 기술학화"에 있었으며 "지식인의 사상 생활은 극도로 제한되었다"라고 비판했다.[120]

5·16 후의 두드러진 현상은 지식인의 사상 생활이 억압되고 이념의 다양한 모색이 금기되어 있는 사실일 것이다. 지식인이 한낱 '사실지 (事實知)'의 테두리 속에서 머물러 있는 것을 바라고 있는 것이다. (…) 5·16 주체세력은 지식인을 동원은 했어도 지성의 혁신을 성취하지는 못했다. 지식인의 자발적 호응을 못 얻은 때문이다. 그들은 오히려 지성의 모험을 금기했다. 구태의연한 사고와 민족현실을 가로막고 있는 허다한 지적 타부를 그냥 둔 채 혁명을 외치며 인간 개조, 국가 재건을 한다고 했다.[121]

이러한 사상 억압에 대한 우려는 파시즘과 독재의 도래를 경계하고 비판하는 목소리로 이어졌다.《사상계》1963년 11월호의 권두언 〈누가 국민을 기만하고 있는가?〉에서 장준하는 "민족주의라는 간판 아래 센치멘탈한 국가 지상주의, 복고주의를 통해 한국을 다시 고립시키는 파시즘의 길과 직통되고 있는 측면도 소홀히 할 수는 없다"라며 파시즘의 도래를 우려했다.[122] 같은 호에 실린 〈박정희 씨에게 부치는 글〉에서 철학자 이상은은 박정희의 혁명이념이 "지금까지 시급한 빵 문제(경제 문제)를 해결하기 위하여 자유와 민주주의(정치 문제)를 희생해도 좋다는 이론이었으나 민심은 자유와 민주주의의 희생을 원하지 않는다"라고 주장했다.

후진국가에서 경제 건설이 시급한 줄을 누가 모르랴. 역대의 집권자가 경제 건설이 급하다고 이런 계획 저런 계획 세워보지 않은 사람은 없을 것이다. 그러나 어느 누구 하나 경제계획을 바로 세워서 꾸준히 계획대로 일을 수행해본 사람이 있는가? 경제만이 아니다. 다른 모든 분야에 있어서도 마찬가지로 무슨 계획을 세우기도 힘들고 세워보았자 그대로 수행할 수 없다. 왜? 시국이 자주 변환되고 물적 조건이 자꾸 달라지기 때문이다. 일반 상공업자층에서 가장 이런 고통을 절실히 느끼고 있다. 이리하여 백 가지 사업이 어느 하나도 바로 되지 않고 실업자만 늘어갔다. 그러므로 나는 우리나라 현시점에서는 정치 문제의 해결 없이 경제 문제의 해결을 구하는 것은 망상이라고 생각한다.[123]

그리고 박정희 대통령이 정치인에게 요구하는 새로운 지도이념이 '히틀러나 무솔리니의 사고방식 혹은 공산당식의 교조주의에 빠질 위험성이 있다'고 비판했다.

히틀러, 무솔리니식의 지도이념이란 지도자의 절대적 권위를 인정하는 지도이념이다. 그것은 위에서 아래로 명령하는 이념이며 강요하는 이념이다. 그러한 이념은 옳으면 절대 옳고 그르면 절대 그른 것이요 수정 타협 관용의 여지가 없는 것이다. 이런 따위 사고방식은 이미 지나간 낡은 사고방식이며 역사에서 이미 시험제로 되어 있다. (…) 귀하는 또 강력한 지도체제를 자주 말하였다. 우리나라의 현실에서 위정자로서 일의 능률을 위하여 필요한 요구일지 모른다. 그러나 여하한 지도도 민중이 동의하고 따를 때에 비로소 강력해지는 것이지 꼭대기에서 조직만 강력히 한다고 해서 강력해지는 것이 아니다.[124]

이 같은 지식인들의 우려와 경계는 한일협정 반대운동을 거치면서 확신으로 자리잡았다. 5·16쿠데타 당시 쿠데타 세력에 일말의 기대를 걸었던 장준하는 《사상계》 1966년 5월호의 권두언 〈5·16의 유산〉에서 5·16 쿠데타가 우리 민족에게서 희망과 자신을 빼앗았다고 비판했다.

> 분명한 것은 5·16은 이 민족에게서 희망과 자신을 빼앗은 것이다. 절망의 나락으로 밀어넣었다. 이 사회를 정신적 황무지로 만들었다. 불신의 황성(荒城)으로 변모시켰다. 그리고 그 자신도 배신자로 전락하였다. 민족에게 버림을 받았다. 역사의 준엄한 심판만을 기다리게 되었다. 이 땅에 또다른 5·16은 없어야 한다. 뿐만 아니라 이같이 민족에게 치명상을 입힌 그 5·16은 민족의 이름으로 정죄를 받고 민족의 뇌리에서 사라져야 한다. 파괴되어야 한다. 5·16을 예찬하는 것은 또다른 5·16을 불러들이는 위험한 불장난이기 때문이다.[125]

박정희 정부의 출발점, 5·16쿠데타에 대한 장준하의 비판과 부정의 강도는 점점 세졌다. 그는 《사상계》 1966년 8월호의 권두언 〈또다시 8·15를 맞으면서〉에서 "1961년 5월 16일 새벽, 온 민족이 바라보고 가야 할 이정표를 한 무리의 군인이 일어나 뽑아 던져버리고 그 자리에 총칼을 꽂아놓았다. 올바른 이정표가 아닐진댄, 자유민주주의의 의회를 통하여 옳은 이정표로 바꿔야 했을 것이 아닌가? 뒤로 물러설 수 없는 길을 우리는 오도된 대로 걸어왔으나 그러나 더이상 잘못 든 길임을 깨닫고서도 계속 앞으로 나아갈 수는 없다"[126]라고 주장했다.

1960년대 말과 1970년대 초를 거치면서 개발 권력과 지식인 간의 불화는 더욱 노골화되었다. 이제 지식인들은 개발독재를 지지하거나 아니면 그에 저항하는 선택을 해야 했다.[127] 그리고 유신체제에 들어서면서 박정희 정부가 반체제 지식인을 노골적으로 탄압하자 그들은 재야세력을 형성하면서 민주화운동에 뛰어들었다. 그만큼 '개발이 민주주의보다 먼저'라는 박정희 정부의 선개발 후민주화 담론에 대한 지식인의 비판은 더욱 신랄해졌다. 재야세력을 이끈 함석헌은 5·16쿠데타 후 10년간 박정희의 경제정책은 소수 특권층을 위한 것이었다고 비판했다.

한마디로 이 10년 동안의 정치는 서민을 외면한 정치였다. 지나치게 도시 중심, 특권계급 중심, 선전효과를 노리는 겉치레의 경제지 알속 있게 나라의 주인인 민중을 길러내잔 경제가 아니었다.[128]

또한 함석헌은 경제성장이 민주주의에 앞서야 한다는 논리는 박정희의 장기집권 욕망의 표출이라고 비판하면서 그것은 공산주의자나 하는 소리라고 주장했다.

경제생활이 넉넉해져야 민주주의는 될 수 있다. 그때까지는 참아라 하는 말은 세계역사를 온통 잊어버린 말 아닙니까? 민중이 제 권리를 주장하는 데서 경제발전이 왔지, 어디서 경제가 넉넉해져서 민권을 올렸습니까? 이것은 영원히 지배해먹자는 욕심을 정당화하려는 궤변밖에 되는 것 없습니다. 먹을 것이 있어야 자유가 있다는 그런 식의 소리는 공산주의자의 입에서만 나오는 소리입니다.[129]

이미 함석헌은 1961년 5·16쿠데타가 일어날 때부터 그것이 4·19의 계승이라는 쿠데타 세력의 주장을 부정했다. 그리고 민중은 군사독재를 걱정하고 있다고 일갈했다.

이번 군사혁명은 먼젓번 학생혁명에서도 일단 낮아진 것을 아는 말이다. 그때는 맨주먹으로 일어났다. 이번은 칼을 뽑았다. 그때는 믿는 것이 정의의 법칙, 너와 나 사이에 다 같이 있는 양심의 권위, 도리였지만 이번은 믿은 것이 총알과 화약이다. 그만큼 낮다. 그때는 민중이 감격했지만 이번은 민중의 감격이 없고 무표정이다. 묵인 중에 몰래 갑자기 됐다. 그만큼 정신적으로는 낮다. (…) 민중 자기네끼리 모이면 여간 불안을 느끼는 것이 아니다. 솔직히 말하면 '이러다가 잘못되면 어쩌나?' 하는 불안 속에 싸여 있는 것이 현상이다. 이러다가 잘못되면 공산당이 돼버리고 말 것이라는 판단과 공포심은 어떻게 무식한 사람 입에서도 다 나오고 있다. '이러다가'라는 것은 무엇일까? 까내놓고 말하면 '만일 군사독재가 됐다가는' 하는 말이다.[130]

함석헌은 이때부터 혁명은 민중의 것이고 민중만이 혁명을 할 수 있으며 정부 정치가 민중을 다스리는 것이 아니라 민중이 정부를 다스려야 한다는 민주주의론을 펼치며 개발 권력과 거리를 두었다.[131]

1960년대 말 후진국 탈피를 목표로 매진한 경제개발의 부정적 효과가 본격적으로 모습을 드러낼 무렵 박정희 대통령은 삼선개헌을 밀어붙였다. 한일회담 반대운동에 나섰던 학생과 지식인들은 다시 삼선개헌 반대운동으로 결집해 민주화운동에 나섰다. 삼선개헌반대범국민투쟁위원회는 경제개발이 경제민주화에 역행하면서 무리하게 추진되어 정권 유지를 위한 전시효과를 보여주는 데 악용되고 있다고 비판했다.[132]

비판으로서의 민족경제 담론

4·19 이후 일어난 통일운동에서 민족경제야말로 자립경제를 위한 전제조건이라는 주장은 통일의 당위성을 강조하는 논리로 작동했다.[133] 통일운동이 한창이면서 한미경제원조협정의 불평등성 논란이 제기될 무렵의 1961년 1월 12일자 《영남일보》의 사설 제목은 〈통일경제 없이 자립경제 없다. 경제적 예속에서 벗어나야 한다〉였다. 한 달 후인 1961년 2월 19일 중립화통일론자인 재미한국문제연구소 소장 김용중은 장면 총리에게 보낸 공개서한에서 경제 자립을 위해 우선 통일이 되어야 한다고 주장했다.[134]

이처럼 1960년대에 들어와 1950년대의 원조 의존 경제를 비판하며 민족경제 담론이 주목을 받았다. 민족경제 담론은 1950년대 자본 축적 과정을 정부의 재정·금융정책과 미국 원조를 두 축으로 한 매판적 관료독점자본의 형성 및 불평등의 확대 심화 과정으로 파악하면서 매판적 관료독점자본의 청산과 민족자본을 주체로 하는 국민경제의 자립화를 지향했다.

1965년 한일회담을 전후해서는 매판-민족자본 논쟁이 불거졌다. 경제학자 이창렬은 민족경제의 자립적 토대 마련에 기여하느냐의 여부에 따라 매판자본과 민족자본으로 가르고 매판자본을 다음과 같이 정의했다.

8·15 이후 20년간에 발전하여온 우리나라의 민간자본들도 그 대부분은 실질적인 매판자본이라고 지적할 수 있다. 상업자본은 두말할 것도 없고 생산가공에 종사하는 산업자본도 그것이 국내 자원의 개발보다는 외국의 중간제품의 판매를 대리하는 경우, 또는 국내 기계공업의 육성에 도움을 주기보다는 외국제 기계를 100퍼센트 도입하여 시설하는 경우, 혹은 국내 가공이 가능한 원자재를 해외에 반출하여 외국 공업의 구매 대리인 노릇을 하는 민간자본들은 실질적 의미에서 매판자본인 것이다.[135]

매판자본에 대한 비판은 곧 경제의 종속성과 예속성에 대한 비판이기도 했다. 경제학자 박희범은 후진국에서는 내포적 공업화 노력 없이는 경제적 예속만 있을 뿐이라고 주장했다.

선진경제는 현재의 정태적 국제 분업을 지속시킴으로써 성장이 가능하지만 후진 경제는 특수 여건을 갖추지 못하는 한, 오히려 현존의 정태적 국제 분업을 배격하여 우선 내포적 공업화를 달성하지 않고서는 더욱 고차원의 경제발전을 기대할 수 없다. (⋯) 외자를 그들 자신의 공업화 목적을 위해 주도권을 가지고 사용한 후진국에서는 로스토의 말처럼 많은 역할을 하였지만, 내포적 공업화 노력 없이 선진

국의 이해관계에 추종하여 무계획적으로 받아들인 후진 지역에는 경제적 예속을 결과했을 뿐이었다.[136]

나아가 박희범은 통일로 민족경제가 형성되면 보다 합리적인 경제개발이 가능할 것이라고 주장했다.

만일 남한과 북한이 소비재 공업과 생산재 공업이란 이질적 요소를 중심으로 성장하였다고 가정한다면 통일에 의한 민족경제의 형성 과정에서 그렇게 큰 난관은 없을 것이고, 이러한 상호 보완적 성격은 보다 합리적인 경제개발을 기약할 것이다.[137]

이처럼 내포적 공업화론은 통일을 전제로 하는 민족경제적 전망을 갖고 있었다.[138]

1960년대 말부터 박정희 정부가 추진한 수출 지향형 개발의 폐단이 본격적으로 드러나면서 고도성장 찬미론을 비판하는 민족경제 담론이 부상했다. 1971년 야당인 신민당은 4월의 대통령 선거와 5월의 국회의원 선거를 앞두고 '자주적 민족경제 체제 확립과 중소기업의 민족자본적 육성, 농공업의 균형 있는 발전을 보장하는 내포적 공업화에 의한 민족경제의 자립 추구'를 공약으로 내세웠다.[139] 그해 치러진 대통령 선거에서 신민당 대통령 후보로 나선 김대중은 대중경제론을 제기하면서 《김대중 씨의 대중경제 100문 100답》이라는 공약집을 내놓았다.

대중경제론에 따르면 대중경제는 자본 독재의 길과 북한 공산주의적 길 사이에 있는 제3의 길을 뜻했다. 즉 시장 자본주의의 모순과 대중 소외의 상황을 파시즘이나 사회주의와 같은 독재적 방법이 아니라, 자유경쟁을 바탕으로 자본주의 체제를 유지하면서 민주적으로 해결하는 경제를 의미했다.[140] 대중경제론에서는 당시 한국 경제를 외국 자본과 대기업이 중소기업, 농민, 노동자를 억압하는 종속경제로 규정했다. 이 같은 비판적 인식을 바탕으로 대중경제론은 민족자본의 보호 육성을 추구하는 자립적 국민경제, 민족자본을 주체로 하는 민족경제의 자립 추구 등을 지향했다. 이러한 대중경제의 기본 방향은 다음과 같다.

① 민족을 구성하는 제 계층이 공동이익의 집약인 자립적 국민경제의 실현에 그 목표를 두고, ② 자립적 국민경제를 실현하기 위한 부단한 노력의 과정에서 종속적인 파행적 경제구조에 자기이익을 발견하는 소수 특권 제 세력과의 대립에서 민족적 제 세력(민족자산가 그룹, 독립소생산자, 농민, 근로자 및 중소상인)의 연대의 계기를 찾아야 하며 =민족적 주체성을 갖는 제 세력 연대의 계기, ③ 이들 제 세력의 연합을 근로자 계층의 밑받침 아래 대중경제 실현의 담당 주체로 하고= 주도세력, ④ 진보적인 민족적 지식인의 지도하에=지식인의 창조적 역할, ⑤ 구중간층을 협동적 과정에서 해체하고 신중간층-근대적인 중간층으로 육성하며(신중간층의 육성), ⑥ 대중 소외를 극복하는 데서 구해져야 한다(정치, 경제, 사회적 측면에서의 대중 소외의 극복).[141]

이처럼 대중경제론은 민족 자립경제를 추구한다는 점에서 1960년대의 내포적 공업화론과 공통점을 지녔다. 하지만 내포적 공업화론이 한국경제의 자립화를 위한 대안을 제시하는 경제이론에 그친 데 비해 대중경제론은 무역정책, 재정·금융정책, 공업정책, 농업정책, 노동정책, 소득분배정책, 조세정책 등 경제적 자립을 위한 실천 방안을 갖고 있었다.[142] 나아가 대중경제론은 박정희의 산업화 전략에 결여된 민주주의에 천착해 노동, 자본, 기술의 3자가 평등한 입장에서 서로 협동하고 노동자와 기술자도 이윤 분배에 대한 응분의 참여가 이뤄지는 산업민주주의를 주장했다. 구체적으로는 노동조합의 경영 참여의 제도화, 노동조합 결성의 완전 보장 등을 제시했다.[143]

그런데 《김대중 씨의 대중경제 100문 100답》은 경제학자인 박현채의 주도로 집필되었다. 그는 1967년에 일본의 오쓰카 히사오(大塚久雄)의 국지적 시장권에 기초한 국민경제 개념을 도입해 자립경제를 개념화했다.

자립적 토대를 갖는 공업화는 자연히 형성된 공업 중심지와 소도시를 갖는 일군의 촌락이 이룩하는 국지적 시장권이 기초가 되어야 한다. 이리하여 진보된 촌락경제를 광범위한 기반으로 할 때 비로소 자립적 공업구조 내지 통일된 국민경제는 건설될 것이다.[144]

1969년에는 자주적 민족경제론을 제기하면서 민족모순과 계급모순이 교차하는 한국에서 자립경제 수립이 지닌 실천성을 주장했다.

자립적 경제의 실현을 위한 과정은 그것이 종래의 식민지적 유제에 대한 투쟁인 데서 경제적 실천만이 아니라 정치적 실천을 동반하는 것이어야 한다. 곧 정치적으로는 대외적으로 낡은 식민지 지배의 현대적 변형에 대항하고 대내적으로는 이들 낡은 식민 지배의 잔존 유제에 기식하거나 외국 독점자본과 결합된 매판 및 전근대적 세력을 청산하여야 한다.[145]

이처럼 박현채는 민족경제론을 개진하면서 먼저 민족경제를 국민경제와 구별했다. 그에게 종속적인 분단 국민경제는 민족경제가 아니었다. 민족경제, 즉 자립경제는 한국 경제의 자립과 남북한 통일경제의 성립이 결합할 때 실현될 수 있었다. 그에 따르면 당시 한국 자본주의가 안고 있던 많은 문제는 식민지기에 시작되어 해방 이후에도 제대로 청산되지 못하면서 확대 재생산된 것이었다. 박현채는 이처럼 식민지성을 청산하지 못한 채 경제개발의 길을 달려온 박정희 정부 경제정책의 문제점으로 소수 재벌에 대한 특권적 지원을 통한 총량적 고도성장과 그것이 낳은 계층·지역·산업·도농(都農) 간의 부조화 또는 이중구조적 불균형 문제를 지적했다. 또한 외자 의존도가 높고 수출입국형 성장을 추구함으로써 대외 의존성과 불안정성이 심화되었다고 비판했다. 나아가 대안으로는 민중의 민생과 참여를 보장하고 국민경제의 자율적 재생산구조를 확보할 수 있는 평등주의적 혼합 자본주의를 제시했다. 그것은 중소기업과 국가 자본주의 부문이 두 축이 되고 시장에 의한 조절과 계획에 의한 조절이 결합되며, 분업구조 및 분배구조 양면에서 국내시장의 내포적 심화를 추구하는 발전 모델이었다. 그리고 박현채는 이러한 경제적 대안을 위한 조건으로 정치적 민주주의가 필수적이라고 주장했다.[146] 특히 아래로부터 민중의 자발적 힘을 모을 수 있는 자발적 결사의 활성화와 이를 기초로 한 민주 질서의 정치적 구축을 강조했다.[147] 또한 박현채가 궁극으로 전망한 민족경제는 한국 사회가 즉 민중적 진보적 개혁을 경유해 사회주의로 이행하고 또 그 이행이 민족적 생활양식의 한반도적 회복, 즉 민족통일과 일체화될 때 이뤄지는 것이었다.[148] 그리고 그 책무를 맡을 역사 발전과 진보의 주체이자 동력은 "경제의 직접적 담당자"인 민중이었다.[149]

이처럼 비자본주의의 길을 추구하는 박현채의 민족경제론은 개발동원체제에 기반한 박정희 정부의 경제개발 담론에 대항하는 비판적 정치경제학으로 주목을 받았다.[150] 박현채는 1978년에 자신의 민족경제론 관련 글을 모은《민족경제론》을 출간했으나 석 달 만에 박정희 정부로부터 판매금지 조치를 당했다.

민중 저항이 시작되다

1960년대 미얀마 출신 경제학자 민트(H. Myint)는 후진국 대부분이 경제평등이냐 경제성장이냐의 딜레마에 빠진다고 말했다. "경제평등은 그것이 성장에 미치는 효과를 개의할 것 없이 다만 평등만을 추구할 수도 있다. 부와 소득이 극히 불평등하게 분배되어 있는 경우나 또 부자가 그 소득을 생산적 목적을 위하여 유효하게 사용하지 않는 경우는 경제적 불평등을 제거하기 위한 제반 개혁으로 흔히 평등과 성장의 양자를 모두 높일 수가 있다. 그러나 또 경제적 평등과 경제성장 사이에는 참으로 충돌되는 수도 흔히 있다"[151]고 했다. 한국에서도 예외 없이 경제성장과 경제적 평등이 충돌했다.

1960년대 경제개발에 힘입어 성장가도를 달리며 가려졌던 사회 문제가 1970년대에 들어서면서 민중 저항을 통해 공론화되었다. 노동자 전태일은 "근로기준법을 준수하라"고 외치며 분신으로 저항했고, 서울에서 쫓겨나 경기도 광주로 내몰린 3만 명의 빈민은 "배가 고파 못 살겠다", "일자리를 달라"라며 항거했다. 두 사건은 본격적인 민중운동의 출발을 상징했다.[152]

　　전태일은 어린 나이에 돈벌이를 시작해 1965년에 서울 청계천 변 평화시장 내 삼일사에 견습공으로 취직했다. 1966년에는 통일사에 재봉공으로 취업했고, 1967년에는 한미사의 재단사가 되었다. 그는 공장에서 자기보다 나이 어린 여성 노동자들의 비참한 노동 현실을 목도했다. 여성 노동자들은 8평 정도의 작업장에 30여 명이 끼어 앉아 하루 14시간 이상을 허리도 펴지 못한 채 일하고 3천 원도 안 되는 월급을 받았다. 대부분 농촌 출신인 여성 노동자들은 만성질환에 시달리며 하루하루를 견뎠다. 전태일은 그들을 보살피려다가 1967년 말에 해고당했다. 그 무렵 근로기준법의 존재를 알게 되면서 한자투성이의 법전을 열심히 공부했다. 1968년에는 재단사 모임을 만들었고, 이듬해인 1969년에 바보회라는 조직을 창립했다. 바보회는 근로기준법 준수 투쟁, 근로기준법 및 노동운동 연구, 노동자 실태 조사 등의 활동을 벌였다. 그런데 서울시청 근로감독관실을 찾아가서 노동실태 개선을 촉구한 일로 전태일은 해고되었다.[153] 하지만 그는 1970년 다시 평화시장으로 돌아와 왕성사에 들어가 일하면서 서울시청, 노동청, 신문사, 방송국 등을 돌아다니며 평화시장의 노동실태를 알렸고 삼동친목회를 조직했다. 삼동친목회는 평화시장의 노동실태를 공론화하고 그것을 발판으로 공동투쟁을 추진하고자 했다. 하지만 이 일로 그는 또다시 해고되었다.

그래도 전태일은 좌절하지 않고 평화시장 노동자들을 대상으로 노동 조건에 대한 설문지를 돌렸고, 그 결과를 토대로 10월 6일 노동자 94명의 서명을 받아 〈평화시장 피복제품상 종업원 근로조건 개선 진정서〉를 노동청장에게 제출했다. 그리고 다음날인 10월 7일자 신문에 평화시장 노동실태가 보도되었다. 전태일은 동료들과 함께 평화시장주식회사에 7개 건의사항을 제출했다. 10월 17일에는 노동청이 평화시장 상가 업주들에게 노동조건을 개선하라고 지시했다. 그러나 업주들은 노동청의 지시를 외면했다. 실질적인 변화가 없자 전태일은 1970년 10월 20일과 24일 시위를 시도했다. 하지만 노동청의 회유와 경찰 및 회사의 단속으로 중단되거나 저지당했다.[154]

전태일과 동료들은 11월 13일 "우리는 기계가 아니다", "일주일에 한 번만이라도 햇빛을", "하루 16시간 노동이 웬 말이냐" 등의 플래카드를 만들어 근로기준법 화형식을 벌이고 가두시위를 전개하기로 결의했다. 당일 오후 1시 30분 삼동친목회 회원을 중심으로 "우리는 기계가 아니다"라고 쓴 플래카드를 들고 평화시장 앞에 모였지만 경찰이 플래카드를 빼앗고 시위대를 해산하면서 몸싸움이 일어났다. 이때 전태일이 자신의 몸에 석유를 끼얹어 불을 붙이고 "근로기준법을 준수하라, 우리는 기계가 아니다, 일요일은 쉬게 하라! 노동자들을 혹사하지 말라!"라고 절규했다. 동료들이 불을 끄기 위해 달려들었지만 전태일은 까맣게 탄 몸으로 다시 일어나 "내 죽음을 헛되이 하지 말라"라고 외치며 쓰러졌다. 그는 병원에서 자신이 못 이룬 일을 꼭 이뤄달라고 어머니와 동료들에게 다짐을 받은 후, "배가 고프다"는 말을 마지막으로 그날 밤 숨을 거

두었다.[155]

전태일의 분신은 사회에 큰 충격을 주었다. 그의 동료들과 어머니 이소선은 평화시장 건물 옥상에서 노동조합 설립을 위한 농성에 들어갔고, 마침내 11월 27일 조합원 516명이 청계피복노조를 결성했다. 이처럼 노동 현실에 대한 사회적 각성을 촉구한 전태일의 분신은 1970년대 민주노조운동을 촉구하는 계기가 되었다. 또한 종교인, 지식인, 학생들이 노동운동에 관심을 기울이면서 민주화운동의 범위가 넓어졌다.[156]

무엇보다 전태일의 죽음을 계기로 대학생들은 노동 문제와 노동자에 관심을 갖게 되었다. 전태일의 분신이 있은 지 사흘 후인 11월 16일에 서울대 법대생 100여 명이 '인권수호학생연맹준비위원회'의 이름으로 노동조건 개선을 위한 집회를 열었다. 서울대 상대생 200여 명은 단식농성에 들어갔다. 11월 20일에는 서울대, 이화여대, 고려대, 연세대 학생들이 전태일의 죽음을 애도하는 시위와 집회를 개최했다. 11월 22일에는 새문안교회 소속 대학생 40여 명이 스스로를 참회하고 사회 문제를 고발하는 의미로 금식기도회를 열었다. 그리고 노동야학 등에서 노동자를 만나면서 노동 문제를 체감하고 나아가 노동자의 삶을 선택하거나 노동조합의 실무자로 활동하는 학생들이 생겨났다.

한편 1960년대 말 서울에서는 빈민들이 세운 판잣집, 즉 무허가 주택 철거가 단행되었다. 1967년 서울시는 23만여 동의 무허가 주택을 철거하고 127만 명의 주민을 서울 밖으로 이주시키고자 경기도 광주군에 약 10만 5천 가구, 인구 50~60만 명이 살 수 있는 대단지를 조성하는 계획을 수립했다. 1969년 5월부터 서울 용두동, 마장동, 청계천 변에 거주하던 판자촌 주민 2만 세대가 청소차와 군용차를 타고 광주대단지로 이주했다. 이후에도 봉천동, 숭인동, 창신동, 상왕십리, 하왕십리 등 판자촌에 살던 빈민들이 광주대단지로 이주했다. 1971년 8월 무렵 광주대단지에는 판자촌 철거민 2만 1372가구에 10만여 명과 전매로 입주한 6744가구에 1만 4천여 명 등 15만 명에서 20만 명 정도의 사람들이 거대한 천막촌을 이루어 살고 있었다.

그런데 서울시가 계획에 따르면 대단지 안에서 48개 공장을 가동한다고 약속했으나 실제로는 몇 개 공장만 들어오면서 철거민들에게 일자리를 제공하기에는 턱없이 부족했다. 철거민들은 광주대단지에서 먹고살기가 힘들어지자 입주권을 팔고 다시 서울의 판자촌으로 돌아가기도 했다. 1971년 봄 대통령 선거와 국회의원 선거 바람을 타고 투기 붐이 일면서 광주대단지 입주권의 거래 가격이 치솟았다. 하지만 선거가 끝나면서 투기 붐이 가라앉은 가운데 서울시는 입주권을 산 전매자들에게 본래 입주권을 갖고 있던 철거 이주자들보다 높은 가격에 매수계약을 체결하도록 하고 취득세까지 부과했다. 또한 정해진 기한 안에 입주권을 산 땅에 집을 짓지 않으면 토지 불하를 무효화한다고 발표했다. 이에 분노한 입주권 전매자들을 중심으로 대책위원회가 구성되어 서울시에 진정서를 제출했다. 하지만 이에 대한 회답이 없자 주민들은 대책위원회를 투쟁위원회로 개편하고 8월 10일 궐기대회를 열어 대지를 무상으로 해줄 것, 모든 세금을 면제해줄 것, 시급한 민생고를 해결해줄 것 등을 서울시에 요구하기로 결의했다.

마침내 8월 10일 3만여 명에 달하는 광주대단지 주민들이 집단행동에 돌입했다. 서울시장을 기다렸으나 오지 않자 시위대는 "허울 좋은 선전 말고 실업 군중 구제하라", "살인적 불하 가격 절대 반대" 등의 구호를 외치며 서울시 성남출장소로 몰려갔다. 시위대는 출장소의 집기를 부쉈고 출장소 건물은 연기에 휩싸였다. 그리고 삼륜차, 시영버스, 트럭 등을 타고 플래카드를 차에 단 채 구호를 외치며 대단지를 누볐다. 경찰이 최루탄을 쏘자 시위대는 돌을 던지며 맞섰고, 오후 2시 반경에는 광주경찰서 성남지서에 몰려가 지서를 부수고 경찰차에 불을 질렀다. 결국 시위는 늦은 오후 양택식 서울시장이 투쟁위원회와 협의하여 주민들의 요구를 무조건 수락하기로 했다는 소식이 전해지면서 잦아들었다. 서울시장은 입주권을 산 전매자의 토지 가격도 본래 철거 이주자의 가격과 같게 하고 주민복지를 위해 구호양곡을 방출하고 자조 근로 공사를 실시하며 취득세 부과를 보류하도록 노력하겠다고 약속했다.[157]

광주대단지 사건은 산업화 과정에서 도시 빈민의 생존이 위협받는 상황을 고스란히 보여주었다. 또한 하루 벌어 하루를 사는 빈민도 하나로 뭉치면 최소한의 생존권을 확보할 수 있다는 것을 보여주었다. 이후 서울에서는 빈민들의 철거 반대 투쟁이 잇달았고, 지식인과 종교인들은 빈민 문제에 관심을 갖고 빈민 지역 주민을 조직화하는 활동에 나섰다.

5장

독재에 맞선 민주주의

1967년 6월 8일
제7대 국회의원 선거, 이후 전국에서 부정선거에 항의하는 시위 발발

1967년 6월 13일 신민당, 6·8선거무효화투쟁위원회 구성

1967년 11월 20일 공화당과 신민당, 6·8선거부정조사특별위원회 설치에 합의

1972년 7월 4일
7·4남북공동성명 발표

1972년 10월 17일
박정희 대통령, 비상계엄령 선포

1973년 8월 8일 중앙정보부에 의해 김대중 납치 사건 발발

1973년 10월 2일 서울대 문리대생들 유신에 반대하는 최초 시위

1969년 7월 17일
신민당과 재야인사, 삼선개헌반대범국민투쟁위원회 발족

1969년 10월 17일 삼선개헌안 국민투표 실시

1970년 6월 2일 김지하의 〈오적〉 필화사건 발생, 김지하 등 3명 구속영장 발부

1971년 4월 19일 민주수호국민협의회 결성대회

1971년 7월 28일 사법부 파동 발발

1971년 11월 13일 중앙정보부, 서울대 내란예비음모 사건 발표

1971년 12월 6일 박정희 대통령, 국가비상사태 선포

1975년 5월 13일
박정희 대통령, 긴급조치 9호 선포하여
    유신헌법에 대한 일체 논의 금지
    ————
1977년 12월 2일 해직교수협의회 결성
1977년 12월 29일 한국인권운동협의회 결성
1978년 7월 5일 재야인사, 민주주의국민연합
    결성

1984년 6월 29일 민중민주운동협의회 조직
민중민주운동협의회 조직
    ————
1985년 3월 29일 민주통일민주운동연합 결성
1985년 12월 12일 민주화실천가족운동협의회 결성
1989년 1월 21일 전국민족민주운동연합 결성

1991년 12월 1일
민주주의민족통일전국연합 결성

1979년 3월 1일
재야인사, 민주주의와 민족통일을
    위한 국민연합 결성
    ————
1979년 3월 9일 크리스챤 아카데
    미 사건 발발
1979년 10월 4일 국회, 김영삼 신
    민당 의원 제명

1979년 10월 16일
부산대 시위를 시작으로 부마항쟁 발발
    ————
1979년 10월 18일 부산 지역에 비상계엄령 선포
1979년 10월 26일 김재규, 박정희 대통령 시해
1983년 9월 30일 민주화운동청년연합 결성

1973년 12월 24일
재야인사, 개헌청원백만인서명운동 전개
    ————
1974년 4월 3일 박정희 대통령, 긴급조치 4호 선포하고
    민청학련 관련자 체포
1974년 4월 11일 한국기독교교회협의회 인권위원회 발족
1974년 9월 구속자가족협의회 발족
1974년 9월 23일 천주교정의구현사제단 발족
1974년 11월 18일 자유실천문인협의회 결성
1974년 12월 25일 재야인사, 민주회복국민회의 결성
1975년 3월 18일 동아자유수호언론투쟁위원회 결성

❶ 독재의 전면화, 긴급조치 시대
❷ 운동사회의 탄생
❸ 아와 비아의 민주주의

1950년대 이래 아시아에서 서구 민주주의는 찬밥 신세를 면치 못했다. 쿠데타로 집권한 세력은 저마다 서구 민주주의를 비판하며 자국의 실정에 맞는 민주주의를 만들어냈다. 하지만 현실에서 그것은 국민을 억압하는 독재정치로 구현되었고, 1960년대 말에 이르면서 집권자가 권좌에서 쫓겨나는 일이 생겨났다. 수카르노는 1967년에, 아유브칸은 1969년에 대통령직에서 쫓겨났다. 《동아일보》 1969년 3월 15일자는 두 아시아 군부 출신 지도자의 축출 소식을 다음과 같이 전했다.

> 교도민주주의, 기초민주주의라는 말을 우리는 듣고 있다. 서구 민주주의가 실정에 맞지 않는다고 아시아의 몇몇 지도자들이 새롭게 창조했다는 민주주의다. 한때 제법 기세가 등등하기도 했고 매력을 풍기기조차 했다. 허나 기세에 비해 그들은 너무나 허무하게 쓰러지고 말았다. 민중의 버림을 받은 것이다. 교도민주주의를 창조했다는 수카르노도 아유브칸도 민중의 쫓김을 받고 말았다.[1]

이 무렵 한국적 민주주의를 내세운 박정희 대통령은 장기집권을 위한 삼선개헌을 도모했다.

1960년대는 개발주의가 시대정신이었다. 박정희 정부도 지식인도 국민도 개발에 희망을 걸었다. '민주주의가 밥 먹여주나'라는 말이 공공연히 나돌던 시대였다. 하지만 1960년대 말에 이르러 개발의 혜택이 국민에게 공정하게 돌아가지 않는 현실을 체감한 도시의 노동자와 빈민들이 저항하기 시작했다. 박정희 대통령은 이러한 저항을 억누르고 삼선개헌과 유신체제 선포로 독재정치를 강화했다. 겨울공화국으로 표현된 긴급조치 9호 시대를 견뎌내는 국민에게는 유신체제가 한국적 민주주의에 기반하고 있다고 강변했다. 하지만 국민은 '우리가 밥만 먹고 사나'라고 반문하며 유신 반대

운동에 나섰다.[2]

　1970년대 민주화운동은 강도와 지속성에서 세계적으로 드문 사례였다. 이러한 강도와 지속성은 운동권이라고도 불리는 '운동사회'의 결속력에서 나온 것이었다. 운동사회는 사회운동이 사회적으로 보편화되고 힘을 발휘하며 변화를 주도하는 사회를 뜻한다.[3] 유신 반대운동으로 결집한 민주화운동 세력은 상호 연대를 기반으로 운동사회를 형성했다. 학생운동은 이념 서클을 통해 운동권 문화를 만들어갔고, 재야는 정치적 국면마다 연대기구를 꾸리며 유신 반대운동의 강도를 높여나갔다. 이러한 연대 문화는 1980년대에 들어와 민주화운동과 사회운동의 조직들이 상설 연대기구를 꾸릴 만큼 발전했다. 인권운동은 1970년대 유신 반대운동 과정에서 양심수의 석방과 인권 보호 활동을 벌이며 등장해 1980년대를 거치면서 독자적인 사회운동으로 발전했다.

1
독재의 전면화,
긴급조치 시대

삼선개헌, 장기집권으로 가는 길

1967년 5월 3일 제6대 대통령 선거에서 여당인 공화당의 박정희 후보
가 55.4퍼센트의 득표율로 당선되었다. 야당인 신민당의 윤보선 후보는
40.9퍼센트의 득표율을 얻었다. 이어 6월 8일에 치러진 제7대 국회의
원 선거에서는 공화당이 129석을, 신민당이 45석을 차지해 공화당이 압
승을 했다. 그런데 국회의원 선거는 박정희 대통령을 정점으로 공무원이
동원되는 관권선거로 치러졌다. 박정희 정부는 대통령은 물론 국무총리
와 각 부처의 장·차관과 기획조정실장 및 비서실장 등 별정직 공무원이
선거운동을 할 수 있도록 국회의원선거법 시행령을 고쳤다.[4] 그리고 박

정희 대통령은 전국을 돌며 개발 공약을 쏟아냈다. 그의 목표는 삼선개헌을 위한 개헌선 확보였다.

국회의원 선거 직후 전국에서는 부정선거에 항의하는 시위가 일어났다. 신민당은 6·8선거를 4·19의 발단이 된 3·15정부통령 선거보다 더한 최악의 부정선거로 규정하고 '6·8선거무효화투쟁위원회'를 구성해 장외시위를 벌였다. 학생들도 부정선거를 성토하며 시위에 나섰다. 6월 12일부터 6월 16일까지 대학생은 물론 고등학생까지 거리로 나서며 학생 시위가 절정을 이뤘다. 야당과 학생들의 항의가 이어지자 박정희 대통령은 6월 16일 담화를 발표해 "국민과 더불어 정부도 부정선거를 분개하고 규탄"한다며 부정선거가 실시된 선거구로 지목된 8개 선거구의 당선자를 제명하도록 지시했다.[5] 그리고 대학교는 물론 시위를 벌인 고등학교들이 조기 방학에 들어가면서 부정선거에 항의하는 시위가 잦아들었다.[6]

그런데 곧바로 간첩단 사건이 터졌다. 부정선거에 대한 규탄 열기가 채 가시지 않은 1967년 7월 8일을 시작으로 중앙정보부는 7월 16일까지 일곱 차례에 걸쳐 유럽에서 유학한 적이 있는 교수나 유학 중인 학생 등 194명이 연루된 동백림 간첩단 사건의 수사 결과를 발표했다.[7] 그리고 7월 말까지 관련자 315명을 조사했다. 66명이 검찰에 송치되었고, 그중 34명이 간첩죄와 잠입죄 등으로 재판에 넘겨졌다. 그렇지만 재판 과정에서 간첩죄가 적용된 관련자는 한 사람도 없었다.[8] 이처럼 박정희 정부는 안보를 빌미로 공안정국을 형성하며 정권의 위기를 수습했고, 신민당은 공화당과 6·8선거부정조사특별위원회 설치 등에 합의하면서 국회의원 선거를 치른 시 5개월여 만인 11월 29일 국회에 등원했다.

1968년은 한국전쟁 이후 남북관계가 가장 긴장된 해였다. 1월 21일 북한의 무장 게릴라 31명이 휴전선을 넘어와 청와대 부근에 나타났다. 이틀 후에는 원산 앞바다에서 북한이 미국 정보수집함 푸에블로호를 나포했다. 그해 8월에는 중앙정보부가 통일혁명당 사건을 발표했다. 김종태, 이문규, 김질락 등이 북한의 지령을 받고 남한의 전위혁명조직으로 통일혁명당을 조직해 정부를 전복하려 했으며, 그 과정에서 다수의 대학생과 지식인 그룹을 포섭했다는 것이다.[9] 11월에는 울진과 삼척 일대에 무장 게릴라들이 나타났다. 북한의 무장 공세에 박정희 정부는 사회를 병영화하는 방식으로 대응했다. 향토예비군을 설치했고, 주민등록증을 발급했으며 학교 교육과정에 군사훈련, 즉 교련을 도입했다. 이듬해인 1969년 4월 북한이 미 해군의 EC-121 정찰기를 격추하는 등 한반도를 둘러싼 긴장이 고조되는 가운데 박정희 대통령은 삼선개헌에 나섰다. 당시 헌법 제69조 제3항은 "대통령은 1차에 한하여 중임할 수 있다"라고 규정하고 있었다. 박정희 대통령이 1971년 대통령 선거에 출마하려면 이 조항을 개정해야 했다. 앞서 살펴본 것처럼 공화당은 6·8선거로 국회의원 의석의 3분의 2를 넘는 개헌선을 확보했다.[10]

1968년부터 삼선개헌을 위한 움직임이 본격화되었다. 박정희 대통령은 먼저 자신의 유력한 후계자로 떠오른 김종필이 삼선개헌에 반대하자 정계에서 은퇴하도록 만들고, 1968년 말부터 개헌 논의를 공론화했다. 공화당 당의장 서리 윤치영이 '국민이 원한다면'이라는 단서를 달아 개헌의 당위성을 설파했고, 1969년 벽두에는 아예 대통령 연임 금지 조항의 철폐를 주장했다. 그해 6월에 김종필이 태도를 바꿔 개헌 추진에 나섰고, 7월 25일에 박정희 대통령은 개헌안에 대한 국민투표를 실시해 정부에 대한 신임을 묻겠다는 담화문을 발표했다. 그리고 8월 7일 국회의원 121명(공화당 108명, 정우회 10명, 신민당 3명)의 명의로 된 개헌안이 국회에 제출되었다.[11] "1차에 한해 중임할 수 있다"가 "2차에 한하여 중임할 수 있다"로 수정된 개헌안이 제출된 후 박정희는 8월 말 미국을 방문해 닉슨(R. Nixon) 대통령과 정상회담을 열고 주한미군의 계속 주둔과 베트남전쟁 처리에 대한 긴밀한 협의, 예비군 지원 강화 등을 약속받았다. 사실상 삼선개헌에 대한 미국의 지지를 확보한 것이었다.

　1969년 1월 공화당이 개헌 논의를 전면화하자, 신민당은 대통령삼선개헌저지투쟁위원회를 구성했다.[12] 4월 초에는 재야인사들과 함께 삼선개헌저지범국민투쟁위원회준비위원회를 결성했다.[13] 학생들도 6월부터 삼선개헌 반대운동에 나섰다. 그러자 대학은 물론 고등학교까지 조기 방학에 들어갔다.[14] 7월 17일에는 3개월의 준비 끝에 신민당과 재야인사가 함께 삼선개헌반대범국민투쟁위원회(이하 범투위)를 발족했다. 범투위는 7월 17일 제헌절을 기해 발기인대회를 열고 "우리는 삼선개헌을 강행하여 자유민주에의 반역을 기도하는 어떤 명분이나 강변에도 단호히 대처하려 한다"라며 삼선개헌을 저지할 때까지 계속 투쟁할 것을 선언했다.[15] 8월 7일 공화당이 개헌안을 국회에 제출하자 신민당 의원들은 다음날 국회 본회의장 국회의장석을 점거하고 농성을 시작했다.[16] 하지만 이틀 후 이효상 국회의장은 직권으로 개헌안을 정부로 보냈고, 정부는 이를 공고했다. 8월 30일에는 국민투표법안이 국회 법사위에서 신민당 의원들이 퇴장한 가운데 날치기로 통과되었다.[17] 범투위는 8월 16일 전주를 시작으로 전국에서 개헌 반대 집회를 열었다. 8월 말부터 대학들이 개강하면서 대학생의 삼선개헌 반대운동 열기는 더욱 뜨거워졌다. 이번에도 대학 당국은 개강 직후임에도 휴교 조치를 내렸다.[18] 학생들은 교문을 넘어 들어가 학교 안에서 농성하며 삼선개헌 반대운동을 이어갔다.

1969년 9월 9일 삼선개헌안과 국민투표법이 국회 본회의에 상정되었다.[19] 그리고 신민당 의원들이 본회의장에서 농성 중이던 9월 14일 일요일 새벽 2시 30분 국회 제3별관에서 개헌안이 날치기로 통과되었다.[20] 신민당은 날치기 통과를 제2의 쿠데타로 규정하고 정권교체 투쟁을 벌일 것을 선언했다. 대학과 고등학교에서는 개헌안 날치기 통과를 규탄하는 집회가 잇달았다. 하지만 10월 17일에 실시된 국민투표에서 삼선개헌안은 77.1퍼센트의 투표율과 65.1퍼센트의 찬성으로 통과되었다.[21]

1969년의 삼선개헌에 따라 1971년 4월 27일 제7대 대통령 선거가 치러졌다. 1963년과 1967년의 대통령 선거에서 다소 무력했던 야당이 이번에는 달랐다. 1969년 삼선개헌이 확정된 직후 신민당의 김영삼이 야당의 체질개선과 세대교체를 주장하는 40대 기수론을 들고 나왔다. 1970년 9월 신민당 대통령 후보 지명 대회에서는 2차 투표까지 이어지며 김대중이 김영삼을 누르고 역전승을 거두었다. 김대중 후보는 빈부 격차의 해결, 재벌 편중 경제의 시정, 주변 4대국에 의한 한반도 안보 보장, 남북 교류, 향토예비군 폐지 등을 공약으로 제시하며 바람을 일으켰다. 개표 결과 박정희 후보가 94만여 표 차이로 김대중 후보를 누르고 당선되었다. 한 달 뒤인 1971년 5월 25일에는 국회의원 선거가 실시되었다. 선거 결과 공화당은 112석, 신민당은 89석을 차지했다. 그런데 득표율에서는 양당의 차이가 거의 없었다. 공화당은 47.8퍼센트, 신민당은 43.5퍼센트를 득표했다. 서울의 19개 선거구 중 오직 1개 선거구에서만 공화당 후보가 당선되었다.[22]

대통령 선거와 국회의원 선거가 여당의 승리로 끝났으나 박정희 정부에 대한 저항은 식을 줄 몰랐다. 먼저 1971년 4월 15일 《동아일보》 기자들의 〈언론자유수호선언〉 발표를 시작으로 언론계에서 언론자유수호운동이 일어났다. 6월 16일에 국립의료원 수련의들이 신분보장과 처우개선을 요구하며 사표를 낸 것을 계기로 9월까지 국공립대학은 물론 사립대학 병원 수련의와 전공의의 파업이 이어졌다. 7월과 8월에는 현직 부장판사 등에 대한 검찰의 영장신청에 반발해 판사들이 집단 사표를 내는 사법부 파동이 일어났다. 8월 10일에는 광주대단지 사건이 일어났다. 8월 18일에 서울대 문리대 교수들이 대학의 자율성 보장을 요구하는 성명서를 발표한 것을 계기로 전국의 국공립대에서 대학자주수호운동이 일어났다. 9월 15일에는 한진상사 소속 노동자 400여 명이 본사가 있는 서울 중구 KAL빌딩에 들어가 "밀린 임금을 지불하라"고 외치며 농성하고 방화하는 사건이 일어났다.[23]

이처럼 뜨거운 여름이 지나고 대학은 2학기 개강을 맞았다. 학생들은 교련 철폐 운동과 함께 '정보통치 폐기와 민주적 기본질서 회복', '부패와 특권 폐지, 민권 신장'을 요구하며 민주화운동에 나섰다. 그런데 10월 5일 고려대에 수도경비사령부 소속 군인 20여 명이 난입해 농성 중인 이념 서클 한맥의 간부 5명을 납치해 구타한 사건이 발생했다. 학생들이 윤필용 수도경비사령관을 대표적인 부정부패 인사로 지목했다는 이유에서였다. 이 사건 이후 학생들의 교련 반대, 부정부패 척결 시위는 더욱 거세졌다. 그러자 10월 12일 국방부 장관과 문교부 장관은 교련 수업을 거부하는 학생들을 강제 징집하겠다고 발표했다. 박정희 정부의 엄포에도 불구하고 10월 15일 각 대학 학생 대표들의 조직인 전국학생연맹은 중앙정보부 철폐와 수도경비사령관 처벌 그리고 반(反)대학적인 무단통치 책동에 대항해 배수의 결전을 벌이겠다고 선언했다. 그러자 그날로 박정희 정부는 9개 항의 '학원 질서 확립을 위한 특별법령'을 발표하고 서울 일원에 위수령을 발동했다.[24] 그날 오후부터 7개 대학에 군대가 들어가 10월 23일까지 주둔했다. 시위 주동 학생들은 제적되었고 이념 서클은 해체되었다. 그리고 중앙정보부는 11월 13일 '서울대 내란예비음모 사건'에 연루된 심재권, 이신범, 장기표 등 서울대생 3명과 사법연수생인 조영래를 검거했다고 발표했다.[25] 검찰은 이들이 폭력시위를 통해 정부 기관을 습격하고 전복한 후 민주수호국민협의회 및 학생 대표들과 '혁명위원회'를 구성하는 등 9단계 국가전복 계획을 추진했다고 주장했다. 민주수호국민협의회는 1971년 4월 대통령 선거 기간에 재야인사들이 공명선거 쟁취를 목표로 결성한 조직이었다.

마침내 박정희 정부는 1971년 12월 6일 국가비상사태를 선포했다. 박정희 대통령은 북한이 강대국의 평화 지향적 기조를 악용해 노골적으로 남침 책동을 강화하고 있어 국가비상사태를 선포한다는 특별담화문을 발표했다. 12월 21일에는 국회에 '국가보위에 관한 특별조치법안'(이하 국가보위법안)을 제출했다. 국가보위법안은 안보 위기에 대한 대응을 명분으로 대통령에게 비상대권을 부여하는 내용을 담고 있었다. 이 법안은 12월 27일 국회 본회의장을 점거한 야당 의원들을 따돌리고 국회 제4별관에서 여당 111명과 무소속 2명의 국회의원에 의해 날치기 통과되었다.[26]

유신체제 선포

1971년 7월 미국 대통령 안보 담당 특별보좌관인 키신저(H. Kissinger)가 베이징을 비밀리에 방문했다. 곧바로 닉슨 미국 대통령은 1972년 초 베이징을 방문할 것임을 밝혔다. 이렇게 동아시아에서 냉전 와해 움직임이 일자 남북 정부는 대화를 모색하기 시작했다. 1971년 8월 6일 북한의 김일성 수상은 미중관계 개선을 환영하며 남한의 여당인 공화당과도 대화할 수 있음을 공표했다. 8월 12일 대한적십자사는 남북 이산가족 상봉을 위한 적십자 회담을 북한의 조선적십자회에 제안했다. 그리고 9월에 판문점에서 이산가족 상봉을 위한 남북 적십자 예비회담이 열렸다. 하지만 남북 대화는 타협점을 쉽게 찾지 못했다. 남북 적십자 본회담의 의제와 인원 구성 문제를 협의하는 예비회담은 난항을 거듭했다. 결국 남북 대화는 그해 11월 남한의 이후락 중앙정보부장과 북한 조선로동당 김영주 조직지도부장 간의 비공식적인 대화 채널이 가동되면서 진전을 보였다. 1972년 5월 2일 이후락 부장은 평양을 방문해 김일성 수상과 만났다. 북한에서는 김영주 대신 제2부수상인 박성철이 5월 29일 서울을 방문해 박정희 대통령과 회담했다.[27]

마침내 1972년 7월 4일 남북공동성명이 발표되었다. 7·4남북공동성명에 이어 남북 적십자 본회담과 남북조절위원회 회담이 잇달아 열렸다. 그런데 1972년 5월 이후락이 평양을 방문할 무렵 공화당에서는 김종필 국무총리를 비롯한 정부 요인을 배제한 채 박정희와 이후락 중앙정보부장, 소수의 실무자 중심으로 박정희 대통령의 영구집권을 위한 개헌 준비가 이뤄지고 있었다.[28]

1972년 10월 17일 저녁 박정희 대통령은 비상계엄령을 선포하고 대통령 특별선언을 발표했다. 서울 시내에 병력이 배치되고 광화문에 탱크가 등장했다. 특별선언 내용은 첫째 국회를 해산하고 정치활동을 금지하며, 둘째 헌법 일부 조항의 효력이 정지되어 그 기능을 비상국무회의가 대행하며, 셋째 향후 새로운 헌법 개정안을 공고하여 국민투표를 통해 확정하고, 넷째 개헌안이 확정되면 1972년 말까지 헌정질서를 정상화한다는 것이었다. 박정희는 냉전 와해 국면에서 이뤄지는 강대국 사이의 협상 과정에서 약소민족의 이해관계가 훼손될 위험성에 대처하기 위해, 또한 기존 헌법은 냉전 시기에 만들어진 것인 만큼 남북 대화와 통일이라는 새로운 과제를 추진하기 위해 새로운 정치체제의 수립이 불가피하다고 주장했다. 미리 준비된 개헌안은 10월 26일 비상국무회의의 심의를 거쳐 바로 다음날 공고되었다. 개헌안의 주요 내용은 첫째 통일주체국민회의 대의원에 의한 대통령 간접선거제, 둘째 국회의원 3분의 1을 대통령이 사실상 지명, 셋째 대통령과 국회의원의 임기를 6년으로 연장, 넷째 대통령에게 국회 해산권 및 사실상 무제한적인 긴급조치권의 부여, 다섯째 국회의 국정감사권 폐지 등이었다.[29] 이처럼 개헌안은 모든 권력을 대통령 1인에게 집중시켜 실질적으로 박정희 대통령의 영구집권을 보장하기 위한 목적에서 나온 것이었다.

1972년 11월 21일 계엄령 체제에서 개헌안에 대한 찬반을 묻는 국민투표가 실시되었다. 총 유권자의 91.9퍼센트가 참여해 91.5퍼센트의 찬성률로 개헌안이 통과되었다. 12월 15일에는 통일주체국민회의 대의원 선거가 치러졌다. 유신헌법에 따르면 통일주체국민회의는 유신헌법이 명시한 최고 국가 통치기관이었다. 또한 통일을 위해 국민의 총의를 모으는 '국민적 조직체'이고 통일정책을 심의 결정하는 '국민의 주권적 수임기관'이었으며, 대통령은 물론 국회의원 3분의 1을 선출할 수 있는 권한을 갖고 있었다. 그런데 통일주체국민회의 의장은 대통령이었다. 대통령이 의장으로 있는 기관이 대통령을 선출하는 권한을 갖고 있는 것이다. 이처럼 통일주체국민회의는 대통령에게 모든 권한을 집중시켜 국회와 사법부 위에서 통치하도록 하는, 즉 삼권분립을 무력화하려고 마련된 기관이었다.[30] 통일주체국민회의는 12월 23일 찬반투표로 박정희를 대통령으로 선출했다. 야당이 비민주적 절차로 치러지는 대통령 선거라며 보이콧했으므로 입후보자는 오직 박정희밖에 없었다. 찬반투표에서 단 한 표의 반대도 없이 99.5퍼센트(무효 2표)라는 압도적인 찬성률로 박정희 단일 후보가 대통령으로 선출되었다.[31]

유신체제가 들어서고 1973년 2월 27일 국회의원 선거가 실시되었다. 신민당 안에서는 국회의원 선거 거부 움직임이 있었으나, 당수 유진산이 '긍정 속의 부정'이라는 논리를 내세우며 결국 참여했다. 그런데 유신체제 수립 이후 중앙정보부는 노골적으로 야당 인사를 탄압하거나 회유하며 분열을 조장했다. 유신체제 선포 이전 국회에서 박정희의 종신집권 시도에 대해 의혹을 제기하거나 박정희를 직접 비난했던 국회의원들은 중앙정보부에 끌려가 고문을 당했다. 일부는 아예 구속되어 국회의원 선거에 출마할 수도 없었다. 그럼에도 국회의원 선거 결과 공화당은 73명의 당선자를 냈지만 득표율은 38.7퍼센트에 그쳤다. 신민당은 32.6퍼센트의 득표율에 52명의 당선자를 냈다. 하지만 대통령이 추천한 후보를 통일주체국민회의에서 선출하는 유신정우회 소속 국회의원이 73명을 차지하면서 사실상 '여당' 의원은 총 146명이었다.[32]

긴급조치 9호 시대

박정희 정부는 유신체제 선포 1년 만에 저항에 부딪혔다. 1973년 8월 8일 중앙정보부에 의해 전 신민당 대통령 후보 김대중이 납치되는 사건이 발생했다. 그러자 2학기에 들어 대학생들이 민주화운동에 나섰다. 10월의 서울대 문리대생들의 시위를 계기로 대학가에 유신 반대 시위가 번져나갔다. 11월에는 또다시 '언론자유수호선언'이 발표되었고, 12월에는 '개헌 청원 백만인 서명운동'이 일어났다. 박정희 정부는 이듬해인 1974년 1월 8일 "대한민국 헌법을 부정, 반대, 왜곡 또는 비방하는 일체의 행위를 금한다"는 내용의 긴급조치 1호와 "대통령 긴급조치에 위반한 자를 심판하기 위하여 비상군법회의를 설치"한다는 긴급조치 2호를 발동하며 유신 반대운동을 탄압했다.[33] 긴급조치는 국민의 모든 자유와 권리를 잠정적으로 정지하는 '국가긴급권'을 이용해 국민의 기본권을 제약하는 조치였다. 그런데 긴급조치가 발동되었음에도 1974년 4월 대학생들은 '전국민주청년학생총연맹'(이하 민청학련) 결성을 시도하고 〈민중·민족·민주 선언〉을 발표했다. 이에 박정희 정부는 민청학련 관련 긴급조치 4호를 발동하고 관련자 1024명을 조사해 그 중 253명을 구속했다. 결국 180여 명이 긴급조치 4호, 국가보안법, 내란예비음모, 내란선동 등의 죄명으로 비상보통군법회의에 기소되었다. 기소된 사람 중에는 북한 지령을 받아 민청학련을 배후 조종했다는 혐의가 적용된 2차 인혁당 사건 관련자 22명이 포함되어 있었다.[34]

1975년 2월 12일에는 유신체제에 대한 신임을 묻는 국민투표가 실시되었다.[35] 신민당의 김영삼 총재가 국민투표를 거부하며 단식농성을 하는 가운데 실시된 국민투표 결과는 투표율 79.8퍼센트, 찬성률 73.1퍼센트였다.[36] 하지만 유신체제에 반대하는 시위는 멈추지 않았다. 4월 7일에 고려대에서 시위가 일어나자 박정희 정부는 고려대 휴교를 명령하는 긴급조치 7호를 발동했다. 그리고 4월 8일 대법원이 2차 인혁당 사건 관련자 8명에 대한 상고를 기각하자 박정희 정부는 이튿날인 4월 9일에 사형을 집행했다. 4월 29일에는 남베트남의 수도인 사이공이 함락되면서 베트남 전쟁이 종식되었다. 이날 박정희 대통령은 '국가안보와 시국에 관한 특별담화'를 발표해 북한의 도발에 대비해 총력안보에 임할 것임을 천명했다.[37] 5월 13일에는 유신헌법에 대한 모든 반대 행위를 금지하는 긴급조치 9호를 발동했다.[38] 이어 전국에서 각계각층을 동원한 안보 궐기대회를 열었다. 7월 8일에는 사회안전법, 민방위기본법, 방위세법, 교육관계법 개정안을 국회에 보냈다. 소위 이 '4대 전시(戰時) 입법'은 7월 16일 새벽 3시 여당 의원들만 참석한 국회 본회의에서 날치기로 통과되었다.

긴급조치 9호는 기존에 발동한 긴급조치의 내용을 포괄하는 종합판이었다. 유언비어를 날조·유포하는 행위, 대한민국 헌법을 부정·반대·왜곡 또는 비방하거나 그 개정 또는 폐지를 주장·청원·선동 또는 선전하는 행위, 비정치적 활동을 제외한 학생의 집회·시위 또는 정치 관여 행위를 금지했고 이와 같은 내용을 알리거나 또는 이와 관련된 표현물을 제작·배포·판매·소지 또는 전시하는 행위도 금지했다. 그리고 이와 같은 조치를 위반하면 판사의 영장 없이 체포하거나 구속할 수 있게 했다. 1979년 10월 26일 박정희 대통령이 김재규의 총탄에 죽음을 맞이할 때까지 4년 6개월 동안 긴급조치 9호로 구속된 사람은 1387명에 달했다.[39]

박정희 정부는 긴급조치 9호를 발동한 직후부터 유신 반대운동에 앞장선 재야세력과 지식인을 탄압했다. 문교부는 1975년 5월 20일에 열린 전국 98개 대학 총학장 회의에서 국가안보를 위한 면학 분위기 조성을 이유로 '문제 교수'를 권고사직하도록 지시했다. 7월 9일에는 교육공무원법과 사립학교법을 개정해 교수 재임용제도를 도입했다. 사상 처음으로 실시된 모든 대학의 모든 교원에 대한 재임용 심사는 98개 대학의 교원 1만 932명을 대상으로 했다.[40] 1976년 2월 28일 재임용 심사 최종 결과가 나왔는데, 181명의 교수가 재임용 심사에서 탈락했다.[41] 그런데 교수 재임용제도가 교수들의 정부 비판을 막기 위한 제도라는 우려는 현실이 되었다. 한국기독자교수협의회 회원인 대학 교수들이 줄줄이 해직되었다. 한국기독자교수협의회는 1974년 민청학련 사건 구속자들을 위한 모금 운동과 석방기도회를 추진하고 그해 말에 일어난《동아일보》광고 탄압에 맞서 격려 광고를 싣는 등 유신 반대운동을 펼쳐 당국의 주목을 받고 있었다.

박정희 정부는 유신체제에 저항하는 언론인에게도 재갈을 물렸다. 1975년 6월 17일《동아일보》해직 기자들로 구성된 청우회를 공산혁명과 정부 전복을 꾀하는 반국가단체로 규정하고 간부들을 구속했다. 8월 17일에는 유신 반대운동에 앞장섰던 장준하가 사망했다. 그는 1973년 12월에 시작된 '개헌 청원 백만인 서명운동'을 주도했고, 그로 인해 긴급조치 1호 첫 위반자로 구속되어 군법회의에서 15년형을 선고받았다. 지병 악화로 형집행정지 처분을 받아 일시 석방된 그는 경기도 포천군 이동면 약사봉 계곡에서 의문사했다.[42]

박정희 정부는 긴급조치 해제를 요구하거나 유신체제를 비판하면 누구라도 구속했다. 정당인이나 국회의원도 예외가 아니었다. 1975년 8월 27일에는 통일사회당 당수 김철이 긴급조치 9호 해제를 요구하는 기자회견을 열자마자 구속되었다.[43] 1975년 10월 8일 신민당 국회의원 김옥선은 국회 본회의 대정부 질문에서 다음과 같이 유신체제를 비판했다.

> 전국을 뒤흔드는 각종 안보 권리대회, 민방위대 편성, 학도호국단의 조직, 군가 보급, 부단한 전쟁 위협 경고 발언, "싸우면서 건설하자"는 구호 등은 국가 안전보장을 빙자한 정권 연장의 수단이다. 전쟁도발 가능성의 판단은 오로지 독재자의 전유물이며 독재자는 자신의 실정을 국가안보라는 절대적 명제로 깔아뭉개고 국민을 사병화하여 국민생활을 끊임없는 전투와 같은 상황에 놓이게 하고 있는데 지금과 같은 전쟁 위기 조성의 이면에는 남침 대비라는 정도를 넘어 정치적 의도가 숨겨져 있다.[44]

그러자 정일권 국회의장은 직권으로 김옥선 의원 제명건을 법사위에 회부했다. 이틀 후인 10월 10일 법사위는 김옥선 의원 제명을 의결했다. 이에 김옥선 의원은 자진사퇴했다.

박정희 정부의 가장 큰 정적인 학생운동 역시 탄압을 피할 수 없었다. 박정희 정부는 먼저 긴급조치 9호를 발동한 다음날인 5월 14일 대학 내 서클의 해산을 지시했다. 6월 7일에는 '학도호국단 설치령'을 발표해 학도호국단을 부활시켰다. 1975년 6월 25일 국민대에서 첫 발대식이 치러진 이래 전국의 학교에서 학도호국단이 조직되었고 학생회가 해체되었다.

박정희 정부는 베트남의 사회주의화를 빌미로 1975년 6월 27일 기존의 '민방공·소방의 날' 훈련을 '민방위의 날' 훈련으로 개편했다. 7월 25일에 민방위기본법을 제정하고, 8월 22일에 민방위기본법 시행령을 공포했다. 민방위기본법 제정의 명목은 "적의 침공이나 우리 사회의 안녕질서를 위태롭게 할 재난으로부터 주민의 생명과 재산을 정부의 지도 아래 주민이 스스로 보호하기" 위한 것이었다. 내무부에는 민방위 관련 업무를 총괄할 민방위본부가 설치되었고, 9월 22일에서 30일까지 전국에서 민방위대가 발족했다. 민방위기본법에 따르면, 민방위대의 대상은 17세 이상 50세 이하의 모든 남성이었고, 그외의 남성과 여성도 지원할 수 있었다. 지역 혹은 직장 단위의 민방위대에 속한 대원은 1년 중 10일간 총 50시간 이내로 민방위에 대한 교육과 훈련을 받아야 했고 민방위 사태가 발생하거나 발생할 우려가 있는 경우에 민방위대 동원령이 내려지면 이에 응해야 했다. 그리고 이때부터 모든 국민이 매달 15일마다 참여해 북한 침략 시 행동 요령을 익히는 '민방위의 날' 훈련이 시작되었다.[45]

박정희 정부는 모든 국민을 동원할 수 있는 민방위 체제를 마련하는 동시에 주민등록법 개정과 반상회 운영을 통해 국민 통제 체제를 수립했다. 주민등록법 개정에 따라 사법·경찰 관리가 간첩 색출, 범인 체포 등의 직무를 수행하면서 주민의 신원이나 거주 관계를 확인할 필요가 있을 때는 언제든지 주민등록증 제시를 요구할 수 있게 되었다. 1976년 9월 22일에는 전 국민의 주민등록증을 갱신하는 조치를 취했다. 박정희 정부는 주민등록법 개정과 함께 1976년 4월 30일 매달 말일을 최말단 행정단위인 반 단위로 동원하는 '반상회의 날'로 지정했다. 5월 31일에 처음 열린 이래 반상회는 주민의 동향 및 여론을 파악하는 수단으로 활용되었다.

한편 박정희 정부는 일상적인 삶과 대중문화 통제에도 나섰다. 박정희 정부는 일찍이 1970년부터 장발을 단속했는데, 1975년 긴급조치 9호 발동 이후로 대대적인 단속에 들어갔다. 우선 공무원들에게 솔선수범을 요구하면서 관공서, 학교, 기업체, 공장 등에서 자율적으로 단속할 것을 지시했다. 그후 1년 동안 50만 명이 넘는 남성이 장발 단속에 걸렸다. 미니스커트도 단속의 대상이 되어 미니스커트를 입은 여성들이 즉심에 회부되는 일이 일상화되었다. 또한 박정희 정부는 대중가요 중에 금지곡을 선정했다. 1975년에만 225곡이 금지곡으로 지정되었다. 방송 통제를 위해서는 〈방송정화 실천요강〉을 마련했다. 이에 따라 국론 분열, 공공질서 문란, 민족주체성 저해, 경제 질서 훼손, 노사분규 조장, 불건전한 남녀관계 묘사, 퇴폐풍조 조장, 장발 과다 노출 등의 내용을 담았다고 판단되는 프로그램은 방송이 금지되었다.

박정희 정부는 긴급조치 9호의 발동을 시작으로 본격화한 사회 통제를 이념적으로 뒷받침하고자 1977년부터 충효 교육을 추진했다. 충과 효를 근본으로 하는 한국적 도의 교육의 강화를 목표로 하는 충효 교육은 대통령의 장녀인 박근혜가 명예총재로 있던 새마음범국민운동본부와 같은 관변단체와 학교 교육을 통해 이뤄졌다. 1978년에는 전 국민의 행동방식의 표준화를 지향하면서 이를 위해 국민의 정신, 행동, 환경의 질서를 구축하는 범국민3대질서운동을 추진했다.[46]

1978년에는 5월 18일 통일주체국민회의 대의원 선거와 7월 6일 통일주체국민회의 대의원에 의한 대통령 선거, 12월 12일 국회의원 선거가 예정되어 있었다. 그런데 1978년에 들어서면서 노동자와 농민의 생존권 확보를 위한 민중운동이 본격화되었다. 3월에는 동일방직 노동조합을 파괴하려는 공작에 여성 노동자들이 저항하면서 본격적인 투쟁에 나섰다. 4월에는 정부가 고구마 피해보상을 외면하자 전라도 함평 농민들이 반발하며 가톨릭농민회와 함께 보상을 요구하는 운동을 벌였다.[47] 1978년 하반기에 들어와서는 물가가 크게 치솟았고 농촌에서는 정부가 강제로 경작하도록 한 신품종 노풍벼가 도열병을 감당하지 못하면서 농가들이 큰 피해를 입었다. 현대아파트 특혜 분양을 비롯한 부정부패 사건도 잇달아 터졌다. 이 같은 일련의 사태로 인한 민심 이반은 1978년 12월에 치러진 국회의원 선거 결과로 나타났다. 공화당은 여당임에도 31.7퍼센트의 낮은 득표율을 기록했다. 야당인 신민당이 32.8퍼센트로 공화당보다 득표율에서 1.1퍼센트를 앞섰다.

박정희 정부는 이러한 위기에 또다시 공안 분위기 조성으로 대응했다. 1979년 3월 중앙정보부는 크리스챤 아카데미 간사 6명과 한국사학자 정창렬 등을 불법 서적을 탐독하고 교육생들에게 계급의식을 조장했으며 사회주의 국가 건설을 위한 비밀 서클을 만들었다는 혐의로 구속했다.[48] 4월 20일에는 치안본부가 '통일혁명당 재건 기도 사건'을 발표했다. 북한 지령에 따라 1968년에 발각된 통일혁명당을 재건하여 대한민국을 전복하려는 세력을 색출해 체포·구속했다는 것이었다.[49]

1979년 5월 신민당 전당대회에서 총재에 당선된 김영삼은 박정희 정부를 공개적으로 비판하고 나섰다. 8월 11일에는 경찰 천여 명이 신민당사에서 농성 중이던 YH무역 여성 노동자들을 강제로 해산시키는 사건이 발생했다. 이 과정에서 여성 노동자 김경숙이 4층에서 떨어져 사망했고, 신민당 의원들과 기자들이 경찰에게 폭행당했다.[50] 10월 4일에는 김영삼이 미국 정부에 박정희 정부에 대한 지지 철회를 요구했다는 이유로 여당 단독으로 국회 본회의를 열어 그를 의원직에서 제명했다. 이에 반발한 신민당 의원 66명과 민주통일당 의원 3명은 10월 13일 의원직 사퇴서를 제출했다. 그로부터 3일 후인 10월 16일 부산대 교내시위를 시작으로 부마항쟁이 일어났다. 그날 5만여 명의 부산 시민은 시청 앞과 광복동 일대에서 시위를 벌였다. 다음날에도 학생과 시민들이 시위를 이어가면서 경찰 차량이 전소되고 파출소가 파괴되었으며 관공서와 언론사도 투석의 대상이 되었다. 박정희 정부는 10월 18일 새벽 0시를 기해 부산 지역에 비상계엄을 선포하고 공수부대를 투입했다.[51] 10월 18일에는 마산에서 경남대를 시작으로 학생과 시민, 그리고 수출자유지역 노동자들이 가세한 시위가 일어났다. 1만여 명에 달한 시위대는 도심 곳곳에서 파출소와 방송국과 세무서를 공격했다. 박정희 정부는 마산에 군부대를 투입하고 10월 20일 정오를 기해 마산과 창원 일원에 위수령을 발동했다.[52]

부마항쟁에 대해 박정희 정부는 강경한 입장을 취했다. 박정희 대통령은 직접 발포 명령을 내릴 계획을 갖고 있었다. 차지철 대통령 경호실장은 유신 반대 '폭동'을 사정없이 진압할 것이라고 공언했다. 두 사람과 달리 유혈사태가 야기할 후폭풍을 우려한 중앙정보부장 김재규는 10월 26일 중앙정보부 궁정동 안가에서 미리 준비한 권총 등으로 박정희와 차지철을 살해했다. 박정희 대통령의 죽음과 함께 유신체제는 7년 만에 무너졌다.

2

운동사회의 탄생

학생운동, 이념 서클과 운동권 문화

1950년대부터 학생운동을 이끌어온 건 학생회가 아니라 이념 서클이었다. 1970년대 대학에서도 이념 서클은 학생운동을 이끌며 학생운동권을 탄생시켰고 소위 운동권 문화를 만들었다.

1969년 삼선개헌 반대운동을 계기로 이념 서클의 활동이 활발해졌다. 1970년 서울대 문리대에서는 기존 서클을 통합한 문우회가 결성되었다. 문우회는 "민주, 민족 투쟁을 계속해온 선배들의 맥맥한 전통을 이어받아 조국의 현실에 대한 학구적 탐구와 그 실천적 행동을 목표"로 활동했다. 서울대 문리대에는 문우회와 함께 후진국사회연구회가 활동하고 있었다. 후진국사회연구회는 광주대단지의 빈민과 서울 평화시장 노동자의 실태를 조사한 보고서를 발표했고, 학생회장 선거에 뛰어들어 1971년 주요 단과대학 학생회장을 차지했다. 서울대 법대의 대표적인 이념 서클로 1950년대부터 활동하던 사회법학회는 1970년부터 지하신문인 《자유의 종》을 발간했다. 장기 존속한 이념 서클로 서울대에는 사회법학회가 있었다면 연세대에는 한국문제연구회(이하 한연회)가 있었다. 한연회는 1966년부터 지하신문인 《내 나라》를 발간했다. 연세대에서도 한연회가 학생운동을 이끌었다. 1969년에는 한연회의 주도로 '범연세호헌투쟁위원회'가 결성되어 삼선개헌 반대운동을 이끌었다.[53] 고려대에서는 1960년대 후반에 새로운 양대 이념 서클이 등장했다. 1967년에 한국민족사상연구회(이하 한사회)가 결성되었고, 1969년에는 한맥이 결성되어 학생회장 선거에서 경쟁했다.[54]

1971년에는 대학 이념 서클들의 연대체가 만들어졌다. 그해 3월에는 서울대, 고려대, 연세대 등 13개 대학 이념 서클들이 모여 민주수호전국청년학생연맹(이하 민주수호전학련)을 결성했다. 6월에는 민주수호전학련이 범대학민권쟁취청년단과 통합해 전국학생연맹(이하 전학련)을 결성했다. 전학련은 1971년 9월에 〈민주, 민족, 통일의 깃발을 높이 들자!〉라는 제목의 시국 백서를 발표했다.[55] 경북 지역에서는 경북대, 대구대, 청구대, 계명대, 효성여대 등이 경북학생총연맹을 결성하고 전학련에 참여했다.[56]

1971년 1학기부터 교련 철폐 운동과 더불어 각종 부정부패에 대한 규탄시위, 고려대에 군인들이 난입한 사건에 대한 규탄시위 등이 이어지는 가운데 전학련은 10월 14일 서울 흥사단 강당에서 전학련 총대회를 개최할 예정이었으나 경찰의 봉쇄로 열지 못했다. 박정희 정부는 다음날인 10월 15일 위수령을 선포하고 군인을 동원한 시위 진압에 나섰다. 그리고 《자유의 종》, 《내 나라》, 《한맥》 등 12종의 이념 서클 간행물의 발간을 금지하는 동시에 이념 서클들을 해산시켰다.[57] 또한 24개 대학에서 156명의 학생이 제적 처리되었고, 구속된 학생들은 강제징집을 당했다. 박정희 정부는 모든 대학에 학생의 정치활동 금지와 제명 학생의 재입학 금지 등을 골자로 한 학칙 개정을 지시했다.[58]

1972년 10월 17일 비상계엄이 선포되고 유신체제가 시작되면서 학생운동은 더욱 움츠러들었다. 1973년 봄 박정희 정부는 고려대의 이념 서클들을 표적 삼아 탄압했다. 먼저 한맥 회원들이 'NH회 그룹 학원 침투 간첩단 사건'으로 구속되었다. 두 달 후에는 한사회 회원들이 '검은 10월단'을 결성하고, 유인물인 《야생화》 250부를 찍어 교내에 뿌린 혐의로 구속되었다.[59] 전남대에서도 유신체제에 반대하는 지하신문인 《함성》을 발행한 학생들이 구속되었다.[60]

학생운동은 1973년 10월 2일 서울대 문리대 시위를 계기로 침체기에서 벗어났다. 이날 시위 이후 이화여대, 숙명여대, 경북대, 고려대 등에서 시위가 잇달았다.[61] 이에 박정희 정부는 구속 학생 전원 석방과 학사 처벌 백지화를 담은 12·7조치를 내놓았다. 하지만 재야세력은 개헌 청원 백만인 서명운동을 선언했고, 학생운동 세력은 전국민주청년학생총연맹(민청학련)의 이름으로 시위를 모의했다. 그러자 박정희 정부는 대통령 긴급조치 1, 2호와 4호로 강경하게 대처했다. 하지만 긴급조치 4호가 해제된 후인 1974년 2학기와 이듬해 1학기에도 대학가에서 시위가 잇달았다.[62] 1975년 3월 8일 고려대 학생들이 가두시위에 나서자 박정희 정부는 고려대에 휴교를 명령하는 긴급조치 7호를 선포했다.[63] 그럼에도 4월 11일 서울대 농대 학생 김상진의 할복자살을 계기로 학생 시위가 확산되자 박정희 정부는 연세대, 고려대 총장의 사표를 수리하고 5월 13일 긴급조치 9호를 선포했다.

긴급조치 9호 시대에 서울대 학생운동은 캠퍼스를 관악구로 옮기면서 전환기를 맞았다. 1976년 1학기에 대학 당국이 학회 등록을 받자 종전에 활동했던 이념 서클들이 이름을 바꾸어 등록했다. 한국사회연구회는 사회과학회, 이론경제학회는 경제철학회, 후진국경제학회는 경제문제연구회로 등록했다. 또한 새로운 이념 서클이 등록했고 기존의 서클 중에 이념 서클로 성격을 변경해 등록하는 경우도 있었다. 고려대에는 겨레사랑회, 사회과학연구회, 한국농어촌문제연구회 등 공개적인 이념 서클과 민맥, 도산연구회 등 비공개적인 이념 서클이 공존하며 활동했다. 연세대에서는 한연회 회원들이 이념 서클인 동곳회에 모두 가입해 활동했다. 다시 민족문화연구회로 이름을 바꾸며 활동했으나 긴급조치 9호에 의해 해산되었다. 그런데 연세대에서는 이념 서클이 해산되고 재등록이 어려운 상황에서 미션계 학교라는 특성으로 교목실장이 기독학생회 (SCA)의 지도교수를 맡게 되면서 기독학생회가 학생운동의 중심 역할을 하게 되었다.[64]

긴급조치 9호 시대를 맞아 이념 서클은 조직과 운동 방식을 바꿨다. 이때부터 소위 운동권 문화가 형성되기 시작했다. 서울대 이념 서클을 사례로 살펴보면, 당시에는 사회과학회, 농촌법학회, 흥사단아카데미 등이 대표적인 3대 이념 서클이었다. 여기에 10개의 이념 서클이 연대해 학생운동 방향 설정과 의사결정을 주도했다. 당시 이념 서클은 학생운동가 양성 구조를 안정화하고 체계화하는 데 힘썼다. 또한 노동, 농민, 빈민운동 등 민중운동에 투신하기 위한 준비 체계를 마련했다.[65]

무엇보다 후배를 길러내는 재생산구조를 유지하는 것이 절실했다. 그렇다고 데모를 안 할 수는 없으니까 데모는 하되 고학년이 하고, 모든 것을 투입하지 말고 필요한 만큼만 하며, 더이상 불길이 번지지 않도록 그 소수가 모든 책임을 지는 방식이어야 했다. 물론 학생운동만으로는 민주화 실현에 한계가 있는 만큼 노동자·농민의 의식화·조직화를 위하여 기층 대중으로 이전해나가는 준비를 하는 것도 중요했다. 말하자면 전통적 운동 방식을 폐기하고 완전히 새로운 운동을 설계하게 된 것이다.[66]

이념 서클의 활동으로는 매주 개최하는 세미나와 학기별로 1~2회 실시하는 MT, 여름방학의 농촌활동 등이 있었다. 이념 서클들은 1974년부터 서울대가 신입생 계열별 모집을 시작하자 신입 회원을 위한 공동 오리엔테이션을 실시했고, 세미나 교재인《현실 인식》(1978),《현실 인식의 기초》(1979)를 제작했다.[67] 1학년 신입 회원 교육은 3학년이 책임졌고, 때론 둘 이상의 이념 서클이 연대해 공동 세미나를 운영했다. MT는 통상 1박 2일 동안 서울 근교에서 한 방에 20~30명이 모여 앉아 3~4학년 선배가 주제를 발표하고 질문과 답변, 토론을 하는 방식으로 진행되었다. 농촌활동은 여름방학 중에 실시했다. 오전 5시에 일어나 오후 7시까지 육체노동에 종사하고 저녁에는 농민과 대화하고 밤늦도록 반성과 토론을 하는 시간을 가졌다.

이와 같은 이념 서클 활동은 인맥을 만드는 과정이기도 했다. 세미나, 술자리, 공동 숙식 등 일상을 같이하며 쌓은 결속력은 자신이 속한 서클을 '패밀리'라고 부를 만큼 단단했다. 실제로 그들은 '팀방'이라고 불리는 공간에서 하루 종일 함께 생활하는 경우가 많았다.[68] 그런데 당시 이념 서클이 가장 중시한 것은 보안이었고 이를 체질화하는 문화가 중시되었다. 긴급조치 9호 발동 직후 대부분의 이념 서클은 학교 당국에 등록은 했지만 회원 전체가 노출되지 않는 방식을 택했다. 회장으로는 성적과 전력 등에 문제가 없고 시위에 가담하지 않을 학생을 내세웠다. 이념 서클의 실제 지도부는 따로 있었다.

서울대에서는 관악캠퍼스로 옮기면서 1976년부터 이념 서클의 대표들로 구성된 '서클연합'이 학생운동의 주력이 되었다.[69] 서클연합은 학년 단위로 구성되었고 연말에 회장 임기를 마친 3학년이 새로 임기를 시작하는 2학년 모임을 만들어주는 방식으로 운영되었다. 처음에는 6~8개 정도의 이념 서클이 참여했으나 1979년에 이르러서는 10~16개 정도의 서클이 함께 했다. 서클연합은 학생운동의 핵심 역량을 보전하는 한편 시위를 주동할 인물을 안정적으로 배출하는 시스템을 갖추고, 보안 수칙을 생활화했다.[70] 이처럼 2학년 말에 구성된 서클연합 지도부는 4학년이 되면 직접 학내시위 날짜와 인원을 계획하고 시위 주동자를 선발했다. 그런데 시위 주동자로 나서는 것은 구속과 제적을 각오해야 하는 일로 결단이 필요했다. 따라서 시위 주동자는 지원자들 간에 순번을 정하는 방식으로 선발되었다.

1976년 12월 8일 서울대에서 4학년이 주동자로 나서 최소 3명의 인원으로 결행하고 모든 책임을 지는 시위가 일어나면서 무력감에 빠져 있던 학생운동에 강렬한 자극을 주었다.[71] 이 방법은 이듬해에 다른 대학으로도 퍼졌다. 1977년 11월 11일 서울대 시위에서는 주동자를 3개 조로 나누어 한 조는 학생회관에서 초동 시위에 들어가 사찰을 목적으로 교내에 들어와 있던 경찰, 중앙정보부원 등을 유인하고, 다른 한 조는 5동 앞에서 학생들을 모아 도서관 4층 열람실로 이끌며, 나머지 한 조는 열람실에서 창밖의 아크로폴리스 광장의 학생들을 향해 시위를 지휘할 준비를 한다는 작전이 실행되었다. 이날 시위는 3천여 명에 가까운 학생들이 동참하면서 오후 6시까지 이어졌다. 1978년에는 시위 방식이 더욱 다양해졌다. 5월 8일 시위와 6월 12일 시위는 학생들을 아크로폴리스 광장으로 일시에 모으고, 제일 가까운 건물 난간에서 시위대를 지휘하는 전술을 구사했다. 주동자 5명 가운데 4명이 도피에 성공하면서 '시위 주동 = 구속'이라는 등식이 깨졌다.[72] 이처럼 긴급조치 9호 시대에는 도서관 점거 시위, 건물 난간 시위, 밧줄 시위, 분·초 단위의 시간차 시위, 예고 시위 등 온갖 방법이 시도되었다.

'겨울공화국'이라고 불린 긴급조치 9호 시대에 학생운동은 이념 서클의 학습 커리큘럼에 기반한 의식화 교육을 실시하고 이념 서클 간의 연대체를 조직해 극도의 보안을 유지하는 가운데 시위 주동자를 지속적으로 배출하며 게릴라식 시위를 전개했다. 이때 형성된 운동권 문화는 1980년대까지 이어지며 학생운동의 학습 체계와 운동 방식에 영향을 미쳤다.

재야의 사회세력화

한국에서 재야는 반독재 민주화운동을 이끈 사회세력이었다. 재야는 군사독재하에서 민주화운동을 전개한 직업적 운동가 그룹, 종교 지도자, 지식인, 청년·학생을 아우른 세력이었다. 재야가 사회세력으로서 독자성을 드러낸 것은 1970년대였다.

재야세력을 형성한 첫 번째 그룹은 종교계였다. 먼저 개신교계는 1969년 삼선개헌 반대운동을 계기로 민주화운동에 뛰어들었다.[73] 김재준 목사가 삼선개헌반대범국민투쟁위원회 위원장을 맡았다. 이때까지는 개인 차원의 투신이었다면 1972년 유신체제 성립 이후에 개신교계는 조직 차원에서 민주화운동에 뛰어들었다. 1973년 4월 22일 남산 야외음악당에서 진보적 개신교계를 대표하는 한국기독교교회협의회(이하 KNCC)와 보수적 개신교계의 연합체인 대한기독연합회가 함께 부활절 연합 예배를 열었다.[74] 이 자리에서 박형규 목사, 권호경 전도사 등이 유신 반대 시위를 계획했으나 불발되었다. 하지만 주동자들은 내란예비음모죄로 구속되었다. 이 일을 계기로 개신교계는 조직적으로 유신 반대운동에 가담했다. 한 달 후인 5월 20일 개신교계는 민주화운동 참여를 선포하는 '한국 그리스도인 선언'을 발표했다.

1970년대 개신교계의 민주화운동을 이끈 조직을 살펴보면, 먼저 한국기독자교수협의회에는 박정희 정부에서 해직된 교수가 많았다. 크리스찬 아카데미는 민주화운동 활동가를 양성하는 일을 맡았고 국제적인 네트워크를 기반으로 민주화운동을 지원했다. 한국교회여성연합회는 구속자가족협의회와 그 후신인 양심범가족협의회 등에서 중심 역할을 했다. 무엇보다 개신교계 민주화운동의 구심점은 KNCC였다. 당시 KNCC는 개신교인의 3분의 1을 포괄하고 있었고 그 산하에는 한국기독학생총연맹, 한국기독청년협의회, 한국교회여성연합회, 대한기독교서회, 기독교방송 등이 있었다. KNCC는 특히 1974년에 인권위원회를 결성해 유신 반대운동으로 구속된 양심수의 석방 운동과 가족 돕기에 힘썼다. KNCC 인권위원회가 매주 목요일 오전 10시에 개최한 목요기도회는 민주화운동 세력이 결집하는 상설 모임으로 자리잡았다.

유신체제 아래서 천주교계도 민주화운동에 뛰어들었다. 1974년 7월 천주교 원주교구장인 지학순 주교가 민청학련 사건의 배후 지원자라는 혐의로 구속된 것이 결정적 계기였다. 그가 구속된 지 두 달 만인 1974년 9월에 천주교정의구현전국사제단(이하 사제단)이 결성되었다.[75] 사제단은 전국에서 인권 회복 기도회를 열었고 시국선언을 발표했다.[76] 또한 유신 반대운동을 위한 연대 활동에 적극 나섰다. 사제단은 1974년 11월에는 유신 반대운동 연대기구인 민주회복국민회의에 발기인으로 참여했다. 1975년에는 언론자유수호투쟁을 지원하고 2차 인혁당 사건 관련 활동에 동참했으며 필화사건으로 구속된 시인 김지하 구명 운동을 펼쳤다. 1976년 3월 1일에는 명동성당에서 삼일절 기념미사를 열고 야당, 개신교계를 포함한 재야인사들과 함께 〈민주구국선언〉을 발표했다.[77]

이처럼 1970년대 종교계 민주화운동의 주역은 개신교계와 천주교계였다. 개신교 민주화운동의 아지트는 서울 종로5가에 있는 기독교회관이었다. 여기에는 KNCC 본부와 산하 기구, 선교회 본부 등이 자리하고 있었다. 천주교 서울대교구가 자리한 명동성당도 민주화운동의 성지로 자리잡았다.[78]

언론인도 민주화운동에 뛰어들어 재야세력의 일원으로 활약했다. 1970년대 언론계의 민주화운동은 1971년 4월 《동아일보》 기자들이 〈언론자유수호선언〉을 발표하면서 시작되었다. 다음날부터 신문사, 방송사, 통신사 기자들도 잇달아 〈언론자유수호선언〉을 발표했다. 5월 15일에는 한국기자협회가 나서서 〈자유언론수호 행동강령〉과 〈결의문〉을 발표했다. 이에 박정희 정부는 언론의 자유를 제한하는 조치를 마련했다. 기자 신분을 인증하는 프레스 카드제를 실시했고 행정부처를 드나드는 출입 기자의 수를 줄였다.[79] 언론통폐합에도 나서 하나의 도(道)에 하나의 신문사를 둔다는 기준을 마련했다. 이에 따라 전라북도에서는 《전북일보》, 《전북매일》, 《호남일보》가 통합해 《전북신문》을 창간했다.[80] 유신체제 선포 이후 이듬해에 다시 언론자유수호운동이 일어났다. 1973년 봄에 《동아일보》 정치부 기자들은 독자적인 편집권 행사와 신문지면 쇄신을 주장하는 연판장을 돌렸다. 10월에는 《경향신문》, 11월에는 《한국일보》 기자들이 언론자유를 주장하는 결의문을 채택했다. 11월에는 《동아일보》 기자들이 〈언론자유수호 제2선언〉을 발표하자[81] 방송국과 신문사 기자들도 잇달아 〈언론자유수호결의문〉을 채택했다.

긴급조치가 잇달아 발표되는 가운데 1974년에도 언론자유수호운동은 계속되었다. 먼저 3월 6일 《동아일보》 기자들이 전국출판노동조합 동아일보사 지부를 창립했다. 10월 24일에는 자유언론실천선언대회를 열고 〈자유언론실천선언〉을 발표했다.

우리는 오늘날 우리 사회가 처한 미증유의 난국을 극복할 수 있는 길이 언론의 자유로운 활동에 있음을 선언한다. 민주사회를 유지하고 자유 국가를 발전시키기 위한 기본적인 사회 기능인 자유언론은 어떠한 구실로도 억압될 수 없으며, 어느 누구도 간섭할 수 없는 것임을 선언한다.[82]

이번에도 서울과 지방의 신문사, 방송사, 통신사 기자들이 잇달아 〈자유언론실천선언〉을 발표했다. 《동아일보》 기자들은 자유언론실천특별위원회를 구성하고 중앙정보부의 보도지침을 무시했다. 그러자 박정희 정부는 광고주들에게 《동아일보》 광고를 해지하라고 압박했다. 1974년 12월 26일자 《동아일보》는 〈동아일보 광고 무더기 해약〉, 〈새 수법의 언론 탄압으로 규정〉이라는 제목의 기사로 무더기 광고 해약 사태를 보도하고 백지 광고를 게재했다. 그러자 백지 광고를 격려 광고로 채우는 자발적인 시민운동이 일어났다.[83] 하지만 해를 넘긴 1975년 3월 동아일보사는 박정희 정부의 압력에 굴복해 언론자유수호운동을 벌인 기자들을 해고했다. 《동아일보》 기자들은 해직 기자들의 복직을 요구하며 제작 거부에 들어갔고 동아자유언론수호투쟁위원회(이하 동아투위)를 구성했다.[84] 《조선일보》 기자들은 3월 6일부터 '언론자유에 도전하는 외부 세력은 물론 언론 내부의 안이한 패배주의와도 싸우려 한다'라는 요지의 선언문을 채택하고 정론지 제작을 요구하며 제작 거부에 들어갔다. 하지만 농성 6일째 되는 날 회사는 4명을 파면하고 37명에게 무기정직을 처분하며 편집국에서 농성하던 기자들을 쫓아냈다. 편집국에서 쫓겨난 기자들은 신문회관에서 총회를 개최하고 조선자유언론수호투쟁위원회(이하 조선투위)를 결성했다.[85] 이후 동아투위와 조선투위는 유신 반대운동에서 선도적 역할을 했다. 양 투위는 자신들의 주장과 사태의 진상을 담은 유인물을 제작해 배포했고, 1977년 12월에는 공동명의로 〈민주민족언론선언〉을 발표했다. 유신체제가 끝날 때까지 동아투위에서 활동하던 언론인 17명이 구속되었다.

대학 교수를 주축으로 지식인들도 유신 반대운동에 뛰어들면서 재야세력으로서의 입지를 다졌다. 1973년 11월 한신대 교수 10명이 〈민주주의의 회복과 전 국민의 인간화를 촉구한다〉라는 선언문을 발표하고 전원 삭발을 했다.[86] 1975년 교수 재임용제도의 도입 전후로 유신 반대운동에 나선 교수들이 해임되는 사태가 발생했다. 김동길을 비롯한 연세대 교수 6명, 이문영을 비롯한 고려대 교수 4명, 한완상 서울대 교수, 노명식을 비롯한 경희대 교수 3명, 이우정 서울여대 교수, 안병무를 비롯한 한신대 교수 2명 등이 해고되었다. 1977년 11월에는 《우상과 이성》,《8억인과의 대화》가 반공법에 저촉된다는 혐의로 저자인 한양대 해직 교수 리영희가 구속되고 두 책의 발행인이자 해직 교수인 백낙청이 불구속되었다.[87] 그해 12월 2일에는 해직 교수 13명이 〈민주교육선언〉을 발표하고 해직교수협의회를 창립했다.[88] 해직 교수들은 박정희 정부를 향해 '투옥된 모든 애국민주인사의 석방과 공민권 회복, 해직 교수들의 복직'을 요구했다. 그리고 이듬해인 1978년 6월 송기숙 등 전남대 교수 11명이 학원의 민주화와 자유평화통일을 위한 민족역량을 함양하는 교육의 실시를 요구하는 〈우리의 교육지표〉를 발표했다.[89] 이 사건으로 송기숙 교수가 구속되고 서명 교수들은 해직되었다. 1979년 3월에는 크리스챤 아카데미 사건이 일어났다. 중앙정보부는 불온사상을 가진 불법 지하 용공 서클 회원이라며 크리스챤 아카데미 간사 6명과 대학 교수 및 교육 수료생들을 연행했다. 원장인 강원용 목사도 연행되어 조사를 받았다.[90]

문학인들도 박정희 정부의 문학인 탄압에 맞서 유신 반대운동에 뛰어들었다. 《사상계》 1970년 5월호에는 재벌, 국회의원, 고급 공무원, 군장성, 장차관 등을 '오적'이라 지칭하며 그들을 비판한 김지하의 담시 〈오적〉이 실렸다. 박정희 정부는 《사상계》의 배포를 막았고 김지하를 반공법 위반으로 구속했다.[91] 다음해인 1971년 4월에 재야 연대기구인 민주수호국민협의회가 결성되자 문학계에서는 김지하 등이 개인 자격으로 참가했다. 김지하는 《창조》 1972년 4월호에 담시 〈비어〉를 실은 후 또다시 반공법 위반 혐의로 서울지검 공안부의 조사를 받았다.[92] 1973년 12월 24일 개헌 청원 백만인 서명운동이 시작되자 이듬해인 1974년 1월에 문학인 61인의 명의로 개헌 지지 성명이 발표되었다. 그런데 이들 전원이 중앙정보부에 연행되어 조사를 받았다. 그리고 이호철, 김우종, 정을병, 임헌영, 장병희 등 5명이 재일교포가 발행하는 《한양》에 글을 발표했다는 혐의로 구속되었다.[93] 4월에는 김지하가 민청학련에 자금을 조달한 배후라는 혐의로 구속되었다. 이처럼 탄압이 이어지자 문학인들은 자유실천문인협의회를 결성해 유신 반대운동에 나섰다. 1974년 11월 18일 자유실천문인협의회 결성과 함께 여기에 참여한 문학인들은 〈문학인 101인 선언문〉을 발표했다. 그리고 "표현의 자유를 쟁취하자", "우리는 행동한다", "김지하 시인을 즉각 석방하라" 등의 플래카드를 들고 "유신헌법 철폐하라"라는 구호를 외치며 가두시위를 전개했다.[94]

그런데 1975년 2월에 형집행정지로 석방된 김지하는 《동아일보》 2월 26일자에 기고한 〈고행—1974(중)〉라는 글에서 1974년에 일어난 2차 인혁당 사건을 고문에 의한 조작극이라고 주장했다. 중앙정보부는 3월 14일 형집행정지를 취소하고 김지하를 반공법 위반 혐의로 구속했다.

김지하는 무기징역을 선고받았으나 20년으로 감형되었고, 1980년 12월 11일에야 형집행정지로 석방되었다.[95] 김지하가 감옥살이를 하던 유신체제 후반기에 국내는 물론 해외에서도 그의 석방을 촉구하는 운동이 꾸준히 일어났다. 자유실천문인협의회는 전국에서 지속적으로 〈김지하 문학의 밤〉을 열어 그의 석방을 촉구하는 운동을 전개했다.

연대에 기반한 운동사회

1961년 5·16쿠데타와 1963년 대통령 선거까지 박정희를 비롯한 쿠데타 세력에 대한 기대가 이어지면서 반정부운동 전선은 형성되지 않았다. 하지만 박정희 정부가 한일협정 체결에 나서자 1964년 3월 야당과 각계 대표 200여 명은 대일굴욕외교반대범국민투쟁위원회(이하 범국투위)를 결성하고 대규모 유세단을 조직해 전국을 돌며 강연 및 성토대회를 열었다. 범국투위는 출범 한 달 만에 지역 조직이 꾸려지면서 전국적인 기구로 자리매김했다.[96]

1969년 박정희 정부의 삼선개헌 강행은 민족주의 의제로 결집했던 재야세력이 민주주의 의제로 다시 결집하는 계기가 되었다. 1969년 7월 신민당을 비롯한 종교, 학계, 언론, 법조, 문화계 인사 329명이 범투위를 결성하고 위원장에 김재준 목사를 선출했다. 범투위는 "박정희 정권은 북괴 침공의 위협을 구실로 선전하나 실제로는 삼선개헌 강행으로 인한 국론분열과 사회격동이 북괴의 흉계에 호기를 제공하는 것"이며 박정희 정부의 "경제 건설은 발전이 아니라 국가 경제의 파탄과 경제민주화의 역행으로 귀결되고 있다"라고 비판한 선언문을 발표했다.[97] 삼선개헌 반대운동을 기점으로 재야세력의 본격적인 결집이 시작되었다.[98]

한일협정 반대운동과 삼선개헌 반대운동에서 재야세력은 야당과 연합해 활동했다.[99] 하지만 1970년대에 들어와 재야세력은 야당과 별도로 활동하기 시작했다. 이때부터 지식인, 종교인, 언론인, 법조인, 문학인 등의 재야세력을 주축으로 하고 학생운동을 아우르는 운동사회가 형성되었다. 1971년 4월에 치러질 대통령 선거를 앞두고 4월 19일 민주수호국민협의회(이하 민수협)가 결성되었다. 종교계를 대표한 김재준 목사, 지식인을 대표한 천관우《동아일보》상근이사, 법조계를 대표한 이병린 변호사가 공동대표를 맡았다.[100] 민수협은 "국민 모두가 빠짐없이 주권을 행사하도록 기권을 방지하고 투표가 엄정히 진행되도록 민중이 감시하여 선거 부정을 자기의 처소에서 고발하는 등 국민 각계각층의 참여를 호소"[101]하면서 6139명의 선거참관인을 전국에 파견했다.

유신체제하에서 일어난 최초의 재야 연대 운동은 1973년 12월 24일에 시작된 개헌 청원 백만인 서명운동이었다. "헌법 개정 발의권으로부터의 소외를 극복하고 우리들의 천부의 권리를 제시하는 방법으로 대통령에게 현행 헌법의 개정을 요구하는 백만인 청원 운동"[102]에는 김수환 추기경을 비롯해 당시까지 재야인사로 활동하지 않았던 종교인, 지식인, 문학인 등이 다수 가담했다. 개헌 청원 서명자 수는 1974년 1월 4일 현재 30만 명을 돌파했다. 박정희 정부는 나흘 후인 1월 8일에 긴급조치 1호를 공포했다.

긴급조치 선포에도 불구하고 연대를 통한 재야세력의 유신 반대운동은 멈출 줄 몰랐다. 1974년 4월 민청학련 사건으로 180명이 기소되었다.

그런데 이 사건으로 윤보선 전 대통령, 지학순 주교, 박형규 목사, 김지하 시인, 김동길 교수, 김찬국 교수 등이 구속되면서 재야세력의 유신 반대운동은 더욱 거세졌다. 그해 11월 27일 재야인사 71명이 민주회복국민회의를 발족했다. 재야세력의 단일 조직으로 12월 25일에 정식 출범한 민주회복국민회의는 유신헌법 철폐와 함께 "반정부 행동으로 말미암아 복역·구금·연금 등을 당하고 있는 모든 인사를 사면 석방할 것을 요구"했다.[103] 실무책임자로서 민주회복국민회의를 이끈 사람은 함세웅 신부였다. 민주회복국민회의가 생겨나자 지방에서 50여 개 단체가 그 산하로 들어오겠다는 의사를 표시했다. 1975년 3월 현재 민주회복국민회의 산하에는 7개 시도 지부와 20여 개 시군 지부가 설치되었다.[104] 이로써 민주회복국민회의는 지방 조직을 갖춘 전국 조직으로 자리매김했다. 강원도에는 원주지부와 춘천지부가 결성되었다. 원주지부는 당시 격려 광고 운동이 한창이던 《동아일보》에 "국민으로부터 잠시 통치권을 위임받은 현 정권이 비상 권력을 유지하기 위하여 인권을 유린하려 함은 자유민주주의에 역행함을 확신하고 서울에서의 민주회복국민회의 선언을 적극 지지 찬동하여 그 산하단체로서 원주 민주회복국민회의를 결성, 위 단체에 가담"한다는 내용을 담은 결의 및 선언문을 게재했다.[105] 1975년 2월 28일 민주회복국민회의는 "이 땅의 민주 건설을 위해 언제 어디서나 거국적인 민족민주의 국민운동에 헌신"하자는 다짐을 담은 〈민주국민헌장〉을 발표했다.[106] 1975년 5월 긴급조치 9호가 공포된 지 10개월 만인 1976년 3월 1일에는 재야인사들이 〈민주구국선언〉을 발표해 민주 회복, 경제민주화, 통일 과업 완수의 3대 과제를 제시하고 긴급조치 철폐와 박정희의 사퇴를 촉구했다. 1977년 3월 22일에는 10명의 재야인사들이

〈민주구국헌장〉을 발표하면서 "범국민적인 민주국민연합을 이룩하기 위하여 노력"할 것을 천명했다.[107]

1978년 2월에는 66명의 재야인사가 〈3·1민주선언〉을 발표했다. 그리고 7월 5일에는 민주회복국민회의의 맥을 잇는 재야의 연대기구로 12개 단체, 350여 명의 회원을 거느린 민주주의국민연합이 결성되었다.[108] 민주주의국민연합을 기반으로 1979년 3월 1일에는 민주주의와 민족통일을 위한 국민연합(이하 국민연합)이 결성되었다. 국민연합은 산하에 12개의 부문 단체를 거느린 전국 조직이었다.[109] 하지만 이 같은 재야 연대기구는 유신체제하에서 성명과 선언 발표로 저항의 구심점 역할을 할 수는 있었지만 상설 활동을 지속하기는 어려웠다.[110]

이처럼 1970년대 재야세력은 연대에 기반해 성명과 선언을 발표하고 연대기구를 꾸리며 운동사회를 형성하고 확장했다. 다양한 이념과 지향을 갖는 개인 및 단체를 모아 운동역량을 하나로 집중하도록 하는 연대의 문화는 운동사회를 형성하고 확장하는 데 결정적 역할을 했다. 정치 '밖' 운동사회, 즉 재야는 일상적으로는 학술·교육·문화·종교 등 다양한 분야에서 각기 활동하던 개인이나 단체를 민주-반민주의 대립구도가 명확한 유신체제하에서 유신 반대운동으로 결집시켰다. 1970년대 민주화운동 과정에서 형성되고 확장된 운동사회는 1980년대 민주화운동에서도 더욱 결속력 높은 연대 문화를 만들어갔다. 상근활동가 중심의 사무국 체계, 중앙과 지방의 협업적 분업구조, 체계적인 지역 조직망에 기반한 연대기구 등은 1980년대에 본격적으로 등장했다.[111]

5·18을 유혈로 진압하고 들어선 전두환 정부는 5·18을 배후조종했다며 내란음모 사건을 조작해 야당 지도자인 김대중과 20여 명의 재야인

사를 구속했다. 하지만 엄혹한 시절을 지나 1983년 말 유화국면이 도래하자 재야는 다시 연대기구를 만들어 민주화운동에 나섰다. 제일 먼저 1983년 9월에 1970년대 학생운동 출신들이 민주화운동청년연합(이하 민청련)을 창립했다. 1984년 6월에는 민청련의 주도로 노동자, 농민, 문화, 종교 등 각 부문 운동단체 11개의 연대체인 민중민주운동협의회(민민협)가 결성되었다. 민민협은 창립선언문에서 "일천만 농민과 팔백만 노동자 그리고 다수의 빈민들과 구조적 차별 대우를 받는 여성들이 고통과 절망에 처해 있는 이때, 극복을 위해 민중의 참된 주인의식 위에서 민주의 태도를 힘차게 달려가는 민중민주운동이 줄기차게 전개되어야 한다는 시대적 절박성에 입각하여 우리들 농민, 노동자, 청년, 자유 지식인, 성직자는 민중민주운동협의회를 구성·창립하게 되었다"라고 밝혔다.[112] 민민협은 개인이 아닌 조직 단위로 가입이 가능했다. 그해 10월에는 재야 인사들이 개인 자격으로 참여한 민주·통일국민회의가 결성되었다.[113] 민주·통일국민회의는 창립선언서에서 "민주화와 민족통일을 열망하는 모든 인사, 모든 운동단체들의 활동을 지지하고 지원하면서 이들과의 강력한 연대를 토대로 민주화의 길을 통한 민족해방의 차원에서 범국민적인 민주·통일운동을 전개하고자 한다"라고 밝혔다.[114] "조직운동의 원칙과 기층 민중운동의 책임과 역할을 높이고자" 하는 민민협은 민중적 지향이 강했고, "민족통일 문제에 관한 국민의 의사를 수렴, 대변"하고자 한 민주·통일국민회의는 민주주의와 민족통일을 과제로 삼는 "장외 재야정치운동 단체"로서 역시 민중노선을 지향했다.[115] 1985년 3월 민민협과 민주·통일국민회의가 통합해 "민중민주통일운동을 총체적으로 선도할 수 있는 조직"[116]인 민주통일민중운동연합(민통련)을 결성했다. 민통련의 결성으로 재야세력은 강력한 상설조직을 갖추게 되었다. 민통련은 같은 해 9월 2차 통합대회에서 민청련을 비롯한 11개 단체를 추가로 가입시킴으로써 민주화운동의 구심점으로 자리잡았다.[117] 민통련은 부문운동과 지역 운동 전반을 포괄하면서 1980년대 민주화운동을 이끌었다.[118] 무엇보다 6월 항쟁에서 민통련은 대연합전선 원칙, 전국 동시다발 시위 원칙, 최저 수준의 행동강령 원칙의 3대 기본원칙을 내세우며 6월 항쟁 지도부인 민주헌법쟁취국민운동본부의 결성을 이끌었다.

1989년 1월 21일에는 "자주·민주·통일의 새 조국을 건설하자"라는 기치 아래 전국민족민주운동연합(이하 전민련)이 창립했다. 전민련은 노동자, 농민 등 8개 부문 운동 단체와 전국 12개 지역 운동 단체가 연대해 결성했다.[119] 전민련은 1980년대 민중운동의 성과를 수렴하면서 유력한 정치세력으로 부상했다. 하지만 1991년 12월 민주주의민족통일전국연합(이하 전국연합)이 결성되면서 해체되었다. 전국연합은 1987년 이후 성장한 전국적 민중조직을 포함해 해방 이후 최대의 연대운동조직을 결성했다. 그런데 전국연합은 기존의 민통련이나 전민련과 달리 노동운동을 비롯한 민중운동 조직이 주도했다.

3
아와 비아의 민주주의

유신독재의 이념, 한국적 민주주의

1972년 10월 박정희 대통령은 유신체제 수립을 선포하면서 한국적 민주주의를 언급했다.

> 나는 이 헌법 개정안의 공고에 즈음하여 이 땅 위에 한시바삐 우리의
> 실정에 가장 알맞은 한국적 민주주의가 뿌리를 내려 올바른 헌정질
> 서를 확립하게 되기를 진심으로 기원하면서 우리 국민 모두의 줄기
> 찬 헌신을 촉구하는 바입니다.[120]

박정희 대통령이 한국적 민주주의라고 명명했음에도 유신체제는 출발부터 일인 독재체제라는 비판을 국내외로부터 받았다. 미국 정부는 유신 체제 선포에 침묵 모드를 유지하면서도 영구집권을 노리는 박정희 대통령은 죽거나 혹은 혁명으로 퇴진하게 될 것이라고 내다봤다. 1975년 1월 장준하는 개헌 청원 백만인 서명 본부의 이름으로 〈박 대통령께 보내는 공개서한〉에서 "국헌을 준수한다고 서약한 귀하가 스스로가 그 선서를 헌신짝같이 버리고, 헌법기관의 권능을 정지시키고, 헌법 제정 권력의 주체인 국민을 강압적인 계엄하에 묶어두고 '국민 풍요'라는 요식 행위를 통해 제정한 소위 유신헌법으로서 명실상부한 귀하의 일인 독재체제만을 확립시켰습니다. 이렇게 하여 통일에의 부푼 국민의 기대는 민주헌정의 파괴와 일인 독재라는 참담한 결과로 둔갑해버렸습니다"라고 신랄하게 비판했다.[121]

박정희 대통령은 유신독재에 대한 해외의 따가운 시선을 의식한 듯 외국인을 만나면 분단국가로서 안보상의 특수성을 반영한 민주주의가 한국적 민주주의고 국민투표를 통해 다수 국민의 지지를 받고 있다는 점을 강조했다. 1977년 9월 1일 청와대를 예방한 제5회 아시아·서태평양 지역 법률가대회 이사 및 각국 대표 30여 명과 환담하는 자리에서는 국가안보를 근거로 합법적으로 자유를 유보하거나 제한하는 한국적 민주주의의 특수성을 강조했다. 그는 "자유민주주의를 지향하는 나라들의 헌법과 정치제도는 이념에 있어서는 공통성을 가지는 것이지만, 나라마다 역사적 배경·사회 환경 및 그 나라가 놓여 있는 특수 상황에 따라 헌법과 정치제도의 실제는 똑같을 수 없는 것"이라며 "국토가 분단되고 북괴의 끊임없는 무력 도발 위협 속에 살고 있는 우리나라로서는 3600만 명의 생존과 국권을 수호하는 것이 최고의 자유요, 인권이요, 민주주의"라고 주장했다. 나아가 "외국의 일부 인사 중에는 이러한 구체적 현실을 이해하지 못하고 우리의 현행 헌법과 정치제도를 비판하는 사례도 있으나 우리 헌법은 구미 선진국의 헌법에 비해 조금도 손색없이 국민의 기본권을 완벽하게 보장하고 있다"고 하면서 "다만 국가안보가 위협을 받을 때에는 헌법 명문 규정에 있는 대통령 권한에 따라 부분적인 자유의 유보나 제한을 가할 수 있는 것이며 이를 비민주적이라고 할 수는 없다"라고 주장했다. 그리고 "문제는 이러한 조치가 국민 절대다수의 지지를 바탕으로 이루어졌느냐, 아니면 몇몇 사람에 의해서만 이루어졌느냐가 중요한 것인데, 우리 헌법은 국민 다수의 지지에 의해 만들어진 이상 일부 사람들의 불만이나 비판에도 불구하고 이것은 훌륭한 민주제도라고 믿는다"라고 주장했다.[122]

박정희 대통령은 유신체제 후반기인 1978년에 《민족중흥의 길》을 펴내 유신체제를 적극적으로 변호했다. 그는 이 책의 2장 〈10월 유신과 정치 발전〉에서 "우리는 오늘날 우리의 역사와 전통을 이어온 민족의 정신과 슬기를 바탕으로 이 땅에 올바른 민주정치를 정착시켜나가고 있다"라고 하면서 유신체제가 왜 민주적인지를 논변했다. 그는 유신헌법에서 규정된 대통령의 비상대권이 모든 민주국가에서 민주주의를 수호하는 과정에서 발전한 제도적 관행이라고 주장했다. 또한 이 같은 유신헌법에 기반한 유신체제는 "우리의 역사적 상황과 현실에 맞는 민주제도"[123]라고 주장했다. "우리가 당면한 우리 여건 아래서 우리의 문화와 전통에 알맞은 방법으로 인간의 자유와 평등과 행복이라는 민주주의 이상을 최대로 실현할 수 있는 우리의 민주제도"[124]로서 무엇보다 정치 안정을 추구하는 민주제도라는 것이다. 나아가 유신체제를 개혁이요 쇄신이요 혁명이라고 주장했다.

> 우리 세대의 사명을 다하기 위해 우리는 정치 경제 사회 문화 등 모든 분야에서 큰 발전을 위한 일대 개혁을 단행했다. 그것은 실로 하루 이틀에 이루어질 수 없는 다면적인 개혁이요 쇄신이었다. 그것은 국력 배양을 저해했던 모든 제도적 요인을 제거하고 이를 보다 생산적이고 능률적인 것으로 개선하는 제도개혁이었고, 사회 지도층과 국민 모두가 함께 민족의식과 정신자세를 새로이 가다듬는 조용한 정신혁명이었으며 이를 바탕으로 이 땅에 새로운 문화와 전통을 가꾸어나가는 창조의 작업이었다.[125]

이처럼 일대 개혁이고 제도개혁이고 정신혁명이고 창조의 작업인 유신체제에서 자유권이 제한된 것에 대해 박정희는 민주 질서를 수호하기 위한 것이라고 주장했다. 그리고 "국민의 자유 신장이라는 민주주의 이념과 안전보장과 근대화 추진이라는 국가 목표를 적절하게 조화시켜야 하는 우리의 특수한 역사적 상황"에서 자유의 일부 제한은 반드시 필요하다고 역설했다. 나아가 "우리가 현재 누리는 자유의 폭은 우리의 절박한 여건과 현실을 생각할 때 서구 민주국가에 비해 조금도 손색이 없다"[126]고 주장했다.

박정희는 통일주체국민회의에 대해서도 민주적 절차에 따라 성립된 국민의 주권적 수임기관이라며 민주적 정당성을 주장했다. "광범위한 국민적 합의의 토대 위에서 국민의 대표인 대의원들은 통일에 관한 국론을 집약하고 그들의 이성과 양심에 따라 조국의 평화적 통일을 위한 성실한 의무를 지고 있는 대통령을 선출하고 있다"[127]는 것이다. 삼권분립에 대해서는 "현대사회의 복잡한 문제를 해결하는 데는 오히려 적당하지 못한 일면도 있다는 것이 널리 인정"[128]되고 있다면서 삼권분립보다는 국가권력의 유기적 통합을 더욱 강화하는 것이 세계적 추세라고 주장했다. 유신헌법은 삼권분립보다는 민주적 절차와 능률을 조화시켜 "이 땅에 참된 민주정치가 발전할 기틀"[129]을 마련해 "국정의 안정과 능률을 높이고 그 기반 위에서 국가적 과제를 효율적으로 해결하여 그 혜택이 모든 국민에게 돌아가게"[130] 했다는 것이다. 박정희는 이것이야말로 "능률적인 민주주의의 요체"이자 "생산적인 민주정치의 본질"[131]이라고 주장했다. 또한 이와 같은 "새로운 민주제도", 즉 유신체제는 "정태적인 제도가 아니라 경제 사회의 성장을 촉진하면서 시대사조의 흐름에 능동적으로 적응하는 발전적인 제도"이고 "이러한 생산적인 민주제도에로의 개혁이 있었기 때문에 70년대 어려운 시련 속에서 당면 과제를 차질 없이 수행"[132]할 수 있었다고 주장했다.

한편, 박정희 대통령은 전통을 근대화의 추진 요소이자 추동력으로 해석했다. 특히 조화와 협동, 도의와 덕치를 전통적인 정치윤리로 파악하면서 그에 기반한 한국적 민주주의가 이뤄지고 있다고 주장했다. "우리는 조화와 협동의 정신을 되살펴 개인적 합리주의의 맹점을 보완하고, 도의와 덕치를 숭상해온 정신문화의 힘으로 법치주의의 허점을 보강해 나가야 한다"[133]는 것이다. 그리고 향약, 계, 두레 등을 공동체적 생활 원리로 하는 농촌이 진정한 민주주의의 장이며 새마을운동은 한국적 민주주의의 실천적 도량이라고 주장했다. "전국의 농촌마다 건립되어 있는 마을회관은 마을 의사당"[134]이고 새마을운동에 참여한 농민은 "참되고 성실하게 일하면서 나와 이웃의 문제를 함께 해결하고 이를 통해 조국과 민족의 번영에 조용히 이바지하는 창조적인 시민", 즉 민주시민이라는 것이다.[135] 하지만 박정희가 민주주의의 꽃이라 불렀던 마을 회의는 주로 정부의 지시사항을 마을주민에게 일방적으로 전달하는 수단으로 기능했다.[136] 또한 1970년대 중반까지 활발히 운영되다가 1970년대 후반에 가서는 제대로 기능하지 못했다.[137]

박정희는 1979년 연두 기자회견에서도 유신체제는 한국적 민주주의에 기반한 체제라고 강조했다.

(서구 민주주의) 제도는 좋은 제도이기 때문에 우리가 받아들이되, 그것을 우리나라에 빨리 토착화되도록 여러 가지 노력을 해야 합니다. 한국의 여러 가지 기후 풍토에 알맞게, 우리나라 역사적인 배경과 사회 환경에 적응하게끔 이 제도를 한국화시켜야 됩니다. 토착화시켜야 됩니다. 이것이 우리가 말하는 한국적 민주주의입니다. 오늘날 유신체제는 그러한 취지와 정신을 많이 가미한 제도요 체제라고 생각합니다.[138]

이처럼 박정희에게 유신체제는 한국의 전통과 서구의 정치 문화를 아우르는 한국적 민주주의를 구현하는 유일 체제였다. 하지만 박정희가 주장한 한국적 민주주의는 개인이 아니라 마을, 직장 같은 집합적 주체를 단위로 하며 엘리트적 지도자에 의해 통치되는 집단주의적이고 권위주의적인 속성을 내재하고 있었다.[139] 정치학자 한승조는 유신체제가 막을 내린 이후 유신체제에 대해 '민족중흥의 사명에 불타는 위대한 지도자의 능력에 의존하는 체제, 수단과 과정을 무시하고 목표와 결과를 추구하며 강제 수단에 의존해 국민 단합 협조를 주장하며 생존경쟁의 원리에 따라 강자를 우대하고 약자를 경시한 체제, 성장을 위해 불균형과 격차 확대를 불사하며 군과 관의 기능적 엘리트가 선호하는 체제'로서 "일시적 편법적인 위기관리 체제"였다고 비판했다.[140]

저항 연대의 기치, 민족·민주·민중

1970년대 유신반대운동을 거치면서 독재 세력 대 민주화 세력이라는 이분법적 대립구도가 선명해졌다. 그야말로 '아'와 '비아'를 가르는 골이 깊어졌다. 그렇게 운동권, 즉 운동사회가 형성되면서 민족·민주·민중의 삼민(三民)은 운동사회의 정체성을 상징하는 가치로 자리매김했다.[141] 민족·민주, 민주·민중, 민중·민족, 민족·민주·민중 등의 다양한 조합으로 변주되면서 민주화운동을 추동하고 운동권을 결속시키는 가치로 작동했다.[142] 이와 같은 삼민 담론은 1970년대 민주화운동 과정에서 생산된 성명서에 녹아 들어가 있었다.

　삼민의 지향을 전면에 내세운 대표적인 성명서로는 1974년에 민청학련이 발표한 〈민중·민족·민주 선언〉이 있었다. 이 성명서는 먼저 반민중적인 집단으로 매판 족벌을 지목하면서 그들, 즉 부패·특권 족벌의 뒤에는 "수많은 민중의 피땀이 엉켜" 있다고 주장했다. 그리고 "기아임금으로 혹사당하는 근로대중과 봉건적 착취 아래 신음하는 농민, 그리고 또 하나의 격리된 세계에서 확대되어가는 판자촌 — 이것이 13년에 걸친 조국 근대화의 업적인가"라고 비판했다. 두 번째로 반민주적인 "1인 독재체제와 정보 폭압 정치"를 비판하며 그것이 "한국적 민주주의인가"라고 반문했다.

> 5년 전의 삼선개헌으로부터 노골화된 영구집권의 야욕은 국민의 기본권을 유린하는 한편 이에 항의하는 학생, 지식인, 종교인 등 수많은 애국 인사를 체포·구금·고문·투옥하는 만행을 서슴지 않고 있다. 소위 유신이란 해괴한 쿠데타·국가비상사태와 1·8조치 등으로 폭압 체제를 완비하여 언론을 탄압하고 학원과 교회에 대한 억압을 더욱 가중시킴으로써 비판을 원천적으로 봉쇄하고 있다. 비판할 수 없는 정치, 이것이 과연 한국적 민주주의인가?[143]

세 번째로 "남북 대화를 영구집권을 위한 장식물"로 여기고 "일본 지배층이 한민족 분단을 영구화시키려고 하는 언동에 항의 한번 못하는" 반민족적인 집권세력을 비판했다. 그리고 통일의 지름길은 "자유와 평등이 보장되는 진정한 민주주의 승리"에 있다고 주장했다. 나아가 민청학련은 "반민주적·반민중적·반민족적 집단을 분쇄하기 위하여 숭고한 민족·민주 전열의 선두"에 설 것임을 천명했다.

재야인사들이나 재야 연대기구가 발표한 성명서에도 삼민의 지향이 담겼다. 1974년 11월 민주회복국민회의 결성과 동시에 발표한 〈국민선언〉에서 먼저 눈에 띄는 것은 유신체제가 반공 태세를 약화시키고 있다는 비판이다.

우리 국민의 대다수가 공산주의를 반대하는 것은 인권을 유린하고 정치적 자유를 박탈하며 절대적 독재를 강제하는 것임을 알기 때문이다. 우리의 체제가 이러한 공산주의의 체제적 특질을 날로 닮아가서 그 격차가 좁혀진다면 우리 국민의 공산주의에 대항하려는 의지는 둔화될 수밖에 없으며 빗나간 현 체제의 억압에 반대하는 국민 각계각층의 저항은 계속 확대될 것이다.

그리고 "정부가 곧 국가라는 전체적 사고방식은 민주주의에 역행하는 것이며 반정부는 반국가가 아니다"라고 주장하면서 민주국가의 국민에게는 정부 퇴진을 요구할 권리가 있다며 비판의 자유를 억압하는 정부를 질타했다.

민주국가의 국민은 국가를 위하여 정부에 수시로 요망 사항을 제시하며 정부의 실정을 비판하여 시정을 촉구하고 나아가서는 정부의 퇴진까지 주장할 수 있다는 데에 민주 체제의 발전적 생명력이 있는 것이다. 오늘날 국가 기강을 송두리째 문란시키는 갖은 부정부패가 이 나라에서 판치게 된 것은 무엇보다도 민주주의의 본질적 요소인 자유로운 비판이 봉쇄되어온 때문이다.

나아가 정부는 자주경제의 토대를 구축하면서 가난한 사람들의 생활과 복지를 보장하는 전 국민의 정부가 되어야 하며 그처럼 사회정의의 실현에 의해 경제발전의 혜택을 균등하게 누려야 민족통일도 당당히 추진할 수 있다고 주장했다.[144] 민족, 국민, 민중이 주체가 되어 민주주의 체제를 지키고 발전시켜나가야 한다는 이 선언에서 또 하나 주목할 것은 '각계각층의 대다수 국민들이 주변의 동지 인사들과 최대한으로 연대해 평화적 공동행동으로 자유와 민주주의를 쟁취하기 위해 나설 것'을 촉구한 점이다.

1976년 3월 1일에 재야세력이 발표한 〈민주구국선언〉 역시 반공주의적 입장에서 "승공의 길, 민족통일의 첩경은 민주 역량을 기르는 일"이라고 주장하면서 "이 나라는 민주주의의 기반 위에 서야 한다", "경제입국의 구상과 자세가 근본적으로 재검토되어야 한다", "민족통일은 오늘 이 겨레가 짊어진 지상의 과업이다" 등의 제목으로 각각 유신체제의 반민주적·반민중적·반민족적 노선을 비판했다. 이 선언문에서는 민주주의를 "대한민국의 국시"라고 선언하는 동시에 "한 사회를 형성한 성원들의 뜻에 따라 최선의 제도를 창안하고 부단히 개선해나가면서 성원 전체의 정의와 행복을 도모하는 자세요 신념"이라고 정의했다. 그리고 국민은 복종이 아니라 참여를 원하며 정부를 감시하고 비판할 기본권을 포기하는 것은 민주주의를 포기하는 것을 의미한다고 주장했다.

1970년대 말로 가면서 유신체제를 반민족·반민주·반민중적인 일인 영구집권을 위한 독재체제로 비판하는 경향이 더욱 강해졌다. 이제 유신체제에 짓밟혔음에도 굴하지 않고 맞서는 저항의 주체는 민중으로 호명되었다. 1978년 2월 24일 66명의 재야인사들이 발표한 〈3·1민주선언〉은 먼저 유신체제와 일인 독재를 강하게 비판했다. "우리는 지금 전체 사회가 한 커다란 감옥으로 변질되고 있는 답답한 현실 속에 살고 있다. 이 감옥의 이름은 유신체제"로 "모든 권력이 한 사람으로부터 나오고" 있으며 "오늘날의 일인 독재권력은 전 근대의 절대왕권보다 더 강하다"라고 주장했다. 그리고 유신체제는 "오히려 나라의 안보와 민족의 번영을 어렵게 하며 민중의 인권을 유린하는 반안보적이고 반인권적 체제"라고 정의했다. 박정희 정부의 16년간의 경제성장은 "개발독재체제를 굳히기 위한" 경제성장으로 "근로자의 수탈이라는 대가를 지불하고 있다"고 비판했다. 또한 "수출주도형의 경제성장으로 해외 의존도가 높아 점차 비자주적인 경제가 되고 말았다"고 주장했다. 그런데 이 선언에서는 남한과 북한의 독재체제를 모두 비판했다. "남과 북은 각기 반공과 반제라고 하는 부정적 이념을 앞세워 상대방을 매도하면서 안으로는 자기 체제를 경직화시키고 있다. 통일의 구호와 민족주의의 구호는 남북한에서 독재체제 강화에 이용되고 있다. 하나의 통치 명분으로 악용되면서 민중들은 더욱 억압받게 되었다"고 했다. 나아가 의회민주주의와 산업민주주의를 골자로 하는 통일을 주장하며 그것은 남한에서의 민중의 역량 확산을 통해 가능하다고 주장했다. 또한 이 선언은 '민중이 자유롭고 평화스럽게 지도자를 뽑고 교체할 수 있는 의회민주주의의 실현', '예언자적 신앙의 자유가 존중되며 학원의 자율이 보장되고 학문과 언론의 자유가 신장되는 사회 건설', '안으로는 근로자의 복지가 향상되고 밖으로는 자주경제가 신장되는 사회 건설'을 위해 투쟁할 것을 천명했다. 그리고 "안으로는 전체 민중의 복지를 향상시키고 밖으로는 국위를 선양시키는 자주외교"[145]를 주장했다. 재야인사 66명의 이름으로 발표한 선언임에도 민중을 전면에 내세워 민주화와 자주화의 실현을 위해 투쟁한다고 선언한 점이 주목된다.

같은 해 민주주의국민연합이 발표한 〈민주국민선언〉에서는 "모든 권력은 국민으로부터 나온다는 민주주의 원리는 독재권력에 의하여 무참하게도 유린되어왔다"라며 "반독재 민주국민 대연합"을 결성해 민주국민의 항쟁으로 유신체제를 타파할 것을 천명했다. 이 선언에서는 재야세력의 민족·민주·민중의 기치가 분명하게 드러나 있다. 먼저 투쟁 방향으로 "우리는 반독재 민주구국투쟁에 하나로 뭉쳐 싸운다"와 함께 "반부패 특권의 민생보장 운동을 전개한다", "반매판 민족자립경제를 건설한다", "우리는 민족의 염원인 통일을 지향한다" 등을 제시했다. 이 중 민생보장 운동과 관련해서는 다음과 같이 주장했다.

> 부패특권의 경제 질서 아래서 신음하는 민중, 특히 노동자와 농민, 도시 빈민과 봉급생활자의 생존권은 극도로 위협받고 있다. 우리는 노동삼권이 노동자에게 반환되고 농협이 농민의 것이 되어야 한다고 믿는다. 우리는 민생보장 운동이 곧 반독재 민주화투쟁, 그것임을 직시한다.

이와 같은 민중 지향성은 "민족의 염원인 통일에의 접근은 민중이 주체가 되어야 한다. 민중의 참여와 창의가 보장되는 민주주의 실현을 통해서만 통일 문제에의 접근이 가능하다는 사실을 거듭 확인한다"라고 주장하며 통일의 주체로 민중을 상정하는 데서 더욱 분명하게 나타났다. 그리고 투쟁의 목표로 "우리들이 지향하는 민주, 민족, 민생 투쟁에 그 직접적이고도 최대의 장애가 되는 현재의 이른바 유신체제를 타파"할 것과 "노동자 농민의 생존권 보장을 위하여" 싸울 것을 천명했다. 재야세력의 유신 반대운동의 방향성은 "민주주의 만세, 반독재 민주구국 투쟁 만세, 민생보장 운동 만세, 민족통일 만세"라는 구호로 집약되었다.[146]

유신체제 말기로 치닫던 1979년에 국민연합이 발표한 〈민주구국선언〉에서는 "민중의 창의와 참여가 보장되는 민주주의 회복"을 주장하며 '반공과 안보를 구실삼은 민주주의 말살을 온몸으로 거부하고 경제성장이라는 이름 아래 진행되는 매판적 부패 특권의 경제 현실을 배격하며 민생의 도탄 위에 판치는 부패 특권층의 퇴폐와 물질적 향락주의를 규탄'했다. 이러한 현실의 "원흉은 두말할 것도 없이 1인 독재와 그 영구집권을 위해 불법으로 조직된 유신체제"라며 유신체제를 불법체제라고 호명했다. 그리고 "우리 민중은 이른바 유신체제를 거부한다"고 천명하면서 "민중의 힘을 바탕으로 하여 유신체제의 철폐와 1인 영구집권의 종식, 그리고 민주정부의 수립이라는 우리의 당면목표의 성취를 위하여 온갖 희생을 무릅쓰고 투쟁할 것을 선언"했다. 그리고 의회민주주의와 산업민주주의, 평화적인 민족통일의 실현에 노력할 것임을 천명했다.[147]

이와 같은 민중 주도의 민주주의 실현과 민족통일 실현으로 표현된 민족·민주·민중의 지향성은 1980년대에는 더욱 본격적으로 표출되었다. 1983년에 결성된 민청련의 창립선언문의 제목은 〈민주, 민중, 민족통일을 위해 모두에게〉였다. 이 선언문은 민주주의, 민중의 생존권 보장, 민족의 평화적 통일이라는 삼민 담론을 충실히 계승했다. 여기서 투쟁 대상은 외세와 이에 편승한 폭력적 소수 권력 집단이고 헌법을 파괴하고 폭력으로 권력을 장악한 집단, 가난과 소외를 극복하고자 하는 민중에게 적대적인 집단이었다.[148] 그해 민민협이 창립되었는데 그 창립선언문인 〈민중민주운동선언〉은 "민생 문제, 민주화 문제, 민족통일 문제"를 핵심 과제로 제기했다.

반독재 저항운동으로서의 인권운동

인간은 어느 나라에 거주하든 어떤 종교를 믿든 또는 성별·연령·인종 등의 어떠한 구별이 있어도 근본적으로 생명으로서 존중받아야 한다는 인권 의식이 세계적으로 보편화된 것은 2차 세계대전 이후였다. 미국에서는 1960년대에 인종차별에 대한 저항운동과 반전운동이 활발해지면서 인권 개념이 확고히 뿌리를 내렸다.[149] 한국에서는 1970년대 반독재 민주화운동 과정에서 인권운동이 본격화되었다.

이승만 정부는 '유엔이 승인한 유일한 합법정부'의 정통성을 획득하고자 유엔이 정한 세계인권선언일을 기념했다. 1955년 12월 10일 세계인권선언 기념일에는 "높이자 우리 인권, 이룩하자 북진통일"이라는 구호를 내걸었다. 5·16쿠데타 이후 군사정부는 인권을 다루는 부서를 만들었다. 하지만 박정희 정부는 1970년부터 인권정책을 축소했고, 1975년에는 인권침해 사건의 조사 처리 업무를 폐지했다.[150]

그런데 박정희 정부가 유신체제를 강화하면서 인권운동이 본격적으로 일어났다. 국제인권운동기구인 국제 엠네스티 한국지부는 유신체제 선포 전인 1972년 3월에 문을 열었다.[151] 1970년대 인권운동을 대표하는 기구인 한국기독교교회협의회 인권위원회(이하 KNCC 인권위원회)는 1974년 민청학련 사건을 계기로 만들어졌다. 이때부터 종로 5가에 자리한 KNCC 인권위원회 사무실은 인권운동의 산실 역할을 했다. 인권위원회는 매주 목요기도회를 열어 유신체제에 반대하다 구속된 양심수들의 인권 상황을 공유하고 인권운동의 인적 결속을 다졌다.[152] 천주교계에서도 민청학련 사건으로 지학순 주교가 구속되자 인권운동에 뛰어들었다.

명동성당에서 성직자들과 천주교인들이 모여 인권기도회를 열었다.

박정희 정부의 탄압으로 구속된 학생과 재야인사 등의 가족들도 인권 단체를 만들어 구속자의 석방과 인권 보호에 나섰다. 먼저 1973년 11월 에 학생 구속자 가족들이 구속학생대책협의회를 결성했다. 구속학생대 책협의회는 1974년에는 학생만이 아니라 정치적 탄압으로 구속된 양심 수의 가족을 아우르는 구속자가족협의회(이하 구가협)로 개편되었다.[153] 구가협은 단식기도회를 열고 가두시위를 전개했다. 또한 긴급조치 위반 구속자 가족 일동의 이름으로 〈유엔 회원국과 사무총장께 드리는 호소 문〉과 〈국민에게 보내는 호소문〉, 〈미국 국민, 의회 및 정부에 드리는 호 소문〉을 발표했다. 1975년 4월에는 '유신철폐, 민주세력 구속·연금 철 회, 학원 자유 보장, 종교 탄압 중지, 중앙정보부 해체' 등 5개 항을 요구하 는 성명서를 발표했다. 1976년에는 구가협이 양심범가족협의회(이하 양 가협)로 이름을 변경했다. 양가협은 1977년 8월 16일에 회원 50여 명이 선별적인 8·15 사면 조치를 비판하면서 구속자 전원 무조건 석방 요구 등을 내걸고 서울제일교회에서 농성에 돌입했다. 1978년 4월 19일에는 구속자 가족들이 수유리 4·19묘지 참배 후 "구속자를 석방하라" 등의 플 래카드를 들고 시위하다 경찰과 충돌했다. 그해 6월 2일에도 구속자 가 족들이 금요기도회 후 기독교회관 앞에서 시위를 벌이다 경찰에 의해 해 산되었다. 1979년 9월에는 양가협 회원 60여 명이 기독교회관에서 구속 자 석방을 요구하는 농성을 벌였다.

1977년 12월 29일에는 개신교계, 천주교계, 학계, 법조계, 언론계, 노 동운동 관계자 등이 모여 "다년간 누적적으로 가속되어온 인권침해, 인 권 부재의 현실에 좀 더 효율적으로 대처하기 위하여" 한국인권운동협의회를 결성했다. 그리고 1978년 1월 24일 "자유·민주·인권은 국민 모두가 지키고 키워나가자"라는 제목의 발족 성명서를 발표했다. 이 성명서에 따르면 한국인권운동협의회는 "노동자, 농민, 학생, 지식인들 사회제 분야에서 가해지는 인권침해 사실을 조사하고 수사와 공판 과정에서의 법률구조 및 홍보 활동을 강화"할 예정이었다.[154] 한국인권운동협의회는 1978년 2월 국민의 저항권을 주장한 〈한국 국민의 인권선언〉을 발표했다.

> 우리는 모든 사람이 태어날 때부터 자유롭고 그의 생명, 재산, 행복을 추구함에 있어 법 앞에서 평등한 권리를 부여받았다는 사실을 자명의 진리로 확신한다. 우리는 또 정부라는 것은 이러한 인간의 천부적 기본권을 사회 전체에 확보하기 위해 조직된 것이며 따라서 이러한 주어진 임무를 제대로 수행하고 있는가의 여부에 관해 항상 국민의 심판을 받지 않으면 안 된다고 믿는다. 어떠한 정부라 할지라도 이러한 목적을 효과적으로 수행하지 못하거나 나아가 이 목적에 반할 경우에는 국민은 그 정부를 개량하고 변혁하고 폐지할 수 있다. 그럼으로써 그들의 인권과 행복을 가져올 수 있는 새로운 정부를 구성할 권리를 가지는 것이다. 이러한 권리는 의심할 여지없이 양도할 수도 버릴 수도 없다.[155]

1978년 6월 9일에는 회장에 함석헌, 부회장에 문익환, 김승훈, 송건호, 성내운, 공덕귀를 추대하고 각계각층을 망라한 중앙위원 118명을 선임했다. 또한 인권 문제에 대한 원칙을 서술한 〈5천만의 인권을 생각한다〉

라는 성명서를 발표했다.[156] 이 성명서에서 한국인권운동협의회는 인권 운동에 대항하는 세력을 반인간, 반민주, 반민족 세력으로 규탄하며 인권 이 제도적으로 보장되는 날까지, 즉 "삼권분립, 노동삼권, 언론자유, 학원 의 자율성, 창작활동의 자유, 신앙과 선교활동의 자유가 회복될 때까지" 계속 싸울 것임을 분명히 했다.[157] 이에 앞서 5월 12일에는 민청학련 사건 관련 석방자들과 긴급조치 9호로 구속 제적된 학생들이 주축이 되어 민 주청년인권협의회를 결성했다.[158] 그런데 중앙정보부가 5월 25일 운영위 원 6명 전원을 연행해 탈퇴를 강요하며 폭행했다.[159] 한국인권운동협의 회는 〈민주청년들에 대한 고문을 규탄한다〉라는 제목의 성명서를 발표 하며 민주청년인권협의회 간부를 연행하고 폭행한 것에 항의했다.

종교계와 구속자 가족만이 아니라 1970년대 박정희 정부의 국가폭 력에 항거하는 인권운동에는 변호사와 외국인 선교사들도 참여했다. 1970년대에는 유신체제에 반대하다가 구속된 양심수를 변론하는 인권 변호사들이 있었다. 한승헌 변호사와 이돈명 변호사는 양심수를 변론하 다가 구속되기도 했다.[160] 또한 외국인 선교사로는 시노트(J. Sinott) 신부 의 활약이 대표적이다. 1975년에 구가협 후원회장을 맡기도 했던 시노 트 신부는 박정희 정부가 인권을 탄압하고 있음에도 미국이 계속 지원 하는 것을 비판하고 2차 인혁당 사건 사형수 가족들과 접촉해 장례식 사 진을 촬영했다. 박정희 정부는 그의 체류 기간 연장 신청을 받아주지 않 고 한국을 떠날 것을 통보했다. 시노트 신부는 "인권운동은 죄가 될 수 없으며, 따라서 나는 죄가 없는 것으로 안다"라며 항의했고, 재야에서는 그의 추방 반대운동을 전개했다. 하지만 결국 그는 1975년 4월 30일에 한국을 떠나야 했다. 해외 기독교계에서도 유신 반대운동을 하던 재야인사들이 구속되면 석방 운동에 동참하며 박정희 정부에 항의했다. 기독교계는 이러한 미국과 유럽의 기독교계와 연계해 인권운동을 벌였다.

이처럼 1970년대 인권운동은 독재에 저항하는 민주화운동의 성격을 띠며 발전했다. 박정희 정부는 반공과 근대화를 추구해야 하는 한국의 특수성을 앞세워 인권 문제를 외면했다. 하지만 인권운동은 보편적인 인권의 가치를 강조하는 것이었다. 인권 회복은 곧 인간 회복이고 민주 회복이었다. 그런데 한국에서 인권은 보편적 가치보다는 반독재 민주화운동에 충실한 가치로 자리잡았다. 특히 반공주의가 강한 한국에서 인권이라는 두 글자는 민주화운동에 대한 국민적 공감대를 확보하는 데 결정적 역할을 했다.

한편 1970년대 인권운동은 가족운동적 성격을 갖고 있었다. 구가협으로 상징되는 구속자 가족들은 인권운동의 주체로 활약했다. 이와 같은 1970년대 인권운동의 특징은 1980년대에도 이어졌다. 전두환 정부의 조작 사건으로 강제 연행되어 고문을 받거나 의문사한 피해자의 가족들이 인권운동에 나섰다. 1985년에는 구속학생학부모협의회, 구속노동자가족협의회, 장기수가족협의회 등 여러 구속자 가족 모임이 민주화실천가족운동협의회를 결성했다.[161]

1980년대에 인권운동은 학생과 재야를 주축으로 한 양심수의 석방과 인권 보호를 넘어 민중의 인권침해에 저항하는 방향으로 확장되었다. 하지만 여전히 민주화운동이라는 운동에 충실한 부문 운동의 성격을 벗어나지는 못했다. 1987년 6월 항쟁 이후 인권운동은 인권의 영역을 사회적 약자, 교육 문제, 과거사 청산 등 다양한 분야로 확대하며 새로운 의제를 만들어나갔다.[162] 그 결과 1990년대 초반부터는 독자적인 사회운동의 성

격을 갖추기 시작한 인권운동이 부상했다. 인권운동사랑방, 다산인권상
담소, 천주교인권위원회 등 새로운 인권단체들이 출현하면서 독자적 사
회운동으로서의 인권운동이 본격화되었다.[163]

6장

민중과 조우한 민주주의

1985년 4월 16일
대우자동차 노동자 파업

1977년 8월 16일
가톨릭농민회, 〈농협의 민주적 발전을 원하며〉
채택

1985년 6월 24일
구로동맹파업

1985년 9월 26일 소값피해보상운동진상
보고대회 개최

1978년 2월 21일
동일방직 노동자에 대한 똥물 투척 사건

1985년 8월 25일 서울노동운동연합 결성

1978년 4월 6일 가톨릭농민회 춘천교
구 연합회 회장 유남선, 긴급조치 9호

1986년 2월 7일 인천지역노동자연맹 결성

위반으로 구속

1987년 1월 14일
서울대생 박종철, 경찰 고문으로 사망

1980년 5월 18일
광주민주화운동 발발

1987년 2월 26일 전국농민협회 결성

1983년 12월 21일 전두환 정부, 학원 자율화

1987년 4월 13일 전두환 대통령 호헌

조치 발표

조치 알리는 특별담화 발표

1984년 3월 10일 한국노동자복지협의회 결성

1987년 5월 27일 민주헌법쟁취국민

1984년 4월 14일 민중문화운동협의회 결성

운동본부 결성

1979년 8월 9일
YH무역 여성 노동자, 신민당 당사 농성 시작

1979년 8월 10일 천주교 안동교구 청기분회장
오원춘 등 3명, 긴급조치 9호 위반으로 구속

1980년 5월 17일 비상 계엄령 전국 확대

1987년 6월 10일
박종철군고문살인은폐규탄및호헌철폐국민대회 개최

1987년 6월 29일 노태우 민정당 대표, 시국 수습을 위한
특별 선언 발표

1987년 7월 5일
현대엔진노동조합 결성과 함께 노동자대투쟁 시작

1987년 8월 16~17일 울산 현대그룹 노동자 연대 시위

2004년 4월 15일
민주노동당, 제17대 국회의원 선거에서
10명 당선하며 국회 진출

1995년 11월 11일
전국민주노동조합총연맹 결성

1996년 12월 26일 국회에서 노동법 개
정안 날치기 통과, 이에 반발하는 노동
자총파업 시작

1997년 3월 11일 노동법 여야 합의 개
정안 국회 통과

1997년 10월 26일 전국민주노동조합
총연맹, 민주와진보를위한국민승리21
결성

2000년 1월 30일 민주노동당 창당

1990년 4월 24일
전국농민회총연맹 결성

1994년 6월 23일 전국철거민연합
결성

1989년 11월 11일
전국빈민연합 결성

1990년 1월 22일 전국노동조합협의회 결성, 전국
1990년 2월 전국도시노점상연합회, 전국
노점상연합회로 개편

1988년 12월 23일
한국민족예술인총연합 결성

1989년 3월 1일 전국농민운동연합 결성

❶ 저항 주체로서의 민중의 세력화
❷ 민중과 함께 변혁을 꿈꾸다
❸ 민중운동의 조직화와 진보정당의 국회 진출

1970년대 민중은 개발독재에 저항하는 주체로 성장했다.[1] 당시 민중이라는 개념은 사회에서 억압받는 계층 모두를 포괄하는 개념이었다. "기본적으로 직접 생산자이며 사회적 생산의 결과에 대한 참여에서 소외된 피억압자·피수탈자·피지배자"였다.[2] 그들이 민주화운동 세력의 연대와 지원 속에 민중운동을 전개했다.

1970년대 노동운동에서는 민주노조운동이 일어났다. 동일방직, YH무역 등의 여성 노동자들은 민주노조를 만들고 부당한 대우와 노조 탄압에 저항했다. 1980년대에 들어와서는 민주노조의 노동운동가들을 중심으로 노동운동 조직이 만들어졌고 학생운동과 연대하며 급진화하는 경향을 보였다. 1985년에 일어난 대우자동차 파업과 구로동맹파업은 이러한 노동운동의 변화를 잘 보여준 변곡점이었다. 1970년대 농민운동은 기독교계의 농민운동이 주축을 이뤘는데 가톨릭농민회는 농협민주화운동에 주력했다. 1980년대에 들어와서는 농민운동가들이 농민운동 조직을 결성하는 가운데 1985년 소몰이 투쟁이 상징하듯 전국 곳곳에서 농축산물 수입 반대운동을 전개했다. 1970년대 빈민운동은 개신교계가 배출한 빈민운동가들이 빈민들과 함께 판자촌 철거 반대운동을 벌이며 본격화되었다. 1980년대에는 목동, 상계동, 사당동 등에서 격렬한 철거 반대운동이 일어났다. 민중운동 조직들은 이와 같은 생존권 투쟁과 함께 민주화운동에도 뛰어들었다.

민중이 저항 주체로 부상하고 민중운동이 활발해지면서 1970년대부터 민중문학론, 민중신학론, 민중사회학, 민중경제학 등의 민중 담론이 활발히 개진되었다. 1980년대에는 민중을 계급동맹체로서 변혁 주체로 보는 담론이 주류를 이뤘고, 역사학에서도 민중 주도의 변혁을 추동하는 실천 사학으로서 민중사학이 등장했다. 또한 민중이 주도하는 변혁의 방향과 변혁 대상으로서의 한국 사회의 성격을 놓고 운동사회에서 치열한 논쟁이 벌어졌다. 1970년대 탈춤 부흥운동에서 시작해 마당극, 노래극 등으로 이어졌던 민중문화운동에서는 1980년대를 거치면서 민중 스스로가 그 운동을 이끄는 주체로 자리매김했다.

1987년 6월 항쟁은 민중운동에서도 중요한 전기였다. 6월 항쟁 직후에 폭발적으로 일어난 '노동자 대투쟁'으로 많은 민주노조가 탄생했고 그에 기반한 노동운동 조직들이 결성되었다. 1990년대에 들어와 노동운동은 사회운동의 중심으로 자리잡았고 민주노조의 전국 중앙 조직인 전국민주노동조합총연맹이 탄생했다. 농민운동에서는 1990년에 전국적 조직인 전국농민회총연맹이 결성되었고 빈민운동에서도 1989년에 전국 조직인 전국빈민연합이 결성되었다. 이처럼 민중이 주체가 되어 민중운동의 전국적 조직을 결성하는 데는 해방 이후 반세기의 세월이 걸렸다. 민중운동의 전국적 조직화는 민중을 대변하고자 하는 대중적 진보정당을 결성하는 움직임으로 이어졌고, 마침내 2004년 진보정당인 민주노동당이 국회 진출에 성공했다.

1
저항 주체로서의
민중의 세력화

노동운동, 민주노조운동에 나서다

1970년대 유신체제에 반대하는 민주화운동이 치열한 가운데 노동운동에서는 민주적 노동조합, 즉 민주노조를 결성하려는 운동이 일어났다. 민주노조는 친정부적이고 친기업적인 노동조합, 즉 '어용노조'와 달리 자주성·민주성·연대성에 기반한 노동조합을 뜻했다. 민주노조 결성과 운영에는 민주화운동 세력의 지원이 뒤따랐다. 도시산업선교회로 대표되는 기독교계와 1970년 전태일의 분신을 계기로 노동운동에 뛰어든 학생과 지식인들은 노동 문제를 조사 연구하고 노동야학을 운영하면서 민주노조 건설을 지원했다.

1970년대 민주노조는 여성 노동자들이 다수인 섬유, 가발, 전기·전자, 식품, 제약 등 수출업종을 중심으로 결성되었다. 민주노조는 민주적으로 노동조합을 운영하고자 했고 조합원 교육에 힘썼다. 그리고 농성, 시위, 태업 등을 주도하며 임금 인상과 노동조건 향상을 위한 운동을 벌였다. 하지만 집회와 시위의 자유가 억압받던 시절이었던 만큼 새로운 민주노조를 건설하는 것은 물론 기존의 친기업적인 노동조합을 민주노조로 전환하는 일은 쉽지 않았다.

인천에 자리한 동일방직 노동조합은 수년에 걸친 끈질긴 싸움 끝에 친기업적 노동조합을 민주노조로 전환하는 데 성공했다. 기존의 동일방직 노동조합은 기술직 남성 노동자들이 독점하고 있었다. 그런데 인천도시산업선교회에서 클럽 활동을 하던 동일방직 여성 노동자들이 1972년 노조 대의원 선거에 출마해 대거 당선되었다.[3] 이어 치러진 노조지부장 선거에서는 인천도시산업선교회 회원은 아니지만 기존 노조의 부녀부장이던 주길자가 지부장으로 선출되었다.[4] 1975년에 주길자 지부장이 사직하면서 다시 노조지부장에 여성 노동자 이영숙이 선출되었다.

그런데 이듬해인 1976년 2월 대의원 선거에서 선출된 남성 대의원들이 노조 집행부의 무력화를 시도했다. 이에 맞서던 이영숙 지부장이 경찰에 연행되자 7월 24일 여성 노동자 800여 명이 파업농성에 들어갔다. 다음날 경찰이 강제 해산에 들어가자 여성 노동자들은 작업복 웃옷을 벗고 시위를 벌이며 저항했다.[5] 결국 남성 노동자들이 제2의 노조인 사원노조를 만들자 동일방직 노조의 상위기관인 섬유노조가 그들 편을 들었다. 하지만 동일방직 노조가 섬유노조에 강력히 항의하면서 해를 넘긴 1977년 2월에 노동청의 중재로 사원노조는 백지화되었고 4월 4일 선거

에서 이총각을 노조지부장으로 하는 민주노조 집행부가 구성되었다.[6]

그런데 이듬해인 1978년 2월 21일 동일방직 노조 대의원 선거가 열린 날 남성 노동자들이 선거를 무산시키고자 드럼통에 똥을 퍼와 노조 간부들과 여성 노동자들에게 투척하는 사건이 발생했다.[7] 그러자 동일방직 여성 노동자들은 그해 3월 10일 장충체육관에서 열린 정부의 근로자의 날 기념식에서 "우리는 똥을 먹고 살 수 없다"라는 구호를 외치며 기습시위를 벌였다. 이 장면은 생방송으로 전국에 중계되었다. 기독교계는 곧바로 동일방직 노조와 연대해 똥물 투척 사건에 대한 항의에 나섰다. 천주교 인천교구 가톨릭노동청년연합회는 동일방직 노동자들을 돕자는 호소문을 발표했다. 3월 12일 인천 답동성당에서는 천여 명이 모인 가운데 개신교와 천주교가 연합기도회를 열었다. 이 자리에서 인천도시산업선교회의 조화순 목사가 동일방직 사태를 보고했고, 기도회가 끝나자 노동자들은 농성을 시작했다. 김수환 추기경도 나서서 "이러한 불상사가 있었는데도 여기에 대하여 경찰 당국이 정식으로 사과했다는 말도, 방관하고 욕한 경찰관이 처벌되었다는 말도 듣지 못했습니다"[8]라며 항의했다. 3월 21일에는 민주화운동 세력을 망라한 동일방직사건긴급대책위원회가 발족했다. 대책위원회의 주선으로 동일방직 여성 노동자들은 노동조합을 대의원 선거 이전 상태로 환원하기로 약속받았다. 하지만 회사는 노동자 126명을 무단결근을 이유로 해고했다.[9]

서울에 자리한 가발 수출업체인 YH무역의 노동조합은 기존 노조가 없는 상태에서 새롭게 결성된 민주노조였다. 1975년 3월 무리한 노동과 낮은 임금에 불만을 품은 여성 노동자들이 작업 거부에 들어갔다. 이후 YH무역 여성 노동자들은 섬유노조와 연락하며 노동조합 결성을 준비했다. 그러자 회사 측이 남성 노동자들을 내세워 노동조합 결성을 시도했다. 여성 노동자들의 노동조합 결성 시도는 주동자 4명이 해고당하는 어려움에도 불구하고 노동자들을 설득한 끝에 5월 2일에 결실을 맺었다. 회사 측은 노조지부장과 부지부장을 해고했지만 결국 서울시노동위원회의 중재로 노조 결성을 수용했다. 그로부터 4년 후인 1979년 8월 9일 새벽 YH무역 여성 노동자 187명이 회사 측이 경영 부진을 이유로 폐업하려 하자 신민당 당사에 들어가 농성을 시작했다.[10] 이튿날 YH무역 노동자들은 "저희 근로자들이 신민당에 올 수밖에 없었던 것은 회사, 노동청, 은행이 모두 문제를 해결할 수 없다기에 오갈 데 없었기 때문"이라며 "각계각층에서 수고하시는 사회 인사 여러분"에게 관심과 연대를 촉구하는 호소문을 발표했다.[11] 그런데 8월 11일 새벽 경찰이 여성 노동자들을 강제해산하는 과정에서 노동자 김경숙이 추락해 사망했다. 이 사건은 김영삼 신민당 총재의 국회의원 제명, 부마항쟁, 박정희의 죽음으로 이어진 유신체제 붕괴의 도화선이 되었다.

1970년대 민주노조운동가들은 위에서 살펴본 것처럼 민주적이고 자주적인 노동조합을 결성하는 데서 그치지 않고 임금 인상과 노동조건 개선 등에 나서 노동자들에게 경제적 삶의 개선과 함께 노동자 의식을 불어넣는 활동도 전개했다. 이러한 민주노조운동은 사회 전반에 노동 문제에 대한 새로운 인식을 확산하는 역할을 했다.[12]

1980년 '서울의 봄'이 오자 학생운동과 함께 노동운동이 활발히 일어나 12·12쿠데타로 집권한 신군부를 압박했다.[13] 전국에서 노동조합 결성, 임금 인상과 노동조건 개선, 체불임금 청산과 휴폐업·해고 반대, 노동조합 민주화 등을 목적으로 하는 노동운동이 활발하게 일어났다. 민주노조운동은 1980년 3월 서울 구로공단의 남화전자 노동조합 결성을 시작으로 5월 17일 계엄 확대 직전까지 전국에서 일어났다. 어용노조 간부의 퇴진을 요구하는 노조민주화 운동도 곳곳에서 일어났다.[14] 하지만 1980년 5월 17일 계엄의 전국 확대 이후 노동운동은 급격히 침체되었다. 전두환을 위원장으로 하는 국가보위비상대책위원회는 노동운동을 금지하고 민주노조 해체에 나섰다.

1983년 전두환 정부는 정치활동이 금지된 정치인에 대한 해금과 학원 자율화 조치를 실시하며 유화 국면을 조성했다.[15] 유화 국면이 도래하자 민주화운동이 다시 활성화되었고 노동운동에도 변화가 나타났다. 첫째, 전두환 정부에 의해 해고된 노동자들이 노동운동 조직을 결성하고 노동운동가로 나섰다.[16] 1984년 3월 민주노조 간부들과 지식인 출신 노동운동가들이 "800만 노동자여! 민생·민주·민족통일의 빛나는 승리를 위하여 이 땅의 모든 양심세력과 굳게 뭉쳐 끝까지 나아가자!"라는 기치를 내걸고 한국노동자복지협의회(이하 한국노협)를 결성했다.[17] 한국노협은 기관지 《민주노동》을 발행하고 블랙리스트 철폐 투쟁, 노동법 개정 운동 등을 전개했다. 둘째, 노동운동과 학생운동 간의 연대가 강화되었다. 이것을 '노학연대'라고 불렀다. 당시 학생운동에는 노동자를 사회 변혁을 이끌 주체로 인식하면서 학생 스스로 노동자로서 직접 일하며 노동운동을 해야 한다는 현장론이 존재했다. 학생 신분을 숨기고 공장에 들어가 일하며 노동조합 결성, 노동쟁의 등을 이끄는 소그룹 활동을 한 이들을 '학출 활동가'라 불렀다.[18]

1985년은 노동운동의 변화를 상징하는 파업과 조직 결성이 일어난 해였다. 먼저 인천에서는 대우자동차 파업이 일어났고 서울에서는 구로 동맹파업이 일어났다.[19] 대우자동차 파업은 4월 16일부터 열흘 동안 전개되었다. 학출 활동가들이 이끈 임금 인상 투쟁은 결국 기본금 10퍼센트 인상, 수당의 증액과 신설 등으로 18퍼센트 이상의 임금 인상이라는 성과를 얻어냈다.[20] 1985년 6월에는 구로공단에서 10개 노조 2500여 명의 노동자가 동맹파업을 일으켰다. 6월 24일부터 일어난 동맹파업은 경찰이 대우어패럴 노조위원장 등 노동운동가를 구속한 데 항의해 일어났다. 1984년에 결성된 대우어패럴 노조는 1985년에 시위와 농성을 벌이며 임금 인상을 요구해 40일간의 투쟁 끝에 승리했다. 그런데 경찰이 두 차례 철야 농성을 벌였다는 이유로 노조위원장 등 3명을 구속했다. 이에 6월 24일 대우어패럴 노조원들이 파업에 돌입하자 인근의 가리봉전자, 효성물산, 선일섬유를 비롯해 10개에 달하는 회사의 민주노조들이 동맹파업에 돌입했다. 그들의 요구는 다음과 같았다.

강제 사직 부당해고 철회하라!
이유 없는 휴업을 즉각 중단하라!
경찰은 노동자에 대한 감시 연행 폭행을 중단하라!
TV·라디오는 엉터리 보도를 즉각 때려치워라!
모든 구속 노동자를 즉각 석방하라!
노동자를 탄압하는 폭력 정권은 물러나라![21]

한편 1985년부터 지역별로 노동운동 조직이 결성되기 시작했다. 서울의 구로동맹파업에 참가한 노동자들은 노동자연대투쟁연합을 결성했다. 경기·인천 지역 노동운동가들은 노동운동탄압저지투쟁위원회를 만들었다. 서울 구로 지역의 민주노조와 민주노조 추진 세력은 구로지역노조민주화추진연합을 조직했다. 그리고 그해 8월 청계피복노조, 노동운동탄압저지투쟁위원회, 구로지역노조민주화추진연합, 노동자연대투쟁연합 등이 통합해 서울노동운동연합(이하 서노련)을 결성했다.[22] 서노련은 〈창립선언〉에서 '노동자가 억압받지 않는 사회를 건설하는 것이 노동운동의 궁극적 과제이며, 어떤 합법적 민주노조도 용납되지 않는 현재의 탄압 상황 아래서는 새로운 형태의 대중조직을 건설해야 노동운동의 궁극적 목표를 실현할 수 있다'고 주장했다.[23] 그리고 "노동자들의 일상 투쟁을 지도·지원하고 무엇보다도 사회 변혁을 목표로 하는 정치 선동, 정치 투쟁을 통일적이고 지속적으로 추진"[24]하는 대중정치 조직으로서 "모든 민중·민주운동 세력과 굳건히 연대"할 것을 천명했다.[25] 서노련은 지역 조직을 묶어 전국적 노동자 조직을 건설한다는 목표를 내세우며 기관지 《서노련신문》(13호부터는 《노동자신문》)을 발간했다. 1986년 2월에는 인천지역노동자복지협의회와 인천지역노동3권쟁취투쟁위원회가 노동자 계급의 전국적인 정치조직 건설을 목표로 인천지역노동자연맹을 결성했다. 한편 서노련은 전국민중민주민족통일헌법쟁취위원회를 결성하고 개헌 운동, 즉 민주화운동에 동참했다. 이는 민주노조운동이 민주화운동 세력의 지원을 받던 시절에서 벗어나 독자적인 민주화운동 조직을 결성할 수 있는 역량을 갖추게 되었음을 뜻했다.

이처럼 1970년대부터 1980년대 중반에 이르는 동안 민주노조운동은 자주성·민주성·연대성에 기반한 정체성을 형성해갔다. 그리고 노동 현장에서 민주적 의사결정에 기초해서 조직을 움직이도록 하는 관행을 만들어갔다.[26] 또한 이웃 민주노조는 물론 민주화운동 세력과 연대했다.

1985년 대우자동차 파업과 구로동맹파업을 거치면서는 본격적으로 민주화운동에 참여하기 시작했다.[27]

농민운동, 농협 민주화 운동을 전개하다

해방 이후 농민운동의 기반은 1970년대에 들어와 가톨릭농민회, 크리스챤 아카데미, 한국기독교청년회(이하 YMCA) 등 기독교계의 농민운동을 통해 마련되었다. 농민운동은 가톨릭농민회가 먼저 시작했다. 가톨릭농민회는 1964년 가톨릭노동청년회(JOC) 산하에 설치된 농촌청년부로 출발했다. 1966년에 가톨릭농촌청년회로, 1972년에 다시 가톨릭농민회로 개편되었다.[28]

1973년 11월 지역 가톨릭농민회 간부들이 모여 농민운동의 방향을 논의했다. 이 자리에서는 농산물 가격 문제, 토지 문제, 농민의 주체의식 결여 및 농촌의 비민주적 요소 등이 해결 과제로 제시되었다.[29] 이후 가톨릭농민회는 농지 임차 관계, 농산물의 생산비, 농민 의식, 농지세 등에 대한 실태 조사에 나섰다.[30] 이러한 실태 조사를 기반으로 가톨릭농민회는 농협 민주화, 쌀 생산비 보장, 경지 정리 피해보상, 농민운동 탄압 저지 등 농민의 권익을 옹호하기 위한 농민운동에 나섰다.[31]

크리스챤 아카데미는 1974년부터 민중 교육을 실시했다. 이 교육의 목표는 사회 양극화 현상을 해소하는 데 기여하고 자유와 평등에 입각한 인간화 실현에 이바지할 수 있는 중간 매개 집단을 육성하는 데 있었다. 이 중 농민 교육은 농민 중간집단 교육, 부락 개발 과정 교육 등에 초점이 맞춰졌다.[32] 크리스챤 아카데미의 농민 교육에 참여한 교육생 중 절반 정도가 가톨릭농민회 회원이 되거나 아카데미 교육동문회를 만들어 농민 운동에 뛰어들었다.[33]

YMCA는 1971년 10월에 열린 전국대회에서 사회 개발 사업에 참여하기로 결의하고 사회개발특별위원회를 구성했다. 1974년 사회개발특별위원회는 사회문제위원회로 개편되었다. 사회문제위원회는 농민운동 활성화를 위해 YMCA 농촌 사업안을 작성했다. 1975년부터는 농촌 협동화와 민주화에 초점을 맞춘 1차 농촌 사업을 실시하며 농민 교육과 농민 지도자 양성에 나섰다. 1978년부터는 농민 지도자 양성을 위한 부락 개발 지도자 교육을 실시했다.[34]

1970년대 중반부터는 기독교 농민운동 조직에 기반한 농민운동이 본격화되었다. 가톨릭농민회는 농협이 농민의 권익을 옹호하지 않고 오히려 농민을 통제하고 있다고 비판했다. 나아가 농협 민주화를 활동 목표로 설정하고 1976년부터 회원들에게 〈단위농협 정관〉, 〈농협 임시조치법〉, 〈농협과 조합원〉 등의 자료를 배포하고 교육했다. 그리고 전국 농협의 실태를 조사하고 농협의 강제 출자를 거부하는 운동을 벌였다. 1977년 8월에는 "농민의 지상 과업인 농협의 민주적 발전을 뜨겁게 염원하며 우리의 책임을 절감하고 농민의, 농민을 위한, 농민에 의한 농협 실현을 위한, 자각 있는 분들의 공동 노력을 촉구"하면서 조합장 직선제 실시, 부당한 출자 의무화 중단, 비료 부정 도입으로 인한 농민 피해 40억 원 변상, 함평 고구마 피해 농가 즉각 보상 등을 요구하는 〈농협의 민주적 발전을 원하며〉라는 성명서를 발표했다.[35] 함평 고구마 피해는 농협이 1976년산 고구마를 전량 수매한다는 약속을 이행하지 않아 농민이 피해를 입은 사건을 말한다. 1978년에는 가톨릭농민회 48개 분회에서 출자금 강제 징수에 항의하고 이를 거부하는 활동을 전개했다.[36]

가톨릭농민회 중심의 농민운동이 활발히 전개되자 박정희 정부는 탄압에 나섰다. 1978년 4월 춘천교구 가톨릭농민회 유남선 회장과 가톨릭농민회 전국본부 협동사업부장 정성헌이 긴급조치 9호 위반으로 구속되었다. 경찰은 춘천 가톨릭농민회에서 1977년 12월 27일자로 처음 발행한 소식지에 게재된 기사 중 "농민들의 민주화 능력 부족이라는 미명하에 조합장을 국가가 임명하여 조합장은 농민이 아닌 장관, 도지사, 군수에게 충성한다. 농협의 대의원인 총대는 저희끼리 적당히 임명해 총대 선거권자인 농민은 자신들의 총대가 누구인지도 모른다"라는 구절과 대학 시위 소식 내용 중 일부를 문제 삼았다.[37] 가톨릭농민회는 긴급대책위원회를 구성하고 구속자 석방 운동을 벌였다.

1979년 5월에는 안동 가톨릭농민회 청기분회장 오원춘이 실종되었다가 보름 만에 나타나는 사건이 발생했다. 안동 가톨릭농민회는 대책위원회를 구성하고 사건 조사를 벌였다. 7월 30일 안동 목성동성당에서 기도회를 개최하면서 사건 경위를 발표하자 경찰이 난입해 오원춘을 포함해 4명을 연행했다. 오원춘 실종 사건이 중앙정보부에 의한 것이라는 발표를 문제 삼았고 오원춘의 양심선언이 허위 사실이라며 연행했다. 그러자 천주교 안동교구는 김수환 추기경이 참석한 가운데 오원춘 사건 전국기도회를 개최했다. 그리고 안동시청 분수대까지 촛불 행진을 벌였다. 시위대는 '구속자 석방, 농민운동 탄압 중지, 긴급조치와 유신헌법 철폐, 종교 탄압 중지' 등의 구호를 외쳤다. 검찰은 오원춘 등 3명을 긴급조치 9호 위반 혐의로 구속했다.[38] 그리고 8월 16일 박정희 대통령은 "농민을 선동하여 농촌 경제와 사회 안전에 유해를 끼치고 있는" 단체와 "산업체와 노동조합에 침투하여 노사분규를 선동하고 사회 불안을 조장하는" 불순단체와 세력을 조사하라는 지시를 내렸다.[39]

1980년 '서울의 봄'이 오자 농민운동가들은 농민 대중의 이해를 헌법 개정에 반영하고자 하는 청원 운동을 전개했고 농림업 관련 법령 개정을 위한 공청회를 개최했다. 또한 일방적인 정부의 농업 정책 추진을 비판하며 '민주 농정 실현을 위한 전국농민대회'를 열었다.[40] 하지만 5월 17일 계엄령의 전국 확대 이후 이러한 시도는 무위로 돌아갔다. 그런데 그해 12월 9일 가톨릭농민회 회원에 의한 광주 미문화원 방화 사건이 발생했다. 가톨릭농민회 광주분회원들이 5·18 당시 계엄군 투입을 용인한 미국에 최종 책임을 묻는다며 광주 미문화원에 방화했다. 이 사건을 빌미로 전두환 정부는 가톨릭농민회를 용공단체로 몰아 농민운동을 탄압했다.

그런데 1980년대에 들어와 농축산물 수입이 개방되었고 농산물 가격 억제 정책이 시행되면서 농가 경제가 어려워졌다. 이에 농민운동가들은 농민 간의 결속력을 강화하고 농민운동 조직 간의 연대를 강화하는 방향으로 농민운동을 전개했다. 구체적으로는 농협 민주화 운동, 농산물 제값 받기 운동, 농지세 시정 운동을 펼쳤다. 1970년대부터 지속되어온 농협 민주화 운동은 전국적 규모로 전개되었다. 1983년 7월에는 가톨릭농민회가 도연합회별로 '농협 조합장 직선제 100만인 서명운동 추진 결의대회'를 개최하고 범국민적 서명운동을 전개했다.[41] 많은 농민이 서명운동에 참여하자 전두환 정부는 행정기관과 친정부 성향의 농민조직을 동원해 서명운동을 방해했다. 하지만 농민으로부터 조합장 직선제 요구 압박을 받은 국회는 농협·수협·축협의 조합장 선출 제도를 개선했다. 본래 조합장은 총회 대의원들이 선출한 9인 추천위원회에서 조합장 후보 2인을 선출하고 그중 1인을 중앙회장이 임명했다. 하지만 이때부터는 총회 대의원들이 조합장 후보 1인을 선출하고 중앙회장이 임명하도록 했다.[42]

이 무렵 농민운동은 조직적으로 민주화운동에도 참여했다. 1984년 6월에 결성된 재야 연대기구인 민중민주운동협의회에 가톨릭농민회와 1978년에 설립된 기독교농민회가 참여했고, 지역의 민주화운동협의체에도 농민운동 단체들이 참여했다. 1985년 3월에 창립한 재야 연대기구인 민주통일민중운동연합에는 기독교농민회가 참여했다. 1985년에 일어난 소몰이 투쟁도 농민 권익 확보 운동인 동시에 '군사독재 타도'를 주장한 민주화운동이었다.[43] 농민운동가들은 전두환 정부의 개방농정으로 농축산물 수입이 늘어나면서 농가 경제가 파산했다고 주장하며 소 값 피해보상 운동에 나섰다. 소몰이 투쟁에는 전국 22개 지역에서 2만여 명의 농민이 참가했다. 농민들은 경운기에 방송시설을 설치하고, 소의 등에 "소 값 피해보상하라", "외국 농축산물 수입 중단하라", "농가 부채 탕감하라", "미국은 농산물 수입을 강요 말라", "지방자치제 실시하라", "농협 민주화하라" 등의 플래카드를 붙이고 가두시위를 벌였다. 국도를 차단하고 도로를 검거하고 읍내 장터를 장악하고 군청 소재지에 집결해 시위하고 농성을 하는 등 다양한 방식으로 소몰이 투쟁을 전개했다. 초기에는 소 값 피해보상과 농축산물 수입 중지를 내건 생존권 수호의 성격이 짙었으나 점차 군사독재 반대라는 정치적 요구를 내건 민주화운동의 성격을 띠게 되었다. 농민들의 소몰이 투쟁은 9월 26일 가톨릭농민회가 주최한 전국농민대회와 가톨릭농민회, 기독교농민회, 가톨릭여성농민회가 공동주최한 '소 값 피해보상 운동 진상 보고대회'를 끝으로 막을 내렸다.[44] 진상 보고대회에서 발표한 공동성명에 실린 〈우리의 주장〉은 다음과 같다.

- 현 정권은 농민을 죽이고 나라를 망치는 외국 농축산물 수입을 즉각 중단하라!
- 현 정권은 농민의 소 값 피해를 전액 보상하라!
- 레이건 정권은 한국의 농민과 민족경제를 말살하는 농축산물 수입 개방 요구를 즉각 철회하라.
- 현 정권은 농정실패로 인한 농가 부채를 전액 탕감하라!
- 현 정권은 금년도 쌀 수매가를 80킬로그램 가마당 7만 7천 원 이상으로 정하라.
- 현 정권은 농협을 민주화하고, 농민의 자율적인 단체결성권과 단체행동권을 보장하라.
- 현 정권은 농민운동을 탄압 말라!
- 민중민주화운동 세력은 민중 생존권 보장 및 민족자주권 수호투쟁에 모든 역량을 총결집하자.[45]

소몰이 투쟁 이후 농민운동의 민주화운동 참여가 더욱 활발해졌다. 1986년 가톨릭농민회는 민중 생존권 보장, 민주헌법 쟁취, 민족자주 쟁취를 운동 목표로 삼았고, 기독교농민회는 민주헌법 쟁취 및 수입 개방 저지 등을 운동 목표로 설정했다. 1987년 7월 8일에는 가톨릭농민회, 기독교농민회, 가톨릭여성농민회를 중심으로 민주헌법쟁취국민운동 전국

농민위원회(이하 전국농민위원회)가 결성되었다.

빈민운동, 철거 반대운동을 벌이다

빈민운동은 1970년대 지식인과 기독교계가 도시 빈민에 관심을 갖고 현장에 뛰어들면서 시작되었다. 1971년 8월에 일어난 광주대단지 사건은 그들이 도시 빈민 문제에 관심을 갖는 데 결정적인 역할을 했다. 기독교계는 일찍이 1968년 연세대 도시문제연구소 내에 도시선교위원회를 설립했다. 도시선교위원회는 개신교계와 가톨릭계를 아우르며 도시 빈민 의식과 조직화를 담당할 활동가 훈련 프로그램을 운영했다. 1971년에는 도시선교위원회 활동가들이 박형규 목사를 위원장으로 하는 수도권도시선교위원회를 별도로 설립했다.[46]

수도권도시선교위원회의 빈민운동가들은 빈민운동을 위한 기초자료 수집, 지역 조사, 실무자 훈련 등의 준비를 마친 후 1972년부터 4개 빈민 주거지역에 들어가 주민과 함께 생활하며 지역 문제를 파악하고 해결 방법을 모색했다. 이들 빈민운동가는 지역 주민 스스로의 힘으로 문제를 해결한다는 활동 원칙을 갖고 있었다. 그래서 판자촌에 들어가 그곳 주민이 되고 그들과 같은 일을 하는 것으로 활동을 시작했다. 그리고 매주 모여 활동 경험을 공유하고 활동 전략을 협의하며 국내외 빈민운동 사례를 연구했다. 수도권도시선교위원회는 1973년 1월에 수도권특수지역선교위원회로 이름을 바꾸고 활동 지역을 넓혀나갔다. 그런데 1973년 초에 서울 신답초등학교 학부모를 중심으로 뚝방학부모회를 조직하고 육성회비 감면과 면제를 요구하는 활동을 벌이다가 형사의 감시를 받고 동사무소로부터 고발당하는 사건이 일어났다. 이에 빈민운동가들은 민주화가 선행되지 않는다면 어떤 활동도 불가능하다고 판단했다. 그리하여 수도권특수지역선교위원회는 유신헌법과 긴급조치 폐지, 자유로운 개헌 논의 보장 등을 요구하는 유신 반대운동에 뛰어들었다. 이로 인해 1974년에는 빈민운동가인 권호경, 김동완 목사가 긴급조치 위반으로 구속되기도 했다.[47]

한편 판자촌 철거 반대운동은 정부 주도의 재개발이 추진되면서 본격화되었다. 1971년 말부터 철거 위기에 직면한 서울 동대문구 신설동에는 수도권특수지역선교위원회가 들어가 철거 대책 활동을 벌이며 주민을 조직했다. 이 과정에서 주민 이철용 등 10여 명이 빈민운동가로 성장해 지역개발위원회를 조직하고 철거 대책 활동을 이끌었다. 이들은 공동주택 건립이라는 대안을 제시했으나 박정희 정부는 묵살했다. 그러자 각계각층에 자신들의 처지를 알리는 선전 활동을 펼쳤다. 하지만 1975년 2월에 신설동의 무허가 주택들은 기습적으로 철거되고 말았다.[48] 1975년 5월에는 긴급조치 9호가 발효되면서 철거 지역 주민들의 집단행동이 봉쇄되었다.

1970년대 중반 이후에도 서울에서 철거민 문제가 발생하면 수도권특수지역선교위원회의 빈민운동가들이 주민들을 조직화했고, 이를 중심으로 모인 주민들이 나서서 철거 반대운동을 전개했다. 그들은 철거 연기, 적절한 이주 정착지 마련 또는 이주 보상금 현실화를 요구하며 각계각층에 호소하거나 관련 기관장을 항의 방문하거나 시청 앞에서 시위를 전개했다. 하지만 박정희 정부는 이들을 외면했고 철거반원의 폭력적 철

거로 삶터가 쑥대밭이 되고 주민들은 크게 다치기 일쑤였다. 또한 빈민
운동가들은 감시 대상이 되거나 연행되었다. 철거 반대운동은 박정희 정
부가 철거를 최소화하는 방향으로 재개발 방식을 바꾸고 이주 보조금을
두 배로 인상하면서 잦아들었다.[49]

1980년대에 들어와 경제 호황이 시작되면서 빈민의 집단 거주지인 판
자촌을 재개발하는 사업이 본격화되었다. 서울 지역의 모든 판자촌이 재
개발 대상이 되었다. 1983년 목동 신시가지 개발을 시작으로 사당동, 상
계동, 돈암동 등의 판자촌에 재개발이 시작되었다. 재개발의 경우 무허
가 주택 소유자에게는 경제적 보상이 주어졌으나 세입자를 위한 대책은
없었다. 그러자 철거 반대운동이 거세게 일어났다.

1980년대 서울의 철거 반대운동은 강서구 목동에서 시작되었다. 서울
시는 1983년 4월 목동과 신정동 일대 140만 평을 신시가지로 조성한다
는 계획을 발표했다. 이 지역에 살고 있던 4천여 세대는 1970년대에 서
대문구 아현동 등지의 판자촌에서 살다가 쫓겨난 주민들이었다.[50] 목동
철거 반대운동은 1984년 8월부터 목동지역철거대책추진위원회의 주도
로 시작되어 1985년 4월까지 100여 회가 넘는 시위와 농성으로 이어졌
다.[51] 그만큼 철거 반대운동을 하던 주민들이 연행되거나 구속되는 일도
빈번히 일어났다. 1985년 4월 18일에 철거 반대운동을 하다가 구속된
목동 철거민 가족들은 이렇게 끝나는 호소문을 내놓았다.

엄마는 형사에게 연행되어갔고, 아빠는 전경이 던진 최루탄에 머리
를 맞아 정신이상을 일으켜 현재 병석에 누워 있고 그것을 지켜보던
자식 천이는 울음을 터뜨리며 집을 뛰쳐나가 행방불명이 됐답니다.

(…) 철이는 말했습니다. 우리 아빠 엄마는 도둑놈이 아닙니다. 가난하다고 그렇게 하시면 정말 사람이 아닙니다.[52]

1984년 8월 27일에는 목동 주민 천여 명이 양화대교를 점거하고 시위를 벌였다. 같은 해 12월 18일에는 경인고속도로를 차단하고 시위했다. 이 과정에서 '도시빈민운동'이라는 용어가 처음 등장했다.[53] 목동 주민들의 조직적인 철거 반대운동에는 1970년대 철거민 집단이주로 경기도 시흥시에 복음자리 마을을 만들어 정착했던 빈민운동가들의 지원이 큰 역할을 했다. 철거 반대운동 과정에서도 주민들을 이끄는 빈민운동가들이 생겨났다. 결국 서울시는 목동 주민들이 끈질기게 저항하자 가옥주에 대한 보상 수준을 높이고 세입자에게는 방 한 칸 입주권을 제공했다. 목동에 이어 관악구 사당3동에서도 철거 반대운동이 전개되었다. 주민들은 1985년 4월 세입자대책위원회를 결성하고 목동 철거 반대운동의 경험을 공유했다. 그리고 1987년 11월에 철거가 이뤄질 때까지 시위와 농성을 이어갔다. 사당3동 세입자들은 목동 공영개발사업에서 세입자들이 보상을 받은 사례를 들어 그 이상의 대책을 요구했으나 서울시는 민간 주도의 재개발사업이라는 이유로 거부했다.

상계5동은 1980년대에 가장 치열한 철거 반대운동이 일어난 곳이었다. 1986년 3월 철거 계고장이 발부되자 주민들은 세입자대책위원회를 결성했다. 5월 13일부터 철거가 시작되자 이들은 생존권 보호와 철거 중단을 요구하며 시위와 집회를 이어갔다. 철거를 둘러싸고 주민과 철거반원 사이에 공방전이 벌어지면서 주민이 사망하는 사건도 일어났다. 1987년 4월 마지막 강제 철거가 이루어지자 상계5동 주민들은 명동성당에서 천막농성을 했다. 그들은 전두환 정부를 향해 "왜 우리는 이렇게 유랑민이 된 채 쫓겨 다녀야만 합니까, 인간으로서 인간다운 대접을 받고 싶고 국민으로서 주권을 확인받고 싶습니다"[54]라고 절규했다. 이들은 6월 항쟁 기간을 명동성당에서 보냈다. 이 무렵 서울 시내에서만 20여 곳에서 철거 반대운동이 일어나고 있었다. 빈민운동가를 매개로 철거민들은 서로의 경험을 나누고 철거반원에 맞서는 다른 지역 주민을 지원하는 연대 활동을 벌였다.

2
민중과 함께 변혁을 꿈꾸다

민중 담론의 분출

노동자 전태일의 분신과 광주대단지 사건으로 문을 연 1970년대는 "민중을 역사의 주인공으로 파악하고 민중을 역사의 전면에 내세우려고 의도적으로 노력한" 시대였다.[55] 민주화운동의 지원과 연대에 기반해 민중운동이 본격적으로 시작되는 가운데 지식인들은 다양한 민중 담론을 제기했다.[56]

먼저 민중문학론이 등장했다. 시인 김지하는 1970년 《시인》 6·7월호에 발표한 평론 〈풍자냐 사실이냐〉에서 시인은 민중의 거대한 힘을 믿어야 하며, 민중 속에 들어가 그들과 함께 생활하는 자기 자신을 확인하고 민중으로서의 자기긍정에 이르러야 한다고 주장했다. 나아가 시인에게는 민중 풍자를 통해 그들을 계몽할 책무가 있다는 점을 강조했다.

> 시인은 민중 풍자를 통하여 그들을 계발하여야 하며 민중적 불만 폭발의 방향으로 풍자 폭력을 집중시킴에 의해서 그들을 각성시키고 그들의 활력의 진격 방향을 가르쳐주어야 한다. (…) 민중은 시인의 시를 모른다. 민중은 자기 자신의 시, 민요를 가지고 있는 것이다. 시인이 민중과 만나는 길은 풍자와 민요 정신 계승의 길이다. 풍자, 올바른 저항적 풍자는 시인의 민중적 혈연을 창조한다. 풍자만이 시인이 살길이다.[57]

시인 신경림은 해방 후 한국 문학은 민중을 배제했고 민중 역시 문학을 외면했다고 성찰하면서 문학은 민중의 생활 감정에 뿌리박으며 민중의 사랑을 받을 수 있고 사랑받아 마땅한 민중문학이 되어야 한다고 주장했다. 그러므로 작가는 "민중 속에 서 있어야 한다. 민중 속에서 그들의 목소리로 얘기하고 노래를 해야 한다"라고 단언했다. 또한 시인, 즉 지식인은 지식을 자신의 출세가 아니라 민중의 문화적이고 경제적인 발전과 향상을 위해 활용해야 한다고 주장했다.[58]

민중문학론과 함께 민중신학론도 부상했다. 신학자 안병무는 전태일 분신 사건을 민중신학의 시점으로 규정했다.[59] 그는 민중은 지식층의 권력에 억눌리고 경제적으로 빼앗긴 가난한 자, 힘없는 자이자 일상적인 착취 대상으로 이해할 수 있다며 진정한 민중의 현장은 일상적으로 착취당하는 식민지에 다름아니라고 주장했다.

진정한 민중의 현장에는 식민지의 경험이 있습니다. 일상적으로 착취당하는 현장은 식민지이며, 오늘날 말하는 제3세계입니다. 거기에서 민중의 사건이 일어나고 있는 것은 사실입니다. 거기에야말로 민중이 있다고 하는 이론이 지금 주류를 이루고 있습니다.[60]

신학자 서남동은 김지하의 문학과 정치적 행동에 대한 깨달음에서 자신의 민중신학이 출발했음을 밝히며, 민중을 다음과 같이 정의했다.

한마디로 정의하라면 민중이란 '서민대중'이죠. 그러나 프롤레타리아트보다 훨씬 광의의 것입니다. 사회경제사적으로 보면, 정말 눌리고 빼앗기는 계층을 말합니다. 그러나 정치신학적 의미에서 보면, 민중은 반드시 억압받고 빼앗기는 면만이 아니고, 민중은 역사의 주체이고 또 그렇게 되어야 한다는 면이 강하게 등장합니다.[61]

사회과학계에서는 먼저 민중사회학이 부상했다. 사회학자 한완상은 민중 개념은 계급을 포괄한 보다 넓은 외연을 갖는다고 주장하면서 민중을 "정치적 통치수단과 경제적 생산수단과 사회·문화적 군림 수단으로부터 소외되어서 부당하게 억압받고 빼앗기고 냉대받는 사람"[62]으로 정의했다. 민중경제학도 등장했다. 경제학자 박현채는 민중을 직접적인 경제 담당자인 동시에 경제성장 과정에서 소외된 이들로 정의했다.[63] 그리고 민중은 소외된 인간과 소외로부터의 회복을 의도하는 인간이라는 두 측면이 결합한 상태라고 주장했다.

정치권력이라는 관점에서 본다면 피지배 상태에 있는 사람들이고, 경제활동의 관점에서 본다면 한 사회에 있어서 주로 사회적 생산의 직접 담당자로 되면서 노동의 산물의 소유자가 되지 못하고 노동의 산물에서 소외된 사람들이며, 사회적 지위라는 관점에서는 지도되는 저변에 있는 사람들, 즉 피동적인 성격을 지니는 사람들(시민 또는 대중들)이라는 측면을 지니고 있다. 다른 측면에서는 정치권력에 대해서 저항하고 기존의 권력에 대항하는 정치운동에 참여하고 있는 사람들, 노동조합이나 농민조합에서의 활동을 통해 직접적 생산자로서의 여러 조건의 개선에 노력하고 있는 사람들, 그리고 지역 기타의 사회적 제 집단에서 저변의 소리를 대표하고 있는 사람들, 즉 능동적 성격을 갖는 사람들(인민 또는 시민)이라는 두 개의 측면을 동시에 갖는 역사적 집단이라고 이야기된다.[64]

이처럼 1970년대부터 민중은 억압받고 소외받는 존재이자 변혁적 잠재력이 풍부한 자주적이고 능동적인 주체라는 담론이 등장했다. 그리고 민중운동이 민중 스스로 자신들이 제대로 대우받는 세상을 만드는 독자적인 운동으로 자리매김해야 한다는 인식도 확산되었다.[65]

1980년대에 와서는 기존의 민중 담론을 비판하면서 대안을 제시하는 흐름이 나타났다. 사회학자 한상진은 박현채의 민중 개념이 경제적 변수에 의존하고 있다고 비판했다. 즉 '민중=프롤레타리아트'라는 등식은 매우 협소한 개념 설정이라는 것이다.[66] 그는 중산층도 민중에 포함해야 한다고 주장하면서 변혁 지향적 능력을 갖춘 민중을 중민(衆民)이라 명명했다.[67] 박현채는 1970년대 제기한 민중 담론에 더해 민중이 계급, 민족,

시민 등 여러 개념을 포용하면서 그것들의 통일 위에 서는 상위개념이라고 주장했다.[68]

한편 1980년대에는 민중운동의 발전을 토대로 변혁론·혁명론적 관점에서 민중 담론을 재해석하는 흐름이 대두했다. 이들은 계급적 관점에서 민중론에 접근했다. 이에 따르면 한완상 등이 제기한 민중 담론은 소시민적 관점에서 나온 것으로 민중 재생산의 물질적 기초를 해명하지 못하는 한계를 갖고 있었다. 또한 박현채 등의 민중 담론은 계급연합에서 노동자 헤게모니를 강조하지 않은 한계를 갖고 있었다. 이러한 비판 위에 정치학자 박형준은 민중 개념은 "하나의 계급을 지칭하는 개념이라기보다는 여러 계급 및 계층의 동맹 또는 연합을 상정하는 개념"으로 정의했다. 그리고 민중은 "한 사회 구성의 역사적 총체적 과정에 의해 생성된 주요 모순의 담지자이며, 동시에 그것을 극복해낼 주체적 존재"이고 "계급모순과 민족모순이 매개·중첩되어 주요 모순이 나타날 때 그러한 다수의 모순을 극복할 담당 세력"으로서 "변혁의 과정을 주도해가는 전략적 주체"라고 주장했다.[69] 이에 따르면 계급과 민중은 동일 범주로서 민중은 곧 계급연대 혹은 계급동맹을 의미했다. 그리고 계급연대로서의 민중은 단순히 각 계급의 병렬적 집합이 아니라 노동계급의 주도권이 전제된 집합체였다.[70] 이처럼 계급동맹을 중심으로 계급론적 관점에서 민중을 해석하는 흐름은 마르크스주의로부터 유래한 것이었다. 이는 한국 사회의 특성보다 세계사적 보편성과 역사적 유물론의 일반적 규정을 전제로 한 접근이기도 했다. 또한 역사적 접근이 아니라 현실의 변혁 운동의 주체와 전략을 수립하기 위한 민중 담론이기도 했다.[71] 이처럼 1980년대 변혁론적 입장에서 민중은 계급연대 또는 계급동맹체로 개념화되었다.

그리고 지식인은 그 자신이 민중의 일부이자 민중의 정치의식을 깨우쳐 의식화하고 열악한 위치에 있는 민중의 이익을 대리 표출하는 역할을 수행하는 존재로 간주되었다.[72]

1980년대에 등장한 변혁론적 민중 담론은 한국사에 대한 새로운 해석을 제시한 민중사학의 등장으로 이어졌다. 신진 한국사 연구자들은 지배자 중심의 역사 서술에서 벗어나 민중의 삶과 부당한 지배에 대한 그들의 저항을 중심으로 역사를 새롭게 해석하고자 했다.[73] 민중사학의 뿌리는 1970년대에 등장한 민중적 민족사학에 있었다. 당시 한국사학계에서는 유신체제에 민족사적 정통성을 부여하려는 박정희 정부에 맞서 통일을 지향하는 민족주의론이 제기되었고 역사의 주체로서 민중이 주목을 받았다. 그러한 흐름은 민중적 민족사학으로 체계화되었다.[74] 한국사학자 강만길은 역사 담당 주체의 확대 과정이 곧 역사 발전의 옳은 과정이며 역사 담당 주체인 민중의 성장을 저해하는 역사학은 반시대적이라고 주장했다.[75] 한국사학자 이만열은 민중의식을 기반으로 하는 민족사관의 정립을 제창하면서 한국 민중의 해방 과정이 곧 민주주의의 발전 과정이라고 규정했다.

이제 우리는 민중 의식을 기반으로 하고 민중을 역사의 주체로 하는 민족사를 보아야 할 단계가 왔다. 민족사관은 말하자면 민족을 중심으로 하여 역사를 인식하자는 것이며, 민족의 범주에는 계층적 의미에서 볼 때 민중이 가장 중요한 자리를 차지한다고 하겠다. (…) 세계사든 민족사든 그 발전의 방향은 인간이 자기 스스로를 발전해가는 과정이요, 민중의 자기실현의 과정, 즉 민중해방의 과정이었다. 그리고 그동안의 인류 역사는 민중의 자기실현에 기여해왔고 앞으로도 그 방면으로 나아갈 것이다. 이것이 민주주의에로의 발전이다.[76]

이와 같은 민중적 민족사학이 마르크스주의와 접맥되면서 민중사학이 등장했다.[77]

1984년에 창립된 망원한국사연구실은 변혁 주체인 민중의 입장에서 역사를 연구하는 민중사학을 주창했다.[78] 즉 마르크스주의의 계급론을 바탕으로 민중을 주체로 한 민중해방에 복무하는 역사학의 실천을 앞세웠다.[79] 한국사학자 김성보는 민중사학을 "역사 발전의 주체는 민중이라는 선언적 명제에 기초하여 역사를 민중의 주체성이 확대되어가는 과정으로 해석하고, 이를 토대로 민중이 주인이 되는 사회를 건설하기 위한 변혁의 전망을 모색하는 실천적 학문 경향"이라고 정의했다.[80] 이러한 민중사학을 지향하는 역사 연구는 식민지기 민족해방운동사와 현대사 연구를 중심으로 이뤄졌다. 또한 1986년에는 민중사학에 입각해 "민중을 축으로 우리 역사를 이해"하고자 원시사회에서 5·18까지를 통사로서 다룬 《한국민중사》가 발간되었다.[81] 이 책을 발간한 풀빛출판사의 나병식 사장은 이듬해 2월 국가보안법의 이적표현물 제작 혐의로 구속되었다.[82]

이처럼 1970년대 이래 민중문학, 민중신학, 민중사회학, 민중경제학, 민중사학 등 다양한 민중 담론이 등장했다.[83] 1980년대에 와서는 민중을 변혁 주체로 설정하는 계급론적 민중 담론이 대세를 이뤘다. 이와 같은 민중 담론의 분출은 민중운동의 성장의 반영이자 그 결과이기도 했다.

변혁의 시대, 논쟁의 시대

1980년은 한국 사회를 뒤흔든 격동의 해였다. 학생과 민중은 12·12쿠데타에도 굴하지 않고 '서울의 봄'을 만들어갔다. 그러자 신군부는 5월 17일 서울 지역 대학생회장단을 연행하고 김대중을 비롯한 재야인사와 김종필 등 공화당계 정치인들을 체포했다. 그리고 비상계엄령을 전국으로 확대했다. 다음날인 5월 18일 오전 전라남도 광주에서는 전남대 학생 200여 명이 학교 안으로 들어가려다 이를 막아서는 계엄군과 충돌했다. 계엄군에 내몰린 학생들은 시내 중심인 금남로에서 시민들과 함께 시위를 벌였고 경찰과 계엄군은 과잉진압에 나섰다. 이날의 국가폭력이 5·18의 발단이었다. 이에 분노한 광주 시민들은 다음날부터 매일 거리로 나와 시위를 벌였다. 5월 21일 오후 1시에는 금남로에서 애국가가 울려 퍼지는 가운데 계엄군이 시위대를 향해 집단 발포를 했다. 계엄군의 강경 대응으로 희생자가 계속 발생하자 광주 시민들은 스스로를 지키고자 무장을 했다. 하지만 5월 27일 자정 2만 5천 명의 계엄군이 시민군 진압에 나섰다. 그렇게 5·18은 민주화를 요구하는 국민을 향해 총구를 겨눈 국가폭력에 많은 희생자를 내며 막을 내렸다.[84] 그리고 5·18을 유혈로 진압한 신군부는 군사독재를 연장했다. 한편 1979년 이란 혁명 이후 국제유가가 급등해 경제가 흔들리면서 1970년대 평균 7.1퍼센트를 기록했던 경제성장률이 1980년에는 마이너스 1.7퍼센트로 곤두박질쳤다. 그 고통을 고스란히 떠안은 것은 민중이었다. 급변하는 정세 앞에서 1970년대에 민족·민주·민중적 지향을 정립했던 운동사회는 독재권력 해체 그 이상의 근본적인 변혁·혁명을 고민했다.

우선 5·18을 계기로 미국을 바라보는 눈이 달라졌다. 운동사회에는 미국이 자유민주주의의 수호자가 아니라 신군부에 의한 광주 시민 학살을 묵인한 공범이라는 인식이 확산되었다. 또한 오일쇼크로 경제가 단박에 뒷걸음친 경험은 종속성 문제에 관심을 갖게 했다. 이렇게 운동사회에서는 민족자주의 과제가 부상했다. 또한 서울의 봄을 거치면서 분출된 민중운동과 경제 후퇴의 고통이 민중에게 전가되는 현실을 목도하면서 민중 주도의 계급투쟁을 모색하는 흐름도 생겨났다. 지식인들은 남아메리카 학계의 종속이론을 소개했고 운동사회에는 마르크스주의 정치경제학에 대한 학습 열기가 확산되었다.[85]

1980년대 중반부터는 변혁 담론이 운동사회의 치열한 논쟁을 거쳐 계파를 가르는 잣대로 작용했다. 변혁 담론을 둘러싼 논쟁은 주로 변혁의 주체와 방향을 둘러싸고 전개되었다. 민청련 내부에서 일어난 소위 CNP 논쟁이 대표적인 사례다. 여기서 C는 시민, N은 민족, P는 민중을 가리킨다. 먼저 시민민주변혁론(Civil Democracy Revolution)은 다음과 같은 입장을 갖고 있었다. 첫째, 한국의 주요 모순은 외세 및 독재권력 대 민중 사이의 모순이며 이를 해소하기 위한 모순 극복 과정은 반파쇼 투쟁과 반외세 투쟁의 2단계로 나뉘어 진행되어야 한다. 둘째, 변혁운동의 주체는 노동계급을 비롯한 기본 계급의 역량이 취약하므로 정치적으로 각성한 중간계층이다. 셋째, 민족 문제의 궁극적인 해결은 군부독재 타도 투쟁과 민주정부 수립 투쟁에서 강화되는 기층민중의 주체 역량의 성장을 통해 이루어질 수 있다. 한편 민족민주변혁론(National Democracy Revolution)은 다음과 같은 논리를 개진했다. 첫째, 반외세의 과제와 반파쇼의 과제가 하나로 통일되어야 한다. 둘째, 운동의 주체는 외세의 신식민지적 침탈과 군부 파쇼의 강압적인 지배하에서 가장 고통받고 있는 노동계급을 중심으로 기층민중이 주력을 형성하며 중간층은 보조역량이어야 한다. 셋째, 아직 주력 세력의 역량이 미숙한 점을 고려하여 진보적인 청년 학생이 선도적 역할을 수행해야 한다. 마지막으로 민중민주혁명론(People Democracy Revolution)은 다음과 같이 주장했다. 첫째, 계급투쟁적인 시각에서 볼 때 주요 모순은 자본 대 노동계급 사이의 모순이다. 둘째, 변혁 주체는 동요하는 계층으로서의 중간층이 아니라 노동계급을 중심으로 하는 기층 민중세력이다.[86] 이 CNP 논쟁, 즉 한국 사회의 모순 구조와 모순 해결, 즉 변혁의 주체를 둘러싼 논쟁을 거치면서 세 입장은 노동계급의 주도적인 역할에 입각한 민중연합전선의 형성을 강조하는 방향으로 수렴되었다.

1986년에 들어와 학생운동에서는 민족 문제가 기본 모순이라고 주장하는 반미 자주화 반파쇼 민주화 노선, 일명 자민 노선이 등장했다. 그리고 이후에는 자민 노선을 따르는 계열과 이를 거부하는 일명 민민 노선을 따르는 계열 간의 열띤 논쟁이 벌어졌다. 민민 노선은 반제 반파쇼 민족민주 노선의 줄임말이다. 자민 노선과 민민 노선의 차이를 살펴보면 다음과 같다. 첫째, 자민 노선은 한국 사회를 식민지 반(半)봉건사회 혹은 식민지 반(半)자본주의 사회로 인식하는 반면 민민 노선은 국가독점 자본주의 사회로 파악했다. 둘째, 자민 노선은 한국 사회의 식민지성과 제국주의 문제를 기본 모순으로 설정하는 반면 민민 노선은 계급모순을 기본 모순으로 보았고 제국주의 문제를 부차적인 모순으로 설정했다. 학생운동에서는 자민 노선이 주류를 이뤘다. 반면 노동운동에서는 계급 문제가 중요한 만큼 민민 노선이 강세였으나 차츰 자민 노선이 영향력을 확대했다.[87] 그런데 자민 노선에 입각해 활동하는 운동 계파 중에는 특히 학생운동을 중심으로 북한의 주체사상을 추종하는 주체사상파(이하 주사파)가 있었다. 주사파는 미국을 제국주의로, 전두환 정부를 미제국주의의 괴뢰정권이라고 부르며 한국 사회는 아직도 식민지반봉건적 성격을 갖는 자본주의 사회라고 주장했다.

이 같은 운동 노선을 둘러싼 논쟁의 출발점에는 한국 사회의 성격을 바라보는 시각의 차이가 자리하고 있었다. 이를 둘러싼 논쟁은 사회 구성체 논쟁이라 불리며 학생운동과 노동운동, 그리고 학술운동에서 치열하게 전개되었다. 처음에는 국가독점 자본주의론 대 주변부 자본주의론 간의 논쟁이 생겨났다. 국가독점 자본주의론에서는 한국 사회를 자본주의 사회에서 가장 고도의 단계인 국가독점 자본주의 사회라고 보았다. 주변부 자본주의론에서는 세계를 제국주의와 주변부 자본주의로 나누어 볼 수 있는데 한국 사회는 주변부 자본주의 사회라고 주장했다. 전자가 자본주의의 보편성을 한국 사회에 적용하고 내적 동인과 계급모순을 중시했다면, 후자는 주변부적 특수성의 일반화를 주장하고 외적 규정과 민족모순을 강조했다.

이후에도 예속국가독점 자본주의론, 신식민지국가독점 자본주의론, 식민지반봉건사회론, 식민지자본주의론 등이 제기되면서 논쟁이 이어졌다. 예속국가독점 자본주의론은 국가독점 자본주의론에 제국주의가 한국 사회를 지배하고 있다면서 예속이라는 개념을 보탠 논리였다. 신식민지국가독점 자본주의론에서는 국가독점 자본주의론에 더해 한국 사회를 신식민지 사회라고 주장했다. 국내 지배세력인 독점자본과 군부독재가 제국주의로부터 상대적 자율성을 갖고 있다고 본다는 점에서는 예속국가독점 자본주의론과 차이를 보였다. 식민지반봉건사회론은 식민지기 이래 한국 사회에는 줄곧 식민지적 성격과 반(半)봉건적 성격이 존속했다는 논리였다. 식민지자본주의론은 한국 사회가 여전히 식민지적 성격을 갖고 있으나 이미 반(半)봉건적 성격을 탈피해 자본주의 사회에 들어섰다고 주장하는 논리였다.[88]

한국 사회의 성격에 대한 논쟁이 한창이던 1980년대 중반 지식인들은 학술운동을 주창했다. 인문사회과학계를 중심으로 '민족적·민중적 학문' 연구를 표방하는 학술운동론이 만개하면서 지식인들은 학술단체를 만들어 학술운동을 전개했다.[89] 이처럼 학술운동의 이름으로 운동사회에 뛰어든 지식인들도 한국 사회 성격 논쟁에 가담했다. 학술운동에서 한국 사회 성격 논쟁은 식민지반봉건사회론 내지 식민지자본주의론 대 신식민지국가독점 자본주의론의 대립구도에서 진행되었다. 식민지반봉건사회론에서는 한국 사회를 식민지성과 반(半)봉건성이 결합되어 있으나 식민지성이 더 규정적인 사회로 파악했다. 반봉건에 대한 비판에 따라 수정된 식민지자본주의론은 한국 경제의 자본주의화를 인정하면서도 그 자본주의적 경제 관계가 제국주의에 의해 기형적으로 형성돼 아직도 매판성과 전근대성을 가진 반(半)자본주의에 불과하다는 인식에 기반해 있었다.[90] 반면 신식민지국가독점 자본주의론은 국가독점 자본주의가 독점 자본주의 내에서도 발전 단계가 고도화된 사회에서만 가능하다는 통념을 깨고 제3세계로 불리는 신식민지에서도 성립한다고 인식했다. 신식민지적인 종속성에도 불구하고 국가독점 자본주의의 보편성이 그대로 관철된다는 것이다. 또한 제국주의의 지배와 침투는 국내 예속 독점자본가와 국가권력을 매개로 이루어지며 예속 독점자본가는 제국주의의 하위 동맹자로서 상대적인 자율성과 상대적으로 독자적인 물적 토대를 갖추었다고 파악했다.[91] 다시 말해 독점이 강화될수록 종속이 심화된다는 것이다. 학술운동에서는 신식민지국가독점 자본주의론에 다수가 동의했다.[92] 반면 노동운동을 제외한 운동사회에서는 식민지반봉건사회론/식민지자본주의사회론이 우세했다.[93]

민중문화운동의 시대

1970년대는 "입이 있어도 '말'을 함부로 할 수 없었고 '말'을 하면 잡혀가야 하는 군사 파시즘적 예술관이 지배하던 시대"였다.[94] 이처럼 엄혹한 시절에 전태일의 분신이 가져온 충격 속에 민중문화운동이 탄생했다. 그 중심에는 탈춤부흥운동이 있었다. 탈춤부흥운동은 1965년 조동일, 김지하 등이 '민속극연구회-말뚝이'라는 모임을 만들면서 시작되었다. 본격적인 탈춤부흥운동은 1970년대에 시작되었다.[95] 1970년 서울대에서 봉산탈춤이 공연된 이후 10여 년간 전국 대부분 대학에 탈춤 동아리가 결성되었다. 1970년대 후반에는 인천도시산업선교회에서 노동자들에게 탈춤을 가르쳤다. 민주노조인 반도상사 노동조합, 원풍모방 노동조합에도 탈춤반이 생겼다. 이처럼 탈춤부흥운동은 대학에서 시작해서 생산 현장으로 확산되었고 마당극으로 발전해갔다.[96]

마당극은 가면극, 풍물, 전통무용, 판소리, 민요 등의 전통문화를 하나의 연극 안에 끌어들인 종합예술로서 한국 고유의 공연 양식이었다.[97] 최초의 마당극은 1973년에 김지하가 쓰고 연출한 〈진오귀굿〉이었다.[98]

1978년에는 김민기가 음악극 〈공장의 불빛〉을 녹음테이프로 제작해 전국에 보급했다. 이 음악극은 노동자들이 민주노조 설립을 시도하다가 회사 측의 방해로 좌절하는 내용을 담고 있었다. 이처럼 1970년대 탈춤부흥운동에서 출발한 민중문화운동은 민중이 생산하고 전파한 전통적 민중문화를 계승 발전시킨다는 목표로 마당극, 음악극 등의 형식을 개발하는 성과를 이뤄냈다. 그리고 민중문화운동은 "그 놀이판이 곧 오늘의 삶의 현장임을 뚜렷이 하여 '일하는 것'과 '노는 것'을 민중적 변증법으로 통일함으로써 놀이정신을 통해 민중의 공동체 사회를 이루기 위한 새로운 예술운동"으로 주목받았다.[99]

1980년대에 들어서면서 모든 문화예술 분야에서 민중문화운동이 일어났다. 대학 축제는 민중문화의 전시장이자 선전장이 되었다. 탈춤, 판소리, 마당극, 노래극은 물론 민중가요를 부르는 노래패 공연이 인기를 끌었다. 1982년 대학의 가을 축제에서 민중이 전통적으로 즐겼던 공동체 놀이인 대동놀이가 등장해 몇 년 만에 모든 대학으로 퍼졌다. 또한 1980년대에는 공연장을 예술인과 민중이 만나는 문화의 교두보로 삼고자 하는 소극장 운동이 일어났다. 1983년 3월 서울에서는 처음으로 애오개 소극장이 개관했다.[100] 애오개 소극장은 연극 공연이나 노래 발표회, 문화 강습 등을 진행하고 프로그램 참가자들을 회원으로 조직 관리하는 문화운동 공간이었다. 1970년대 대학의 노래패 출신들은 1980년대에 들어와 민중가요를 창작하며 노래 운동을 전개했다.[101] 민중미술가들은 민중의 삶과 민중운동을 담은 민중 판화와 벽화, 그리고 집회와 시위 현장에 내건 대형 걸개그림과 깃발 등을 제작했다. 이처럼 1970년대에 등장해 1980년대에 전성기를 맞은 민중문화운동을 시인 고은은 실천이라는 개념으로 해석했다.

실천의 명제와 함께 지나온 투신의 과정에서 우리가 그것을 다시 한
번 본격화시킨 것이 70년대 말~80년대 벽두의 일이다. (…) 실천은
우리에게 10년 동안의 예술적 충동과 역사 인식의 이성이 낳은 합작
품이다. (…) 실천론의 심화는 80년대 문학 및 예술의 사상적 근거지
이며 동시에 이 같은 실천론이야말로 사상, 의식화, 정신, 철학의 영
역으로 끝나지 않고 우리에게 부과된 문화 능력의 적극화에 의해서
살아 있는 것이다.[102]

1980년대 중반에 들어 민중문화운동에 중요한 변화들이 일어났다.
먼저 1984년 4월에는 민중문화운동을 전개하던 젊은 문화운동가들이
민중문화운동협의회(이하 민문협)를 결성했다. 민문협은 창립발기문에
서 "문화독점구조의 극복과 민중문화의 형성을 꾸준히 추진"하며 "문화
에 있어서 민중 주체의 확립"을 위해 노력할 것임을 천명했다.[103] 민문협
은 민중문화를 "민중의 삶의 양식, 이념, 생활풍속"으로, 민중문화운동을
"민중이 역사의 주체라는 관점에서 노동자, 농민, 도시 빈민 등 민중의 삶
이 지니는 사회적 가치체계를 연구"함과 동시에 "국가 기득권 세력에 대
한 저항 논리를 발전하고 계발해 문화적 투쟁을 하는 것을 목적으로" 삼
는 운동으로 정의했다.[104] 민문협은《민중문화》를 발간하고 연 2~3회에
걸쳐 민중문화의 날 행사를 개최했다.[105] 그리고 문화예술 분야마다 소집
단 활동을 활성화했다. 가령 노래패 '새벽'은 노래극〈또다시 들을 빼앗
겨〉를 민문협의 이름으로 순회공연을 했고 민중가요 테이프를 제작해

보급했다. 민문협은 민중운동과 연대한 문화 행사도 기획했다. 노동운동 단체와 공동으로 노동문화제나 문예강습회 등을 개최했다. 나아가 운동 사회에서 제기되고 있던 변혁 담론을 문화예술이라는 수단으로 선전하는 정치적 문화운동을 모색했다.[106]

한편 1980년대 중반부터는 노동 현장에서 민중문화운동이 활성화되었다. 상설적인 노동자 문화공간들이 생겨나면서 노동자 문화교실과 문화집회가 열렸다. 노동야학에서도 문화 프로그램을 운영했다. 이러한 노동자 문화운동의 성장에 따라 1986년 민문협 안에서 지식인 중심의 직업적 민중문화운동과 노동 현장에서의 민중문화운동 간의 관계 설정을 놓고 논쟁이 일어났다. 전자는 민중문화운동은 지식인이 조직하고 노동자 농민이 참여하는 운동이라는 입장이었고, 후자는 민중이 스스로 조직하고 참여하는 운동이라는 입장을 취했다. 이를 전위주의 대 민중지상주의의 대립이라고 불렀다.[107] 치열한 논쟁 끝에 전자, 즉 전위주의가 채택되었다. 민중문화운동의 역할은 문화예술가가 자신의 전문성을 동원해 노동자 의식을 드러내는 예술작품을 창작 보급하고 예술교육 등을 통해 노동운동을 지원 협력하는 것으로 정리되었다.[108]

그런데 1987년 6월 항쟁과 노동자 대투쟁 이후 노동운동이 활발해지면서 민중문화운동의 중심축이 자연스레 노동 현장으로 옮겨갔다. 노동 현장의 투쟁과 정서를 담은 노동연극, 노동가요, 노동영화 등 이른바 노동문예가 민중문화운동을 이끌었다.[109] 민문협 내에도 노동자문화예술위원회가 만들어졌다. 1988년 12월에는 개인회원 가입 형태의 문화예술인 대중조직인 한국민족예술인총연합(이하 민예총)이 창립했다. 민예총은 "민중과 확고히 결합된 투쟁의 현장에서 우리는 대중성이 무엇이고 운동성이 무엇이며 진정한 예술적 가치가 무엇인지를 비로소 생생하게 자각할 수 있게 될 것"이라는 활동 방향을 내세우면서 "민족민주운동, 통일조국 건설운동의 대의를 체현하며 끊임없이 자신의 기량을 갈고닦음으로써 소수의 예술가만이 아니라 민중 전체가 보다 높은 예술적 가치를 공유할 수 있는 참 민중적 민족문화예술의 기틀을 건설해낼 것"임을 천명했다.[110] 1989년 9월에는 노동자문화예술운동연합(이하 노문연)이 출범했다. 노문연은 〈창립선언〉에서 진보적 민중문화의 지도 중심이 될 노동자 계급의 새로운 문화를 건설할 것을 천명했다.

썩은 냄새가 나는 낡은 사회의 온갖 퇴폐적·반동적 문화를 척결하고, 인류가 창조해낸 모든 진보적 문화유산을 흡수하여 투쟁하고 노동하는 미래 사회의 창조적 인간상을 이상으로 하는 인류 최고의 문화를 건설하는 것 역시 노동자 계급에게 맡겨진 역사적 사명이다. 우리는 진보적 민중문화의 지도 중심이 될 노동자 계급의 새로운 문화를 건설함으로써 노동자 계급에게 맡겨진 이와 같은 사명에 복무할 것이다.[111]

노문연의 출현은 노동자가 민중문화운동의 주체이자 중심으로 자리매김하게 되었다는 것을 의미했다.[112]

3

민중운동의 조직화와
진보정당의 국회 진출

6월 항쟁과 '노동자 대투쟁'

1985년 2월에 치러진 국회의원 선거에서 야당인 신한민주당(이하 신민당)이 승리했다. 신민당은 곧바로 대통령 직선제 개헌 투쟁에 나섰다. 해가 갈수록 개헌 요구가 점차 거세졌으나 1987년 4월 13일 전두환 대통령은 7년 단임제의 간접선거로 대통령을 뽑기로 되어 있는 헌법을 고치지 않고 대통령 선거를 실시하겠다는 내용의 호헌조치를 알리는 특별담화를 발표했다.[113]

그해 5월 18일은 5·18 7주년이 되는 날이었다. 이날 전국은 5·18 진상규명과 민주화 일정을 밝히라는 요구로 들끓었다. 5·18 희생자를 추모

하는 집회, 미사, 예배가 전국의 대학, 성당, 교회에서 열렸다. 이날 명동
성당에서는 천주교정의구현전국사제단 김승훈 신부가 〈박종철 군 고문
치사 진상 조작〉이라는 유인물을 낭독했다. 그해 1월 14일에 서울대 학
생 박종철이 남영동 대공분실에 끌려가 고문을 받다 죽은 사건이 축소
조작되었다는 내용이었다.[114] 그러자 재야 연대기구인 민주통일민중운
동연합이 중심이 되어 "지금이야말로 전두환 살인 정권을 끝장내고 민주
화를 이루어야 할 때"라며 5월 27일 민주헌법쟁취국민운동본부(이하 국
민운동본부)를 결성했다. 이처럼 호헌조치를 둘러싼 갈등이 고조되는 가
운데 6월 9일에는 연세대 학생 이한열이 최루탄을 맞아 빈사 상태에 빠
졌다.

6월 10일 여당인 민정당은 잠실체육관에서 전당대회를 열어 노태우
를 대통령 후보로 선출했다. 같은 날 국민운동본부는 전국 22개 지역에
서 '박종철 군 고문살인 은폐 규탄 및 호헌철폐 국민대회'를 열었다. 이날
오후 6시 전국은 자동차 경적과 해방 이후 42년 동안 민주주의를 위한
노력과 희생을 상징하는 성당과 교회의 42번의 종소리, 그리고 시위대
의 함성과 박수 소리로 가득했다. 서울에서는 경찰의 최루탄 세례를 피
해 명동성당에 모인 시위대가 농성을 시작했다. 6월 18일에 열린 최루탄
추방대회에는 전국 16개 도시에서 150여만 명이 참가했다. 6월 26일의
평화 대행진에는 34개 시와 4개 군에서 100만여 명이 참여했다. 6월 10
일부터 6월 28일까지 이어진 전국적 시위에는 연인원 400~500만 명
이 참여했다.[115] 그리고 마침내 6월 29일 민정당 대통령 후보인 노태우
는 여야 합의에 따른 대통령 직선제 개헌을 골자로 한 '시국 수습을 위
한 특별선언'을 발표했다.[116]

6월 항쟁의 열기가 식지 않은 가운데 '노동자 대투쟁'이 일어났다. 7월 초 울산의 현대엔진에서 시작되어 9월 말까지 3개월 동안 진행되었다. 먼저 7월 5일 울산에서 현대엔진 노동조합이 결성되었다. 현대엔진 노동자들은 1986년부터 노조 결성을 준비했고, 1987년에 노조설립추진위원회를 세웠다. 그리고 그해 7월 5일 101명이 참석한 가운데 권용목을 위원장으로 하는 현대엔진 노조가 결성되었고, 7월 13일에 노조설립신고증을 받아냈다. 이틀 후에는 현대미포조선 노동조합이 결성되었다. 그런데 다음날 회사 측이 울산시청에서 노조설립신고서를 탈취하는 사건이 일어났다. 현대미포조선 노동자들이 농성하며 항의하자 회사는 노조설립신고서를 반납했고 울산시청은 바로 노조설립신고증을 발급했다. 현대엔진과 현대미포조선의 노조 결성은 이후 노동자 대투쟁의 기폭제가 되었다. 현대 계열사에서 두 노조가 설립된 이래 불과 20여 일 안에 현대 계열사 6곳에 잇달아 노조가 들어섰다. 이 소식이 전해지자 울산의 공장들에서 노동자들이 파업에 돌입했다. 울산에서의 노조 설립과 파업 농성은 부산과 마산·창원의 공장들로 번져갔다. 인천에서도 파업농성에 들어가는 공장이 급속히 늘어났다. 노동자 대투쟁은 7월 말을 지나면서 대구, 구미, 광주, 이리, 성남, 부천, 안양, 안산 등 전국의 산업도시로 퍼져 갔다.

광산 노동자들도 파업농성에 들어갔다. 7월 20일 강원도 태백시 한보탄광 통보광업소의 광부들과 가족 600여 명이 처우 개선을 요구하며 철야농성을 벌였다. 이때부터 8월 22일까지 한 달 동안 태백, 삼척, 정선 등에서 50여 건의 농성이 이어졌다. 광산 노동자들은 광업소 점거 농성에 그치지 않고 철도와 도로를 점거하고 시위했다.[117]

1987년 8월은 노동자 대투쟁의 절정기였다. 현대그룹노동조합협의회가 결성되고 거제 대우조선 노동자들이 파업에 들어가면서 노동자 대투쟁은 동남해안 공단지역의 모든 산업, 모든 지역, 대부분 사업장으로 확산되었다. 7월 마지막 주에 60건이던 파업은 8월 첫째 주에 192건으로 급증했고, 8월 셋째 주에는 880건에 달했다. 6월 29일부터 10월 31일까지 노동자 대투쟁 기간에 일어난 3235건의 파업 중 약 69퍼센트인 2235건이 8월에 발생했다. 8월 한 달 동안 새로 결성된 노조는 681개에 달했다. 하루에 22개의 노조가 신설되기도 했다.[118]

1987년 여름을 뜨겁게 달군 노동자 대투쟁에서 가장 주목을 받은 사건은 울산에서 6만 명의 현대그룹 노동자들이 벌인 연대시위였다. 8월 8일 현대그룹 노동자 연대체인 현대그룹노동조합협의회(이하 현노협)가 결성되었다. 현노협은 "생활임금 보장하라, 정 회장은 각성하라, 민주노조 인정하라, 연합하여 투쟁하자"라는 구호를 내세웠다.[119] 12개 계열사 노조 대표자들은 8월 17일에 임금 인상에 대한 단체교섭에 최종 합의한다는 계획을 세우고 이를 현대그룹 종합기획실에 요구했다. 하지만 현대그룹 측은 교섭을 거부하고 8월 16일 6개 계열사에 대한 무기한 휴업 조치를 내렸다. 다음날인 8월 17일 현대중공업 노동자들이 바리케이드를 넘어 굳게 닫혀 있던 정문을 돌파했다. 현대미포조선 노동자 1천여 명은 10킬로미터를 가두행진해 현대중공업 노동자들과 함께 시위를 벌였다. 현대그룹 측은 기숙사에 단전·단수, 식당 폐쇄 조치를 했다. 하지만 다음날 현대그룹 노동자들과 가족들이 현대중공업 정문 앞에 다시 모였다. 그들은 '정주영 회장 및 족벌체제 타도 화형식'을 치르고 트럭과 지게차 등을 앞세워 행진을 시작했다. 4만 명이 넘는 노동자들은 수킬로미터의 대오를 형성하고 16킬로미터를 행진해 울산 공설운동장에 모여 집회를 열었다. 그날 밤 노동부 차관의 중재로 협상에 들어갔다. 그리고 현노협 권용목 의장과 노동부 차관, 울산시장, 노동부 울산사무소장, 안전기획부 울산분소 소장 등 5명의 명의로 합의서를 발표했다. 첫째 현대중공업 민주노조의 이형건 집행부를 인정하고, 둘째 9월 1일까지 임금 인상 타결을 정부가 보장하며, 셋째 정주영 회장은 기자회견을 통해 각 계열사 사장들에게 전권을 위임한다는 합의가 이뤄지면서 가두 연대시위는 마무리되었다.[120]

8월 말부터는 전두환 정부가 공권력을 동원해 노동 파업에 본격적으로 개입했다. 8월 11일 경영자 단체인 전국경제인연합회는 폭력·파괴·불법 행동에 공권력이 개입해달라는 성명서를 냈다. 노동부 장관은 '불순세력 개입 시 공권력을 투입하겠다'는 내용의 담화문을 발표했다. 8월 20일에는 합동수사본부가 설치되었고, 다음날에는 치안본부가 '좌경 척결을 위한 3대 방안'을 발표했다. 이틀 후인 8월 22일 국제상사 농성 주도자가 위장취업자라는 구실로 구속되었고, 8월 25일에는 금성사 평택 공장 노동자 5명이 같은 혐의로 구속되었다. 그런데 8월 22일 거제 대우조선 노동자들이 벌인 가두시위에서 경찰의 최루탄에 노동자 이석규가 사망하는 사건이 발생했다. 노동자들은 장례준비위원회를 발족하고 7일장의 전국민주노동자장으로, 장지는 망월동 묘역으로 정하고 회사 측에 선협상 후장례 원칙을 주장했다. 8월 26일과 27일에 노사 합의가 이루어지면서 8월 28일 장례식을 치렀다. 그런데 영구차가 광주 망월동 묘지로 향했지만 경남 고성에서 경찰들이 장의차를 전북 남원으로 유도해 시신을 매장해버렸다. 장례식이 거행된 8월 28일 6시를 기해 전국 주요 도시에서 열릴 예정이던 '고 이석규 민주노동열사 추모대회'는 경찰의 봉쇄로 이뤄지지 못했다. 이후 전두환 정부는 이 사건과 관련해 대우조선 노동자 67명을 구속했다. 대우자동차와 현대중공업 파업농성장에는 경찰 병력을 투입해 대우자동차 노동자 95명, 현대중공업 노동자 40명을 구속했다.[121] 전두환 정부의 강경한 대응 속에 노동자 대투쟁의 열기가 식으면서 9월 말에는 소강상태에 들어갔다.

3개월 동안 전개된 노동자 대투쟁은 한국 노동운동사상 최대 규모의 노동운동이었다. 1987년 6월 29일부터 10월 31일까지 발생한 쟁의는 3235건이며, 쟁의에 참가한 인원은 122만 5760명에 달했다. 이는 전국의 모든 지역에서 발생했는데 특히 울산, 마산, 창원 등 경남과 수도권에서 많이 일어났다. 대규모 파업은 중공업 중심의 거대 사업장이 몰려 있는 경남 지역에서 많이 발생했다.[122]

전국적 민중운동 조직의 결성

1987년 6월 항쟁이 끝나고 민중운동 세력은 전국적인 민중조직을 건설하는 데 나섰다. 먼저 전국적인 노동운동 조직 건설 과정을 살펴보면, 노동자 대투쟁의 영향으로 많은 노동조합이 생겨났다. 1987년 6월 30일 현재 노동조합 수는 2742개였으나, 1989년 말에는 7883개로 늘었다. 노동조합원만 193만 명, 노동조합 조직률은 18.6퍼센트에 달했다.[123] 이렇게 탄생한 민주노조들은 노동조합의 중앙 조직이던 한국노동조합총연맹(이하 한국노총)을 거부하고 자신들만의 지역별·업종별 연대기구를 만들었다. 당시 한국노총은 '정부와 기업에 잘 협조한다'는 의미의 '어용'적 성격을 가진 노동조합을 대표한다는 비판을 받고 있었다. 가령 전두환 대통령이 1986년 국민의 헌법 개정 논의를 금지한다는 4·13호헌을 발표했을 때 한국노총은 찬성했다.

1987년 12월 마산과 창원 지역 민주노조들이 마산창원노동조합총연합을 창립한 이후 2년간 전국에서 17개 지역노조협의회가 결성되었다. 주로 제조업에서 신설된 민주노조들이 지역노조협의회를 조직했는데, 630개 노동조합의 26만여 노동자들이 속해 활동했다. 업종별 연대체는 주로 비제조업 노조들이 결성했다. 1987년 11월 사무전문직노동조합협의회를 시작으로 2년 동안 13개 업종별 노조협의회가 결성되어 690개 노동조합의 17만여 노동자를 아울렀다. 1988년 12월에는 지역노조협의회와 업종별 노조협의회에 속한 민주노조들이 지역·업종별 노동조합 전국회의를 조직하고 노동법 개정 운동 및 공동 임금 투쟁을 추진했다. 이 전국회의의 존재와 활동은 민주노조 운동이 하나의 세력으로 결집하기 시작했음을 의미했다.[124]

1990년 1월에는 600여 개 제조업 생산직 노동조합의 20여만 조합원을 중심으로 한 전국노동조합협의회(이하 전노협)가 조직되었다. 전노협은 창립선언문에서 "한국노총으로 대표되는 노사협조주의와 어용적 비민주적 노동조합 운동을 극복하고 자주적이고 민주적인 노동운동을 전개해나갈 수 있는 한국 노동운동 조합의 새로운 조직적 주체"임을 자임하면서 대중적인 노동조합 운동을 통해 "노동자의 처지를 근본적으로 변화시킬 수 있는 경제·사회 구조의 개혁과 조국의 민주화, 자주화, 평화통일을 앞당기기 위해 제 민주세력과 굳게 연대하여 투쟁해나갈 것"

임을 결의했다. 그리고 앞으로 "기업별 노조 체제를 타파하고 자주적인 산별노조의 전국 중앙조직"을 건설할 것임을 천명했다.[125] 그해 5월에는 586개 서비스산업 사무직 노동조합의 20만 명 조합원을 기반으로 전국 업종노동조합회의(이하 업종회의)가 결성되었고, 12월에는 대기업 노조를 중심으로 연대를 위한 대기업노조회의가 탄생했다.[126] 1993년 6월에는 전노협, 업종회의, 현대그룹노동조합총연합, 대우그룹노동조합협의회 등이 민주노조의 조직적 통합을 위해 전국노동조합대표자회의를 발족했다. 이어 1994년 11월 13일 전국노동자대회에서 민주노총준비위원회를 구성하는 등 2년이 넘는 준비 기간을 거쳐 1995년 11월 11일에 861개 민주노조의 41만 8154명의 조합원을 거느린 전국민주노동조합총연맹(이하 민주노총)이 결성되었다. 민주노총은 결성식에서 다음과 같이 선언했다.

생산의 주역이며 사회 개혁과 역사 발전의 주체인 우리는, 100여 년에 걸친 선배 노동자들의 불굴의 투쟁과 87년 노동자 대투쟁 이후 거대한 흐름으로 자리잡은 민주노조운동의 성과를 계승하여 자주적이고 민주적인 노동조합의 전국 중앙조직인 전국민주노동조합총연맹을 결성한다. 우리는 민주노총의 깃발을 높이 들고 자주 민주 통일 연대의 원칙 아래 뜨거운 동지애로 굳게 뭉쳐 노동자의 정치 경제 사회적 지위를 향상하고 전체 국민의 삶을 개선하며 인간의 존엄성과 평등을 보장하는 통일조국 민주사회 건설의 그날까지 힘차게 투쟁할 것을 선언한다.[127]

민주노총은 노동자 대투쟁 이래 노동자가 주체가 되어 노동운동을 펼치며 그 성과 위에 만든 전국적인 노동운동 조직이었다. 이 같은 민주노조의 탄생과 전국적 조직 결성 움직임은 한국노총의 혁신을 이끌어냈다. 한국노총은 1988년부터 자주적·민주적 노동운동에 나서고 노동운동 노선으로 '민주복지사회 실현을 위한 노동조합주의'를 내세우면서 혁신을 시도했다.[128]

그런데 1996년 12월 26일 새벽 국회에서 김영삼 정부가 내놓은 노동법 개정안이 날치기로 통과되었다. 노동법 개정 내용은 물론 정부의 일방적인 독주에 반발한 민주노총은 곧바로 총파업 투쟁에 돌입했다. 그해가 끝나는 12월 31일까지 5일 만에 연인원 100만 명이 총파업에 참가했다. 총파업은 새해에도 계속 이어졌고 규모는 더욱 커졌다. 1월 15일에는 388개 노동조합의 조합원 35만 856명이 참가했다. 한국노총도 가세하여 두 노총이 공동 기자회견과 공동 집회를 개최했다. 1996년 12월 26일에 시작된 총파업에는 1997년 2월 28일까지 3422개 노동조합과 387만 8211명의 노동자가 참가했다. 서울에서 제주까지 제조업에서 사무·전문·서비스에 이르기까지 모든 산업과 모든 직종의 노동자들이 총파업에 참가하면서 국민적 저항으로 확산되어가자 김영삼 정부는 결국 3월 11일에 날치기 통과한 법안을 폐지했고 여야 합의의 개정안이 국회에서 의결되었다.[129]

이처럼 1987년 노동자 대투쟁 이후 노동운동은 성장을 거듭했다. 1990년대에 들어와 노동운동은 사회운동의 중심으로 자리잡았고, 민주노조의 전국 중앙조직인 민주노총이 탄생했으며, 한국노총이 변신했다. 그리고 1996년에 노동자 총파업이 일어났고 승리했다.[130]

1987년 이후 농민운동에서도 전국 조직 결성 움직임이 일어났다. 이에 앞서 1986년 가톨릭농민회, 기독교농민회 등 기존 조직으로 농민운동을 지도하는 데 한계를 느낀 농민운동가들은 독자적인 운동조직인 전국대책위원회를 설립했다. 전국대책위원회는 1986년 9월 전국 31개 지역에서 '미국 농축산물 수입저지 실천대회'를 개최했다. 1987년 2월에는 농민운동가들이 새로운 자주적 농민조직 건설에 나서 15개 군 농민회를 주축으로 전국농민협회(이하 전농협)를 결성했다.[131] 전농협은 결성선언에서 농민 스스로 자립적 조직을 건설해 농민운동을 이끌어야 한다는 점을 강조했다.

> 농민 생존을 위협하는 모든 세력에 맞서 빼앗긴 농민 권익을 찾고 지키는 일은 오직 농민 스스로의 각성과 농민의 자주적인 노력에 의해서만 이루어진다. 나아가 농민 스스로에 의한 자립적 조직으로 뭉쳐 일천만 농민 속에 튼튼히 뿌리박을 때, 농민 권익을 바로 세우고 나라의 민주화와 민족통일에 이르는 올바른 농민운동의 기초가 된다.[132]

1989년 2월 농민운동 역사상 처음으로 전국에서 3만여 명의 농민이 서울에 집결해 농민대회를 열었다. 전국수세폐지대책위원회와 고추생산지역대책위원회가 부당수세 폐지 및 고추 전량수매쟁취 전국농민대회를 여의도에서 개최했다. 3월 1일에는 전국 90여 개 군 농민회가 모여 전국농민운동연합(이하 전농련)을 결성했다.[133] 이때 전농련에 불참한 전농협은 곧바로 전농련과 전국 단일조직 건설에 관한 논의를 시작했다. 1989년 9월 8일 전농련과 전농협은 61개 군의 대표들이 참가하는 군농민단체대표자회를 공동 개최했다. 11월 15일에는 서울에서 '쌀값 보장 및 전량수매쟁취 전국농민대회'를 함께 열었다. 그리고 1990년 1월 초 전농련, 전농협, 그리고 두 단체에 속하지 않는 군 농민회 연대체인 독자 농전국모임은 단일조직 건설에 관한 논의를 시작했다. 1월 31일 3개 단체 대표자 34명이 1박 2일간의 회의를 통해 통합된 전국 단일조직의 성격을 합법 공개 대중조직으로 할 것, 군 농민회를 주체로 할 것, 빈농·소농이 주도할 것, 사회 변혁을 지향할 것 등에 합의했다. 2월 13일에는 78개 군 농민회 대표들이 모여 전국농민회총연맹준비위원회를 결성했다. 4월 10일 준비위원회 총회에서는 전국농민회총연맹을 창립하기로 결정했다. 그리고 마침내 1990년 4월 24일 전농련, 전농협, 독자농전국모임 등에서 선출된 대의원 230명 중 216명이 참석해 전국농민회총연맹(이하 전농)을 출범시켰다.

1987년 6월 항쟁을 거치면서 빈민운동에도 조직화의 바람이 불었다. 서울의 철거민들은 1987년 7월 서울시철거민협의회(이하 서철협)를 결성했다. 서철협의 출범은 철거에 내몰린 주민들이 스스로 철거 반대운동을 조직하고 투쟁을 이끌어가게 되었다는 것을 의미했다. 서철협에는 70여 개에 이르는 수도권의 철거 지역 중 50여 개 이상의 크고 작은 지역의 철거 반대운동 세력이 결집했다. 서철협은 철거 반대운동에 대한 상호 지원, 서울시나 국회 행정부를 상대로 한 집단적인 청원·시위·집회 등의 활동을 전개했다.

서철협 결성 이후 더 많은 지역에서 철거 반대운동이 일어났다. 서울에서 올림픽이 개최되던 해인 1988년에는 수십 개 지역에서 철거 반대운동이 일어났다. 그 과정에서 수십 명의 주민이 구속되었고 사망자도 발생했다. 그런데 3저 호황, 88서울올림픽 개최에 따른 낙관적인 경기 전망 등으로 투기심리가 발동하면서 1988년부터 1990년까지 주택가격과 전세금이 폭등했다. 살 집을 잃은 빈민들의 자살이 이어지자 결국 노태우 정부는 1989년 200만 호 주택 공급 계획을 발표하면서 저소득층을 위한 25만 호의 영구임대아파트 공급 계획을 포함시켰다. 1990년에는 철거 반대운동을 국민주거권 운동으로 확장하고자 하는 빈민운동가들이 주거권 실현을 위한 국민연합을 결성했다. 또한 1993년에는 전국철거민협의회가 출범했고 1994년에는 전국철거민협의회의 온건 노선에 반대하며 서철협의 후신으로 전국철거민연합(전철연)이 결성되었다.

1980년대 들어 노점상들은 전두환 정부가 연이은 국제행사를 치르며 거리 미화를 이유로 단속에 나서자 저항했다.[134] 1983년 국제의원연맹(IPU) 총회를 앞두고 노점상 단속이 예고되자, 노점상들은 시청 앞에서 항의 시위를 벌였다. 1985년 국제통화기금(IMF) 및 국제부흥개발은행(IBRD) 총회에 대응한 항의시위는 훨씬 큰 규모로 일어났다. 1986년 아시안게임이 끝난 후에는 각 시장의 노점상 단체가 참여한 노점상복지협의회가 결성되었다.[135] 노점상복지협의회는 6월 항쟁 이후인 1987년 10월에 도시노점상연합회로 개편되었다.[136] 이듬해인 1988년에 도시노점상연합회는 노점상 생존권 수호대회를 열고 올림픽을 앞두고 이뤄지는 노점상 단속을 중단하라고 요구해 서울시로부터 단속 중단이라는 약속을 받아냈다. 하지만 1989년에 노점상 단속이 다시 시작되었다. 서울시는 노점상 등록제와 가판대 설치 정책을 내놓았으나 노점상들은 노점상 단속 중단과 생존권 보장을 요구하며 명동성당에서 장기 농성에 들어갔다. 도시노점상연합회는 서울 이외에 안양, 성남, 인천, 수원, 광주, 부산,

제주까지 조직을 확대하면서 1만 5천 명의 회원을 보유한 단체로 성장했다. 그리고 이를 기반으로 1990년 2월 전국노점상연합회(이하 전노련)로 확대 개편했다. 전노련은 노점상 자립법 제정 요구 운동을 전개했다.

일용직 노동자들도 조직화에 나섰다. 1987년 사당3동에서 철거 반대 운동을 하던 주민들이 일용노동조합 건설추진위원회를 결성했다. 영등포 인근 공단에서도 제관, 배관, 용접에 종사하는 노동자 100여 명이 서울일용노동조합을 결성했다. 포항에서는 공단지역 플랜트 시공 및 수선을 담당하는 일용노동자들의 조직이 결성되었다. 그리고 1989년에는 이 단체들이 결집해 일용건설노동조합 추진위원회를 만들었다.

이처럼 1987년 이후 결성된 도시빈민운동 조직들은 1989년 3월 전국빈민연합을 위한 준비위원회를 발족했다. 그리고 1989년 11월 서철협, 전노련, 일용노동조합 건설추진위원회 등을 중심으로 전국빈민연합(이하 전빈련)이 조직되었다.[137] 전빈련은 "도시 빈민이 고립분산적으로 철거 문제, 노점 문제 등에만 매달리는 것이 아니라 단일한 대열로 교육, 의료, 복지의 문제까지 통일적으로 요구하고 관철시켜가는 중심 조직"이자 "노점상, 철거민을 중심으로 모든 미조직 빈민 대중들을 조직하는 구심체"가 되고자 했다.[138]

이처럼 1987년 6월 항쟁 이후 민중운동 조직이 활발하게 결성되는 가운데 이들을 아우르는 전국적 조직인 민주노총, 전농, 전빈련이 탄생했다.

진보정당의 등장과 국회 진출

민중운동의 전국적 조직화와 함께 민중의 입장을 대변하는 진보정당이 출현했다. 민주노총은 1996년 노동자 총파업 이후 본격적으로 국회 진출을 모색했다. 노동법이 정부 주도로 날치기 통과된 것은 노동계를 대표하는 세력이 국회에 없어서라고 생각했기 때문이다.[139]

　노동자의 정치 참여를 둘러싼 논쟁은 1980년대부터 있었다. 보수세력은 노동운동이 임금 인상이나 노동조건 개선을 도모하는 경제투쟁을 넘어 선거에서 특정 정당 혹은 후보를 지지하는 활동을 하면 안 된다고 주장하며 노동조합의 정치활동을 금기시했다. 노동자의 정치 참여를 허용하면 반체제세력이 자유민주주의 체제를 전복하고 사회주의 혁명을 달성하려고 노동자의 집단행동을 악용할 것이라고 경계했다. 노동자의 정치 참여가 기업 경영의 장애물이 된다는 경제적 이유로 반대하는 경우도 있었다. 반면 진보세력 내에서는 찬성과 반대가 엇갈렸다. 찬성자들은 노동자의 정치 참여는 민주주의 사회에서 반드시 인정되는 노동자의 기본권에 속한다고 주장했다. 현대 자본주의 사회에서는 노동자의 임금 인상 및 노동조건 개선은 물론 물가, 세금, 교육, 환경 등 생활여건 개선을 실현하는 데 기업 내 노동조합 활동만으로는 명백한 한계가 있다는 것이었다. 더욱이 기성 정치권에는 노동자의 요구나 이익을 제대로 대변하는 정당이 없으니 노동자가 스스로의 권익을 향상시킬 수 있도록 정치 참여가 허용되어야 한다고 주장했다. 노동자의 정치 참여 방안으로는 친노동자적·민주개혁적 정당에 대한 비판적 지지와 노동자와 민중을 위한 독자정당 건설이 제기되었다. 반면 노동자가 부르주아 정치제도인 선거에 참여할 경우 개량화되어 노동운동의 궁극적인 목표인 사회주의 건설이 좌절된다는 이유를 들어 반대하는 진보세력도 있었다.[140]

1987년 6월 항쟁 이후 진보정당 결성에 찬성하는 진보세력이 행동에 나섰다. 먼저 1988년 3월에 진보정당을 표방하는 민중의당과 한겨레민주당이 창당했다. 두 당은 그해 4·26총선에서 후보를 냈으나 당선자를 배출하지 못했다.[141] 그해 9월 민중의당과 한겨레민주당은 함께 진보정당 결성을 위한 정치연합(이하 진보정치연합)을 결성했다. 1989년 1월에 결성된 전국민족민주운동연합(이하 전민련)은 8월에 치러진 영등포 을구 재선거에 참여하면서 진보정당 결성을 둘러싸고 정당추진론과 시기상조론으로 나뉘어 논쟁했다. 그리고 정당 추진론자들은 전민련을 탈퇴해 진보적 대중정당 건설을 위한 준비모임을 결성했고, 진보정치연합이 여기에 합류했다. 다음해인 1990년 '민중의 정당 건설을 위한 민주연합추진위원회'(이하 민연추)가 결성되자 진보적 대중정당 건설을 위한 준비모임도 여기에 합류했다. 민연추는 1990년 6월 '민중당 창당준비위원회'로 개편하고 11월 10일 민중당을 출범시켰다. 이듬해 7월에는 노동자 중심의 독자적인 사회주의 정당 건설을 목표로 하는 한국사회주의노동당 창당준비위원회가 결성되었다. 1992년 1월 19일에는 한국노동당(가칭) 창당준비위원회(이하 한노당 창준위)가 발족했다. 그리고 1992년 2월 민중당과 한노당 창준위는 총선을 앞두고 합당해 통합민중당을 창당했다. 통합민중당은 3월의 14대 국회의원 선거에 51명의 후보를 내세웠으나 국회 진출에 실패했다. 그해 12월의 대통령 선거에는 백기완이 민중 독자 후보로 나섰으나 전노협 등 민중운동 조직의 지지를 획득하지는 못했다.[142] 이처럼 1992년 총선과 대선에서 좌절하면서 진보정당 건설을 통한 민중의 독자적인 정치세력화의 흐름은 무력화되었다.

　민주노총은 1996년 총파업을 거치면서 진보정당 창당을 준비했다. 1997년 3월 27일 민주노총은 2기 대의원 대회에서 다음과 같이 결정했다.

> 대중적 합의를 바탕으로 노동자가 적극 참여하고 각계각층의 민주적이고 양심적인 세력과 함께 하는, 우리 사회의 민주적 개혁을 실현하고 노동자의 이익과 요구를 철저히 대변하는 새로운 정당 건설의 토대를 구축한다. 이를 위해 민주노총은 1997년 정기 대의원대회에서 결의한 바 있는 1998년 지자체 선거 대거 진출 → 1998~99년 정당 건설 → 2000년 국회 원내 진출을 목표로 하는 정치세력화 사업을 힘차게 전개해나간다.[143]

　그리고 그해 10월 26일 민주노총을 비롯한 여러 민중단체와 시민단체들이 함께 '민주와 진보를 위한 국민승리21'(이하 국민승리21)을 결성하고 대통령 후보로 권영길 민주노총 위원장을 추대했다.[144] 하지만 1997년 대통령 선거에서는 30만여 표를 얻는 데 그쳤다. 1998년 5월 20일 민주노총 임시대의원대회는 "국민승리21을 확대 개편하여 노동자 중심의 진보정당을 건설하기 위해 적극 지원, 연대"할 것을 천명했다.[145] 이러한 민주노총의 지원에 힘입어 1998년 6월의 지방선거에서 국민승리21은 49명의 후보를 공천해 22명이 당선되는 성과를 냈다.

　이러한 변화에는 노동자의 정치 진출이 가능하도록 법률을 개정하는 제도적 변화가 뒷받침되었다. 1963년 박정희 정부는 특정 정당이나 후보자를 지지·반대하는 노동조합의 정치활동을 금지했다. 하지만 1998년 2월 노사정위원회는 IMF 외환위기를 수습하는 차원에서 노동조합의 정치활동을 허용하는 법률 개정에 합의했고 곧바로 4월에 개정안이 국회를 통과했다. 한편 1999년 11월 25일 헌법재판소의 위헌 판결에 따른 정치자금법 개정으로 노동단체의 정치자금 기부가 가능해졌다.

국민승리21이 치른 두 번의 선거 경험을 바탕으로 '노동자가 주도적으로 참여하는 정당, 밑으로부터 민주적 절차에 따라 전체 당원의 총의로 운영되는 정당'을 표방하는 진보정당인 민주노동당이 2000년 1월 30일에 창당되었다. 민주노동당이라는 이름은 당원 투표로 결정했다. 민주노동당은 강령에 따르면 민주·평등·해방을 기본적인 이념으로 삼아 "외세를 물리치고 반민중적인 정치권력을 몰아내고 민중이 주인 되는 진보정치를 실현하며, 자본주의 체제를 넘어 모든 인간이 인간답게 살 수 있는 평등과 해방의 새 세상을 건설하는 것"을 목표로 했다.

민주노동당은 당의 운영과 정당 활동에 필요한 인적·재정적 자원 충당에 있어서 진성당원에 대한 의존도가 높았다. 또한 민주노총, 전농, 전빈련 등의 민중운동 조직과 인적, 재정적으로 밀접하게 연계되어 있었다. 창당 당시 1만 1천여 명이던 당원은 2003년 말에 3만 5천여 명으로 증가했다.

민주노동당은 중앙당과 하부조직의 주요 당직자와 모든 공직 후보자를 당원들의 직접선거를 통해 선출하고, 주요 정책의 경우 당원들이 결정하도록 했으며 대표최고위원을 포함한 13명의 최고위원에 대한 당대회 대의원의 탄핵발의권과 소속 선출직 공직자에 대한 당원 소환 제도를 도입했다. 또한 소속 국회의원의 공직과 당직의 겸직 금지 원칙을 마련했고, 국회의원 보좌관도 개별 의원이 선택하는 방식이 아니라 중앙 당에서 공채했다. 당의 재정은 당원들이 자발적으로 내는 당비에 주로 의존했다.[146]

민주노동당은 2000년 16대 국회의원 선거에서 21개 지역에 후보를 내어 평균 13.1퍼센트의 지지율을 획득했으나 당선자는 한 명도 배출하지 못했다. 하지만 2002년 6월 지방선거 사상 처음으로 실시된 정당 명부 비례대표 투표에서는 8.1퍼센트를 득표해 신한국당, 민주당에 이어 3위를 차지했다. 16개 광역시도 가운데 9곳에서 광역 비례대표 의원을 당선시켰다. 그리고 기초단체장에 2명, 광역의원에 11명, 기초의원에 32명 등 총 45명이 당선되었다. 2002년 제16대 대통령 선거에서 다시 나선 권영길 후보는 3.9퍼센트의 지지율을 얻었다.

2004년 4월에는 노무현 대통령 탄핵 사태 속에 국회의원 선거가 치러졌다. 민주노동당은 국회의원 후보를 모두 당원 선거로 직접 선출하고 비례대표의 50퍼센트 이상을 여성에게 할당하는 제도를 도입했다. 비례대표 순위에서는 여성 후보를 홀수에 배치했다. 1번, 3번, 5번 등 숫자 하나를 건너뛰면서 여성을 배치했다. 당시에는 처음 있는 일이어서 많은 관심과 기대를 받았다. 이러한 신선한 변화와 함께 탄핵 사태를 불러온 국회의원들에 대한 국민의 심판이 국회의원 선거에서 영향을 미쳤다. 여당인 열린우리당이 제1당이 되었고, 비례대표 정당 득표율 13.0퍼센트를 차지한 민주노동당에서는 8명의 비례대표와 함께 창원과 울산 지역구에서 각각 1명씩 당선되었다. 지역구 득표에서는 총 123개 지역구에 후보를 내어 전국에서 91만 9천여 표를 얻어 4.3퍼센트의 득표율을 기록했다. 이는 1992년 총선에서 민중당이 얻은 득표율 1.5퍼센트와

1997년 대선에서 국민승리21의 권영길 후보가 얻은 득표율 1.2퍼센트의 세 배에 이르는 것이었다. 2000년 총선에서 민주노동당이 얻은 표(22만 3261표, 1.2퍼센트)의 네 배에 이르는 것이기도 했다.[147]

민중운동의 성장과 함께 그들을 대변하고자 하는 진보정당의 국회 진출은 민주주의의 발전을 상징하는 일대 사건이었다. 또한 민주노동당의 원내 진출은 박정희 정부가 들어서면서 사라졌던 혁신계, 즉 진보세력의 원내 진출이 재개되었음을 의미했다.

7장

시민사회가 일군
민주주의

2000년 1월 12일
제16대 총선을 앞두고 낙천낙선운동을 위한
총선시민연대 결성

1986년 2월 12일
신민당과 민주화추진협의회, 대통령 직선제 등
민주개헌1천만서명운동 시작

2000년 6월 5일 김대중 대통령, 환경운동단체들
의 동강댐 건설 계획 백지화 요구 수용

1987년 4월 13일 전두환 대통령, 호헌 조치 발표

1987년 6월 10일 6월 항쟁 시작

2000년 8월 28일 제주4·3사건진상규명및희생
자명예회복위원회 결성

1987년 6월 29일 노태우 민정당 대표, 직선제 개

2000년 10월 17일 의문사진상규명위원회 결성

헌 등을 수용하는 특별선언 발표

2000년 12월 8일 도쿄에서 일본군성노예전범

1987년 7월 24일 민정당과 신민당, 개헌을 위한

여성국제법정 개최

8인 정치회담 구성에 합의

1991년 8월 14일
김학순 할머니, 최초로 일본군 위안부 증언

1993년 4월 2일 환경운동연합 결성

1994년 9월 10일 참여연대 결성

1995년 12월 21일 5·18민주화운동 등에 관한 특별법 공포

1997년 2월 참여연대 소액주주운동 시작

1987년 10월 12일
개헌안 국회 본회의 통과

1999년 9월 9일 국민기초생활보장법 공포

1987년 12월 16일 제13대 대통령 선거 실시

1989년 7월 8일 경제정의실천시민연합 발기인대회

2002년 11월 30일
미군 장갑차에 의한 여중생 사망 사건 처리에
   항의하는 촛불시위 시작

———
2003년 10월 31일 노무현 대통령, 4·3사건에
   대한 공식 사과
2004년 3월 12일 국회의 노무현 대통령 탄핵
   소추 의결 후 이에 반대하는 촛불시위 전개
2004년 11월 23일 최초의 뉴라이트 단체인
   자유주의연대 결성

2016년 10월 29일
박근혜 대통령 퇴진 요구 촛불시위 시작

———
2017년 3월 10일 헌법재판소, 박근혜 대통령
   파면 선고
2017년 5월 10일 역사교과서 국정화 조치 폐기
2020년 5월 11일 5·18민주화운동진상규명조사
   위원회 결성
2020년 12월 10일 제2기 진실·화해를위한과거사
   정리위원회 결성

2005년 12월 1일
진실·화해를위한과거사정리위원회 결성

———
2008년 5월 2일 미국산 쇠고기 수입 반대 촛불시위 시작
2009년 11월 8일 민족문제연구소, 《친일인명사전》 출간
2011년 12월 14일 일본대사관 앞에 평화의 소녀상 건립
2013년 8월 30일 교학사 교과서 파동 발발
2014년 10월 13일 부마민주항쟁진상규명및명예회복
   심의위원회 결성
2014년 4월 16일 세월호 참사 발발
2015년 1월 1일 4·16세월호참사특별조사위원회 결성

2024년 12월 14일
국회, 윤석열 대통령 탄핵 소추
   의결

2005년 2월 3일
헌법재판소, 호주제 헌법 불일치 결정

———
2005년 5월 31일 친일반민족행위
   진상규명위원회 결성

❶ 시민사회, 민주주의 공고화의 주역
❷ 이행기 정의로서의 과거사 청산
❸ 광장 민주주의, 시민이 바꾼 세상

1970년대 이후 세계화가 빠르게 진행되면서 세계적으로 국가라는 존재의 영향력이 약화되는 대신 시민사회의 영향력이 높아지기 시작했다.[1] 시민단체를 만들어 정부를 설득하거나 압박해 시민사회가 당면한 문제를 해결하려는 시민운동이 본격화되었다. 이처럼 국가에 대한 시민사회의 힘이 상대적으로 강화되는 것은 현대의 특징 중 하나다.[2] 이제는 시민사회 없는 민주주의는 존재할 수 없고, 민주주의 없는 시민사회도 상상할 수 없다. 라틴아메리카와 동유럽 사회주의 국가에서는 1980년대 이후 민주화와 함께 국가로부터 시민사회가 상대적 자율성을 확보하기 시작했다.[3] 한국에서도 시민사회가 정치적 집합 주체로서 '시민권'을 획득한 것은 1980년대 말이었다. 민주화와 함께 시민사회가 스스로를 강화해 1987년 이후 민주주의를 이끄는 주체로 자리잡은 만큼 시민사회의 부상은 민주화운동과 밀접한 관련이 있다.

1987년 6월 항쟁 이후 민주개혁이 시대정신이 되면서 시민운동의 시대가 왔다. 독재에 저항하면서 성장한 운동사회의 주역들이 시민단체를 만들어 국가와 시장의 민주화와 합리화를 지향하는 시민운동을 펼치는 시대가 온 것이다. 이때부터 '시민'은 독재체제의 민주개혁을 요구하는 사회 구성원들의 광범한 동의에 기반한 집단적 정체성을 상징하는 개념으로 작동했다.[4] 시민운동은 경실련으로 대표되는 자유주의적 시민운동으로 출발해 1990년대 참여연대, 환경연합 등의 등장과 함께 진보적 시민운동이 부상하면서 민중운동과의 연대가 이뤄졌다.[5]

1987년 민주화 이후 민주주의 공고화 과정에서 이행기 정의(Transitional Justice)의 실현을 상징하는 과거사 청산이 본격적으로 이뤄졌다. 시민사회를 주축으로 과거사 청산 운동이 활발히 일어났고, 노태우 정부부터 정부 차원의 과거사 청산 작업이 추진되었다. 노무현 정부에서 정점에 이른 과거사 청산은 곧 보수세력과 역사학계·역사교육계 간의 치열한 역사전쟁을 불러일으켰다. 박근혜 정부가 역사 교과서 국정화를 강행했지만 결국 실패했고, 과거사 청산 작업과 역사전쟁을 거치면서 역사적 정체성을 독립운동과 민주화운동에 두는 역사 인식이 주류화되고 대중화되었다. 또한 세계적 과거사 청산의 일환으로 전시 성폭력 문제를 제기한 일본군 위안부 운동은 세계 여성 인권운동에서 커다란 분기점 역할을 했다.

2000년대에 들어서면서 시민들은 직접 광장으로 나와 주권자로서의 소임을 다했다. 2002년 미군 장갑차에 의한 중학생 사망 사건에 항의하며 시작된 촛불시위부터 2004년 노무현 대통령 탄핵 반대 촛불시위, 2008년 미국산 쇠고기 수입 반대 촛불시위, 세월호 참사에 대한 박근혜 정부의 태도에 항의하는 촛불시위, 2016년 가을부터 2017년 봄까지 일어난 박근혜 대통령 퇴진 요구 촛불시위, 그리고 2024년 겨울에 시작된 윤석열 대통령 퇴진 요구 응원봉 시위까지에 이르기까지 시민들은 광장에 모여 연대하며 민주주의 세상을 만들어갔다. "대한민국은 민주공화국이다. 대한민국의 주권은 국민으로부터 나온다"라는 헌법 제1조를 스스로 구현했다. 박근혜 대통령 파면을 실현한 2016년 촛불시위는 국민주권에 입각한 직접 민주주의와 대의제 민주주의가 합작해 실현한 시민혁명이었다. 그리고 이제 우리는 2016 촛불시위 역사의 파장 속에서 또다시 2024년 겨울 거리로 나섰다.

1
시민사회,
민주주의 공고화의 주역

87년 헌법, 최초의 여야 합의 개헌

지금 한국인은 '87년 헌법 체제' 아래 살고 있다. 1987년 6월 항쟁 때 거리로 나선 국민은 1972년 유신헌법으로 맥이 끊어진 대통령 직선제 개헌을 요구했다. 1987년 10월 최초로 여야 합의에 따른 개헌이 이뤄졌고, 그해 12월 국민의 손으로 직접 대통령을 뽑는 선거가 치러졌다.

전두환 정부에서 개헌 논의는 1985년 12대 국회의원을 선출하는 2·12총선에서 시작되었다. 2·12총선에서 김영삼, 김대중이 이끄는 신생 야당인 신민당이 기존 야당인 민주한국당과 한국국민당(이하 국민당)을 누르고 제1야당으로 부상했다.[6] 당시 신민당은 대통령 직선제 개헌을 총선공약으로 내세웠다. 1986년에 들어와 신민당은 재야단체인 민주화추진협의회(이하 민추협)와 함께 '대통령직선제 등 민주개헌 추진 천만인 서명 운동'을 시작했다.[7] 민추협은 1984년에 김영삼, 김대중 등 정치활동이 제한된 정치인들을 중심으로 결성한 단체였다. 이 서명운동이 국민적 지지를 받자 전두환 대통령은 정당 대표회담을 열어 여야가 합의한다면 임기 중에 헌법을 개정할 뜻이 있음을 밝혔다. 이에 따라 국회에 국회헌법개정특별위원회(이하 개헌특위)가 구성되었다.[8] 그리고 여당인 민정당은 의원내각제를, 신민당과 국민당이 대통령 직선제를 골자로 하는 개헌안을 내놓았다. 하지만 여야가 갈등하면서 개헌특위 활동은 중단되고 말았다.[9]

이듬해인 1987년 1월 서울대 학생 박종철이 치안본부 남영동 대공분실에서 조사를 받던 도중 사망한 사건이 일어났다. 4월 13일에는 전두환 대통령이 모든 개헌 논의를 금지하는 조치를 단행했다.[10] 그러자 이 4·13 호헌조치에 반발해 전국에서 개헌을 요구하는 시위가 일어났다. 이 와중에 박종철이 경찰의 발표와 달리 고문치사로 사망했다는 사실이 밝혀지면서 그해 6월 '호헌철폐, 독재타도'를 외치는 시민들이 매일 거리로 쏟아져 나왔다. 결국 6월 29일 노태우 민정당 대통령 후보는 민주화와 직선제 개헌 요구를 수용한다는 특별선언을 발표했다.[11]

6월 항쟁이 끝난 직후부터 개헌을 위한 정치 일정이 시작되었다. 여야 간의 개헌 협상은 세 단계로 이뤄졌다. 첫 단계는 개헌 협상 준비기로 6·29선언 이후부터 7월 24일까지 여당인 민정당과 야당인 통일민주당(이하 민주당)이 8인 정치회담 구성에 합의한 시기가 이에 해당한다. 이 시기에 여야는 각각 개헌안을 마련했다. 두 당의 개헌안은 다음 방향에서는 일치했다. 우선 기본권 조항에 붙어 있던 유보 혹은 단서 조건을 약화하거나 삭제해 기본권을 강화하고자 했다. 둘째, 대통령 권한을 약화해 권력 집중으로 인한 독재화의 가능성을 줄이고자 했다. 셋째, 국회와 사법부의 권한을 강화해 삼권 간의 견제와 균형을 이루고자 했다.

양당이 이견을 드러낸 조항들도 있었다. 먼저 헌법 전문에 들어갈 문구를 두고 갈등했다. 민정당은 '제5공화국 창건'을 헌법 전문에 넣고자 했다. 반면 민주당은 5·18정신과 문민정치, 국민저항권, 정치보복 금지 등을 헌법 전문에 명시하고자 했다. 앞서 언급했던 기본권 강화에 대해서는 민주당은 유보 조건이나 단서 조건을 대부분 삭제할 것을 주장했고, 민정당은 확대의 폭을 제한하고자 했다. 특히 선거 연령 18세 하향, 공무원의 노동3권 인정, 단체행동권 제한 범위, 근로자의 경영 참여권과 이익균점권 등에 대해서는 양당의 입장 차가 뚜렷했다. 국회의 권한에서는 국정감사권 부활 범위를 놓고, 헌법재판에서는 관할 기관을 놓고 양당이 이견을 보였다.

가장 큰 입장 차이를 보인 것은 대통령 임기와 부통령제 도입 문제였다. 민정당은 부통령 없는 6년 단임제의 대통령제를 주장했다. 이는 대통령 7년 단임제를 규정했던 기존 헌법의 연장선상에서 대통령의 임기를 6년으로 줄인 것이었다. 민주당은 1986년에 국회에 설치된 헌법개정심의특별위원회에 신민당이 내놓았던 개헌안을 바탕으로 4년 중임의 대통령제와 부통령제 도입을 주장했다.[12]

이처럼 양당이 내놓은 개헌안을 놓고 8인 정치회담이 열리면서 개헌 협상의 두 번째 막이 올랐다.[13] 8인 정치회담에는 여당에서 권익현, 윤길중, 최영철, 이한동 의원이, 야당에서는 이중재, 박용만, 김동영, 이용희의원이 참여해 8월 3일부터 약 한 달 동안 협상을 이어갔다.[14] 8인 정치회담은 먼저 8월 14일까지 110개의 이견 조항 가운데 55개 조항에 대해 합의를 하거나 의견 접근을 이뤘다. 이때까지 쉽게 합의를 이루지 못한 문제는 헌법 전문, 대통령 임기, 부통령제 도입 여부, 대통령 후보의 국내 거주 요건, 선거 연령, 부칙의 정치 일정 등이었다. 하지만 8월 말에 이르러서는 부칙의 정치 일정만 제외하고는 모든 조항이 타결되었다.[15] 헌법 전문에서는 민주당이 5·18 부분 명기를 포기하는 대신 민정당은 '제5공화국 창건' 명기를 포기했고, 총강에 군의 정치적 중립을 명기하기로 합의했다. 대통령 임기는 5년 단임제로 절충하면서 부통령제는 도입하지 않기로 했다. 선거 연령은 헌법 조항에서 삭제하고 하위법에 규정하기로 합의했다.

이제 개헌 협상의 세 번째 단계로 넘겨진 문제는 부칙의 정치 일정에 대한 합의였다. 9월 2일 민정당 대표 노태우와 민주당 대표 김영삼이 만났다. 두 사람은 10월 말까지 개헌안의 국회 통과와 국민투표를 마무리하고, 12월 20일 이전에 대통령 선거를 실시하기로 합의했다. 8인 정치회담은 개정 헌법의 발효시기를 1988년 2월 25일로 하는 데 합의했다. 13대 국회의원 총선 시기에 대해서도 개정 헌법 공포일로부터 6개월 이내에 실시하기로 합의했다. 이로써 개헌 협상은 정치 일정과 관련된 부칙에 대한 합의를 끝으로 9월 16일에 완전히 타결되었다.[16] 8인 정치회담은 합의된 개헌안을 국회의 헌법개정특별위원회로 넘겼다.

9월 17일 헌법개정특별위원회는 전문과 본문 10장 130조와 부칙 6조로 구성된 개헌안을 국회에 제출했다. 이 개헌안은 10월 12일 국회 본회의에서 찬성 254명, 반대 4명으로 통과되었다. 그리고 10월 27일 78.2

퍼센트의 유권자가 참여한 국민투표에서 93.1퍼센트의 압도적인 지지를 얻어 이틀 후인 10월 29일에 공포되었다.[17] 이로써 헌정사상 처음으로 여야 합의에 의한 개헌으로 6월 항쟁의 요구가 반영된 '87년 헌법'이 탄생했다.

'87년 헌법'은 전문에서 "불의에 항거한 4·19 민주 이념을 계승"한다는 점, "조국의 민주개혁"을 명시함으로써 독재권력에 대한 국민의 저항권과 민주주의 발전을 위한 개혁 의지를 천명했다. 그리고 6월 항쟁의 최대 요구였던 대통령 직선제를 수용했다. 또한 5년 임기의 대통령 단임제를 채택했다. 민정당의 노태우와 민주당의 김영삼은 물론 김대중까지 5년 단임제에 동의한 것은 정략적인 이유에서였다. 당시에는 여야를 막론하고 어떤 대통령 후보도 당선을 확신할 수 없었다. 그러므로 이번 대통령 선거에서 실패하더라도 차기 대통령 선거에 가능한 한 빨리 도전할 수 있기를 바랐던 것이다.[18]

이처럼 정략적 합의의 산물임에도 불구하고 '87년 헌법'은 국민의 기본권을 확대하고자 했고, 대통령 권한을 축소하는 동시에 입법부와 사법부의 권한을 강화해 삼권의 균형과 견제를 꾀하는 성과를 낳았다. 국민 기본권이 강화된 조항들을 살펴보면 법률과 적법한 절차에 의하지 않고는 처벌·보안 처분을 받지 않도록 하고 체포·구속·압수·수색 시에는 적법한 절차에 따라 발부된 영장을 제시하게 했다. 체포·구속 시에는 그 이유와 변호인의 조력을 받을 권리를 고지할 의무 및 가족에 대한 통지 의무를 신설하고 구속자에 대해서는 구속적부심사 청구가 가능하게 했다. 또한 '87년 헌법'은 언론·출판에 대한 허가나 검열, 집회·결사에 대한 허가를 금지하는 규정을 신설했다. 단체행동권 행사에 대한 법률 유보 조항도 삭제했다. 그렇지만 법률이 정하는 주요 방위산업체에 종사하는 근로자에 대해서는 단체행동권을 제한하거나 인정하지 않을 수 있게 했다. 그리고 최초로 헌법에 최저임금제를 명문화했다.[19]

권력 분립에 있어서는 삼권 간의 견제와 균형을 도모하기 위해 우선 대통령 권한을 축소했다. 대통령의 권한 규정에서 비상조치권과 국회해산권을 폐지했고, 국회의 국정감사권을 부활함으로써 국회가 행정부를 견제할 수 있도록 했다. 또한 사법부의 실질적인 독립을 위해 법관의 임명 절차를 개선했고 헌법의 실효성을 높이고자 헌법재판소를 신설했다. 헌법재판소는 법률의 위헌 여부, 탄핵, 정당 해산, 국가기관 상호 간의 권한쟁의, 헌법소원 등에 대한 심판권을 보유하게 되었다.[20]

그런데 '87년 헌법'의 탄생은 제도정치권에 의해 주도되었다. 6월 항쟁을 이끌었던 민주화 세력, 그중에서도 재야세력은 개헌 과정에 거의 관여하지 않았다. 6월 항쟁을 주도했던 국민운동본부는 헌법개정특별위원회를 설치했다. 그리고 8월 4일에 1차 전국 총회를 열어 대통령 임기 4년 중임, 국정감사권 부활, 선거인 연령 18세로 조정, 노동3권 보장 등의 내용을 담은 〈헌법 개정 요강〉을 확정했다.[21] 8월 24일에는 '민주헌법 쟁취를 위한 개헌안 쟁점 토론회'를 개최했다.[22] 하지만 헌법 개정에 대한 국민운동본부의 관심은 여기에서 그쳤다. 당시 재야세력의 관심사는 개헌이 아니라 직선제 개헌을 통해 치러지는 대통령 선거였다.[23] 1987년 8월부터 10월까지 8인 정치회담과 국회에서 헌법 개정이 진행되는 동안 민주화 세력은 대통령 후보 단일화에 주력했다.

1987년 대통령 선거는 재집권을 노리는 신군부 세력과 6월 항쟁을 민주 정부 수립으로까지 이어가고자 했던 민주화 세력 간의 경쟁 구도로 치러졌다. 그러므로 선거 국면에서 가장 큰 관심을 끈 것은 민주화 세력의 후보인 김영삼과 김대중의 후보 단일화 문제였다. 그들이 분열하면 선거에 패배할 가능성이 있기 때문이었다. 하지만 두 후보의 단일화는 무산되고 말았다.[24]

대통령 선거는 4파전으로 전개되었다. 여당인 민정당의 노태우, 야당인 민주당의 김영삼, 평화민주당(이하 평민당)의 김대중이 유력한 후보로서 경쟁하고, 여기에 신민주공화당의 김종필 후보가 가세했다. 이 같은 구도에서 세 사람의 유력 후보가 서로 승리를 장담하도록 만든 기반은 지역 연고주의였다. 우선 평민당의 김대중 후보는 자신이 호남과 서울에서 확실한 우위를 점할 것이고, 더불어 재야세력, 노동자, 학생의 광범위한 지지를 받을 것이라고 장담했다. 따라서 영남에서 김영삼 후보가, 충남에서 김종필 후보가 노태우 후보의 표를 분산시켜준다면 자신이 승리한다고 생각했다. 한편 민주당의 김영삼 후보는 부산·경남의 지역 기반에 더해 온건한 성향의 지지층에 기대를 걸었다.

마침내 1987년 12월 16일 제13대 대통령 선거가 실시되었다. 국민직선에 의한 대통령 선거가 마지막으로 치러졌던 1971년 이후 무려 16년 만의 선거권 행사였다. 그만큼 국민의 뜨거운 관심 속에서 치러졌고, 선거 국면 내내 지속되었던 1노 3김의 첨예한 경쟁과 대립은 국민의 관심을 더욱 고조시켰다. 투표율이 89.2퍼센트에 달하는 가운데 36.0퍼센트의 지지를 획득한 민정당의 노태우 후보가 대통령에 당선되었다. 각각 27.5퍼센트와 26.5퍼센트를 획득한 민주당의 김영삼 후보와 평민당의 김대중 후보는 2위와 3위에 그쳤다.[25] 결국 12·12쿠데타를 일으킨 신군부 세력의 일원인 노태우와 민정당이 재집권에 성공하고 정권교체

는 좌절되었다.[26]

시민사회의 시대가 도래하다

6월 항쟁의 주역은 학생과 함께 '넥타이 부대'로 상징되는 시민이었다. 시민들이 나서서 독재권력에 저항하는 민주항쟁으로 민주주의의 진전을 이뤘다. 그리고 정부와 시장을 감시하며 더 나은 세상을 만들기 위해 시민 스스로 실천하는 공간이 활짝 열렸다. 이것을 시민사회라고 부른다. 시민사회에는 개인으로서의 시민도 존재하지만 시민 사회를 이끄는 시민단체들이 존재한다. 시민단체는 비정부기구, 즉 NGO(non-governmental organization)라고도 불린다.

6월 항쟁 이후 다양한 분야에서 시민단체가 결성되었다. 먼저 의사와 약사들은 인도주의실천의사협의회(1987), 청년치과의사회(1988), 건강사회실현약사협의회(1988) 등을 결성해 활동했다. 변호사들은 1988년에 민주사회를 위한 변호사 모임을 결성했다.[27] 1989년에는 교사들이 전국교직원노동조합(이하 전교조)을 결성했다. 시민들의 높아지는 관심을 반영해 환경 문제를 다루는 시민단체인 공해추방운동연합(1988)도 만들어졌다.[28]

노태우 정부는 이들 시민단체 중 유독 전교조의 탄생에 민감한 반응을 보였다. 이때 교원노조가 처음 생긴 것은 아니었다. 1960년 4·19혁명 직후 교원노조가 결성되어 노동운동을 벌였는데 5·16쿠데타로 사라지고 말았다. 이후 1986년에 결성된 민주교육추진전국교사협의회는 사학비리 척결 운동, 촌지 없애기 운동 등을 벌였고, 이를 발판으로 1989년 전교조가 탄생했다. 노태우 정부는 전교조가 민족·민주·인간화 교육의 지표로 내세운 '참교육'을 반체제적인 위험한 이념이라며, 전교조 소속 교사 107명을 구속하고 1527명을 해직시켰다.[29] 전교조 해직 교사는 김영삼 정부에 들어와 복직했다.[30] 전교조는 김대중 정부에서는 결성된 지 10년 만인 1999년에 합법적인 노동조합으로서 공식 출범할 수 있었다.[31]

한편 변호사, 교수 등의 전문가와 시민운동가가 함께 꾸린 권력 감시 단체들이 생겨났다. 1989년 7월에는 자유주의적 시민단체인 경제정의실천시민연합(이하 경실련)이 발기인대회를 개최하며 문을 열었다. 경실련은 발기 선언문에서 "정부 정책에 대한 국민들의 자유로운 선택권이 보장되며 경제적으로 시장경제의 효율성과 역동성을 살리면서 깨끗하고 유능 적절한 개입으로 분배의 편중, 독과점 및 공해 등 시장경제의 결함을 해결하는 민주 복지 사회가 자유와 평등, 정의와 평화의 공동체로서 우리가 지향할 목표"임을 천명했다. 또한 다음과 같은 〈우리의 실천 과제〉를 제시했다.

- 모든 국민은 빈곤에서 탈피하여 인간다운 삶을 영위할 권리가 있다.
- 비생산적인 불로소득은 소멸되어야 한다.
- 자기 인생을 자유롭게 선택할 수 있도록 경제적 기회균등이 모든 국민에게 제공되어야 한다.
- 정부는 시장경제의 결함을 시정할 의무가 있다.
- 진정한 민주주의를 왜곡시키는 금권정치와 정경유착은 철저히 척결되어야 한다.

• 토지는 생산과 생활을 위해서만 사용되어야 하며 재산 증식 수단
으로 보유되어서는 안 된다.[32]

이처럼 경실련은 경제정의를 구현하기 위한 비폭력적이고 평화적인
시민운동을 지향하며 부동산 투기 억제, 한국은행 독립, 금융실명제 실
시와 강화, 조세제도 개혁 등을 촉구하는 실천 운동을 펼쳤다. 그밖에도
5·18특별법 제정과 특별검사제 도입, 지방자치제도 활성화, 정치·행정
제도 개혁, 시민의 알 권리 보장과 행정 민주화를 촉구하고 정책적 대안
을 내놓는 활동을 전개했다.[33] 경실련의 권력 감시와 정책 대안 제시에
시민들이 호응하면서 경실련 회원은 출발 당시 500여 명에서 1993년에
이르면 8500여 명으로 늘어났다.[34]

1990년대에는 시민사회에 새로운 변화가 일어났다. 김영삼 정부가 들
어선 이래 시민단체들은 정부를 견제하고 감시하는 동시에 정부의 정책
적 동반자 역할을 수행했다. 1993년에 출범한 진보적 시민단체인 환경
운동연합과 1994년에 창립한 참여연대 등은 개혁적 입법과 정책의 추
진을 압박하는 시민사회의 중심 단체로 성장했다.

환경운동연합은 서울의 공해추방운동연합을 중심으로 전국 8개 환경
단체들이 통합해 결성한 단체였다. 환경운동연합은 창립선언문에서 "생
활 속에서 이루어지는 모든 환경 파괴, 오염 행위를 근절하고, 새로운 환
경 의식과 실천으로 스스로 자신의 삶터를 건강하게 가꾸어나가는 시민
운동"을 펼칠 것을 약속했다.[35] 환경운동연합은 환경운동의 주체로서의
시민의 역할을 강조하고 구체적인 환경 문제의 해결을 위해 시민 역량을
결집하는 데 주력했다.[36] 환경운동연합은 창립 10년 만에 약 10만 명의

회원을 보유하면서 아시아 최대 환경운동단체로 성장했다.[37]

1994년에는 국가권력에 대한 감시와 정책 대안 제시를 통해 실천적 사회운동을 펼칠 것을 목표로 하는 참여연대가 탄생했다. 참여연대는 '참여민주사회와 인권을 위한 시민 연대'라는 이름으로 출발했다. 두 차례의 개정을 거쳐 국가의 횡포와 재벌에 대한 시민의 개입과 실천이라는 뜻을 의미하는 '참여'에, 사익이 아닌 공익을 위해 뭉치자는 뜻의 '연대'를 붙인 참여연대로 명칭을 확정했다. 참여연대는 창립선언문에서 "지금 우리는 시대적 전환기를 맞이하고 있으나 우리의 민주주의 기반이 얼마나 취약한가를 절감하며 정직하고 성실한 사람이 인간다운 삶을 영위할 수 있는 사회를 실현하기 위해 연대의 깃발을 들고자 한다"라고 선언하고 "국민이 명실상부한 나라의 주인이 되기 위해서 매일매일 국가권력을 엄정히 감시하는 파수꾼"이 될 것임을 천명했다. 참여연대는 정치적 권력과 제도의 민주화를 위해 시민 감시를 강화하는 활동에 역점을 두었다. 그리고 경제개혁센터, 조세개혁센터, 사법감시센터, 의정감시센터, 평화군축센터, 맑은사회만들기본부, 작은권리찾기운동본부, 사회복지위원회, 국제연대위원회 등의 활동 기구를 설치하고 활동 기구마다 시민운동가와 전문가가 함께 활동하는 방식으로 시민운동을 실천했다.[38]

2000년에는 경실련이나 참여연대와 다른 형태의 시민단체인 아름다운재단이 탄생했다. 아름다운재단은 '한국 사회에 올바른 기부문화를 확산하고 소외계층과 시민사회의 공익활동을 지원하기 위한 활동을 한다'는 목표로 출범했다. 제일 먼저 올바른 기부문화 확산을 위한 캠페인과 아름다운 1% 나눔 운동을 추진했다.[39] 아름다운재단에 처음으로 공익기금을 낸 사람은 일본군 위안부 피해자인 김군자 할머니였다. 평생 모은 재산 5천만 원을 기부해 많은 감동을 주었다.[40] 아름다운재단은 2002년에 아름다운가게를 열었다. 아름다운가게는 중고품을 무상으로 기부받아 판매해 사회 자선 및 공익사업을 위한 기금을 마련하는 활동을 벌였다. 영국의 옥스팜(Oxfarm)과 미국의 굿윌(Goodwill)을 모델로 만들었다. 이는 사용한 물건을 버리지 않고 재활용한다는 면에서는 환경운동이었고, 물품 재사용으로 사람과 사람을 연결한다는 면에서는 생활공동체운동이었다. 또한 재사용 물품 판매로 마련한 기금을 공익사업에 쓴다는 점에서는 시민 참여형 자선운동이었다.[41]

김영삼 정부의 지방자치제 부활로 본격적인 지방 자치의 시대를 맞아 지역에서도 시민운동이 활성화되었다. 지역의 시민단체들은 중앙이 아닌 지방에 뿌리내린 단체라고 하여 풀뿌리 시민단체로 불렸다. 풀뿌리 시민단체들은 지방 행정기관을 상대로 예산과 정책을 감시하고 지역의 현안에 대한 입장을 내거나 대안을 찾는 활동을 벌였다. 1997년에는 전국 15개 지역의 주민자치 및 권력 감시 단체들이 정책 연대를 모색하며 참여자치지역운동연대를 발족했다.[42]

한편 2000년대에 들어 보수적 시민운동이 활성화되었다. 보수적 시민운동은 김대중 정부의 남북화해 정책에 이어 노무현 정부의 과거사 청산 작업에 반발하며 본격화되었다. 노무현 대통령은 2004년 8·15 경축사에서 과거사 청산에 대한 강력한 의지를 표명했다. 이에 보수세력은 친일·독재 청산을 내세우는 과거사 문제로 자신들의 정체성 혹은 주도권이 심각한 손상을 입을 것이라고 우려했다.[43] 보수세력이 결집하는 가운데 새로운 보수세력으로서 뉴라이트가 등장했다. 뉴라이트 단체로는 먼저 2004년 11월 23일에 자유주의연대가 창립했다.[44] 이어 2005년 1월에는 교과서포럼, 3월에는 뉴라이트 싱크네트, 11월에는 뉴라이트전국연합이 연달아 결성되었다. 뉴라이트는 북한을 적대시하는 반북주의와, 시장경제 체제와 신자유주의를 옹호하는 시장주의를 내세우며 세력을 키웠다. 뉴라이트는 시민운동에도 뛰어들었다. 2002년 대선에서 보수정권이 집권에 실패한 이유가 보수적 시민운동이 없어서라고 생각했기 때문이다. 뉴라이트전국연합은 다양한 유권자 운동으로 2007년 대통령 선거에서 정권교체에 힘썼다.[45] 이러한 보수세력의 재집권 운동은 이명박 한나라당 후보가 당선됨으로써 성공했다. 그리고 이명박 정부와 박근혜 정부의 직·간접적 지원 속에 보수세력 결집을 위한 활동을 전개했다. 하지만 정부의 지원은 약이자 곧 독이었다. 보수적 시민단체들은 정부로부터 재정 지원을 받으며 시민들의 자발적인 지지와 후원을 받기 위한 노력에 힘을 기울이지 않았다. 그러다 보니 2016 촛불시위로 박근혜 대통령이 파면되면서 보수세력에게도 곧바로 존립의 위기가 찾아왔다. 뉴라이트 잡지로 '한국 보수세력의 이념적 뒷받침 역할을 한다'고 평가받던 《시대정신》이 2017년 5월 17일 통권 78호를 끝으로 무기한 휴간을 선언했다. 전국경제인연합회(이하 전경련)으로부터 받았던 지원금이 2016년 여름부터 중단되었기 때문이다. 편집인 홍진표는 휴간 원인으로 보수세력에는 시민단체 참여와 후원 문화가 없다는 점을 드는 동시에 박근혜 정부의 보수적 시민운동을 대하는 태도를 문제 삼았다. 박근혜 정부가 보수단체들을 전경련 등을 통해 우회적으로 지원하면서 동원 대상으로만 여기는 바람에 보수적 시민운동의 독립성과 시민성이 약화되었다는 것이다.[46]

1987년 6월 항쟁 이후 탄생한 많은 시민단체를 기반으로 시민사회는 민주주의의 공고화 과정에서 중심 역할을 했다. 시민운동가 혹은 시민활동가들이 정부와 시장을 견제하고 감시하는 시민운동에 주력하면서 시민사회를 이끌어갔다.

시민운동이 만든 민주주의 사회

김영삼 정부 이래 시민사회는 정치·경제·사회 전반의 민주화를 목표로 시민운동을 펼쳤다. 다양한 시민운동이 전개되는 가운데 참여연대와 경실련 등은 정부를 상대로 개혁입법운동을 펼쳤다. 개혁입법운동은 악법을 폐지하거나 개정하는 운동과 함께 시대에 뒤떨어진 제도를 폐지하거나 민주화를 위해 필요한 제도를 도입하는 등 법과 제도 개혁에 초점을 맞췄다. 1997년 말 외환위기를 겪으며 실업, 빈곤과 같은 사회 문제가 심각한 지경에 이르면서 시민사회와 정부 사이에 협치가 활발하게 이루어진 1998년부터 2003년까지가 개혁입법운동의 전성기였다.

개혁입법운동의 대표적인 사례로는 국민기초생활보장법 제정 운동과 호주제 폐지 운동을 들 수 있다. 참여연대는 출범 직후인 1994년 12월부터 국민복지 기본선 확보 운동의 하나로 생활보호법 개정 운동을 벌였다. 최저한의 인간다운 삶을 누릴 권리를 국가가 보장해야 한다는 취지로 시작된 국민복지 기본선 확보 운동은 1997년 외환위기로 저소득층이 가장 큰 경제적 고통을 받는 현실에서 '고실업 시대 사회적 안전망은 국민기초생활보장법'이라는 프레임의 국민기초생활보장법 제정 운동으로 전환되었다. 1998년 국민기초생활보장법 청원안을 국회에 제출한 참여연대는 민주노총 등 64개 단체와 연대하여 '국민기초생활보장법 제정 추진연대회의'(이하 연대회의)를 결성했다. 시민사회가 함께 연대회의를 결성해 국민기초생활보장법 제정 운동에 나선 가운데 김대중 대통령이 "중산층과 서민들이 안심하고 살 수 있도록 국민기초생활보장법을 제정하겠다"[47]라고 천명하고 여당은 물론 야당인 한나라당이 동의하면서 국민기초생활보장법은 1999년 8월에 국회를 통과해 9월 7일에 공포되었다.[48] 이로써 최저생계비 이하로 살아가는 모든 사람이 수급 자격을 갖게 되었다. 국민기초생활보장법 제정으로 복지는 시혜가 아니라 헌법이 규정하는 '인간다운 생활을 할 권리'의 문제라는 인식이 자리잡았다.

호주제는 호주를 남성으로 한정해 아버지에서 아들로 이어지는 남계혈통에 여성은 아내 혹은 딸로서 속하게 만드는 제도였다. 이에 따라 여성은 태어나면 호주가 아버지였다가 결혼하면 남편으로 바뀌었다. 12개 여성단체로 결성된 한국여성단체협의회는 2000년 제37회 전국여성대회에서 호주제 폐지 운동을 벌일 것을 결의했다. 그리고 한국가정법률상담소, 참여연대, 민주사회를 위한 변호사 모임, 천주교정의구현전국연합 등의 시민단체들과 함께 호주제 폐지를 위한 시민연대(이하 시민연대)를 발족했다. 2000년 11월 28일 시민연대는 호주제 위헌소송을 냈다.[49] 5년이라는 세월이 흐른 2005년 2월에 헌법재판소가 개인의 존엄성과 양성평등에 위반된다는 이유로 위헌 결정을 내리면서 마침내 호주제는 폐지되었다.[50]

시민사회는 정부에 법과 제도의 개혁을 요구하는 운동과 함께 시민들이 더 나은 민주주의 사회를 만들어가는 시민 참여형 시민운동을 펼쳤다. 대표적인 사례로는 낙천낙선운동을 꼽을 수 있다. 2000년 4월 13일에 치러진 16대 국회의원 선거 과정에서 400여 개 시민단체로 구성된 총선시민연대는 낙천낙선운동을 전개했다.[51] 낙천과 낙선 대상자의 선정 기준은 부패 행위, 선거법 위반 행위, 반민주·반인권 전력, 의정활동의 성실성, 법안 및 정책에 대한 태도, 정치인의 기본 자질을 의심할 만한 반의회적·반유권자적 행위였다.[52] 실제로 낙선 대상으로 지목됐던 5선 이상의 여야 중진의원 대부분이 줄줄이 낙선했다. 수도권에서는 20명 중 19명이, 충청권에서는 7명 중 6명이 탈락했다. 낙선 대상자 중 68.6퍼센트가 낙선한 것으로 나타났다.[53] 이렇게 사상 처음 시도한 낙천낙선운동은 시민에 의한 정치개혁의 가능성을 보여주었다는 평가를 받았다.[54] 2004년 17대 국회의원 선거에서도 낙천낙선운동이 등장했다. 시민사회는 미국의 이라크 침공을 명분 없는 전쟁으로 규정하고 파병 동의안에 찬성한 의원들에 대한 낙천낙선운동을 벌였다. 그런데 2004년 3월 12일 국회가 노무현 대통령에 대한 탄핵소추안을 가결했다. 550여 개 시민단체로 구성된 '탄핵무효 부패정치척결을 위한 범국민행동'은 대통령 탄핵을 총칼 없는 쿠데타로 규정하고 촛불시위에 나섰다. 당시 300여 개 시민단체가 참여한 총선시민연대는 탄핵 찬성 의원 전원을 포함한 206명의 낙선 대상자를 발표했다.[55] 이중 129명이 떨어져 낙선율 62.6퍼센트를 기록했다.[56]

경제민주화를 위한 시민 참여형 시민운동의 대표적 사례로는 참여연대가 추진한 소액주주 권리찾기 운동이 있었다. 참여연대는 1997년 서울 명동 거리에서 "제일은행 주주 권한을 참여연대에 위임해주십시오"라고 외치며 본격적인 소액주주 권리찾기 운동을 시작했다. 제일은행이 한보철강에 특혜 대출을 해주었다가 입은 막대한 손해의 책임을 경영진에게 묻고자 소액주주들로부터 권리를 위임받아 주주총회에 참석하려는 전략에서 시작한 운동이었다.[57] 1998년에는 삼성전자와 SK텔레콤을 상대로 소액주주 권리찾기 운동을 준비했다. 3월 27일 열린 삼성전자 주주총회에서는 개회 선언과 동시에 소액주주들로부터 권리를 위임받아 참석한 참여연대 경제민주화위원회 소속 학자와 변호사들이 준비된 질문을 쏟아냈다. 그날 주주총회는 무려 13시간 30분 동안 계속되었고 거대기업인 삼성이 시민단체의 비판에 쩔쩔매는 모습이 언론을 통해 보도되면서 커다란 화제를 낳았다.[58] 1998년 9월부터는 삼성전자와 SK텔레콤 외에 ㈜대우, LG반도체, 현대중공업 등 소액주주 운동 대상 기업을 선정하면서 '5대 재벌 감시 운동'의 틀을 마련했다.[59] 소액주주 운동을 통한 경제민주화 운동은 2000년대에 들어와 LG그룹 산하 데이콤이 경영 투명성 및 기업지배구조 개선안을 발표하고 SK텔레콤에서 처음으로 사외이사가 임명되는 등 결실을 맺기 시작했다.[60]

시민사회가 권력을 감시하고 견제하는 본연의 역할을 추진하는 가운데 정부와 가장 격렬하게 충돌한 운동은 환경운동이었다. 1998년에 환경운동연합이 시작한 동강댐 건설 반대운동은 결국 2000년 6월에 건설 계획 백지화를 이끌어냈다.[61] 환경운동연합을 비롯한 환경단체들은 1998년에 시작된 새만금 간척사업에 대한 백지화 운동도 펼쳤다. 하지만 2006년 4월에 새만금 방조제 물막이공사가 결국 마무리되었다.[62] 환경운동 단체들은 반핵운동에도 나섰다. 1994년에 서해 굴업도에 핵폐기장을 건설한다는 정부의 발표가 나오자, 환경운동연합은 지역 주민들과 연대해 반핵운동을 펼쳤고 결국 핵폐기장 건설을 무산시켰다. 2004년 전북 부안에서는 환경단체들이 핵폐기장 부지 선정 반대운동을 거세게 벌였다. 이듬해인 2005년에는 경북 경주 핵폐기장 건설에 반대하는 운동을 펼쳤으나 주민 투표로 부지 확정이 결정되면서 실패하고 말았다.[63]

이처럼 민주화 이후 시민단체들은 낙천낙선운동, 소액주주 운동과 같은 새로운 운동을 고안하고 누구도 생각하지 못했던 1인 시위와 같은 새로운 시위 방식을 만들어내며 민주주의 사회를 공고하게 구축하는 과정을 주도했다.[64]

2
이행기 정의로서의
과거사 청산

민주화 이후 정부 주도의 과거사 청산

이행기 정의는 '무력 충돌, 식민 통치, 독재정치 등으로 중대한 인권침해가 발생하면서 반목과 갈등으로 분열되었던 공동체가 지속적인 평화를 회복함으로써 더욱 민주적인 사회를 수립하는 과정'[65]을 뜻한다. 그러므로 이행기 정의는 식민과 전쟁, 독재의 과거사가 남긴 문제의 청산이 민주화 과정에서 본격적으로 이뤄진 우리의 현실에 부합하는 개념이라 할 수 있다.[66] 이행기 정의로서의 과거사 청산, 즉 민주화 이후 민주주의 과정에서의 과거 청산은 시민사회의 지속적인 과거사 청산 활동에 힘입어 정부가 주도적으로 나서면서 뜻깊은 성과를 이뤄냈다.

해방 직후 친일파 청산은 일본 식민지에서 벗어나 당당한 독립국가를 수립하기 위한 첫 번째 관문이었다. 하지만 국민적 염원을 담아 정부 수립 직후 설치된 반민족행위특별조사위원회는 이승만 정부의 방해로 8개월 만에 문을 닫았다. 4·19 직후에는 한국전쟁 당시 자행된 민간인 학살의 진상규명을 요구하는 움직임이 일어났으나 5·16쿠데타로 깊은 좌절을 맛봐야 했다. 그리고 독재의 긴 터널을 지나 1987년 6월 항쟁으로 민주화 시대가 도래하자 본격적으로 과거사 청산을 요구하는 목소리가 나오기 시작했다.

민주화 이후 과거사 청산의 첫 삽을 뜬 것은 5·18이었다. 노태우 정부는 '광주 민주화운동 관련자 보상 등에 관한 법률'에 의거해 5·18 관련자에 대한 보상을 진행했다.[67] 하지만 정부가 진상규명과 책임자 처벌을 외면한 채 피해자에 대한 물질적 보상으로 국가범죄를 은폐하려 했다는 비판이 제기되었다. 5·18에 대한 본격적인 과거 청산은 김영삼 정부에서 시작되었다.

김영삼 정부 때인 1995년에 국회는 '5·18민주화운동 등에 관한 특별법'을 제정했다.[68] 이에 근거해 검찰은 전두환, 노태우 등을 체포하고 신군부의 12·12쿠데타와 관련해 16명을 군사반란 및 내란죄 등으로 기소했다. 1심은 전두환에게 사형을, 노태우에게 징역 22년형을 선고했다. 2심에서 전두환은 무기징역으로, 노태우는 징역 17년형으로 감형되었다. 3심인 대법원에서 상고를 기각하면서 형이 확정되었다.[69] 두 사람은 1997년 12월 김대중이 대통령에 당선된 직후 특별사면되었다.[70] 김영삼 정부는 5·18민주화운동과 함께 한국전쟁 당시 국군에 의해 자행된 민간인 학살 문제의 해결에도 나섰다. 1951년 2월 경상남도 거창군 신원면에서는 국군이 700명이 넘는 주민을 학살했다. 1995년 12월 국회는 '거창 사건 등 관련자 등의 명예회복에 관한 특별법'을 제정했고, 이에 기반해 희생자와 유족에 대한 명예회복이 추진되었다.[71]

김대중 정부는 의문사 진상규명과 제주 4·3사건 해결에 나섰다.[72] 의문사는 '사망 원인이 분명하게 밝혀지지 않고 위법한 공권력의 직·간접적인 행사로 인해 사망했다고 의심할 만한 상당한 사유가 있는 죽음'을 뜻한다. 의문사 사건 관련 유가족들은 1998년 11월 4일부터 422일 동안 국회 앞에서 천막농성을 벌이며 의문사 진상규명을 요구했다.[73] 마침내 1999년 12월 '의문사 진상규명에 관한 특별법'이 국회를 통과했다.[74] 이듬해 10월에는 정부가 의문사진상규명위원회(이하 의문사위)를 출범시켰다.[75] 의문사위는 제1기(2000년 10월~2002년 9월)와 제2기(2003년 7월~2004년 6월)에 걸쳐 활동했다. 제1기에는 83건, 제2기에는 44건의 사건을 조사해 30건을 "위법한 공권력의 행사로 발생한 의문의 죽음"으로 인정했다.[76]

한편 2000년 1월 국회는 '제주 4·3사건 진상규명 및 희생자 명예회복에 관한 특별법'을 제정했고 정부는 같은 해 8월 '제주 4·3사건 진상규명 및 희생자 명예회복 위원회를 출범시켰다. 이듬해 1월부터는 '제주 4·3사건 진상조사보고서 작성기획단'이 2년 6개월 동안 진상을 조사하고 보고서를 작성했다. 노무현 정부 초기인 2003년 10월 4·3사건 보고서가 마무리되면서 노무현 대통령은 "국정을 책임지고 있는 대통령으로서 과거 국가권력의 잘못에 대해 유족과 도민 여러분께 진심으로 사과와 위로의 말씀을 드린다"라며 사건 발생 55년 만에 국가폭력에 의해 민간인이 희생된 4·3사건에 대해 공식 사과를 했다.[77]

노무현 정부에서 과거 청산은 중요한 국정 과제 중 하나였다. 2004년 노무현 대통령은 8·15 경축사를 통해 본격적인 과거사 청산 작업을 시작할 것임을 대내외에 선포했다.[78] 이틀 후에 한국사회여론연구소가 성인 남녀 700명을 대상으로 실시한 여론조사에 따르면 조사 대상자의 62.1 퍼센트가 "역사적 진실이 밝혀져야 한다"라고 응답하며 노무현 정부의 과거사 청산에 지지를 보냈다.[79] 노무현 정부의 과거사 청산은 세 방향으로 진행되었다. 첫째, 친일 청산을 목적으로 친일반민족행위진상규명위원회, 친일반민족행위자재산조사위원회, 일제강점하강제동원피해진상규명위원회를 설립했다. 2005년에 조직된 친일반민족행위진상규명위원회는 4년여에 걸친 활동을 통해 1904년 러일전쟁부터 1945년 해방까지 "보다 적극적이고 명백한 행위와 결과가 있는" 1006명의 친일반민족행위자의 명단과 결정 내용을 담은 보고서를 발간했다.[80] 이 무렵에 시민단체인 민족문제연구소는 시민들의 자발적인 후원금에 힘입어《친일인명사전》을 발간했다.《친일인명사전》은 일본의 식민 지배에 협력한 인사 4389명의 친일 행위와 해방 이후의 행적을 담았다.[81] 둘째, 독재 정부에서 자행된 인권유린 사건 등의 진실을 밝히는 일은 2005년 12월에 문을 연 '진실·화해를 위한 과거사정리위원회'(이하 진실화해위원회)가 맡았다. 진실화해위원회는 2010년 12월 31일 활동을 종료할 때까지 5년간 존속하면서 1만 860건의 과거사 사건을 조사해 8450건에 대해 진실규명 결정을 내렸다.[82] 이처럼 진실화해위원회의 활동으로 진실규명 결정이 내려진 사건들은 이후 법원에서 재심이 받아들여져 무죄를 선고받고 배·보상을 받을 수 있었다. 셋째, 국가정보원, 국방부, 경찰청 등 권력 기관에 민·관 합동으로 과거사위원회가 설치되었다.[83] 국정원은 2004년 11월

'국정원 과거사건 진실규명을 통한 발전위원회'를 출범시켜 박정희 정부의 중앙정보부와 전두환 정부의 안전기획부가 개입한 부일장학회 헌납 및 경향신문 매각 사건, 동백림 사건, 김대중 납치 사건, 1·2차 인혁당 및 민청학련 사건, 김형욱 전 중앙정보부장 실종 사건, KAL 858기 폭파 사건, 남한 조선노동당 중부지역당 사건 등 7대 사건을 비롯해 간첩조작 사건과 노동·언론·사법·정치·학원 관련 사건 등을 포괄적으로 조사해 결과를 발표했다.[84] 경찰청은 '경찰청 과거사 진상규명위원회'를 구성해 한국전쟁 당시 나주부대 사건, 1985년에 발생한 서울대 깃발 사건, 강기훈 유서대필 사건 등 경찰이 개입된 사건에 대해 진상규명 작업을 벌였다. 국방부도 '국방부 과거사 진상규명위원회'를 구성해 강제징집·녹화사업, 실미도 사건, 신군부의 언론 통제, 삼청교육대 사건, 10·27법난 사건, 12·12, 5·17, 5·18사건, 재일동포 및 일본 관련 간첩조작 의혹 사건, 보안사 민간인 사찰 사건에 대한 진상규명 작업을 진행했다.[85] 이와 함께 군대 내에서 발생한 사망 사건의 유족들이 군의 자체 조사 결과에 의혹을 제기하며 중립적인 기관에서 재조사해줄 것을 줄기차게 요청하자, 노무현 정부는 2006년에 '군의문사진상규명위원회'를 출범시켜 진상규명 활동을 펼쳤다.[86]

　정부 주도의 과거사 청산은 노태우 정부, 김영삼 정부, 김대중 정부를 거쳐 노무현 정부에서 가장 활발하게 이뤄졌으나 뒤이은 이명박 정부와 박근혜 정부에서는 진전을 이루지 못했다. 박근혜 정부에서는 2013년 6월에 부마항쟁과 관련해 '부마민주항쟁 관련자의 명예회복 및 보상 등에 관한 법률'이 제정되어 이듬해 10월에 '부마민주항쟁 진상규명 및 관련자 명예회복심의위원회'가 출범했다.[87] 문재인 정부가 들어선 뒤에는

100대 국정 과제에 '과거사 문제 해결'이 포함되면서 미완의 과거사 청산 과제를 풀어갔다. 문재인 정부의 과거사 청산 활동을 대표하는 것은 '5·18민주화운동 진상규명조사위원회'와 '제2기 진실·화해를 위한 과거사정리위원회'의 출범이다.

　문재인 정부의 5·18민주화운동에 대한 진상규명은 국방부 5·18특별조사위원회의 발족에서 시작되었다. 2018년 2월 국방부 5·18특별조사위원회는 조사 끝에 '계엄군의 헬기 사격'을 공식 인정했다.[88] 그리고 국회는 '5·18민주화운동 진상규명을 위한 특별법'을 통과시켰다. 2018년 6월에는 정부가 '5·18 계엄군 등 성폭력 공동조사단'을 꾸려 5·18 당시 계엄군 등이 저지른 성폭행·성고문 등에 대한 조사에 들어갔다. 공동조사단은 그해 10월에 17건의 성폭행 피해 사례를 확인했다고 발표했다.[89] 2020년 1월에는 '5·18민주화운동 진상규명조사위원회'(이하 5·18진상규명위원회)가 출범했다. 5·18진상규명위원회는 계엄군의 발포 명령자와 경위(헬기 사격 포함), 부당한 공권력에 의해 발생한 사망·상해·실종 등 인권침해 사건, 진실왜곡·조작의혹 사건, 행방불명자 소재와 규모, 집단학살과 암매장지 소재, 북한군 개입 여부, 이밖에 진상규명이 필요하다고 인정한 사건 등으로 분류해 진상규명에 들어갔다. 2020년 12월 국회는 '5·18민주화운동진상규명을 위한 특별법'을 개정해 5·18민주화운동에 대한 악의적 왜곡·폄훼에 대한 형사처벌의 근거를 마련했다.[90] 또한 본래 법에 없었던 '계엄군에 의한 성폭력 사건'을 진상규명 범위에 추가했다.

　2020년 12월에는 '제2기 진실·화해를 위한 과거사정리위원회'가 출범했다. 이명박 정부가 진실화해위원회의 활동을 연장하지 않으면서 미완의 과제로 남은 사건들을 해결해야 한다는 목소리가 꾸준히 이어졌다. 그리고 1970년대와 1980년대 최대의 부랑인 수용시설이었던 부산 형제복지원에서 일어난 인권유린 사태가 큰 주목을 받으면서 제2기 진실화해위원회의 출범을 요구하는 목소리가 더욱 커졌다. 이에 2020년 5월에 마침내 진실화해위원회의 활동 재개를 위한 과거사법 개정안이 20대 국회 마지막 본회의를 통과했다.[91] 제2기 진실화해위원회는 항일독립운동, 해외동포사, 한국전쟁 전후 민간인 희생, 권위주의 통치 시기에 일어났던 다양한 인권침해, 적대세력에 의한 희생 등을 조사하고 진상을 규명하는 일을 맡았다. 제2기 진실화해위원회는 형제복지원 사건을 1호로 접수했다.

한편 문재인 정부는 과거사 진상규명과 함께 피해자 보상 문제 해결에도 나섰다. 2017년 문재인 정부는 '제주 4·3사건 진상규명 및 희생자 명예회복에 관한 특별법 시행령'을 개정해 4·3사건 희생자 및 유족의 추가 신고 접수를 받았고 2만 1696명에 대한 심사와 결정을 완료했다. 그리고 4·3사건 희생자·유족 보상을 위한 재원 마련 방안을 검토하고 이를 시행하기 위한 '제주 4·3사건법'의 개정을 국회에 요구했으나 20대 국회에서는 뜻을 이루지 못했다. 하지만 2021년 21대 국회에서 개정안이 통과되면서 보상이 실현되었다.[92]

역사전쟁, 과거를 해석하는 싸움

1987년 민주화 이후 민주주의의 공고화 과정에서 과거사 청산이 추진되는 가운데 한국 근현대사 역사 인식을 둘러싼 역사전쟁이 치열하게 벌어졌다. 다른 나라의 역사전쟁이 그랬듯이 그 싸움터가 된 것은 역사교육, 구체적으로는 역사 교과서였다.

1980년대 민중사학 담론이 등장하면서 붐을 형성했던 한국 근현대사 연구의 성과가 1990년대부터 역사교육에 반영되자 보수세력은 역사학계에 '좌파' 꼬리표를 붙이며 반발했다. 1994년 국사 교과서의 준거안을 마련하면서 역사학계는 기존 교과서의 '제주도 4·3사건'과 '대구 폭동 사건'이라는 표현을 '4·3항쟁', '10월 항쟁'으로 바꿀 것을 제안했다. 그러자 보수언론을 필두로 보수세력이 반발했다.[93] 이 '국사 교과서 준거안 파동'은 2000년대에 들어와 본격화된 역사전쟁의 예고편이었다.

2004년 노무현 대통령은 광복절 경축사에서 과거사 청산의 의지를 밝혔다. 이는 보수세력이 응집하는 결정적 계기가 되었다.[94] 보수세력은 역사 교과서를 싸움터로 삼아 역사학계의 역사관을 문제 삼았다. 과거사 청산과 함께 국가보안법 폐지와 사립학교법 개정 등이 정치 쟁점으로 떠오르던 2004년 10월, 보수세력은 채택률이 가장 높은 금성출판사의 고등학교 《한국 근·현대사》 교과서(이하 금성 교과서)를 공격했다. 야당인 한나라당 권철현 의원은 교육인적자원부 국정감사에서 이 교과서가 친북·반미·반재벌의 관점에서 서술되었다고 주장했다.[95] 여당인 열린우리당 의원들과 교과서 집필진이 권철현 의원의 문제 제기를 반박하면서 정쟁이 뜨거워졌다. 역사학계는 '역사교육을 당리당략이나 이념 공세의 수단으로 삼는 행위를 중단하라'고 요구했다.[96]

이 무렵 최초의 뉴라이트 단체인 자유주의연대가 출범했다. 자유주의연대는 창립선언문에서 노무현 정부의 과거사 청산 작업에 대해 '사학사관을 퍼뜨리며 지배세력 교체와 기존 질서 해체에 명운을 걸고 있다'라고 비판했다. 이듬해인 2005년 1월에는 뉴라이트가 역사 교과서의 분석과 비판을 목적으로 하는 교과서포럼을 결성했다.[97] 교과서포럼은 "대한민국의 근현대사와 관련된 각종 교과서를 분석·비판하고 대안을 제시하면서 사실을 추구"할 것임을 내세우며 금성 교과서가 '대한민국=악'의 이미지를 심어주는 자학사관에 근거하고 있다고 비판했다.

이명박 정부가 출범한 2008년에는 1년 내내 역사전쟁이 이어졌다. 3월에는 교과서포럼이 《대안 교과서 한국 근·현대사》를 출간했다. 그런데 그 무렵 광우병 파동으로 촛불시위가 일어났다. 보수세력은 고등학생까지 참여해 갓 출범한 이명박 정부를 위기에 몰았던 촛불시위의 배후로 역사교육, 특히 한국 현대사에 대한 비판적 시각을 키워준 《한국 근·현대사》 교과서를 지목했다. 이번에는 이명박 정부가 직접 역사전쟁의 도발자로 나섰다. 5월 14일 김도연 교육과학기술부 장관은 '역사교육이나 교과서가 다소 좌편향이므로 앞으로 전문가들의 의견을 들어 수정하겠다'라고 밝혔다.[98] 그해 7월 한나라당 국회의원 13명이 광복절을 건국절로 바꾸는 내용의 개정법안을 발의했다. 역사학계는 물론 광복회 등 독립운동 유관 단체가 반발하면서 결국 한나라당은 발의를 취소했다. 한편 교육과학기술부의 의뢰를 받은 통일부와 국방부를 비롯한 17개 기관이 《한국 근·현대사》 교과서를 검토한 수정 의견을 제출했다. 7월 23일에는 교육과학기술부가 이들 17개 기관의 의견을 정리해 국사편찬위원회에 검토를 의뢰했다.

그해 9월에는 교과서포럼이 《한국 근·현대사》 교과서를 분석하고 내용 수정을 요구하는 건의안을 교육과학기술부에 제출했다. 교과서포럼은 금성 교과서의 현대사 내용만을 집중검토해 대한민국의 정통성을 부정하고 북한을 옹호한다고 비판했다. 교육과학기술부는 10월에 역사교과전문협의회를 구성해《한국 근·현대사》교과서의 수정 작업에 들어갔다. 그리고 55개 항목의 수정 권고안을 교과서 출판사와 집필자들에게 전달했다. 이 중 38개가 금성 교과서에 해당하는 것이었다. 이에 교과서 집필자인 교수들이 한국근현대사집필자협의회를 구성하고 교육과학기술부에 검정제도의 취지를 훼손하는 수정 권고를 철회하라고 요구했다. 그리고 출판사별로 수정 권고안을 검토한 뒤 이에 대한 수정 의견을 교육과학기술부에 제출했다. 하지만 교육과학기술부는 집필자들의 수정 의견을 무시하고 다시 수정 권고안 내용을 반복한 수정 지시안을 내놓았다. 하지만 집필자들은 수정 권고안을 검토한 수정 의견을 냈으니 동일한 내용의 수정 지시안은 받아들일 수 없다며 재차 수정을 거부했다. 이처럼 수정 여부를 놓고 논란이 일어나자 보수세력은 금성 교과서를 표적삼아 출판사 앞에서 시위를 하고 해당 교과서를 사용하는 학교 명단을 공개했다. 또한 금성 교과서를 다른 출판사의 것으로 교체하도록 압력을 넣는 활동을 벌였다. 결국 금성출판사는 집필자의 동의 없이 교육부의 수정 지시안을 그대로 반영한 수정 의견을 교육과학기술부에 제출했다. 이에 금성 교과서 집필자들이 법원에 저작권 침해 금지 가처분을 신청했으나 기각되었다. 그리고 2009년에 사용할《한국 근·현대사》교과서를 바꾼 350개 학교 가운데 금성 교과서를 다른 출판사의 교과서로 교체한 곳이 339군데에 달했다.

이명박 정부를 앞세운 보수세력의 역사전쟁 도발에 역사학계는 전문성, 중립성, 사율성 담론을 내세우며 맞섰다. 21개 역사학 관련 학회들은 공동 성명을 발표해 역사학의 전문성 및 역사교육의 정치적 중립을 보장하라고 요구했다. 역사 교사와 역사교육 관련자 1300여 명은 '역사교육자 선언'을 발표하고 교육과학기술부의 부당한 수정 요구를 중단하라고 주장했다.[99]

그런데 이명박 정부는 2009년에 교육과정을 개정하여 노무현 정부에서 만든 2007 개정 교육과정을 무력화했다. 그리고 2011년에 다시 교육과정 개정을 시도했다. 이때 또 역사전쟁이 불거졌다. 역사교육과정개발정책연구위원회가 발표한 새로운 교육과정에 명시되어 있던 '민주주의'라는 용어를 교육과학기술부가 임의로 '자유민주주의'로 고쳐 발표했던 것이다. 이는 뉴라이트 계열의 한국현대사학회가 "대한민국의 국가적 정체성이 자유민주주의 체제라는 사실을 분명하게 명시할 것과 그 정체성을 구체화하여 가르칠 수 있는 충분한 내용 구성이 가능하도록 교육과정의 항목을 보강해주실 것"을 교육과학기술부에 건의한 직후에 일어난 일이었다. 이 사태에 항의해 역사교육과정개발정책연구위원회 위원 24명 중 21명이 사퇴했다.

이처럼 2011년의 역사전쟁은 '자유민주주의 파동'의 양상을 띠었다. 역사학계는 자유민주주의는 정당의 정강에 사용되는 정치적 개념으로 아직 학문적 검토가 미비한 용어이지만, 민주주의는 미군정기부터 교육과정에서 자유와 평등을 내포하며 사용된 개념이라고 주장했다. 또한 뉴라이트가 주장하는 민주주의는 결국 평등을 배제한 경쟁에서 이겨 사유재산을 많이 확보한 개인을 위한 자유주의를 의미한다고 비판했다. 뉴라이트도 역사학계의 민주주의 개념을 비판했다. 기존의 역사 교과서가 민족주의와 민중주의에 함몰되면서 자유민주주의적 가치가 뚜렷하게 드러나지 않으며 민주주의 발전은 경제발전과 이에 따른 사회 계층 구조 변화, 즉 사회 경제적 변동과 밀접한 관련이 있는데, 여기에는 관심이 없다고 비판했다. 역사학계와 뉴라이트 간의 민주주의 논쟁으로 비화한 자유민주주의 파동은 정치권 공방으로 이어지기도 했다. 보수언론을 앞세운 보수세력은 가짜 민주주의인 인민민주주의와 구별하기 위해 자유민주주의라는 용어를 써야 한다고 주장했다.[100]

이처럼 이명박 정부는 집권 내내 보수세력의 편에서 역사전쟁의 도발자 역할을 도맡았다. 그것은 역사학계가 중립성 담론을 무기로 사용할 만큼 노골적인 행태였던바, 김대중·노무현 정부, 즉 '잃어버린 10년'에 대한 보상심리와 함께 다시는 잃고 싶지 않은 미래를 담보하기 위한 보수세력의 총력전이었다. 이에 역사학계는 진보적 시민운동과 진보언론의 후원을 받고 연대하며 강한 응집력으로 보수세력에 맞섰다.

2012년 대통령 선거로 다시 보수정권인 박근혜 정부가 들어섰다. 박근혜 대통령 취임 첫해인 2013년에는 종북 담론이 위세를 떨쳤다. 그리고 그해 여름, 교학사 교과서 검정 파동이 일어났다. 최종 검정을 통과한 교학사《한국사》교과서(이하 교학사 교과서)는 천 개가 넘는 오류와 친일·독재 미화의 서술로 문제가 되었다. 교학사 교과서의 부실 논란이 계속되자 박근혜 대통령은 검정을 통과한 모든 고등학교 한국사 교과서를 전면 수정 보완할 것을 지시했다. 이에 교육부는 한국사의 수능 필수화를 빌미로 교학사 교과서를 포함한 8종 모두에 수정 지시를 내렸다. 하지만 교학사 교과서는 채택률 0퍼센트대를 기록했다.[101]

그러자 박근혜 정부는 역사 교과서 국정화를 시도했다. 2013년 9월 17일 박근혜 대통령의 "교과서가 이념 논쟁의 장이 되는 일은 바람직하

지 않다. 논란이 반복되는 원인을 검토해 대책을 마련하라"는 지시를 계
기로 역사 교과서 국정화 논의를 시작했다.[102] 그러면서 '하나의 교과서
라야 국론 분열을 막는다'는 논리를 내세웠다. 이때부터 정홍원 국무총
리, 서남수 교육부 장관, 그리고 새누리당이 역사 교과서 국정화 여론을
조성하기 시작했다. 하지만 보수언론조차 공개적으로 국정화에 반대하
면서 난항에 부딪혔다. 박근혜 정부는 역사 교과서 국정화를 포기하지
않았다. 2014년 가을 교육부가 국정화 계획을 청와대에 보고하고 '한국
사 교과서 발행 체제 개선 방안'을 마련하면서 국정화 추진 계획이 확정
되었다. 그럼에도 세월호 참사 이후 대통령 지지율이 하락하고 국정화에
대한 긍정적 여론 확산이 기대만큼 이뤄지지 못해 발표를 미뤘다.

　역사 교과서 국정화는 2015년에 다시 추진되었다. 이 과정에서 청와
대는 국정화 결정 및 실행 과정에 구체적으로 개입했다. 7월부터 국정화
추진 프로세스가 본격적으로 작동했는데, 그 진원지는 청와대였다. 그
리고 여당과 정부 책임자들의 국정화 발언이 이어졌다. 7월 31일 새누
리당 김무성 대표가 "좌파 세력이 준동하며 미래를 책임질 어린 학생들
에게 부정적인 역사관을 심어주고 있어 역사 교과서를 국정교과서로 바
꾸기 위한 노력을 하고 있다"라고 발언한 데 이어 8월 5일 황우여 교육
부 장관은 언론 인터뷰에서 "교실에서부터 국민이 분열되지 않도록 역
사를 하나로 가르쳐야 한다"라며 "필요하면 국정화도 배제하지 않고 있
다"고 발언했다.[103] 이때도 대부분 언론이 시대 역행 혹은 시대착오라는
제목을 달아 국정화에 반대하는 사설을 실었다. 그럼에도 9월 2일 김무
성 새누리당 대표는 국회 대표 연설을 통해 거듭 '국정 역사 교과서 도
입'을 주장했다.[104] 박근혜 정부와 새누리당의 국정화 강행 움직임에 역

사학계는 재빨리 대응했다. 먼저 8월 20일에 한국사교과서국정화저지네트워크를 결성했다. 여기에는 485개의 교육·역사·시민단체들이 참여했다.[105] 9월 2일에는 역사 교사 2255명이 국정화 반대 선언을 했고, 서울대 역사학 교수들은 황우여 교육부 장관에게 국정화 불가론을 담은 의견서를 전달했다.[106] 이후 역사학자들은 전국적인 국정교과서 집필 거부 선언으로 역사 교과서 국정화에 맞섰다. 11월 3일 국정화가 확정 고시될 때까지 매일같이 국정화 반대 시위와 성명 소식이 이어졌다. 박근혜 정부의 역사 교과서 국정화 강행은 2016년에 드러난 국정농단 사건의 전조와 같은 사건이었다. 국정 역사 교과서는 2017년 5월 10일 문재인 정부 출범 이틀 후인 5월 12일에 문재인 대통령의 지시에 의해 폐기되었다.[107]

일본군 위안부 문제, 세계 여성 인권운동의 분기점

2011년 12월 14일 수요집회 천 회를 맞아 서울에 있는 일본대사관 앞에 평화의 소녀상이 세워졌다. 일본군 위안부 문제 해결을 위한 수요집회는 1992년 1월 8일부터 시작되었다. 평화의 소녀상은 열서너 살의 나이에 일본군에 강제로 끌려가 위안부로 살아야 했던 여성들의 슬픈 사연을 형상화한 것이었다. 2013년에는 미국 캘리포니아주 글렌데일 시립공원에 평화의 소녀상이 세워졌다. 이후에도 세계 곳곳에 세워진 평화의 소녀상은 수요집회와 함께 전시 성폭력 문제를 제기하는 여성 인권운동의 상징이 되었다. 한국 시민이 세계 시민으로서 연대하는 시민운동의 상징이기도 했다.

수요집회의 출발점에는 1991년 8월 14일 김학순 할머니의 '나는 일본군 위안부였다'라는 증언이 자리하고 있다. 김학순 할머니를 시작으로 40년이 넘게 침묵을 지키던 일본군 위안부 피해자들이 어렵게 입을 열었다. 할머니들의 용기 있는 증언에 세계는 적극 호응했다. 피해자의 증언에 귀를 기울이며 공감하는 일, 일본군 위안부 역사의 전모를 밝히고 과거 청산을 위해 법리를 검토하는 일, 그리고 소설·영화·연극 등을 통해 일본군 위안부 여성들의 비극을 돌아보는 일이 세계 각지에서 일어났다. 일본군 위안부 운동은 이렇게 세계의 과거사 청산의 물줄기를 바꾸는 일을 했다.

오늘날 홀로코스트는 세계사적 사건으로서 생생하게 기억되고 있으며, 미디어 등을 통해서도 다채롭게 재현되고 있다. 이제 이념과 민족, 종족과 지역 간 충돌로부터 자유로운 공간이 지구에는 거의 존재하지 않는다는 보편성 때문이다.[108] 일본군 위안부 문제 역시 그것이 갖는 보편성 때문에 세계적인 주목을 받을 수 있었다. 한국정신대문제대책협의회(이하 정대협)가 일본군 '위안부' 문제 해결을 위한 운동을 펼치며 국제 연대에 나서던 1990년대 초, 전쟁 중인 보스니아에서 여성 집단 강간이라는 성폭력이 일어났다. 그로 인해 전쟁범죄로서의 성폭력 문제에 대한 관심이 고조되면서 일본군 위안부 문제는 절대 악으로서의 전시 성폭력의 역사를 대표하는 전사(前史)로 자리매김했다.

이러한 여성 인권에 대한 세계적 자각은 1970년대 중반 이래 전 지구적으로 진행된 '인권혁명'의 연장선상에 있는 것이었다. 이 인권혁명은 보편적 인권을 도외시하는 문화상대주의를 거부한 1948년의 '세계인권선언'을 넘어 국가권력에 호소하기보다는 오히려 그것에 맞서는 초국적 단위의 시민단체들에 의해, 정치인이나 법률가들보다는 이른바 사회적 주변인, 이방인 혹은 공공적 폭력의 피해자들에 의해 촉진되어온 특징을 갖고 있었다.[109]

1991년 김학순 할머니의 최초 증언 이래 정대협의 연대 요청에 세계는 적극 화답했다. 국제기구인 유엔이나 국제인권기구는 조사를 벌이고 보고서를 냈다. 유엔 인권소위원회가 임명한 '전시의 조직적 강간, 성노예 및 유사노예제 문제 특별보고관' 쿠마라스와미(R. Coomaraswamy)는 1996년에 '전시 군사적 성노예제 문제에 관한 조선민주주의인민공화국, 대한민국 및 일본 파견 조사보고서'를 제출했다.[110] 국제노동기구(ILO)는 1995년부터 일본군 위안부 문제를 논의한 이래 ILO협약 제29호 강제노동협약 위반이라는 결론을 내렸다.[111] 국제기구들의 일본군 위안부 문제와 관련한 일련의 활동을 통해 일본군 위안부 문제는 '심각한 인권침해이며 일본 정부가 피해자들에게 적절한 보상을 하고 책임자를 처벌해야 한다'는 세계적인 공감대가 형성되었다.

이처럼 1990년대에는 일본군 위안부 문제를 중심으로 여성 인권이 세계적으로 주목받으면서 전시 성폭력이 처벌받지 않는 관행에 대한 비판이 높아졌다. 1993년 빈 세계인권회의와 1995년 베이징 여성대회, 유엔 인권소위원회의 맥두걸 보고서 등에서 이 문제가 거론되었다. 맥두걸(G. McDougall)은 1997년에 유엔 인권소위원회에서 '전시하의 조직적 강간, 성노예제 및 노예적 취급 관행에 관한 특별보고관'으로 임명받아 이듬해에 보고서를 제출했다. 여기서 맥두걸은 전시 성폭력을 처벌하지 않는 성평등이 결여된 국제법을 비판했다. 그리고 일본군 위안부 문제에 대한

일본 정부의 법적 책임을 명확히 할 것과 책임자 처벌과 피해자 개인에 대한 배상을 권고했다.[112]

일본군 위안부 문제 해결을 위한 세계 여성운동으로는 2000년 12월에 도쿄에서 열린 일본군 성노예 전범 여성국제법정(이하 여성국제법정)도 있었다. 이 법정은 한국을 비롯한 아시아 피해 8개국과 일본, 그리고 세계 각국의 법률 전문가 여성들로 구성된 국제실행위원회가 2년간 준비한 세계 시민 법정이었다. 70여 명의 생존자와 2천여 명의 인권운동·평화운동·여성운동 관련 시민단체 대표들과 회원 등이 참가한 여성국제법정은 철저하게 피해자 입장에서 일본군 위안부 제도가 일본 국가가 저지른 범죄라며 일본 천황의 전쟁 책임을 정면으로 제기했다.[113] 여성국제법정은 2001년 12월 네덜란드 헤이그에서 일본 천황 히로히토를 위시한 피고 9명에게 유죄를 선고하고 일본 정부에 일본군의 행위에 대해 책임이 있다고 최종 판결했다.[114]

일본군 위안부 문제가 보편성·세계성을 확보했다는 사실은 2014년 일본 아베 정부가 일본군 위안부의 역사를 부인하려고 시도하자 이에 미국의 언론이 보인 태도에서 분명히 확인할 수 있다. 2014년 12월 5일자 《뉴욕타임스》의 사설 제목은 "일본의 역사세탁(Whitewashing History in Japan)"이었다. 첫머리는 이렇게 시작한다.

일본의 우익 정치세력들은 아베 신조 내각에 고무되어 2차 세계대전 당시의 수치스러운 역사, 즉 일본군이 수천 명의 여성들을 전시 위안소에서 일하도록 강제동원한 역사를 부인하기 위한 협박 캠페인을 벌이고 있다.[115]

뒤이어《뉴욕타임스》는 일본 아베 정부가 전쟁 역사를 미화하는 우익에 영합하기 위해 불장난을 하고 있다고 강하게 비판했다. 그리고 아베 정부와 우익의 이러한 무모한 시도를 역사세탁이라고 일갈했다. 2014년 12월 8일자《워싱턴포스트》에도 일본군 위안부 역사를 지우려는 아베 정부를 비판하는 칼럼이 실렸다. "일본은 망각을 위해 열심히 노력하고 있다(Japan is working hard at forgetting)"로 시작하는 칼럼의 제목은 "역사를 다시 쓰려고 하는 일본의 습관이 일본의 미래에 영향을 미칠까?(Will Japan's habit of rewriting its history affect its future?)"였다. 이 칼럼은 일본이 2차 세계대전 당시 일본군이 저지른 잔학행위를 지우려 필사적으로 노력하고 있다며 이런 역사 왜곡이 계속된다면 다른 나라들이 일본을 외면할 가능성이 있음을 경고했다. 언론에 이어 정치인도 일본의 일본군 위안부 역사 지우기에 대한 비판에 가세했다. 미국 하원 외교위원회의 로이스(Ed Royce) 위원장은 2014년 12월 6일 언론과의 인터뷰에서 "위안부는 강제로 동원되어 성노예로서 살아왔다. 역사를 부정하는 일본에게 변명의 여지는 없다"라는 견해를 분명히 밝혔다. 다음은 2015년 5월 5일에 전 세계의 일본 연구자들이 발표한 성명 내용이다.

20세기에 전개된 수많은 전시하 성폭력과 군대와 관련된 매춘 중에 '위안부' 제도는 그 규모의 크기와 군대에 의한 조직적인 관리가 행해졌다는 점에서, 그리고 일본의 식민지와 점령지에서 가난하고 약한 입장에 처해 있던 젊은 여성들을 착취했다는 점에서 특필해야 할 사안입니다.[116]

이러한 전 세계적인 노력으로 전시 성폭력은 피해 여성 개인과 가족, 국가가 은폐해야 할 수치스러운 일이 아니라 정의롭지 못한 폭력이고 따라서 피해자는 우리가 보호해야 할 희생자라는 인식이 보편화되어갔다.[117] 지금도 세계 곳곳에 'Statue of Peace'라는 고유명사로 불리는 평화의 소녀상이 세워지는 이유도 바로 여기에 있다.

3

광장 민주주의,
시민이 바꾼 세상

시민이 이끈 광장 민주주의

21세기 들어 시민의 권리인 집회와 시위를 통한 정치 참여는 일상적 시민운동으로 자리잡아갔다. 2002년 미군 장갑차에 의한 중학생 사망 사건에 대한 항의로 한 시민의 제안에 따라 처음 밝혔던 촛불은 2004년 노무현 대통령 탄핵 반대 시위에 이어 2008년 미국산 쇠고기 수입 반대 시위로까지 이어졌다. 2011년 한진중공업 사태 당시 등장한 '비정규직 없는 세상으로 달리는 희망버스' 역시 시민의 제안으로 시작된 시위 양식이었다.

2002년 6월 13일 경기도 양주군에서 두 중학생이 미군 장갑차에 치여 사망하는 사건이 일어났다. 이 사건은 당일 치러진 지방선거와 월드컵 축구대회의 열기 때문에 사람들의 관심을 끌지 못했다. 그런데 당시 장갑차를 운전했던 2명의 미군이 무죄 판결을 받고 11월 27일에 미국으로 출국한 사실이 알려지자 시민들은 분노했다.[118] 그날 '앙마'라는 아이디를 가진 네티즌이 인터넷 한겨레 자유 토론방에 광화문 앞 촛불시위를 제안하는 글을 올렸다. 이 글은 하루 만에 인터넷을 통해 널리 퍼져나갔다. 마침내 11월 30일 광화문에서 처음으로 열린 촛불시위에는 1만 명이 운집했다. 이후 매일 오후 6시에 서울 광화문 미국대사관 옆에서 촛불을 든 남녀노소가 모여 가해 미군에 대한 처벌과 부시(G. W. Bush) 미국 대통령의 직접 사과, SOFA 개정 등을 요구하며 시위했다. SOFA는 '한미주둔군지위협정'을 뜻하는데 이에 따르면 주한미군이 범죄를 저질러도 한국 정부는 이를 처벌한 권한이 없었다. 12월 7일에는 5만 명, 12월 14일에는 최대 인파인 10만 명이 한파 속에서 촛불을 들었다. 네티즌들의 사이버 시위도 계속되어 미국 백악관과 국방부 홈페이지에 꾸준히 항의 이메일을 보냈다. 100개가 넘는 시민단체가 모인 여중생사망사건 범국민대책위원회는 방미투쟁단을 조직해 미국으로 건너가 미국 정부에 항의했다. 마침내 12월 13일 부시 미국 대통령은 중학생 사망 사건에 대해 유감을 표명했다.

2008년 4월 18일은 한미정상회담을 하루 앞둔 날이었다. 이날 미국산 쇠고기를 전면 개방한다는 내용의 양국 간 협상이 타결되었다. 그것은 광우병 파동으로 미국산 쇠고기 수입이 전면 금지된 2003년 12월 이후 4년 6개월 만에 다시 미국산 쇠고기가 들어온다는 것을 의미했다. 농민단체와 시민단체들은 굴욕적인 협상 결과라며 이날을 '국민 먹을거리 안전성 국치일'로 불렀다. 그리고 5월 2일과 3일에 시민단체들이 주도하는 '미국산 쇠고기 수입 반대' 촛불시위가 전국에서 열렸다. 집회에 모인 시민 중 절반가량은 교복을 입은 10대 청소년이었다. 참여연대 등 1500 여 개 시민사회단체와 인터넷 모임 등이 함께 결성한 국민긴급대책회의는 5월 13일부터 17일까지 청계광장에서 대규모 촛불문화제를 개최했다. 전국 30개 대학 총학생회를 비롯한 대학생 단체들도 미국산 쇠고기 수입 반대운동에 나섰다. 5월 말에는 촛불문화제가 도로를 점거하는 거리 시위로 번졌다. 또한 중소도시와 군 지역으로까지 촛불시위가 확산되면서 100여 곳에서 동시에 촛불시위가 일어나기도 했다.[119] 마침내 6월 3일 이명박 정부는 월령 30개월 이상 쇠고기의 수출을 중단할 것을 미국에 요청했다. 또한 국무회의에서 쇠고기 문제로 정부에 대한 국민의 신뢰가 많이 떨어졌다고 잘못을 시인했다.[120] 2008년 촛불시위에서는 새로운 시민 모임들의 활동과 영향력이 주목을 받았다. 시민들은 인터넷 사이트인 다음의 아고라 등에서 의견을 모으고 광장에 모였다. 이 과정에 여학생과 주부들이 대거 참여했다. 인터넷을 기반으로 다양한 커뮤니티가 생기고 시위 현장을 인터넷으로 생중계하는 등 새로운 시위 방식도 나타났다.[121]

2011년 6월 11일 천여 명의 시민과 노동자들이 전국 각지에서 희망버스를 타고 부산에 있는 한진중공업 영도 조선소를 찾았다. 그곳 85호 크레인에서 다섯 달 넘게 고공 농성 중인 김진숙 민주노총 부산본부 지도위원을 응원하기 위해서였다. 7월 1일 '정리해고 비정규직 없는 세상을 위한 2차 희망버스'에는 전국 곳곳에서 7천여 명이 올라탔다. 평택시에서 출발한 쌍용자동차 해고노동자들, 울산에서 자전거로 합류한 현대자동차 비정규직 해고자들, 반값 등록금 실현을 요구한 대학생들, 아이

손을 잡고 온 40~50대 시민들이 한자리에 모였다. 이후에도 희망버스는 세 차례 더 부산을 향했다.[122] 마침내 11월 9일 정리해고 문제로 진통을 겪던 한진중공업 사태가 해결되었다. 노사 대표는 협상을 벌여 해고자 94명의 1년 내 재고용 등을 골자로 하는 잠정 합의안을 마련했다. 이로써 고공농성을 벌여온 김진숙 지도위원이 다시 땅을 밟을 수 있었다. 전국 곳곳에서 출발하는 희망버스는 새로운 시위 방식으로 깊은 인상을 남겼다. 희망버스를 기획한 사람은 송경동 시인이었다. 희망버스 참가자들은 개별 네트워크를 통해 자발적으로 참가했다. 2008년 촛불시위 당시에는 온라인 커뮤니티가 시위를 이끌어내는 역할을 했다면, 2011년 희망버스에서는 트위터와 페이스북 등 SNS가 그 역할을 맡았다.[123]

2014년 4월 16일, 인천항을 출발해 제주도로 향하던 세월호가 진도 팽목 앞바다에서 침몰하면서 단원고 학생과 교사, 일반 시민 304명이 사망하거나 실종되는 참사가 일어났다. 이 사건은 대한민국이라는 국가의 총체적 난맥상을 그대로 보여주었다. 세월호 참사에 충격을 받고 무책임한 정부에 분노한 시민들은 다양한 방식으로 죽은 이들을 추모하고 정부에 항의했다. 사고 이틀 후인 4월 18일에는 시민단체와 단원고 재학생 학부모들이 실종자의 무사 귀환을 염원하는 촛불기도회를 열자 시민 2천여 명이 참여했다. 4월 21일에는 사망자를 추모하고 실종자의 무사 귀환을 바라는 촛불기도회가 전국 각지에서 열렸다. 온라인에서도 미리 공지한 날짜와 장소에 모이는 촛불 모임이 기획되었고, 육아 및 주부 커뮤니티들도 추모 촛불 행사를 열었다. '하나의 작은 움직임이 큰 기적을'이라는 구호 아래 세월호 희생자를 추모하는 노란리본 달기 운동에도 많은 시민들이 자발적으로 참여했다.[124] 희생자 추모를 위한 분향소를 설치하고 찾는 것도 시민의 몫이었다. 참사 발생 열흘째인 4월 25일에 전국 곳곳에 분향소가 설치되었고, 시민들의 추모 행렬이 이어졌다.

참사 발생 한 달가량 지난 후에는 참여연대, 천주교인권위원회 등 전국 618개 시민단체가 모여 세월호참사국민대책회의(이하 국민대책회의)를 결성했다.[125] 국민대책회의는 매주 주말 집회를 개최하며 정부의 진상규명과 국회의 특별법 제정을 촉구했다. 희생자 유가족들은 7월 14일부터 진실규명을 위한 특별법 제정을 촉구하는 단식농성에 돌입했다. 9월 20일에는 유가족의 뜻을 반영한 세월호 특별법 제정을 촉구하는 전국 촛불문화제가 열렸다. 마침내 11월에 국회는 '4·16세월호참사 진상규명 및 안전사회 건설 등을 위한 특별법'을 제정했고, 이듬해에 박근혜 정부는 '4·16세월호참사특별조사위원회'(이하 특별조사위원회)를 출범시켰다. 하지만 박근혜 정부는 협조는커녕 방해에 급급했고, 조사 기간을 연장해달라는 유가족과 시민들의 요구를 묵살했다. 결국 특별조사위원회는 2016년 9월에 진상규명을 제대로 마무리하지 못한 채 활동을 종료했다. 2017년 3월 30일에는 세월호가 오랜 인양 작업 끝에 바다 위로 모습을 드러냈다.[126] 그리고 그해 5월에 문재인 정부가 들어서고 '사회적 참사 특별조사위원회'가 출범하면서 세월호 참사에 대한 조사를 다시 할 수 있게 되었다.

시민의 선택, 2016 촛불시위

2016년 10월 29일에 시작된 대통령 퇴진을 외치는 시민들의 촛불시위가 2017년 3월까지 이어졌다. 10월 25일 박근혜 대통령은 최순실 게이트와 관련하여 대국민 사과를 했으나 소용이 없었다. 그리고 그주 토요일인 10월 29일부터 시민들은 '이게 나라냐'라고 외치며 촛불시위를 벌이며 대통령 퇴진을 압박했다. 다음주인 11월 5일에는 25만 명이 광화문에 모였다. 시민들은 '박근혜는 퇴진하라'를 외치며 경찰 저지선을 넘지 않은 채 평화시위를 벌였다. 남북으로는 광화문 광장에서 숭례문까지, 동서로는 서울역사박물관에서 종각까지 촛불이 넘쳐흘렀다. 이날 시위에는 전국에서 많은 시민이 전세버스나 열차로 상경해 참가했다.[127]

촛불시위에 참여하는 시민은 점점 늘어갔다. 11월 12일 서울의 촛불시위에는 100만 명이 모였다. 11월 19일에는 전국 70여 개 도시에서 동시다발로 100만 명이 촛불을 들었다. 촛불시위에는 3대가 함께 나온 가족, 초등학생 자녀의 손을 잡고 나온 부모, 유모차를 끌고 나온 가족, 팔짱을 낀 연인들, 삼삼오오 이웃끼리 함께 온 시민들도 많았다. 11월 26일에는 전국에서 190만 명이 모여 촛불을 들었다. 12월 3일 촛불시위는 전국에서 230만 명의 시민이 모이는 역사적 기록을 남겼다. 시민들은 대통령의 즉각 퇴진과 구속 등을 요구했다. 12월 9일 국회가 대통령을 탄핵해 대통령직을 정지시켰으나 촛불시위는 멈추지 않았다. 헌법재판소의 탄핵 결정을 압박하고자 12월 10일 촛불시위에는 전국 80여 개 지역에서 100만 명이 모였다. 크리스마스이브와 연말에도 겨울 광장에 나와 촛불을 밝힌 시민이 100만 명에 달했다.[128]

이번에도 시민사회에서는 2382개 단체가 연대해 박근혜정권퇴진비상국민행동(이하 비상국민행동)을 결성하고 집회와 시위를 기획했다.[129] 하지만 무엇보다 시민들의 자발성이 빛나는 촛불시위였다. 음료, 촛불, 스티

커 등을 나눠주는 시민은 자발적으로 참여한 개인들이었고 시민들이 개성을 살려 준비한 퍼포먼스 작품들도 시위 현장을 빛냈다. 촛불시위의 중앙 무대도 학생, 주부, 직장인, 은퇴자 등 시민들의 차지였다. 온라인 동호회와 카페, 동문회 등의 모임도 광장에서 열렸다. 또한 수백만 시민이 전국에서 동시에 대통령 퇴진이라는 함성을 외칠 수 있었던 것은 초고속 인터넷과 SNS에 기반해 형성된 네트워크 덕분이었다. 촛불시위에 나온 시민들은 SNS, 채팅 앱, 1인 방송 등을 통해 여론을 형성하면서 주권자로서 직접민주주의를 실현했다. 한편 경찰은 청와대 부근까지의 거리 행진을 금지했지만 결국은 비상국민행동의 요청을 받아들여 자유로운 시위를 보장해주었다. 청와대까지의 시위 거리가 800미터(10월 29일), 400미터(11월 19일), 200미터(11월 26일), 100미터(12월 3일 이후)로 점차 좁혀지며 청와대를 향해 외치는 함성도 더욱 커졌다. 하지만 집회와 행진은 평화로웠다. 폭력적인 행위가 발생하면 시민들이 나서서 자제를 당부했다. 촛불시위는 2017년 3월 10일 헌법재판소의 판결이 나올 때까지 계속되었다. 마침내 그날 헌법재판관 전원 일치로 박근혜 대통령 파면이 선고되었고, 다음날인 3월 11일 20주에 걸쳐 연인원 1700만 명이 함께한 촛불시위가 마무리되었다.[130]

넉 달간의 촛불시위 과정에서 주목할 만한 변화 중 하나는 보수의 분열이었다. 여당인 새누리당이 분열했다. 1997년 한나라당이 창당한 이래 당명을 바꾸긴 했지만, 20여 년을 한결같이 한 지붕 아래 살던 보수정당이 쪼개졌다.[131] 바른정당이 떨어져 나왔고, 친박계는 당명을 자유한국당으로 바꿨다. 토요일마다 서울시청 광장에서는 탄핵 반대를 외치는 '태극기 집회'가 열렸다. 그 자리에 참여한 압도적 다수는 박정희

18년 집권기를 산업 역군으로 살았던 60대와 70대였다. 박근혜 정부의 몰락을 박정희 체제의 붕괴로 동일시한 그들은 대통령 탄핵이 결정되자 곧장 불복하며 시위에 나섰다. 일부 자유한국당 국회의원들도 함께 거리에서 탄핵 반대를 외쳤다. 하지만 다수 국민은 탄핵을 소원했다. 2017년 2월 28일에 이루어진 한국갤럽 여론조사 결과 대통령 탄핵에 대한 찬성은 77퍼센트, 반대는 18퍼센트로 나타났다.[132] 2016년 12월 6일에서 8일까지 국회 본회의 탄핵소추안 표결 전 사흘 동안 한국갤럽의 여론조사에서 나타난 찬성 81퍼센트, 반대 14퍼센트와 크게 다르지 않았다. 20대에서 40대까지는 90퍼센트가 탄핵에 찬성했다.[133] 2017년 3월 10일 탄핵 직후 이루어진 리얼미터 여론조사 결과에 따르면 86퍼센트가 탄핵을 잘한 일이라 응답했고, 92퍼센트는 결과에 승복해야 한다고 답변했다.[134]

1700만 명이 한목소리로 '대통령 퇴진'을 외쳤던 2016 촛불시위는 박정희식 독재·권위주의 체제의 잔재를 털어내고 개인이 자유를 누리며 부와 특권의 불평등을 일소한 민주주의 문화를 소망하는 시민들이 일궈낸 변화였다. 모든 연령의 시민이 참가한 국민 화합의 장이기도 했던 촛불시위에서 소위 지도부의 역할은 시위와 집회를 조직하는 데 집중되었다. 비상국민행동은 서울 광화문 광장을 비롯한 전국 각지에서 2016년 10월 29일부터 탄핵 다음날인 2017년 3월 11일까지 매주 토요일 20번의 촛불시위를 열고 평화적인 시위행진을 펼쳤다. 무엇보다 시민이 스스로 참여하고 주도하는 만민공동회의 성격을 유지하는 데 힘썼다. '시민의, 시민에 의한, 시민을 위한' 촛불시위를 펼치고자 했다. 실제로 광화문에서 열린 촛불시위에는 단 한 번도 정치인이 연단에 서지 못했다.[135] 비상국민행동은 탄핵 다음날인 2017년 3월 11일에 시민대토론회를 거쳐 마련한 〈2017 촛불권리선언〉을 발표했다. 여기서 '촛불시민'은 앞으로 '껍데기 민주주의'를 추종하는 것이 아니라 스스로 민주주의의 역량을 키우며 새로운 민주주의의 길로 함께 나아갈 것임을 선언했다.

> 우리 촛불시민은 부당한 권력을 탄핵시키는 것이 끝이 아니며, 새로운 세상을 향한 긴 여정의 시작임을 안다. 이 선언은 촛불 들고 광장에서 함께 외치고, 토론하며 나누었던 희망과 꿈을 엮어낸 것이다. 우리가 함께 만든 이 선언은, 차별을 당연하게 여기고, 노예 같은 삶을 강요하며, 누군가를 배제하고 억압하는 정치, 한쪽으로만 기울어진 사법체계를 더이상 용인하지 않겠다는 단호한 의지이다. 이제 우리 촛불시민은 우리의 민주주의가 다시는 땅바닥에 떨어지지 않도록, 추위 속에서도 광장을 지켜왔던 그 뜻으로 삶의 현장과 일터를 바꿀 것이며, 아래로부터 민주주의의 역량을 성장시킬 것이다. 그리하여 어느 누구도 가보지 못한 새로운 민주주의의 길로 나아갈 것임을 선언한다.[136]

두 갈래의 민주주의

2017년 3월 박근혜 대통령 탄핵으로 촛불시위가 마무리되면서 그 역사적 사건을 해석하는 민주주의 관점은 두 가지로 대별되었다. 직접민주주의적 관점과 대의민주주의적 관점에서 촛불시위를 다르게 해석했고 그에 따라 내놓은 대안도 달랐다. 당시 격월간 잡지 《녹색평론》의 주간이던 김종철은 직접민주주의적 관점에서 촛불시위를 바라보았다. 먼저 그는 촛불시위가 보여준 공동체의 미덕에 주목했다.

경이롭게도, 토요일의 광화문 풍경은 우리가 평소에 안다고 생각했던 그 한국 사회가 아니다. 거기는 사람이 사람을 어떻게 대하고, 배려해야 하는지를 아는 사람들로 충만한 공간이다. 물론 같은 목적을 갖고 나왔기에 그곳이 환대의 장소가 되는 것은 자연스럽다고 할 수 있다. 하지만 예를 들어, 엄청난 인파로 발 디딜 틈도 없는 공간 속에서 사람들이 서로의 안전을 배려하여 몹시 조심스럽게 움직이면서 뭐든지 기꺼이 남에게 양보하려는 모습들을 보고 있으면, 여기가 바로 어제까지 모래알처럼 흩어져 각자도생에 열중하던 사람들이 살던 곳이 맞나 하는 생각이 절로 든다.[137]

김종철은 시민 저항의 원류를 1894년의 동학농민전쟁에서 찾았다. 촛불시위는 동학농민전쟁 이래 실패와 좌절을 거듭하면서도 꺾이지 않고 역사의 저류로 면면히 지속되어온 풀뿌리 저항정신의 분출이라는 것이다. 그러므로 국회에서 대통령 탄핵소추안이 가결되고 헌법재판소가 탄핵을 인용하고 법원이 전례 없이 청와대 근접 거리까지 시위행진을 허용한 것은 촛불의 위력 때문이라고 보았다. 촛불시위의 힘이 138일간의 대반전을 주도했다는 것이다. 그리고 시민들이 시간과 돈을 아낌없이 내놓고 시위에 참가하는 이유는 구체제를 청산하고 인간다운 삶이 가능한 세상을 열망하기 때문이라고 보았다. 그는 세월호 희생자 가족의 슬픔과 고통을 말하며 눈물 흘리는 시민의 목소리에서 수준 높고 품위 있는 언어를 발견했다. 김종철은 이러한 시민의 생생하고 절절한 얘기를 들으며 기성정치에 회의를 품었다.[138] 그리고 선거에 기반한 대의민주주의에 대한 불신을 토로했다. 선거에서는 거의 언제나 명망가나 재산가 혹은 그들의 비호와 지원을 받는 특권적인 엘리트가 승리한다는 것이다. 그는 선거는 기득권층의 권력 세습을 돕는 장치에 불과하며 선거를 통한 정치는 금권에 의해 오염되고 타락하기 마련이라고 하면서 그럼에도 불구하고 여전히 그것만이 공정한 정치제도를 보장한다는 근거 없는 미신에 빠진 선거 근본주의자가 많다고 질타했다.

김종철이 대의민주주의를 극복하기 위해 제시한 대안은 독특했다. 그는 고대 아테네 민주주의에서 나온 제비뽑기에 의한 시민의회 구성을 제안했다.

원래 선거는 고대 이래 귀족 혹은 엘리트들이 지배하는 과두정 체제가 즐겨 채택해온 제도였다. 반면에 민주주의 정신이나 공화주의 정신이 살아 있는 곳에서는 한정된 공직자를 제외하고는 대부분의 공직자는 제비뽑기로 뽑는 게 일반적이었다. 그리고 대개의 경우 제비뽑기로 뽑힌 대표자나 공직자들의 임기는 짧았고, 퇴임 이후에는 재임 중의 직무 성과에 대하여 매우 엄격한 평가와 감사가 실시되곤 했다.[139]

김종철은 아테네가 200년 동안이나 인류사에서 가장 수준 높은 민주주의를 향유했다는 점을 상기시키면서 직접민주주의의 현실화를 주장했다. 그는 광화문을 비롯한 전국의 광장과 거리로 나오는 사람들이 하나같이 나라의 주권은 '우리'에게 있지, 일시적으로 권력을 위임받은 자들에게 있지 않다는 점을 힘주어 말하고 있다고 강조했다. 이제 한국인 대다수는 국가의 중대사를 놓고 결정할 때 그 의논과 결정의 주체는 직업적 정치인도, 관료도, 소위 전문가도 아니고, 평범한 시민들 자신이어야 한다는 사실을 훨씬 명확하게 이해하게 되었기 때문이다. 그는 촛불을 승화시켜 민주주의를 보다 견고히 하기 위해서 지금 우리에게 가장 필요한 것은 시민들이 명실상부한 주권자가 되어 국가 운영에 적극 참여할 수 있는 새로운 시스템을 만드는 것이라고 보았다. 즉 기존의 국회와 정부의 일을 감시·평가·통제할 수 있는 별도의 대안적 시민의회를 구성하자는 것이다.

> 시민의회는 전국의 평범한 시민들 중 (제비뽑기에 의해) 무작위로 뽑힌 대표자들이 자유로운 토론과 숙의가 가능한 규모의 회의체를 구성하여 거기서 전문가들의 조력을 받아서 국가나 지방의 주요 현안을 의논 결정하여 국회와 정부로 하여금 이 결정을 수용하게 만드는 전형적인 '숙의민주주의'적 제도이다.[140]

그런데 2000년대에 캐나다의 브리티시컬럼비아주와 온타리오주에서는 실제로 선거제도 개혁을 위한 시민의회가 구성되어 활동했다. 2010년대에는 아일랜드에서 헌법 조항 수정을 위해 헌법에 관한 컨벤션과 시민의회가 개설되었다. 아이슬란드에서는 지역별·성별 비례에 따라 시민 25명을 선출해 헌법 개정을 시도했다.[141] 김종철에게 시민의회는 촛불시위에서 발휘된 시민권력이 지속적 생명력을 유지하기 위한 방안이었다. 이처럼 직접민주주의적 시각에서 촛불시위를 바라보는 경우, 박근혜 대통령은 탄핵 인용 전에 마땅히 자진사퇴하는 것이 옳았다.

> 탄핵 결정 이전에 더이상 추한 꼴을 드러내지 않고 대통령이 자진 사임한다면, 그것은 본인을 위해서도 좋고 또한 아마도 예견 가능한 사회적 분열·혼란을 얼마간 방지해주는 효과도 있을 것이다. 하지만 뿌리 깊은 아집과 어리석은 권력 욕망 때문에 상황을 이토록 악화시켜온 장본인이 과연 뒤늦게라도 이성적인 선택을 할 것이라고 기대할 수 있을까?[142]

김종철의 예상대로 박근혜 대통령은 자진사퇴하지 않았다.

> 대통령 스스로의 결정에 의해 자진사퇴할 일이 아니라 헌법에 따라 국회가 탄핵 절차를 시작하는 것이 민주주의의 원리에 맞는다.[143]

이는 정치학자 최장집의 주장이었다. 그는 "촛불시위에 참여한 사람들이 희망하는 것과 그것을 현실에서 실현하는 것은 다른 문제"라며 "광장에서 시민들이 희망하고 요구하는 것을 실현하는 문제, 그것은 정당과 정치인, 그리고 국회와 정부가 해야 할 일이지, 시민이나 운동, 사회의 몫은 아니다"[144]라고 단언했다. 대의제 민주주의적 관점에서 촛불시위를 바라보고 있는 것이다.

최장집은 '국회가 촛불시민의 요구를 제도와 절차에 합당한 방식으로 구현하는 것'이 곧 민주주의라고 주장했다. 촛불시위는 박근혜 정부에 통치의 정당성이 없음을 선언한 것이고 국회가 나서서 헌법의 정신과 규범에 따라 헌정 공백을 메우는 역할을 적극적으로 해야 한다는 것이다. 정당과 정치인에게는 광장에서 시민들의 분노에 동참하는 것보다 자신들에게 주어진 책무를 다하는 것이 중요하다고 독려했다. 촛불시위가 하나의 역사적 전환점이 되려면 시민의식과 시민 참여를 강조하기 전에 정부 형태이자 통치 체제인 민주주의를 어떻게 잘 제도화하고 운영할 것인가에 관심을 가지고 그것을 위해 노력해야 한다는 것이다. 정당정치가 주도하는 민주주의를 강조해온 최장집의 입장이 촛불시위를 바라보는 시각에도 투영되어 있음을 알 수 있다.

이처럼 대의민주주의자인 최장집은 직접민주주의가 오늘날의 사회에는 적절하지 않다고 주장했다. 직접민주주의의 원형인 아테네 민주주의는 25만 명 정도로 추산되는 인구와 작은 영토를 가진 동질적인 작은 규모의 공동체에서 극히 배타적인 시민 엘리트들에 의해 운영되었기에 가능했다는 것이다. 현대 세계가 대의민주주의를 채택한 이유는 다음과 같다.

현대인들은 고대 그리스 도시국가에서처럼 극히 동질적인 작은 정치 공동체에 살고 있지 않다. 현대인들은 사회 발전과 노동 분업의 수준에서 엄청나게 다르고, 가치·종교·사상도 제각각이다. 생업을 위해 시간에 쫓기는 바쁜 생활을 하며, 사회적 문제의 복잡함으로 인해 구체적인 사안에 대해 모두 알 수는 없으며 정치 참여에 전념할 시간적·경제적·정신적 여유도 없다. 그리고 정치 문제를 직접 다룰

수 있는 지식도 부족하다. 그렇기 때문에 현대사회에서는 전문적으로 정치에 전념해 통치의 역할을 하는 새로운 종류의 직업인이 필요하게 되었다.[145]

최장집은 정치 이론가 마넹(B. Manin)의 말을 빌려 대의민주주의는 직접민주주의가 불가능해서 택한 것이 아니라, 시민 스스로 의도적으로 선택한 대안이라고 주장했다. 그에 따르면, 대의민주주의는 민주주의적인 것과 귀족주의적인 것을 결합하는 하나의 실험이자 과도한 민중적 열정을 조절하는 장치이다. 즉 대의민주주의는 직접민주주의에서 실현했던 제비뽑기를 통한 민주적 선출 원리의 대안이라는 것이다. 그는 선거는 비록 귀족주의적 성격을 갖지만 모든 개인에게 선거라는 평등한 투표 수단을 부여해 동등한 기회를 제공한다는 원리를 실현한다는 점을 강조했다. 최장집은 민주주의의 역사와 발전 과정을 보더라도 직접민주주의보다 대의민주주의에서 참여의 폭도 넓었고 잘못된 통치자를 폭력 없이 퇴출시키는 데 있어서도 더 우월한 효과를 보였다고 파악했다. 그렇기 때문에 대의민주주의가 더 우월한 제도라는 것이다. 직접민주주의의 잘못된 사례로는 국민투표로 영국이 유럽연합 탈퇴를 결정하고 볼리비아에서 내전 종식을 위한 평화협정 비준이 좌절된 사건들을 제시했다.

최장집에게 대의민주주의는 정치적 참여의 평등과 시민 주권에 기초한 민주주의, 그리고 선거를 통한 대표의 원리를 융합한 '참'의 제도이다. 대의민주주의에서 가장 중요한 것은 사회의 개인 및 집단들과 국가 사이에 대표의 체계를 강화하고 발전시키는 일이므로 정당의 발전, 정당 대표의 기능이 중요하다. 하지만 한국의 현실에서 정당의 대표 기능은 약하다. 최장집도 이를 인정하며 줄곧 정당정치의 강화를 주장해왔다. 그래서 그에게 2016 촛불시위가 촉발한 대통령 탄핵이 갖는 의미는 각별했다. 그는 국회의 대통령 탄핵 소추 의결은 광장에서 분출된 촛불시위가 추동한 것이지만, 동시에 국회 내에서 절반에 이르는 여당이 동참했기 때문에 가능했다고 보았다. 최장집은 이를 '양손잡이 민주주의'가 현실화한 결과라고 개념화했다. 보편적 가치와 규범에 입각해 행위하는 진보적 민주파, 즉 '왼손잡이 민주파'와 한 나라의 역사적·정치적·문화적 환경 속에서 배태된 전통적 가치를 중시하면서 민주주의를 이해하거나 때로는 빠른 변화와 개혁에 저항하는 보수적 민주파, 즉 '오른손잡이 민주파'의 합작으로 탄핵 소추 의결이 가능했다는 것이다. 결국 보수파의 합류가 민주주의 복원, 즉 국회가 대통령 탄핵 절차를 밟고 청문회를 개최하고 특검을 설치하는 데 결정적인 역할을 했다는 것이다.

이러한 대의민주주의적 입장에서 볼 때 헌법재판소의 대통령 탄핵은 위기에 빠진 민주주의를 헌법, 즉 법의 수단에 의해 정상화하는 것을 의미한다. 탄핵을 통해 민주주의 제도인 헌법적 절차에 따라 폭력적 방법이나 피를 흘리지 않고 대통령을 파면할 수 있는 전례를 만들었다는 것이다. 이에 따르면 촛불시위는 '거대한 집단으로서의 광장의 군중이 대통령 탄핵이라는 하나의 목적에 집중하면서 자신들의 열정을 절제하고 평화적인 방법으로 시위를 이끌고 지속하여' 국회의 탄핵 소추와 헌법재판소의 탄핵 인용을 끌어낸 마중물이었다.

그런데 2017년에 들어선 문재인 정부는 촛불 정부를 자처하면서 청와대 국민청원과 공론화위원회 등의 국민 직접 참여 제도를 도입해 촛불시위의 직접민주주의적 요소를 전유했다.[146] 그것은 대의민주주의 제도하에서 선출된 대통령임에도 불구하고 스스로 위임받은 국민주권이 의회보다 우월하다는 인식에 기반해 권위주의 통치로 나아갈 가능성을 내포한 것이었다.[147] 그때는 가능성에 그쳤지만 2024년 12월 3일 '계엄'의 밤을 겪으며 극단적 현실로 맞닥뜨리고 말았다.

2025년 봄,
다시 광장에 선 민주주의와 함께
대장정을 마무리하다

총 3부작으로 한국 민주주의 역사에 대한 집필을 마무리했다. 세 권으로
나누어 출간한 원고의 분량은 약 4600매다. 하지만 이 3부작은 한국 민
주주의 역사와 관련된 모든 '과거'를 나열한 통사가 아니다. 민주주의적
관점에서 한국 근현대사에 등장하는 사건, 인물, 단체, 운동, 사상/담론
등을 선별해 해석한 책이다. 그만큼 민주주의 역사의 골조를 짜고 그것
에 살로 붙일 것들을 선별하고 해석하는 과정에 많은 시간을 할애했다.
한국 현대 민주주의를 다룬 3부를 쓰면서는 압도적인 자료와 연구성과
에 눌려 오래도록 길을 잃고 헤매기도 했다. 그럼에도 민주주의적 시각
에서 여태껏 주목받지 못한 역사를 새롭게 발굴하거나 기존의 관성적 해
석과는 다른 해석을 하면서 느끼는 성취감이 이 대장정을 마무리하도록

이끌어 주었다.

　역사가는 현재를 살면서 과거를 탐구한다. '민주주의 한국사' 3부작에는 21세기 한국 민주주의 경험이 투영되어 있다. 1부《민주주의를 향한 역사》는 역사 전쟁이 열전으로 치닫던 박근혜 정권 전반기에 집필했다. 2부《독립을 꿈꾸는 민주주의》는 박근혜 대통령 퇴진을 요구하는 촛불시위 기간에 집필했다. 3부《모두의 민주주의》는 윤석열 대통령의 권위주의 통치로 민주주의가 위기에 처한 2024년 가을 초입에 탈고했다. 그리고 12월 3일 비상계엄령 선포라는 친위쿠데타의 후폭풍 속에서 발간된다.

　2025년은 광복 80주년이 되는 해다. 1987년 이후 민주주의를 일군 만큼 독재는 퇴물이 되고 결국 소멸하리라는 진보 서사가 풍미했다. 그런데 산업화와 민주화에 기반해 선진국 반열에 오른 유일한 나라는 OECD 국가 중에 유일하게 비상계엄을 선포한 나라가 되었다. 이런 질문을 던져 본다. 해방 이후 80년 동안 친일이 줄곧 청산의 대상이었던 만큼 그보다 극복과 성찰의 역사가 짧은 독재도 여전히 청산의 대상이 아닐까. 21세기에 들어와 본격화된 과거사 청산과 역사 전쟁이 독재 청산의 과정이라고 평가한다면 비상계엄령 선포와 같은 내란 사태는 아직 그 과정이 끝나지 않았음을 보여준다.

　2024년 겨울, 절망적 비극의 시간이 시작되었다. 동시에 강렬한 희망의 빛이 타오르기 시작했다. 젊은 시민들이 광장에 섰다. 그들은 2000년대부터 촛불시위의 세례를 받은 세대다. 세월호 참사와 이태원 참사를 겪으며 자란 그들이 수십만 시위대의 주력이 되었다. 그들은 삼삼오오가 아니라 대개 홀로 집회에 나와 모두와 연대한다. 또래와 응원봉으로 연대하고 노동자 농민과의 민중 연대를 도모한다. 그렇게 민주주의는 젊은 시민과 함께 이전과 다른 의미의 '광장'이라는 시험대에 섰다.

한국 근현대사의 궤적 속에서 민주주의는 한국인에게 절대 선으로 자리를 잡았고 상식으로 통용되었다. 권력도 개인도 민주주의적 정당성에 기반해 자신을 합리화하려 한다. 그런데 이번 친위쿠데타에서도 알 수 있듯이 권력이든 개인이든 독재자는 '의도'로서 민주주의를 앞세운다. 반면 민주주의자는 과정과 결과로서의 민주주의에 주목한다. 독자들이 3부에 등장하는 아와 비아의 '모든' 민주주의를 살피며 이와 같은 양자의 차이를 발견하기를 기대해 본다. 민주주의는 지금도 '발견'되고 '변화'하며 물줄기를 낸다. 그만큼 풍성한 시각에서 다양하게 접근할 수 있다. 그런 점에서 민주 대 반민주, 보수 대 진보 등의 이분법적 잣대를 제대로 극복하지 못한 채 3부작을 마무리하게 되어 두렵고 아쉽다. 2025년 봄, 또다시 맞은 민주주의 갈림길의 경험이 민주주의 역사를 '오래된 미래'로 성찰할 수 있는 눈을 키우는 계기가 되길, 그리고 우리에게 전화위복의 시간이 되길 바란다.

서문

1   이행훈, 〈'과거의 현재'와 '현재의 과거'의 매혹적 만남―한국 개념사 연구의 현재와 미래〉,《개념과 소통》7, 2011, 203~204쪽.

2   김정인, 〈학술운동으로서의 역사 연구의 길〉,《역사학보》261, 2024, 119~121쪽.

1장   미국이 주조한 민주주의

1   〈통일과 독립에 공헌, 입법기관에 대하여, 하지 중장 성명〉,《동아일보》, 1946년 10월 9일.

2   김정인,《독립을 꿈꾸는 민주주의》, 책과함께, 2017, 27쪽.

3   정진아 외,《한국현대사1 ― 해방과 분단, 그리고 전쟁》, 푸른역사, 2018, 120쪽.

4   박찬표,《한국의 국가 형성과 민주주의》, 후마니타스, 2007, 323쪽.

5   송남헌,《한국현대정치사》1, 현대사료연구소, 1986, 398~399쪽.

6   〈조선임시입법의원법 내용(하)〉,《동아일보》, 1946년 9월 21일.

7   김석준,《미군정 시대의 국가와 행정》, 이화여자대학교 출판부, 1996, 332쪽.

8   〈각 지방의 민선의원 결정〉,《동아일보》, 1946년 11월 5일.

9   〈보선법 빨리 제정〉,《경향신문》, 1947년 5월 9일.

10   〈입법의원의원선거법〉, 국가법령정보센터(https://law.go.kr/)

11   〈보선법의 실시로 민주정부 수립하라〉,《동아일보》, 1947년 8월 30일.

12   박찬표, 앞의 책, 339쪽.

13   〈보선법 수 공포〉,《조선일보》, 1947년 9월 5일.

14   박찬표, 앞의 책, 345~346쪽.

15   이나미,《한국 시민사회사 국가형성기 1945~1960》, 학민사, 2017, 47~48쪽.

16   〈자유선거보장안, 조위서 군정당국에 제출〉,《동아일보》, 1948년 3월 18일.

17   〈민주정부 수립의 기간 선거법 수 발포〉,《동아일보》, 1948년 3월 19일.

18   〈경무정책의 수립을 심의〉,《경향신문》, 1947년 12월 5일.

19   〈자유분위기 보장 위해 인민의 권리를 규정〉,《동아일보》, 1948년 4월 8일.

20   이택선, 〈한국의 민주주의 국가 건설: 1945년 9월 ―1948년 8월의 한미관계와 미국 사법제도 도입을 통한 제도 권력의 이식〉,《한국의 민주주의와 한미관계》, 대한민국역사박물관, 2014, 98~99쪽.

21   〈등록자 91.8%〉,《경향신문》, 1948년 4월 15일.

22 〈무소속이 반수〉,《조선일보》, 1948년 4월 25일.

23 이혜숙,《미군정기 지배구조와 한국사회》, 선인, 2008, 391쪽.

24 〈민주주의 포스터 전국학도에 모집〉,《동아일보》, 1947년 4월 29일.

25 김동선, 〈미군정 공보부 정치교육과의 활동과 구성원의 성격〉,《한국근현대사연구》97, 2021, 121쪽.

26 이혜숙, 앞의 책, 398쪽.

27 허은,《미국의 헤게모니와 한국 민족주의》, 고려대학교 민족문화연구소, 2008, 78~79쪽.

28 남영희·이순옥, 〈해방기 주한미군사령부 공보원 지역분관의 설립과 문화 활동〉,《석당논총》78, 2020, 118~120쪽.

29 박찬표, 앞의 책, 362~369쪽.

30 위의 책, 369쪽.

31 위의 책, 370쪽.

32 〈언론사상의 자유〉,《농민주보》, 1946년 5월 25일.

33 군정청 공보부 여론국 정치교육과,《민주주의 강연집》, 1947, 1~2쪽.

34 〈동아의 평화는 조선독립에 있다〉,《농민주보》63, 1947년 3월 22일.

35 〈인권은 신성불가침 뺏을 수도 뺏길 수도 없는 권리―민주주의의 정의〉,《농민주보》, 1947년 4월 5일.

36 〈마샬 씨의 민주주의 정의는 러시아에 대한 엄정한 해석〉,《농민주보》, 1947년 4월 5일.

37 박수현, 〈점령기 미군정의 공보 활동과 선전 담론―미군정 발행 주간신문 분석을 중심으로〉, 서울대 박사학위 논문, 2021, 193쪽.

38 위의 글, 211쪽.

39 〈민주주의와 입법〉,《농민주보》, 1946년 10월 19일.

40 〈분열과 민주주의〉,《농민주보》, 1947년 6월 7일.

41 그렉 브라진스키 지음, 나종남 옮김,《대한민국 만들기 1945-1987》, 책과함께, 2011, 15쪽.

42 남조선과도임시정부 여론국,《민주주의적 생활》, 1947, 1~2쪽.

43 김동선, 앞의 글, 104쪽.

44 박수현, 앞의 글, 5쪽.

45 김한상, 〈1945-48년 주한미군정 및 주한미군사령부의 영화선전: 미국 국립문서기록관 리청(NARA) 소장 작품을 중심으로〉,《미국사연구》34, 192쪽.

46 위의 글, 197~198쪽.

47 위의 글, 200쪽.

48 위의 글, 201쪽.

49 박수현, 〈점령과 분단의 설득 기구 — 미군정 공보기구의 변천(1945. 8~1948. 5)〉, 《해방의 공간, 점령의 시간》, 푸른역사, 2018, 126쪽.

50 〈미군정의 현재와 장래〉(상), 《중앙신문》, 1945년 11월 17일.

51 〈건국도상의 신교육학무국장과의 문답〉, 《동아일보》, 1945년 11월 29일.

52 이길상 편, 《해방전후사 자료집 2, 미군정교육정책》, 원주문화사, 1992, 199쪽.

53 〈딘 신장관 취임 연설 내용〉, 《경향신문》, 1947년 11월 4일.

54 오천석, 《민주주의 교육의 건설》, 국제문화공회, 1946, 17쪽.

55 손인수, 《한국교육사연구》하, 문음사, 1998, 329쪽.

56 김동구, 〈미군정기간 중 천원의 교육활동〉, 《교육발전》19-1, 2000, 12쪽.

57 이상록, 〈미군정기 새교육운동과 국민학교 규율 연구〉, 《역사와 현실》35, 2000, 120쪽.

58 오천석, 《한국신교육사》, 현대교육총서출판사, 1964, 409~412쪽.

59 이상록, 앞의 글, 121쪽.

60 손인수, 《미군정과 교육정책》, 민영사, 1992, 317쪽.

61 송덕수, 《광복교육 50년 1 — 미군정편》, 대한교원공제회, 1996, 223쪽

62 이강훈, 〈신국가건설기 '새교육운동'과 '생활교육'론〉, 《역사교육》88, 2003, 99쪽; 허대녕, 《오천석과 미군정기 교육정책》, 한국학술정보, 2009, 184~185쪽.

63 김동선, 〈미군정기 국정공민교과서의 성격과 집필진의 구성〉, 《한국민족운동사연구》94, 2018, 6쪽.

64 이상선, 《사회생활과의 이론과 실제》, 금룡도서문구, 1946, 1~2쪽.

65 이진석, 〈미군정기 교육관련 전문 잡지의 내용 분석을 통해 본 민주주의 교육의 실천에 관한 연구 — 《교육연구》를 중심으로〉, 《시민교육연구》45-1, 2013, 89쪽.

66 〈겉탈 민주교육을 삼가라〉, 《조선교육》, 1947년 4월호, 54~58쪽.

67 이상선, 《종합교과 단위교수 — 사회생활과 교육의 기초이념》, 동지사, 1947, 27쪽.

68 사공환, 〈사회생활과로 본 국사교육〉, 《조선교육》, 1947년 9월호, 67쪽.

69 성내운, 〈분단시대의 한·미교육교류〉, 《한국과 미국》, 실천문학사, 1986, 204쪽.

70 이길상 편, 앞의 책, 555~556쪽.

71 교원복지신보사, 《광복교육 50년》, 대한교원공제회, 1996, 257~258쪽.

72 〈최고학부를 종합 개편〉, 《동아일보》, 1946년 7월 14일.

73 이규환, 〈한국 교육 발전에 미친 외국의 영향〉, 《아세아연구》26-1, 1983, 15쪽.

74 이길상 편, 앞의 책, 228~230쪽.

75 정태수, 《미군정기 한국교육사자료집》(상), 홍지원, 1992, 1030쪽.

76 유진오, 〈대학의 위기〉,《조선교육》2-1, 1948년 1·2월호, 13쪽.

77 阿部洋, 〈미군정기에 있어서 미국의 대한교육정책〉,《해방 후 한국의 교육개혁》, 한국문화원, 1987, 14~15쪽.

78 윤종문, 〈해방 이후 '국비 미국 유학생'의 탄생〉,《사학연구》141, 2021, 286쪽.

79 김정인,《대학과 권력》, 휴머니스트, 2018, 73~76쪽.

80 유진오,《국제생활》, 일조각, 1956, 97쪽.

81 이종수, 〈미국대학생의 생활〉,《교육》2, 1955, 117쪽.

82 이선미, 〈1950년대 미국유학 담론과 '대학문화'〉,《상허학보》25, 2009, 244~245쪽.

83 김증한, 〈미국 유학 희망〉,《신태양》, 1954년 12월호, 60쪽.

84 문교부, 〈미국유학 지망자의 편람〉,《새교육》1-2, 1948, 152~155쪽.

85 서명원, 〈미국교육의 실제〉,《현대공론》, 1954년 12월호, 122쪽.

86 馬越徹,《현대한국교육연구》, 고려서림, 1981, 231쪽.

87 위의 책, 227쪽.

88 이규환, 앞의 글, 51쪽.

89 김증한, 앞의 글, 60쪽.

90 손인수, 앞의 책(1998), 431쪽.

91 한심석,《관악을 바라보며》, 일조각, 1981, 141쪽.

92 송건호, 〈민족 지성의 반성과 비판〉,《사상계》, 1963년 11월호, 231쪽.

2장 반공에 포획된 민주주의

1   조가경, 〈혁명 주체의 정신적 혼미〉,《사상계》, 1961년 4월호, 74~75쪽.

2   허종,《반민특위의 조직과 활동》, 선인, 2003, 137~141쪽.

3   〈반민법 드디어 공포 실시〉,《경향신문》, 1948년 9월 24일.

4   〈노덕술 반민자로 체포〉,《조선일보》, 1949년 1월 26일.

5   〈대통령의 노덕술 석방 요구 거절〉,《조선중앙일보》, 1949년 2월 10일.

6   〈반민 처결 지연은 불가 조속 완료를 요망〉,《조선일보》, 1949년 2월 3일.

7   〈반민법 해당자 조사 돌연 중지〉,《동아일보》, 1949년 2월 10일.

8   양정심,《제주4·3항쟁 — 저항과 아픔의 역사》, 선인, 2008, 60~71쪽.

9   위의 책, 86쪽.

10 서중석,《조봉암과 1950년대》(하), 역사비평사, 1999, 557쪽.

11 양정심, 앞의 책, 162~172쪽.

12 〈비참한 제주도〉,《동아일보》, 1949년 3월 12일.

13 서중석, 《이승만과 제1공화국 — 해방에서 4월 혁명까지》, 역사비평사, 2010, 47쪽.

14 김득중, 《빨갱이의 탄생》, 선인, 2009, 69~98쪽.

15 박원순, 《국가보안법 연구》1, 역사비평사, 1994, 80쪽.

16 〈국가보안법을 배격함〉, 《조선일보》, 1948년 11월 14일.

17 서중석, 앞의 책(2010), 49~51쪽.

18 김득중, 앞의 책, 528~529쪽.

19 〈모략과 중상을 버리자〉, 《조선일보》, 1950년 4월 1일.

20 〈제1대 국회 제5회 제56차 국회 본회의 회의록〉(1949년 12월 2일), 국회 회의록 홈페이
    지(https://likms.assembly.go.kr/record).

21 김기진, 《국민보도연맹》, 역사비평사, 2002, 352쪽; 〈국민보도연맹 결성선포대회 성황〉,
    《조선일보》, 1949년 6월 6일.

22 서중석, 앞의 책(1999), 602~603쪽.

23 김기진, 앞의 책, 22쪽.

24 서중석, 《한국현대민족운동연구》2, 역사비평사, 1996, 267~274쪽.

25 허종, 앞의 책, 347쪽.

26 〈주동은 무뢰한〉, 《조선일보》, 1949년 6월 5일.

27 허종, 앞의 책, 228~229쪽.

28 〈제헌국회 속기록 제1회 제105호〉(1948년 11월 16일); 〈제헌국회 속기록 제2회 제42
    호〉(1949년 2월 28일).

29 〈제헌국회 속기록 제1회 제87호〉(1948년 10월 13일).

30 〈평화통일 진언〉, 《경향신문》, 1949년 3월 20일.

31 허종, 앞의 책, 355~356쪽.

32 서중석, 앞의 책(2010), 71쪽.

33 서중석, 앞의 책(1996), 215~216쪽.

34 〈불원 진상 발표 전봉덕 중령〉, 《조선일보》, 1949년 6월 28일.

35 〈김구선생 살해사건 진상〉, 《조선일보》, 1949년 7월 21일.

36 정병준, 〈공작원 안두희와 그의 시대〉, 《역사비평》, 2004년 겨울호, 167쪽.

37 위의 글, 156쪽.

38 〈국민회로 개편〉, 《조선일보》, 1948년 12월 28일.

39 〈남북통일에 전력 독촉개칭하고 신국민운동〉, 《동아일보》, 1948년 12월 26일.

40 〈단일계 수립〉, 《조선일보》, 1949년 2월 16일.

41 김수자, 〈1948~1953년 이승만의 권력 강화와 국민회 활용〉, 《역사와 현실》55, 2005,

363쪽.

42 〈국민운동 강화〉,《경향신문》, 1949년 8월 26일.

43 〈대한청년단으로 통합, 금일 운동장에서 결성식〉,《조선일보》, 1948년 12월 19일.

44 〈새 국가의 초석이 되라!〉,《조선일보》, 1948년 12월 21일.

45 전갑생,〈한국전쟁 전후 대한청년단의 지방조직과 활동〉,《제노사이드 연구》4, 2008, 22쪽.

46 〈임무는 방공〉,《동아일보》, 1948년 12월 29일.

47 브루스커밍스,《한국전쟁의 기원—폭포의 굉음 1947~1950》2-1, 글항아리, 2023, 308쪽.

48 양동숙,〈대한부인회 결성과 활동 연구〉,《한국학논총》(국민대) 34, 2010, 1155쪽.

49 〈대한부인회 전국총회 성황〉,《동아일보》, 1949년 5월 13일.

50 서중석, 앞의 책(1996), 263~265쪽.

51 이나미,《한국의 보수와 수구》, 지성사, 2011, 332쪽.

52 김수자, 앞의 글, 366~367쪽.

53 〈거룩한 선열의 유지 계승〉,《동아일보》, 1953년 3월 2일.

54 홍석률,《통일문제와 정치·사회적 갈등》, 서울대학교 출판부, 2001, 19쪽.

55 〈백절불굴로 난국 돌파〉,《조선일보》, 1953년 6월 27일.

56 조병옥,〈한국 민주 정치의 활로— 왕도적 민본정치에서 근대적 민주 정치로—〉,《새벽》 1955년 7월호, 58쪽.

57 한태연,〈한국 자유민주주의의 위기〉,《사상계》, 1959년 2월호, 16쪽.

58 문지영,《지배와 저항》, 후마니타스, 2011, 147쪽.

59 김수자,《이승만의 집권초기 권력기반 연구》, 경인문화사, 2005, 47~48쪽.

60 〈이승만 대통령, 일민주의를 강조하는 특별교서를 발표〉,《서울신문》, 1949년 12월 20일.

61 서중석,《이승만의 정치이데올로기》, 역사비평사, 2005, 16쪽.

62 후지이 다케시,《파시즘과 제3세계주의 사이에서》, 역사비평사, 2012, 227쪽.

63 〈대한청년단에 이박사 지시〉,《조선일보》, 1949년 4월 12일.

64 〈일민주의보급회의 이사장에 윤석오 씨〉,《동아일보》, 1949년 9월 9일.

65 〈일민주의 정신과 민족운동—이 대통령 방송 요지(하)〉,《경향신문》, 1949년 4월 23일.

66 안호상 편술,《일민주의의 본바탕》, 일민주의연구원, 1950, 16쪽.

67 이승만,《일민주의 개술》, 일민주의보급회, 1949, 9쪽.

68 안호상 편술, 앞의 책, 22쪽.

69 서중석,〈이승만정권 초기의 일민주의와 파시즘〉,《1950년대 남북한의 선택과 굴절》, 역사비평사, 1998, 36쪽.

70 김성식,〈한국적 민족주의〉,《사상계》, 1958년 9월호, 56쪽.

71 안호상, 《세계신사조론》, 일민주의보급회, 1952, 80쪽.

72 위와 같음.

73 문지영, 앞의 책, 156쪽.

74 공보실, 《주보》, 1949년 11월 2일, 15쪽.

75 서중석, 앞의 글, 44쪽.

76 위의 글, 17쪽.

77 〈청년과 민주주의〉, 《대동신문》, 1945년 12월 6일.

78 〈조선인은 생명을 걸고 민주주의를 전취〉, 《동아일보》, 1946년 2월 11일.

79 여현덕, 〈8·15 직후 민주주의 논쟁〉, 《해방전후사의 인식》 3, 한길사, 1987, 24쪽.

80 이나미, 앞의 책, 224쪽.

81 김학준, 〈해방전후 시기에 활동한 우파 정치지도자들〉, 《동아연구》 12, 1987, 85쪽.

82 유영익, 〈이승만의 건국 이상〉, 《한국사시민강좌》 17, 1995, 16쪽.

83 〈공산당에 대한 입장 — 이승만박사 중대방송〉, 《서울신문》, 1945년 12월 21일.

84 이시형, 〈이승만의 국가건설사상〉, 《국가건설사상》 III, 인간사랑, 2006, 55쪽.

85 김준연, 《독립노선》, 흥한재단, 1948, 1쪽.

86 〈민주주의 대 공산주의〉, 《국민보》, 1947년 2월 19일; 김정인, 《독립을 꿈꾸는 민주주의》, 책과함께, 2017, 345~351쪽.

87 〈삼일정신은 민주주의〉, 《동아일보》, 1953년 3월 1일.

88 이나미, 앞의 책, 321쪽.

89 〈하지중장 중대 성명〉, 《동아일보》, 1947년 12월 18일.

90 이나미, 앞의 책, 149쪽.

91 공보실, 《우리 대통령 리승만 박사》, 1959, 41쪽, 43쪽.

92 신도성, 〈한국 자유민주주의의 과제〉, 《사상계》 1955년 8월호, 100쪽.

93 케네스 콜그로브, 《민주주의 대 공산주의 개정판》, 문교부 1961, 2쪽.

94 위의 책, 24쪽.

95 〈민주주의 공산주의 공존할 수 있는가〉, 《동아일보》, 1959년 9월 9일.

96 최장집, 《한국 민주주의의 조건과 전망》, 나남출판, 1996, 90쪽.

97 〈민주주의 바로잡아 공산주의 타도하자〉, 《동아일보》, 1960년 4월 20일.

98 〈갈피 못 잡고 허둥지둥 교육 10년의 발자취〉, 《동아일보》, 1958년 8월 16일.

99 한국교육문제연구소, 《문교사》, 1974, 164쪽.

100 백낙준, 〈국방교육론〉, 《교육문화》, 1954년 9월호(《한국의 현실과 이상》(상), 연세대학교 출판부, 1977, 130쪽에서 재인용).

101 〈신임문교장관의 포부에 대하여〉,《경향신문》, 1954년 5월 3일; 〈민주교육을 강화〉,《조선일보》, 1954년 5월 3일.

102 유진오, 〈교육과 민주주의〉,《새벽》, 1955년 3월호, 613쪽.

103 이남희,《민중 만들기》, 후마니타스, 2015, 150쪽.

104 안호상, 〈학도호국대 결성의 의의〉,《조선교육》, 1949년 5월호, 6~7쪽.

105 서중석, 앞의 책(1996), 261~262쪽.

106 연정은, 〈감시에서 동원으로, 동원에서 규율로〉,《역사연구》14, 2004, 250쪽.

107 장준하, 〈권두언: 우리는 특권계급의 밥이 아니다〉,《사상계》, 1957년 6월호, 17쪽.

108 김재준, 〈민주주의론〉,《사상계》, 1953년 5월호, 38쪽.

109 이상록,《한국의 자유민주주의와《사상계》》, 고대 민족문화연구원, 2020, 71~72쪽.

110 장준하, 〈우리는 특권계급의 밥이 아니다〉,《사상계》, 1957년 6월호, 17쪽.

111 장준하, 〈나라의 주인은 백성이다〉,《사상계》, 1958년 10월호, 16~17쪽.

112 위의 글, 17쪽.

113 황병주, 〈1950년대 엘리트 지식인의 민주주의 인식〉,《사학연구》89, 2008, 236쪽.

114 조병옥, 앞의 책, 22~24쪽.

115 황병주, 앞의 글, 237쪽.

116 조병옥, 앞의 책, 277쪽.

117 위의 책, 58쪽.

118 위의 책, 257쪽.

119 장준하, 〈다시 맞는 3·1절〉,《사상계》, 1960년 3월호, 18쪽.

120 장준하, 〈1960년을 보내면서〉,《사상계》, 1960년 12월호, 35쪽.

121 장준하, 〈긴급을 요하는 혁명과업의 완수와 민주정치에로의 복귀〉,《사상계》, 1961년 7월호, 34~35쪽.

122 정태영,《조봉암과 진보당》, 후마니타스, 2006, 237~238쪽.

123 홍석률, 앞의 책, 54~55쪽.

124 〈야당의 진출과 여당의 책임〉,《동아일보》, 1956년 5월 18일.

125 정태영, 앞의 책, 346쪽.

126 위와 같음.

127 손호철,《현대 한국정치 1945~2011》, 이매진, 2011, 256쪽; 홍석률, 앞의 책, 65~66쪽.

128 조봉암, 〈평화통일의 구체적 방안〉,《신태양》, 1957년 4월호, 55쪽.

129 정태영, 앞의 책, 347쪽.

130 서중석, 〈민주당·민주당 정부의 정치이념〉,《한국정치의 지배이데올로기와 대항이데올

로기》, 역사비평사, 1994, 104~105쪽.

131 민주화운동기념사업회 연구소 엮음, 《한국민주화운동사》1, 돌베개, 2008, 68~69쪽.

132 박태균, 〈조봉암과 인천〉, 《황해문화》4-2, 1996, 326쪽.

133 〈진보당을 불법결사로 규정〉, 《동아일보》, 1958년 1월 14일.

134 권대복 엮음, 《진보당》, 지양사, 1985, 64쪽.

135 〈2명만 실형 17명 무죄〉, 《경향신문》, 1958년 7월 3일.

136 〈판결 반대 데모 주모자를 엄단하라〉, 《동아일보》, 1958년 7월 8일.

137 〈진보당 사건 전 피고에 유죄 언도〉, 《동아일보》, 1958년 10월 26일.

138 서중석, 《조봉암과 1950년대》(상), 역사비평사, 1999, 215쪽.

139 정태영, 앞의 책, 347쪽.

140 조봉암, 〈투표에 이기고, 개표에 지고〉, 《내가 걸어온 길 내가 걸어갈 길》, 신태양사,
     1957, 176쪽.

141 정태영, 앞의 책, 205쪽.

142 권대복 엮음, 앞의 책, 13쪽.

143 위의 책, 12쪽.

144 손호철, 앞의 책, 253~254쪽.

145 정태영, 앞의 책, 355쪽.

146 〈사회민주주의는 노폐〉, 《조선일보》, 1952년 1월 4일.

147 조병옥, 앞의 책, 83쪽.

148 최민석, 〈1950년-60년대 자유민주주의 개념의 궤적〉, 《개념과 소통》27, 2021, 256쪽.

149 신도성, 〈전시행정의 검토(1)〉, 《동아일보》, 1952년 5월 8일.

150 신도성, 〈민주정치와 관용의 정신〉, 《사상계》, 1954년 1월호, 107쪽.

151 이두산, 〈정치학을 공부하는 학생에게〉, 《사상계》, 1955년 6월호, 187쪽.

152 홍정완, 《한국 사회과학의 기원—이데올로기와 근대화의 이론 체계》, 역사비평사, 2021,
     124쪽.

153 서울대학교60년사편찬위원회, 《서울대학교 60년사》, 2006, 838쪽.

154 고려대학교100년사편찬위원회, 《고려대학교 100년사》, 2005, 137~138쪽.

155 곽순모 편저, 《민주사회주의란 무엇인가》, 예지사, 1984, 48~49쪽.

156 유용태 외, 《학생들이 만든 한국현대사》, 한울엠플러스, 2020, 54쪽.

157 한국정신문화연구원, 《한국 경제 사회의 근대화》, 2001, 165~166쪽.

158 〈무산대중체계 운운 논문 문제화〉, 《동아일보》, 1957년 12월 15일.

159 유용태 외, 앞의 책, 58쪽.

160　〈한국서의 사회민주주의 문제〉,《동아일보》, 1960년 5월 15일.

3장　민족을 소환한 민주주의

1　홍석률,〈1960년대 한국 민족주의의 두 흐름〉,《사회와 역사》 62, 2002, 178쪽.

2　〈최인규 등에 대한 검찰 기소장 전문〉(1),《경향신문》, 1960년 5월 24일.

3　〈정치에 짓밟힌 학원〉,《조선일보》, 1960년 2월 29일.

4　〈대회장에 정체모를 호소문 공명선거 추진하자는 문구 넣어〉,《동아일보》, 1960년 3월 2일.

5　〈밤중에 산발 데모〉,《동아일보》, 1960년 3월 15일.

6　홍석률,〈4월혁명과 여성〉,《4월혁명의 주체들》, 역사비평사, 2020, 164쪽.

7　〈긴급 국회, 개헌 후 해산을 결의〉,《조선일보》, 1960년 4월 27일.

8　김중한,〈학생운동의 새로운 방향〉,《대학신문》, 1960년 5월 9일.

9　이나미,《한국시민사회사 1945-1960》, 학민사, 2017, 359~360쪽.

10　홍석률,《통일문제와 정치·사회적 갈등: 1953~1961》, 서울대학교 출판부, 2001, 243~246쪽.

11　민주화운동기념사업회연구소,《한국민주화운동사》 1, 돌베개, 2008, 305~306쪽.

12　〈문외문〉,《조선일보》, 1961년 1월 18일.

13　〈민자통 25일 결당식〉,《경향신문》, 1961년 2월 25일.

14　〈삼일정신으로 자주통일 달성을 선언〉,《민족일보》, 1961년 2월 26일.

15　홍석률, 앞의 책, 174~178쪽.

16　김지형,〈4·19직후 민족자주통일협의회 조직화 과정〉,《역사와 현실》 21, 1996, 146쪽.

17　〈새로운 학생 자치 기구의 문제〉(상),《대학신문》, 1960년 5월 16일.

18　오제연,〈1960년대 초 박정희 정권과 학생들의 민족주의 문화: '민족적 민주주의'를 중심으로〉,《기억과 전망》 17, 2007, 289~290쪽.

19　〈가칭 서울대 민족통일연맹 발기대회〉,《대학신문》, 1960년 11월 7일.

20　〈〈통한〉·〈유엔가입〉 결의안 채택〉,《민국일보》, 1960년 11월 3일.

21　〈통일방안논쟁〉,《동아일보》, 1960년 11월 3일.

22　김동춘,〈민족민주운동으로서의 4·19시기 학생운동〉,《역사비평》, 1988년 여름호, 38쪽.

23　〈남북한의 조속 접촉 북괴 통일위 주장〉,《조선일보》, 1961년 5월 15일.

24　〈통일의 전주곡 되게〉,《조선일보》, 1961년 5월 14일;〈남북학생회담 촉구〉,《경향신문》, 1961년 5월 14일.

25　이나미, 앞의 책, 177~178쪽.

26 손호철·정해구, 〈제2공화국 시민사회와 시민운동〉, 《제2공화국과 한국민주주의》, 나남
    출판, 1996, 296쪽.

27 민주화운동기념사업회연구소, 앞의 책, 325쪽.

28 홍석률, 앞의 책, 196~198쪽.

29 〈보안법 개정안 데모규제법안 각의를 통과〉, 《동아일보》, 1961년 3월 30일.

30 손병선, 《한국사회변혁운동과 4월 혁명》 2, 한길사, 1990, 148쪽.

31 정무용, 〈1961년 한미경제기술원조협정을 둘러싼 정치·사회적 갈등〉, 《인문과학연구》
    (덕성여대) 21, 2015, 13쪽.

32 허은, 〈미국의 헤게모니와 분단국가 자율성의 결절점: 민족주의 ―'4·19운동' 시기 한국
    민족주의와 미국의 대응〉, 《한국민족운동사연구》 46, 289~290쪽.

33 〈한미경제협정 동의에 반대〉, 《동아일보》, 1961년 2월 9일.

34 〈그 논리가 엉망진창〉, 《경향신문》, 1961년 2월 14일.

35 〈한미경제협정은 일보 후퇴이며 진정한 협조정신이 결여되어 있다〉, 《경향신문》, 1961
    년 2월 8일.

36 〈장정권은 미국에의 굴욕적인 태도를 수정치 못하겠으면 물러나라〉, 《민족일보》, 1961
    년 2월 14일.

37 〈범국민운동 전개〉, 《조선일보》, 1961년 2월 15일.

38 민주화운동기념사업회연구소, 앞의 책, 320쪽.

39 〈원외활동 불필요〉, 《동아일보》, 1961년 2월 14일.

40 〈장총리, 반미사상선동에 경고〉, 《동아일보》, 1961년 2월 15일.

41 〈한미경제원조협정의 비준〉, 《조선일보》, 1961년 2월 15일.

42 〈반대파를 빨갱이로 몰던 이정권 수단 부활〉, 《조선일보》, 1961년 2월 15일.

43 〈반민주적 폭언〉, 《조선일보》, 1961년 2월 16일.

44 〈한미경제협정을 에워싼 주권침해 논의의 귀결〉, 《조선일보》, 1961년 2월 17일.

45 김병태, 〈미국원조의 정체를 밝힌다. 우리의 빈곤은 누구 때문인가?〉, 《민족일보》, 1961
    년 2월 17일.

46 〈통일만이 살길이다, 경제원조로는 빈곤 해결은 기대란〉, 《민족일보》, 1961년 2월 15일.

47 〈김용중씨 장총리에 공개장〉, 《민족일보》, 1961년 2월 19일.

48 마상윤, 〈박정희 시대의 한국의 민주주의와 한미관계(1961-1979)〉, 《한국의 민주주의
    와 한미관계》, 대한민국역사박물관, 2014, 196쪽.

49 임대식, 〈1960년대 지식인과 이념의 분화〉, 《지식 변동의 사회사》, 문학과지성사, 2003,
    274~2/5쪽.

50 장준하, 〈5·16군사혁명과 민족의 진로〉, 《사상계》, 1961년 6월호, 34쪽.

51 장준하, 〈긴급을 요하는 혁명과업의 완수와 민주정치에로의 복귀〉, 《사상계》, 1961년 7월호, 34~35쪽.

52 〈혁명과업 초기 목표 달성〉, 《조선일보》, 1961년 7월 4일.

53 〈4·19기념식에서의 기념사〉, 《박정희 대통령 연설문집 1— 군정편》, 대통령비서실, 1973, 223쪽.

54 박정희, 《국가와 혁명과 나》, 향문사, 1963, 70~71쪽.

55 〈오늘 4·19 두돌〉, 《동아일보》, 1962년 4월 19일.

56 박정희, 《지도자도》, 국가재건최고회의, 1961, 23~24쪽.

57 위의 책, 25~28쪽.

58 박정희, 앞의 책(1963), 239쪽.

59 위의 책, 163쪽.

60 홍정완, 《한국 사회과학의 기원》, 역사비평사, 2021, 345쪽.

61 박정희, 앞의 책(1963), 232쪽.

62 최민석, 〈1950년-60년대 자유민주주의 개념의 궤적〉, 《개념과 소통》 27, 2021, 270쪽.

63 홍석률, 〈1960년대 한국 민족주의의 분화〉, 《1960년대 한국의 근대화와 지식인》, 선인, 2004, 194~195쪽.

64 홍정완, 앞의 책, 346쪽.

65 〈일종의 교도민주주의 박의장이 채택할 듯〉, 《동아일보》, 1962년 6월 3일.

66 〈교도민주주의〉, 《조선일보》, 1957년 5월 10일; 〈서방민주주의 폐기 인도네시아 정부〉, 《경향신문》, 1957년 5월 10일.

67 김상협, 《기독교민주주의 사회민주주의 교도민주주의》, 지문각, 1963, 170쪽.

68 김영준, 《신생국 정치론》, 일조각, 1965, 239쪽.

69 김상협, 앞의 책, 168쪽.

70 김영준, 앞의 책, 237~240쪽.

71 김상협, 앞의 책, 247쪽.

72 위의 책, 258쪽.

73 김영준, 앞의 책, 240~243쪽.

74 권보드래 외, 《1970, 박정희 모더니즘》, 천년의상상, 2015, 154쪽.

75 〈대두된 교도민주주의〉, 《경향신문》, 1960년 10월 23일.

76 신일철, 〈소리 없는 혁명〉, 《사상계》, 1961년 11월호, 277~278쪽.

77 이상록, 〈1960-1970년대 민주화운동세력의 민주주의 담론〉, 《한국 민주화운동의 성격

과 논리》, 선인, 2010, 150쪽.

78   박정희, 《우리 민족의 나갈 길》, 1962, 229쪽.

79   위와 같음.

80   박정희, 앞의 책(1962), 235쪽.

81   〈만물상〉, 《조선일보》, 1962년 3월 9일.

82   〈정치활동과 시위를 정지, 정치적 언론 출판도 규제〉, 《동아일보》, 1963년 3월 16일.

83   이완범, 〈박정희와 미국, 쿠데타와 민정이양 문제를 중심으로, 1961~1963〉, 《박정희시
     대 연구》, 백산서당, 2002, 159쪽.

84   박정희 〈이번 선거는 사상 대결〉, 《조선일보》, 1963년 9월 24일.

85   〈내가 바라는 한국의 민주 건설〉, 《동아일보》, 1963년 9월 26일.

86   〈여순반란사건 관계자가 정부에 있는 듯〉, 《경향신문》, 1963년 9월 24일.

87   〈여순관련 사건 떳떳이 밝혀라〉, 《동아일보》, 1963년 9월 26일; 〈사상논쟁의 백병전〉,
     《동아일보》, 1963년 9월 26일; 〈야당 붐―서울에도〉, 《경향신문》, 1963년 9월 26일.

88   〈여야 말의 대결〉, 《동아일보》, 1963년 10월 9일.

89   〈말의 격류, 입의 포화〉, 《조선일보》, 1963년 10월 6일.

90   위와 같음.

91   〈사대와 신진세력 대결〉, 《조선일보》, 1963년 10월 6일.

92   〈전진이냐 후퇴냐〉, 《조선일보》, 1963년 10월 6일.

93   〈여야 말의 대결〉, 《동아일보》, 1963년 10월 9일.

94   〈무엇이 어떻게 다른가: 박정희 윤보선 두 후보의 생각〉, 《조선일보》, 1963년 10월 8일.

95   〈여야 말의 대결〉, 《동아일보》, 1963년 10월 9일.

96   〈여적〉, 《경향신문》, 1963년 9월 27일.

97   전재호, 《반동적 근대주의자 박정희》, 책세상, 2000, 48쪽.

98   이상록, 앞의 글, 152쪽.

99   〈정치인들의 대결만으로 그칠 것인가, 민족적 민주주의냐 자유민주주의냐〉, 《조선일보》,
     1963년 9월 29일; 오제연, 〈1960년대 초 박정희 정권과 학생들의 민족주의 분화〉, 《기억
     과 전망》 16, 2007, 317~318쪽.

100 〈10·15 결산 그 분석과 평가〉, 《조선일보》, 1963년 10월 18일.

101 조윤수, 〈1965년 한일협정: 성과와 한계〉, 《한일 역사 쟁점 일제 식민 지배와 극복》, 동북
     아역사재단, 2019, 148쪽.

102 〈제1공화국 국무회의(6)―이대통령 평화선 선포 대일 교섭 선수〉, 《경향신문》, 1990년
     5월 24일.

103 〈막후선 김종필·오히라, 결단은 박정희·이케다〉,《중앙일보》, 2005년 1월 18일.

104 서중석, 〈박정권의 대일 자세와 파행적 한일관계〉,《역사비평》, 1995년 봄호, 48쪽.

105 박태균,《박태균의 이슈 한국사》, 창비, 2015, 56~57쪽.

106 조윤수, 앞의 글, 152쪽.

107 이원덕,《대일 청구권협정 및 기본관계조약》, 국립외교원, 2024, 132쪽.

108 조윤수, 앞의 글, 164쪽.

109 홍석률 외,《한국현대사》 2, 푸른역사, 2018, 106쪽.

110 〈공동성명 전문〉,《조선일보》, 1965년 2월 21일.

111 〈굴욕외교 반대 대학생들 데모〉,《조선일보》, 1964년 3월 25일.

112 6·3동지회,《6·3학생운동사》, 역사비평사, 2001, 461쪽.

113 〈한일회담 기정 방침대로〉,《조선일보》, 1964년 3월 27일.

114 6·3동지회, 앞의 책, 92~98쪽.

115 이광일, 〈한일회담 반대운동의 전개와 성격〉,《한일협정을 다시 본다》, 아세아문화사, 1995, 105쪽.

116 〈4·19 네돌 기념식 전국각처서 거행〉,《동아일보》1964년 4월 20일.

117 6·3동지회, 앞의 책, 98~101쪽.

118 〈민족반역체제 제거하라〉,《대학신문》, 1964년 5월 21일.

119 〈5·16은 4·19의 계승이 아니다〉,《대학신문》, 1964년 5월 21일.

120 6·3동지회, 앞의 책, 470~472쪽.

121 위의 책, 106쪽.

122 〈고대-서울대생 등 3천여명 데모〉,《조선일보》, 1964년 6월 3일.

123 6·3동지회, 앞의 책, 112쪽.

124 〈학생데모 점차 확대〉,《경향신문》, 1964년 6월 3일.

125 이광일, 앞의 글, 116~117쪽.

126 장준하, 〈누가 국민을 기만하고 있는가?〉,《사상계》, 1963년 11월호, 26쪽.

127 김성식, 〈민족주의와 민주주의〉,《사상계》, 1963년 11월호, 51쪽.

128 위의 글, 56쪽.

129 위의 글, 51쪽.

130 신상초, 〈무엇이 사상논쟁이냐?〉,《사상계》, 1963년 11월호, 120~121쪽.

131 위의 글, 124쪽.

132 임방현, 〈자주·사대 논쟁의 저변〉,《사상계》, 1963년 11월호, 131쪽.

133 남재희, 〈박정권의 공약과 '미지수' 민주주의〉,《사상계》, 1963년 12월호, 59쪽.

134 장준하, 〈대일 저자세와 민족민주〉, 《사상계》, 1963년 12월호, 27쪽.

135 장규식, 〈1950-70년대 '사상계' 지식인의 분단인식과 민족주의론의 궤적〉, 《한국사연구》 167, 2014, 313쪽.

136 장준하, 〈우상을 박멸하라!〉, 《사상계》, 1964년 4월호(긴급증간호), 8~9쪽.

137 함석헌, 〈매국외교를 반대한다!〉, 《사상계》, 1964년 4월호(긴급증간호), 16쪽.

138 양호민, 〈교섭에 임하는 정부와 국민의 자세〉, 《사상계》, 1964년 4월호(긴급증간호), 28쪽.

139 장준하, 〈현행 한일회담을 분쇄하자〉, 《사상계》, 1965년 5월호, 26쪽.

140 장준하, 〈이 나라와 이 사회는 어디로?〉, 《사상계》, 1965년 6월호, 27쪽.

141 차기벽, 〈오용된 민족주의〉, 《사상계》, 1965년 5월호, 101쪽.

142 위의 글, 103쪽.

143 위의 글, 107쪽.

144 〈재경교수단, 한일협정비준반대선언문〉, 《동아일보》 1965년 7월 12일.

145 위의 책, 504~505쪽.

146 사상계 편집동인 일동, 〈한일협정 조인을 폐기하라〉, 《사상계》, 1965년 7월호(긴급증간호), 8쪽.

4장 개발과 불화한 민주주의

1 박정희, 《우리 민족의 나갈 길》, 동아출판사, 1962, 226쪽.

2 위의 책, 227쪽.

3 〈정부조직법 일부 개정 건설부를 폐지 경제기획원 신설〉, 《동아일보》, 1961년 7월 22일.

4 이영훈, 《한국경제사 II》, 일조각, 2016, 393쪽.

5 박정희, 《국가와 혁명과 나》, 향문사, 1963, 89쪽.

6 김성보, 《북한의 역사》 1, 역사비평사, 2011, 175쪽.

7 〈한미경제협정은 일보후퇴이며 진정한 협조정신이 결여되어 있다〉, 《경향신문》, 1961년 2월 8일.

8 정진아, 《한국 경제의 설계자들》, 역사비평사, 2022, 374쪽.

9 〈부강만이 공산주의 막는 길〉, 《동아일보》, 1960년 8월 16일.

10 〈장총리 신년 중요시책을 발표〉, 《동아일보》, 1961년 1월 6일.

11 이병천, 〈권위주의적 근대화의 역사적 기원〉, 《식민지 유산, 국가 형성, 한국 민주주의》 2, 책세상, 2012, 42~43쪽.

12 〈신어 교도자본주의〉, 《조선일보》, 1962년 2월 22일.

13 신용옥, 《분단과 경제의 재구성》, 선인, 2023, 189쪽.

14 박희범, 《한국경제성장론》, 고려대학교 출판부, 1968, 85쪽.

15 전재호, 《반동적 근대주의자 박정희》, 책세상, 2000, 69~72쪽.

16 〈긴급통화조치법에 관한 해설〉, 《동아일보》, 1962년 6월 10일.

17 전재호, 앞의 책, 64쪽.

18 공제욱, 〈박정희 정권 초기 외부의존형 성장모델의 형성과정과 재벌〉, 《1950-1960년대 한국형 발전모델의 원형과 그 변용과정》, 한울아카데미, 2005, 84쪽.

19 조희연, 《박정희와 개발독재시대》, 역사비평사, 2007, 41~42쪽.

20 이완범, 《박정희와 한강의 기적》, 선인, 2005, 161쪽.

21 〈박대통령 연두교서〉, 《경향신문》, 1964년 1월 10일.

22 〈수출진흥종합시책 경제각료회의 상정〉, 《동아일보》, 1964년 6월 11일.

23 〈검사제도 일원화 등 무역위, 수출진흥방안을 의결〉, 《경향신문》, 1964년 6월 11일.

24 〈박대통령 연두교서〉, 《동아일보》, 1965년 1월 10일.

25 김정렴, 〈박 대통령의 개발 정책은 실패였는가〉, 《박정희 시대》, 조선일보사, 1994, 181쪽.

26 〈종합수출진흥책의 향방〉, 《경향신문》, 1965년 2월 6일.

27 〈수출특화산업 선정 착수〉, 《동아일보》, 1965년 1월 12일.

28 이영훈, 앞의 책, 417쪽.

29 조희연, 앞의 책, 75쪽.

30 오원철, 《박정희는 어떻게 경제강국 만들었나》, 동서문화사, 2006, 42쪽.

31 〈전국민 참여 전자원 동원〉, 《조선일보》, 1973년 2월 2일.

32 〈유신 경제, 새 용어 등장〉, 《조선일보》, 1976년 1월 11일.

33 전재호, 앞의 책, 60~62쪽.

34 마이클 레이섬, 권혁은 외 옮김, 《근대화라는 이데올로기》, 그린비, 2021, 112~113쪽.

35 정일준, 〈미국의 제3세계정책과 1960년대 한국사회의 근대화〉, 《1960년대 한국의 근대화와 지식인》, 선인, 2004, 28쪽.

36 밀리칸&블랙크머 편, 유익형 옮김, 《신생국가론》, 사상계사, 1962, 7~8쪽.

37 박태균, 〈1960년대 초 미국의 후진국 정책 변화〉, 《1950-1960년대 한국형 발전모델의 원형과 그 변용과정》, 한울아카데미, 2005, 47쪽.

38 정일준, 앞의 글, 37쪽.

39 위의 글, 41~42쪽.

40 박태균, 《원형과 변용—한국 경제개발계획의 기원》, 서울대학교출판문화원, 2007, 168쪽.

41 정일준, 앞의 글, 45~46쪽.

42 〈아시아에 있어서의 경제개발〉, 《대학신문》, 1965년 5월 10일.

43 정일준, 앞의 글, 49쪽.

44 그렉 브라진스키, 나종남 옮김,《대한민국 만들기, 1947~1987》, 책과함께, 2011, 215쪽.

45 〈공명선거 꼭 이룩〉,《경향신문》, 1963년 8월 15일.

46 조희연,《동원된 근대화》, 후마니타스, 2010, 17쪽.

47 강준만,《한국 현대사 산책 1970년대 편》3, 인물과사상사, 2002, 102쪽.

48 〈경제할 건 공론과 시간 낭비〉,《경향신문》, 1968년 7월 23일.

49 한상진, 〈고속도로와 지역불균등발전〉,《논쟁으로 읽는 한국사》2, 역사비평사, 2009, 353~354쪽.

50 이영훈, 앞의 책, 426쪽.

51 오원철, 앞의 책, 299~307쪽.

52 재건국민운동본부 기획실, 〈새해 국민운동의 기본방향〉,《재건통신》, 1962년 1월호, 31쪽.

53 도진순 외, 〈군부 엘리트의 등장과 지배 양식의 변화〉,《한국의 근대화와 지식인》, 2004, 83쪽.

54 박정희, 앞의 책(1963), 130~138쪽.

55 정상호,《한국시민사회사 2 산업화기 1961~1986》, 학민사, 2017, 194~195쪽.

56 김원, 〈새마을운동의 농민동원과 '국민 만들기'〉,《국가와 일상》, 한울아카데미, 2008, 38쪽.

57 이영훈, 앞의 책, 479~480쪽.

58 김영미,《그들의 새마을운동》, 푸른역사, 2009, 337쪽.

59 김영미, 〈식민지 동원 체제의 연속과 단절〉,《식민지 유산, 국가 형성, 한국 민주주의》, 책세상, 2012, 243쪽.

60 위의 글, 247쪽.

61 한국정신문화연구원 편,《근대화전략과 새마을운동》, 백산서당, 2001, 52쪽.

62 김광희,《박정희와 개발독재》, 선인, 2008, 279~280쪽.

63 한국정신문화연구원 편, 앞의 책, 47~48쪽.

64 조희연, 앞의 책(2010), 56쪽.

65 최장집,《한국민주주의의 조건과 전망》, 나남출판, 1996, 26쪽.

66 임현진·송호근, 〈박정희 체제의 지배이데올로기〉,《한국정치의 지배이데올로기와 대항이데올로기》, 역사비평사, 1994, 182쪽.

67 박태균, 〈1950년대의 근대화론과 지식인〉,《지식 변동의 사회사》, 문학과지성사, 2003, 226쪽.

68 박태균, 앞의 책, 51쪽.

69 위의 책, 53~54쪽.

70   박희범, 〈민주주의의 토대로서의 경제: 한국 민주주의의 재건〉, 《사상계》, 1962년 1월호, 98~99쪽.

71   박태균, 앞의 책, 57쪽.

72   정태영, 《조봉암과 진보당》, 후마니타스, 2006, 62쪽.

73   〈한국의 궁핍은 계획경제체제만이 해소시킬 수 있다〉, 《민족일보》, 1961년 4월 26일.

74   유병묵, 〈사회대중당의 산업 국유화 정책〉, 《사상계》, 1960년 10월호, 179쪽.

75   박태균, 앞의 책, 64쪽.

76   위의 책, 66~86쪽.

77   박정희, 앞의 책(1963), 259~260쪽.

78   위의 책, 265쪽.

79   위의 책, 266쪽.

80   위의 책, 34쪽.

81   위의 책, 216쪽.

82   김덕영, 《환원 근대》, 도서출판 길, 2014, 321쪽.

83   박정희, 《민족중흥의 길》, 광명출판사, 1978, 90쪽.

84   박정희, 앞의 책(1963), 90쪽.

85   박정희, 앞의 책(1978), 83~84쪽.

86   위의 책, 127쪽.

87   〈경제발전만이 민주 토대〉, 《동아일보》, 1961년 11월 17일.

88   박정희, 앞의 책(1962), 226쪽.

89   위의 책, 224쪽.

90   이상록, 〈민주주의는 개발주의에 어떻게 잠식되어왔는가〉, 《역사비평》, 2022년 봄호, 182~183쪽.

91   〈새해를 맞으며〉, 《조선일보》, 1956년 1월 1일.

92   김영선, 〈민주주의의 경제적 토대〉, 《새벽》, 1955년 3월호, 55쪽.

93   위의 글, 52쪽.

94   이상록, 앞의 글, 184~185쪽.

95   조가경, 〈혁명주체의 정신적 혼미〉, 《사상계》, 1961년 4월호, 76쪽.

96   박희범, 〈민주주의의 토대로서의 경제: 한국민주주의의 재건〉, 《사상계》, 1962년 1월호, 99쪽.

97   위의 글, 98쪽.

98   차기벽, 〈후진사회의 기수, 인텔리겐챠〉, 《사상계》, 1962년 3월호, 60쪽.

99 김형수, 〈후진국의 택할 민주주의〉, 《신사조》, 1962년 5월호, 138쪽.

100 이극찬, 〈한국 근대정치의식의 발전〉, 《사상계》, 1964년 1월호, 249쪽.

101 이상록, 《한국의 자유민주주의와 《사상계》》, 고려대학교 민족문화연구소, 2020, 189쪽.

102 장준하, 〈긴급을 요하는 혁명과제의 완수와 민주정치에로의 복귀〉, 《사상계》, 1961년 7월호, 35쪽.

103 홍승직, 《지식인과 근대화》, 고려대학교 사회조사연구소, 1967, 176쪽.

104 차기벽, 〈오용된 민족주의〉, 《사상계》, 1965년 5월호, 106쪽.

105 〈근대화와 중산층 1〉, 《조선일보》, 1966년 1월 25일.

106 〈근대화와 중산층 5〉, 《조선일보》, 1966년 1월 29일.

107 〈중산층, 중간계급 달라〉, 《조선일보》, 1966년 2월 15일.

108 〈중산층 소멸론은 거짓〉, 《조선일보》, 1966년 2월 15일.

109 박희범, 〈중소기업 소멸론은 탁상공론〉, 《청맥》, 1966년 4월호, 131쪽.

110 신용하, 〈중산층 논쟁의 총결산〉, 《청맥》, 1966년 8월호, 151~152쪽; 공제욱, 〈중산층과 중소기업〉, 《논쟁으로 읽는 한국사》 2, 역사비평사, 2009, 342~349쪽.

111 임종철, 〈중산층 육성론자에 묻는다〉, 《정경연구》 1966년 5월호, 101쪽.

112 김보현, 《《사상계》의 경제개발론, 박정희 정권과 얼마나 달랐나?: 개발주의에 저항한 개발주의〉, 《정치비평》, 2003년 상반기, 372쪽.

113 차기벽, 〈리더쉽 형성의 일반론〉, 《사상계》, 1968년 10월호, 25쪽.

114 김보현, 앞의 글, 377쪽.

115 홍석률, 〈1960년대 지성계의 동향〉, 《1960년대 사회 변화 연구 ―1963~1970》, 백산서당, 1999, 205쪽.

116 위의 글, 199쪽.

117 김광희, 앞의 책, 72쪽.

118 홍석률, 앞의 글, 207쪽.

119 위의 글, 201쪽.

120 송건호, 〈민족지성의 반성과 비판〉, 《사상계》, 1963년 11월호, 236쪽.

121 위의 글, 236~237쪽.

122 장준하, 〈누가 국민을 기만하고 있는가?〉, 《사상계》, 1963년 11월호, 26쪽.

123 이상은, 〈박정희 씨에게 부치는 글〉, 《사상계》, 1963년 11월호, 31쪽.

124 위의 글, 34쪽.

125 장준하, 〈5·16의 유산〉, 《사상계》, 1966년 5월호, 17쪽.

126 장준하, 〈또다시 8·15를 맞으면서〉, 《사상계》, 1966년 8월호, 15쪽.

127 그렉 브라진스키, 앞의 책, 313~314쪽.

128 함석헌, 〈비상사태에 대하는 우리의 각오〉, 《씨올의 소리》, 1971년 12월호(《함석헌 전집》 14, 한길사, 1985, 74~75쪽에서 재인용).

129 함석헌, 《씨올의 소리》, 1974년 12월호(《함석헌 전집》 8, 한길사, 1984, 177쪽에서 재인용).

130 함석헌, 〈5·16을 어떻게 볼까〉, 《사상계》 1961년 7월호, 9~40쪽.

131 이상록, 앞의 책, 206~208쪽.

132 문지영, 《지배와 저항—한국 자유주의의 두 얼굴》, 후마니타스, 2011, 233쪽.

133 정무용, 〈1961년 한미경제기술원조협정을 둘러싼 정치·사회적 갈등〉, 《인문과학연구》 21(덕성여대), 2015, 25~26쪽.

134 〈김용중씨 장총리에 공개장〉, 《민족일보》, 1961년 2월 19일.

135 이창렬, 〈민족 자본과 매판자본〉, 《청맥》, 1965년 6월호, 82쪽.

136 박희범, 〈로스토우 사관의 비판적 고찰〉, 《정경연구》, 1966년 3월호, 97~98쪽.

137 박희범, 〈우리 경제는 기로에 있다〉, 《청맥》, 1965년 5월호, 29쪽.

138 홍석률, 앞의 글, 223쪽.

139 〈신민 총선 공약〉, 《경향신문》, 1971년 3월 24일.

140 이병천, 〈민족경제론과 대중경제론: 민족경제론의 현실적 변용으로서 대중경제론에 대하여(1960년대 말~70년대 초)〉, 《사회경제평론》 29-2, 7쪽.

141 대중경제연구소 편, 《김대중 씨의 대중경제 100문 100답》, 1971, 50쪽.

142 김일영, 〈조국 근대화론 대 대중 경제론: 1971년 대선에서 박정희와 김대중의 대결〉, 《박정희 시대와 한국현대사》, 선인, 2006, 215~216쪽.

143 정상호, 앞의 책, 367쪽.

144 박현채, 〈공업의 지역적 편재와 불균형발전의 요인 분석〉, 《한국경제연구》 2-1, 1967(박현채, 《한국 경제의 구조와 논리》, 풀빛, 1982, 111쪽에서 재인용).

145 박현채, 〈계층 조화의 조건〉, 《정경연구》, 1969년 11월호, 89쪽.

146 위와 같음.

147 정상호, 앞의 책, 361쪽.

148 김보현, 〈박정희 정권 시기 저항의 지식—담론, '민족경제론'〉, 《상허학보》 43, 2015, 136쪽.

149 박현채, 《민족경제론》, 한길사, 1978, 24쪽.

150 정상호, 앞의 책, 360~361쪽.

151 H. 민트, 임성의 옮김, 《신생국경제론》, 탐구당, 1967, 182쪽.

152 손호철, 《현대 한국정치 1945~2011》, 이매진, 2011, 91쪽.

153 전태일기념관건립위원회 엮음, 《어느 청년노동자의 삶과 죽음—전태일 평전》, 돌베개,

1983, 75~115쪽.

154 위의 책, 194~215쪽.

155 이원보,《한국노동운동사 100년의 기록》, 한국노동사회연구소, 2005, 227~231쪽.

156 임영태,《국민을 위한 권력은 없다—박정희 시대, 개발독재 병영국가》, 유리창, 2013,
     223~224쪽.

157 김동춘,〈1971년 8·10광주대단지 주민항거의 배경과 성격〉,《공간과 사회》21-4, 2011,
     9~15쪽.

5장 독재에 맞선 민주주의

1   〈횡설수설〉,《동아일보》, 1969년 3월 15일.

2   조희연,《박정희와 개발독재시대》, 역사비평사, 2007, 230쪽.

3   손호철,《현대 한국 정치 이론, 역사, 현실 1945~2011》, 이매진, 2011, 93쪽.

4   〈10일자 공포 선거법시행령 개정〉,《동아일보》, 1967년 5월 11일.

5   〈박대통령 정국 수습에 특별담화〉,《조선일보》, 1967년 6월 17일.

6   〈거의 조기방학〉,《조선일보》, 1967년 7월 5일.

7   전명혁,〈1960년대 동백림 사건과 정치사회적 담론의 변화〉,《역사연구》22, 2012, 146쪽.

8   오제연,〈동백림 사건의 쟁점과 역사적 위치〉,《역사비평》, 2017년 여름호, 116~117쪽.

9   〈통일혁명당 간첩단 타진〉,《동아일보》, 1968년 8월 24일.

10 김정인,〈독재정치 대 민주화운동, 그리고 공안통치의 시대〉,《울릉도 간첩단 조작 사건》,
    책과함께, 2022, 17쪽.

11 〈개헌안, 오늘 국회 제출〉,《조선일보》, 1969년 8월 7일.

12 〈투쟁조직요강, 신민당서 채택〉,《동아일보》, 1969년 1월 21일.

13 〈개헌저지준위 대표 신민 해금인사 14명〉,《조선일보》, 1969년 4월 5일.

14 〈잇달아 휴교, 조기방학〉,《동아일보》, 1969년 7월 5일.

15 〈개헌 저지에 전력〉,《조선일보》, 1969년 7월 18일.

16 〈개헌발의국회〉,《동아일보》, 1969년 8월 8일.

17 〈야 출석전 일분 만에 날치기〉,《동아일보》, 1969년 9월 1일.

18 〈휴교령 철회 요구〉,《조선일보》, 1969년 9월 2일.

19 〈개헌안 본회의 상정〉,《동아일보》, 1963년 9월 9일.

20 〈개헌안 122표로 가결〉,《조선일보》, 1969년 9월 14일.

21 〈개헌안 21일 공포〉,《매일경제신문》, 1969년 10월 20일.

22 홍석률,《분단의 히스테리》, 창비, 2012, 269~270쪽.

23   민청학련계승사업회,《민청학련》, 메디치, 2018, 84쪽.

24   〈위수령 발동 서울시 일원〉,《동아일보》, 1971년 10월 15일.

25   〈서울대 전학생간부 넷 구속〉,《동아일보》, 1971년 11월 13일.

26   민주화운동기념사업회연구소,《한국민주화운동사》2, 돌베개, 2009, 52~53쪽.

27   김정렴,《아, 박정희》, 중앙M&B, 1997, 152~153쪽.

28   홍석률,〈유신체제의 형성〉,《유신과 반유신》, 민주화운동기념사업회, 2005, 88~92쪽.

29   서희경,《한국헌정사 1948-1987》, 도서출판 포럼, 2020, 885~886쪽.

30   전재호,〈유신체제의 구조와 작동 기제〉,《유신과 반유신》, 민주화운동기념사업회, 2005, 127~130쪽.

31   김정남,《진실, 광장에 서다》, 창비, 2005, 97쪽.

32   김정인, 앞의 글, 25~28쪽.

33   〈긴급조치 제1호 긴급조치 제2호〉,《경향신문》, 1974년 1월 9일.

34   김상숙 외,《한국현대사와 국가폭력》, 푸른역사, 2019, 246쪽.

35   〈신민당사에서 김총재 단식〉,《경향신문》, 1975년 2월 11일.

36   〈국민투표안 확정〉,《매일경제》, 1975년 2월 13일.

37   〈박대통령, 안보강화 특별담화〉,《동아일보》, 1975년 3월 29일.

38   김영명,《대한민국 정치사》, 일조각, 2013, 187~188쪽.

39   정상호,《한국시민사회사 산업화기 1961~1986》, 학민사, 2017, 62쪽.

40   〈교수재임용심사 규정 의결〉,《조선일보》, 1975년 8월 30일.

41   〈사립 재임명 제외 교수 2백48명〉,《동아일보》, 1976년 3월 8일.

42   〈10대 의혹사건—7. 장준하 의문사〉,《한겨레》, 1998년 8월 11일.

43   한국기독교교회협의회 인권위원회,《1970년대 민주화운동—기독교인권운동을 중심으로》3, 1987, 997쪽.

44   〈발언 내용〉,《동아일보》, 1975년 10월 9일.

45   전재호, 앞의 글, 145~150쪽.

46   김영수,〈유신체제의 지배적인 이데올로기와 이데올로기적 동원 정책〉,《유신과 반유신》, 민주화운동기념사업회, 2005, 265쪽.

47   김영곤,〈1970년대 민중운동과 민중 지향〉,《유신과 반유신》, 민주화운동기념사업회, 2005, 533쪽.

48   이임하,〈1970년대 크리스챤 아카데미 사건 연구〉,《1970년대 민중운동 연구》, 민주화운동기념사업회, 2005, 526쪽.

49   〈조총련 접선 북괴간첩 10명 검거〉,《매일경제》, 1979년 4월 20일.

50   정해구, 《전두환과 80년대 민주화운동》, 역사비평사, 2011, 26쪽.

51   서중석, 〈부마항쟁의 역사적 재조명〉, 《부마민주항쟁의 역사적 재조명》, 대성, 2009, 39~40쪽.

52   정해구, 앞의 책, 24~25쪽.

53   〈학원정상화 위해 노력—범연세 호헌투쟁위도 성명 발표〉, 《연세춘추》, 1969년 8월 25일.

54   민청학련계승사업회, 앞의 책, 110쪽.

55   71동지회 편, 《나의 청춘 나의 조국—71동지회 30주년 기념문집》, 나남출판사, 2001, 60쪽.

56   이호룡·정근식, 《학생운동의 시대》, 2013, 선인, 320쪽.

57   71동지회 편, 앞의 책, 413쪽.

58   이기훈, 〈1970년대 학생 반유신 운동〉, 《유신과 반유신》, 민주화운동기념사업회, 2005, 490쪽.

59   71동지회 편, 앞의 책, 477~478쪽.

60   민청학련계승사업회, 앞의 책, 46~56쪽.

61   임춘식, 〈1970년대의 사회상황과 학생운동〉, 《한국민주시민학회보》 6, 2001, 42쪽; 김영명, 앞의 책, 197쪽.

62   위의 글, 43쪽.

63   이기훈, 앞의 글, 482쪽.

64   긴급조치9호철폐투쟁30주년기념행사추진위원회, 《30년 만에 다시 부르는 노래》, 자인, 2005, 278~279쪽.

65   위의 책, 113~114쪽.

66   이호룡·정근식, 앞의 책, 120쪽.

67   80년대전반기학생운동기념문집출간위원회, 《5월 광주를 넘어 6월항쟁까지》, 자인, 2006, 12쪽.

68   농촌법학회50년사발간위원회, 《농촌법학회 50년사》, 2012, 579쪽.

69   이기훈, 앞의 글, 495쪽.

70   80년대전반기학생운동기념문집출간위원회, 앞의 책, 12~15쪽.

71   긴급조치9호철폐투쟁30주년기념행사추진위원회, 앞의 책, 12쪽.

72   위의 책, 293~294쪽.

73   정상호, 앞의 책, 158쪽.

74   한승헌변호사변론사건실록간행위원회, 《한승헌변호사변론사건실록》 2, 범우사, 2006, 31쪽.

75 한인섭, 《이 땅에 정의를— 함세웅 신부의 시대 증언》, 창비, 2018, 76~78쪽.

76 김정남, 앞의 책, 55~57쪽

77 한인섭, 앞의 책, 131~133쪽.

78 김정남, 앞의 책, 59쪽.

79 김서중, 〈유신체제 권력과 언론〉, 《유신과 반유신》, 민주화운동기념사업회, 2005, 196~198쪽.

80 김민남 외, 《새로 쓰는 한국언론사》, 아침, 1993, 354쪽.

81 김상숙 외, 앞의 책, 308쪽.

82 〈자유언론실천선언〉(민주화운동기념사업회 오픈아카이브(https://archives.kdemo. or.kr).

83 한홍구, 《유신》, 한겨레출판, 2014, 225~228쪽.

84 김정남, 앞의 책, 110쪽.

85 강준만, 《권력변환—한국언론 117년사》, 인물과사상사, 2000, 490~491쪽.

86 〈교수 10명 삭발〉, 《조선일보》, 1973년 11월 18일.

87 김대영, 〈반유신 재야 운동〉, 《유신과 반유신》, 민주화운동기념사업회, 2005, 430쪽.

88 고지수, 〈1970년대 한국기독자협의회 연구〉, 《사학연구》 142, 2021, 132쪽.

89 김삼웅 편저, 《민족·민주·민중 선언》, 한국학술정보, 2001, 346쪽.

90 이임화, 〈1970년대 크리스찬 아카데미 사건 연구〉, 《1970년대 민중운동 연구》, 민주화운동기념사업회, 2005, 572~588쪽.

91 〈오적 사건 관련자 4명 구속 기소〉, 《경향신문》, 1970년 6월 20일.

92 〈시인 김지하씨 수사 시 '비어' 문제 삼아〉, 《조선일보》, 1972년 6월 1일.

93 〈문인 5명 간첩 등 혐의 구속〉, 《조선일보》, 1974년 2월 6일.

94 민청학련계승사업회, 앞의 책, 588쪽.

95 〈형집행정지 김지하씨 석방〉, 《동아일보》, 1980년 12월 11일.

96 정상호, 앞의 책, 154~155쪽.

97 〈삼선개헌반대범국민투쟁위원회선언문〉, 《사상계》, 1969년 8월호, 132~133쪽.

98 김대영, 앞의 글, 399쪽.

99 정해구, 〈1980년대 재야세력의 성장과 역할〉, 《6월민주항쟁 전개와 의의》, 한울아카데미, 2017, 67쪽.

100 김대영, 앞의 글, 406~408쪽.

101 김삼웅 편저, 앞의 책, 166쪽.

102 위의 책, 323쪽.

103 위의 책, 198쪽.

104 김정남, 앞의 책, 90~91쪽.

105 (사)강원민주대단 기록사업위원회 엮음,《강원도민주화운동사》, 단비, 2023, 127쪽.

106 김삼웅 편저, 앞의 책, 332쪽.

107 〈민주구국헌장〉, 민주화운동기념사업회 오픈아카이브(https://archives.kdemo.or.kr).

108 김대영, 앞의 글, 425쪽.

109 박명림, 〈박정희 시대 재야의 저항에 관한 연구, 1961-1979〉,《한국정치외교사논총》
30-1.

110 정해구, 앞의 글, 68쪽.

111 정상호, 앞의 책, 174~175쪽.

112 정해구, 앞의 글, 69쪽.

113 권형택 외,《청년들, 1980년대에 맞서다》, 푸른역사, 2019, 170~174쪽.

114 정해구, 앞의 글, 70쪽.

115 정해구 외,《6월항쟁과 한국의 민주주의》, 민주화운동기념사업회, 2004, 52~53쪽; 채
만수·김장한, 〈통일전선운동의 전개〉,《한국사회운동사》, 죽산, 376쪽.

116 정해구, 앞의 글, 71쪽.

117 이창언, 〈민주연합운동과 시민운동〉,《6월민주항쟁 전개와 의의》, 한울아카데미, 2017,
421쪽.

118 정해구, 앞의 책, 121~123쪽.

119 이창언, 앞의 글, 430쪽.

120 문지영,《지배와 저항》, 후마니타스, 2011, 163쪽.

121 장준하, 〈박대통령에게 보내는 공개 서한〉,《장준하 문집 1—민족주의자의 길》, 사상계,
1985, 32쪽.

122 〈국권 수호가 최고의 자유〉,《조선일보》, 1977년 9월 2일.

123 박정희,《민족중흥의 길》, 광명출판사, 1978, 51쪽.

124 위의 책, 49~50쪽.

125 위의 책, 56~57쪽.

126 위의 책, 57쪽.

127 위의 책, 59쪽.

128 위의 책, 60~61쪽.

129 위의 책, 61쪽.

130 위의 책, 61~62쪽.

131 위의 책, 62쪽.

132 위와 같음.

133 박정희,《민족의 저력》, 광명출판사, 1971, 79쪽.

134 박정희, 앞의 책(1978), 83쪽.

135 위의 책, 202~203쪽.

136 한국정신문화연구원 편,《근대화전략과 새마을운동》, 백산서당, 2001, 111쪽.

137 위의 책, 102~103쪽.

138 문지영, 앞의 책, 164쪽.

139 김덕영,《환원 근대》, 길, 2014, 318쪽.

140 한승조,《한국민주주의—이론과 실제》, 형설, 1984, 47쪽.

141 신진욱,〈한국사회에서 저항의 고조기의 정체성 정치의 특성〉,《경제와 사회》90, 2011,
     232쪽.

142 박영균,〈분단체제에서 민족·민주의 국가화와 한국 현대 지성의 이념적 모색〉,《통일인
     문학》97, 2024, 8쪽.

143 〈민중·민족·민주 선언〉, 민주화운동기념사업회 오픈아카이브(https://archives.
     kdemo.or.kr).

144 〈국민선언〉, 민주화운동기념사업회 오픈아카이브(https://archives.kdemo.or.kr).

145 〈3·1민주선언〉, 민주화운동기념사업회 오픈아카이브(https://archives.kdemo.or.kr).

146 〈민주국민선언〉, 민주화운동기념사업회 오픈아카이브(https://archives.kdemo.
     or.kr).

147 김삼웅 편저, 앞의 책, 357~359쪽.

148 〈민주화운동청년연합 창립선언〉,《선언으로 본 80년대 민족민주운동》, 동아일보사,
     1990, 36~37쪽.

149 이리에 아키라, 이종국 옮김,《역사가가 보는 현대 세계》, 연암서가, 2015, 186쪽.

150 이정은,《해방 후 인권담론의 형성과 제도화에 관한 연구, 1945-1970년대 초》, 서울대
     사회학과 박사학위 논문, 185쪽.

151 한국기독교사회문제연구원,《1970년대 민주화운동과 기독교》, 1983, 253쪽.

152 정상호, 앞의 책, 176쪽.

153 김정남, 앞의 책, 73~74쪽.

154 〈한국인권운동협의회 정식 발족〉, 민주화운동기념사업회 오픈아카이브(https://
     archives.kdemo.or.kr).

155 〈한국국민의 인권선언〉, 민주화운동기념사업회 오픈아카이브(https://archives.

kdemo.or.kr).

156 한국기독교교회협의회, 《1970년대 민주화운동 — 기독교 인권운동을 중심으로》 V, 1987, 1990쪽.

157 〈5천만의 인권을 생각한다〉, 민주화운동기념사업회 오픈아카이브(https://archives. kdemo.or.kr).

158 김대영, 앞의 글, 431쪽.

159 〈민주청년인권협의회 결의문〉, 민주화운동기념사업회 오픈아카이브(https://archives. kdemo.or.kr).

160 김정남, 앞의 책, 62~70쪽.

161 정상호, 〈6월항쟁과 시민운동의 태동〉, 《6월민주항쟁 전개와 의의》, 한울아카데미, 2017, 178쪽.

162 위의 책, 694~697쪽.

163 정정훈, 〈한국 2세대 인권운동의 형성 계기와 그 성격〉, 《민주주의와 인권》 21-4, 2021, 113~114쪽.

6장 민중과 조우한 민주주의

1 조희연, 《동원된 근대화》, 역사비평사, 2010, 75쪽.

2 박현채, 〈민족경제론적 관점에서 본 민중론〉, 《한국민중론의 현단계》, 돌베개, 1989, 44쪽.

3 홍석률, 《민주주의 잔혹사》, 창비, 2017, 93쪽.

4 동일방직복직투쟁위원회, 《동일방직노동조합운동사》, 돌베개, 1985, 31~32쪽. 김무용, 〈1970년대 동일방직 노동운동의 젠더화와 저항의 성격〉, 《1970년대 민중운동 연구》, 민주화운동기념사업회, 2005, 216~217쪽.

5 강인순·이옥지, 《한국여성노동자운동사》 1, 한울아카데미, 2001, 335쪽.

6 김원, 〈1970년대 여공과 민주노조운동〉, 《한국정치학회보》 38-5, 2004, 140쪽.

7 강인순·이옥지, 앞의 책, 341쪽.

8 김삼웅 편저, 《민족·민주·민중 선언》, 한국학술정보, 2001, 340~342쪽.

9 홍석률, 앞의 책, 92~99쪽.

10 강인순·이옥지, 앞의 책, 369쪽.

11 김삼웅 편저, 앞의 책, 350쪽.

12 윤진호, 〈노동정책과 노동운동의 성장〉, 《박정희의 맨얼굴》, 시사IN북, 2011, 267~268쪽.

13 최장집, 《민주화 이후 민주주의》, 후마니타스, 2002, 121~122쪽.

14 (사)강원민주재단 기록사업위원회 엮음, 《강원도민주화운동사》, 단비, 2023, 165~171쪽.

15 정해구,《전두환과 80년대 민주화운동》, 역사비평사, 2011, 104쪽, 112쪽.

16 위의 책, 114쪽.

17 〈한국노동자복지협의회 창립선언〉,《선언으로 본 80년대 민족·민주운동》, 동아일보사, 1990, 60쪽.

18 이원보,《한국노동운동사 100년의 기록》, 한국노동사회연구소, 2005, 287쪽.

19 오근석,《1980년대 민족민주운동》, 논장, 1988, 104~105쪽.

20 엄주웅, 〈변혁적 노동운동의 대중화와 계급적 지평의 확대〉,《한국사회운동사》, 죽산, 1990, 155쪽.

21 〈노동자연대투쟁선언〉,《선언으로 본 80년대 민족·민주운동》, 동아일보사, 1990, 72쪽.

22 조현연,《한국 진보정당 운동사》, 후마니타스, 2009, 61쪽.

23 이원보, 앞의 책, 307쪽.

24 조희연, 〈80년대 한국사회운동의 전개와 90년대의 발전전망〉,《한국사회운동사》, 죽산, 1990, 19쪽.

25 김삼웅, 앞의 책, 381~382쪽.

26 노중기, 〈군부독재 시기 노동체제 형성에 관한 연구〉,《1950-1960년대 한국형 발전모델의 원형과 그 변용과정》, 한울아카데미, 2005, 367~368쪽.

27 노중기, 위의 글, 369쪽.

28 김태일, 〈1970년대 가톨릭농민회와 농민운동〉,《1970년대 민중운동 연구》, 민주화운동기념사업회, 2005, 460~461쪽.

29 한국가톨릭농민회 편,《한국가톨릭농민회 30년사》, 샘, 1999, 38쪽.

30 이우재,《한국농민운동사연구》, 한울, 1991, 261쪽.

31 민주화운동기념사업회연구소,《한국민주화운동사》 2, 돌베개, 2009, 634쪽.

32 이임하, 〈1970년대 크리스챤 아카데미 사건 연구〉,《1970년대 민중운동 연구》, 535~545쪽.

33 민주화운동기념사업회연구소, 앞의 책, 634~735쪽.

34 위의 책, 636~638쪽.

35 김삼웅, 앞의 책, 329쪽.

36 민주화운동기념사업회연구소, 앞의 책, 646쪽.

37 (사)강원민주대단 기록사업위원회 엮음, 앞의 책, 148~149쪽.

38 〈긴급조치 위반 허위사실 유포 신부 등 셋 구속〉,《경향신문》, 1979년 8월 10일.

39 〈종교 빙자 단체 노조 침투 조사〉,《동아일보》, 1979년 8월 16일.

40 〈가톨릭농민회 성명 "벼 신품종 재배 강요는 부당 농민들의 선택권을 돌려달라"〉,《경향

　신문》, 1980년 4월 11일.

41　권형택 외, 《청년들, 1980년대에 맞서다》, 푸른역사, 2019, 113~114쪽.

42　〈농수축협 단위조합장 임명 개선의 의미〉, 《동아일보》, 1983년 12월 13일.

43　오근석, 앞의 책, 117~118쪽.

44　(사)강원민주대단 기록사업위원회 엮음, 앞의 책, 218~219쪽.

45　〈소값피해보상요구 공동성명〉, 《선언으로 본 80년대 민족·민주운동》, 동아일보사, 1990, 99쪽.

46　정상호, 《한국시민사회사 산업화기 1961~1986》, 학민사, 2017, 197쪽.

47　〈두 종교인 15년 선고〉, 《경향신문》, 1974년 3월 29일.

48　민주화운동기념사업회연구소, 앞의 책, 674~675쪽.

49　위의 책, 680쪽.

50　양연수, 〈도시빈민운동의 태동과 그 발전과정〉, 《한국사회운동사》, 죽산, 1990, 229쪽.

51　오근석, 앞의 책, 72쪽.

52　〈목동철거민 구속자가족들의 호소문〉, 《선언으로 본 80년대 민족·민주운동》, 동아일보사, 1990.

53　김정남, 《진실, 광장에 서다》, 창비, 2005, 654쪽.

54　〈상계철거민의 피맺힌 절규〉, 《선언으로 본 80년대 민족·민주운동》, 동아일보사, 1990, 69쪽.

55　강인철, 《민중, 시대와 역사 속에서》, 성균관대학교 출판부, 2023, 166~167쪽.

56　박영균, 〈분단체제에서 민족-민주의 국가화와 한국 현대지성의 이념적 모색〉, 《통일인문학》 97, 2024, 27쪽.

57　김지하, 〈풍자냐 자살이냐〉, 《김지하 전집》 3, 실천문학사, 2002, 40쪽, 45쪽.

58　신경림, 《문학과 민중》, 민음사, 1977, 23쪽.

59　안병무, 《민중신학 이야기》, 한국신학연구소, 1987, 285쪽.

60　장상철, 〈1970~80년대 민주화운동과 '민중' 담론〉, 《상징에서 동원으로》, 이학사, 2007, 38~41쪽.

61　서남동, 《민중신학의 탐구》, 한길사, 1983, 183쪽.

62　한완상, 《민중과 지식인》, 정우사, 1978, 13~14쪽.

63　박현채, 《민족경제론》, 한길사, 1978, 16~23쪽.

64　박현채, 《민중과 경제》, 정우사, 1978, 8~9쪽.

65　강인철, 《민중, 시대와 역사 속에서》, 성균관대학교 출판부, 2023, 165~166쪽.

66　한상진, 《민중의 사회과학적 인식》, 문학과지성사, 1987, 21~24쪽.

67 한상진,《중민 이론의 탐색》, 문학과지성사, 1991, 140~143쪽.

68 박현채, 앞의 글, 46쪽.

69 박형준, 〈현대 한국사회의 민중구성〉,《한국현대사를 어떻게 볼 것인가》, 열음사, 1987, 44~45쪽.

70 김진균, 〈민중사회학의 이론화 전략〉,《한국민중론의 현단계》, 돌베개, 1989, 76쪽.

71 배경식, 〈민중과 민중사학〉,《논쟁으로 읽는 한국사》2, 역사비평사, 2009, 403~404쪽.

72 장상철, 앞의 글, 51쪽.

73 정철희, 〈민중담론과 6월항쟁의 문화적 기원〉,《상징에서 동원으로─1980년대 민주화 운동의 문화적 동학》, 이학사, 2007, 200~201쪽.

74 배성준, 〈1980-90년대 민중사학의 형성과 소멸〉,《역사문제연구》23, 35쪽.

75 강만길,《분단시대의 역사인식》, 창작과비평사, 1978, 37쪽.

76 이만열, 〈민중의식 사관화의 시론〉,《한국민중론》, 한국신학연구소, 1984, 214쪽, 223쪽.

77 이세영, 〈현대 한국 사학의 동향과 과제〉,《80년대 한국 인문사회과학의 현단계와 전망》, 역사비평사, 1988, 88쪽.

78 〈주제발표문(제2차 총회)〉,《망원한국사연구실회보》창간호, 1986, 59쪽.

79 김정인, 〈민주주의의 눈으로 본 역사학〉,《역사교육》126, 2013, 353쪽.

80 김성보, 〈민중사학, 아직도 유효한가〉,《역사비평》, 1991년 가을호, 49쪽.

81 배성준, 앞의 글, 39쪽.

82 〈민중사 논쟁 활발〉,《동아일보》, 1987년 6월 30일.

83 이세영, 〈한국 근현대 민중론〉,《한국 민주화운동의 성격과 논리》, 선인, 2010, 181~232쪽.

84 정문영, 〈5·18민주화운동, 열흘간의 드라마〉,《너와 나의 5·18》, 오월의봄, 2019, 51~114쪽.

85 문지영,《지배와 저항》, 후마니타스, 2011, 310쪽.

86 김용기, 〈변혁주체론과 민중사회학 논쟁〉,《80년대 한국사회대논쟁집》, 중앙일보사, 1990, 107쪽.

87 오근석, 앞의 책, 122~128쪽.

88 위의 책, 133~137쪽.

89 망원한국사연구실 외,《80년대 한국 인문사회과학의 현단계와 전망》, 역사비평사, 1989, 8~9쪽, 25쪽.

90 손호철,《현대 한국 정치 이론, 역사, 현실 1945~2011》, 이매진, 2011, 394~395쪽.

91 위의 책, 402~403쪽.

92 정성기, 〈80년대 한국사회구성체 논쟁, 또 하나의 성찰적 재론〉,《역사비평》, 2005년 여

름호, 58~59쪽.

93 정민, 〈사회구성체 논쟁〉, 《80년대 한국사회 대논쟁집》, 중앙일보사, 1990, 85쪽.

94 주강현, 〈반유신과 문화예술운동〉, 《유신과 반유신》, 민주화운동기념사업회, 2005, 614쪽.

95 위의 글, 635쪽.

96 위의 글, 635쪽.

97 서상규, 〈한국 마당극 공연사 연구〉, 《연기예술연구》 25, 2022, 91쪽.

98 강인철, 앞의 책, 179쪽.

99 채희완, 〈70년대 문화운동〉, 《문화와 통치》, 민중사, 1984, 218쪽.

100 박영정, 〈80년대 민중문예운동의 전개과정〉, 《한국사회운동사》, 죽산, 1990, 321쪽.

101 김창남, 〈대중음악사의 맥락에서 본 민중가요〉, 《민중의 시대》, 빨간소금, 2023, 213쪽.

102 고은, 〈실천론 서설〉, 《문화와 예술의 실천논리》, 실천문학사, 1983, 3~5쪽.

103 〈민중문화운동협의회 창립발기문〉, 《선언으로 본 80년대 민족·민주운동》, 동아일보사, 1990, 221쪽.

104 강인철, 앞의 책, 185~186쪽.

105 정상호, 〈6월항쟁과 시민운동의 태동〉, 《6월민주항쟁 전개와 의의》, 한울아카데미, 2017, 186쪽.

106 박영정, 앞의 글, 327쪽.

107 신현준, 〈1980년대 문화적 정세와 민중문화운동〉, 《혁명의 시대》, 새로운세상, 1999, 228~229쪽.

108 박영정, 앞의 글, 328쪽.

109 위의 글, 332~333쪽.

110 〈한국민족예술인총연합 창립선언〉, 《선언으로 본 80년대 민족·민주운동》, 동아일보사, 1990, 230쪽.

111 〈노동자문화예술운동연합 창립선언〉, 《선언으로 본 80년대 민족·민주운동》, 동아일보사, 1990, 233쪽.

112 〈자료 해설〉, 《선언으로 본 80년대 민족·민주운동》, 동아일보사, 1990, 329~330쪽.

113 이영제, 〈6월항쟁과 민주주의 이행〉, 《다시 보는 한국 민주화운동》, 선인, 147쪽.

114 한인섭 대담, 《이 땅에 정의를 — 함세웅 신부의 시대 증언》, 창비, 2018, 396~397쪽.

115 홍석률, 앞의 책, 37~42쪽.

116 정해구, 앞의 책, 140~155쪽.

117 (사)강원민주재단 기록사업위원회 엮음, 앞의 책, 300~302쪽.

118 최영기 외, 《1987년 이후 한국의 노동운동》, 한국노동연구원, 2001, 109쪽.

119 〈현대그룹노동조합협의회 결성전문〉,《선언으로 본 80년대 민족·민주운동》, 동아일보사, 1990, 74쪽.

120 민주화운동기념사업회 한국민주주의연구소,《민주화운동사》3, 돌베개, 2010, 738~739쪽.

121 이원보, 〈87년 노동자대투쟁과 노동운동의 성장〉,《6월민주항쟁 전개와 의의》, 한울아카데미, 2017, 354~357쪽.

122 정해구, 앞의 책, 158~160쪽.

123 조돈문,《노동계급 형성과 민주노조운동의 사회학》, 후마니타스, 2011, 129쪽.

124 이광일,《좌파는 어떻게 좌파가 됐나》, 메이데이, 2008, 290쪽.

125 이원보, 앞의 책, 341~343쪽.

126 이광일, 앞의 책, 299쪽.

127 이원보, 앞의 책, 352쪽.

128 손영우, 〈한국 민주화와 노동운동: 사회운동의 분화와 노동의 제도적 배제〉,《다시 보는 한국 민주화운동》, 선인, 2010, 227쪽.

129 이원보, 앞의 책, 382쪽.

130 손호철, 〈한국의 국가주의와 국가 — 시민사회의 관계 변화〉,《20세기 한국을 돌아보며》, 한울, 2001, 209쪽.

131 이창한, 〈1970~80년대의 농민운동과 '전국농민회총연맹'의 창립〉,《기억과 전망》24, 2011, 308쪽.

132 이정찬, 〈자주·대중노선의 정착과 농민운동의 전국단일조직 건설〉,《한국사회운동사》, 죽산, 1990, 198쪽.

133 주성수,《한국시민사회사 — 민주화기 1987~2017》, 학민사, 2017, 276쪽.

134 양연수, 앞의 글, 231쪽.

135 위의 글, 231쪽.

136 주성수, 앞의 책, 275쪽.

137 양연수, 앞의 글, 223쪽.

138 〈전국빈민연합 창립선언〉,《선언으로 본 80년대 민족·민주운동》, 동아일보사, 1990, 87쪽.

139 강명훈, 〈진보정당의 원내 진출, 의회정치와 진보정치를 바꾸다〉,《민주화 이후 35년의 민주주의》, 한울아카데미, 2023, 208쪽.

140 정영태, 〈노동자의 정치참여 논쟁〉,《논쟁으로 읽는 한국사》2, 역사비평사, 2009, 447~454쪽.

141 조현연, 앞의 책, 98쪽.

142 위의 책, 134쪽.

143 위의 책, 158쪽.

144 위의 책, 161~162쪽.

145 위의 책, 170쪽.

146 정영태,《신자유주의 시대 한국사회의 변화와 진보정당》, 인하대학교 출판부, 2005, 116쪽.

147 위의 책, 230쪽.

7장   시민사회가 일군 민주주의

1   이리에 아키라, 이종국 옮김,《역사가가 보는 현대 세계》, 연암서가, 2015, 74~75쪽.

2   위의 책, 122~123쪽.

3   최장집,《민주화 이후 민주주의》, 후마니타스, 2002, 217쪽.

4   조희연,《동원된 근대화》, 후마니타스, 2010, 363~364쪽.

5   손호철,〈한국의 국가주의와 국가—시민사회의 관계 변화〉,《20세기 한국을 돌아보며》, 한울, 2001, 212쪽.

6   〈12대 총선 민정 87, 신민 50〉,《매일경제》, 1985년 2월 13일.

7   〈신민당, 민추협에 대한 압수수색영장 전문〉,《동아일보》, 1986년 2월 14일.

8   서희경,《한국 헌정사 1948-1987》, 도서출판 포럼, 2020, 1074쪽.

9   정해구,《전두환과 80년대 민주화운동》, 역사비평사, 2011, 164~170쪽.

10 〈민주화냐 역행이냐〉,《동아일보》1987년 4월 20일.

11 홍석률,《민주주의 잔혹사》, 창비, 2017, 24~42쪽.

12 〈우리 당이 추진하는 새 헌법〉,《조선일보》, 1987년 7월 7일.

13 서희경, 앞의 책, 1134쪽.

14 강원택,〈87년 헌법의 개정 과정과 시대적 함의〉,《역사비평》, 2017년 여름호, 15쪽.

15 정해구 외,《6월항쟁과 한국의 민주주의》, 민주화운동기념사업회, 2004, 126~128쪽.

16 〈개헌안 부칙 타결, 내일 발의〉,《조선일보》, 1987년 9월 17일.

17 〈오늘 새 헌법 공포〉,《조선일보》, 1987년 10월 29일.

18 강원택, 앞의 글, 18~23쪽.

19 주성수,《한국시민사회사—민주화기 1987~2017》, 학민사, 2017, 74~75쪽.

20 김영수,《한국헌법사》, 학문사, 2001, 700쪽; 서희경, 앞의 책, 1185~1186쪽.

21 〈국민운동본부 1차 전국총회〉,《조선일보》, 1987년 8월 5일.

22 〈민주헌법 실현을 위한 개헌안 쟁점 토론회〉, 민주화운동기념사업회 오픈아카이브 (https://archives.kdemo.or.kr).

23 전재호, 〈제13대 대통령 선거와 국회의원 선거〉, 《6월민주항쟁 전개와 의의》, 한울아카데미, 2017, 306~307쪽.

24 정해구 외, 앞의 책, 132~133쪽.

25 〈투개표 결과〉, 《조선일보》, 1987년 12월 19일.

26 김정인, 〈87년 개헌, 민주주의 공고화의 토대를 닦다〉, 《87년 이후 35년의 한국 민주주의》, 한울아카데미, 2023, 29~36쪽.

27 김정남, 《진실, 광장에 서다》, 창비, 2005, 646~648쪽.

28 정상호, 〈6월항쟁과 시민운동의 태동〉, 《6월민주항쟁 전개와 의의》, 한울아카데미, 2017, 197~198쪽.

29 〈107명 구속 1500명 해직 8년여 수난 딛고 '활짝'〉, 《한겨레》, 1998년 2월 7일.

30 〈전교조 해직 4년 만에 매듭〉, 《동아일보》, 1993년 10월 16일.

31 〈합법화 전교조 사업 방향〉, 《한겨레》, 1999년 1월 13일.

32 〈발기 선언문〉, 경실련 홈페이지(https://ccej.or.kr).

33 정태석, 〈민주화 이후 한국 사회의 변화와 참여연대〉, 《시민사회와 NGO》 11-2, 2013, 8쪽.

34 유팔무, 〈비정부사회운동단체(NGO)의 역사와 사회적 역할〉, 《시민사회와 시민운동》 2, 한울, 2001, 198~201쪽.

35 이창언, 〈민주연합운동과 시민운동〉, 《6월민주항쟁 전개와 의의》, 한울아카데미, 2017, 441쪽.

36 유팔무, 앞의 글, 201~204쪽.

37 구도완, 〈한국 환경운동: 급속한 성장과 제도화〉, 《계간 사상》, 2003년 겨울호, 68쪽.

38 김정훈, 〈참여연대를 통해 본 한국 시민운동의 변화〉, 《기억과 전망》 26, 23쪽.

39 주성수, 앞의 책, 334쪽.

40 〈위안부 할머니 전재산 5000만원 고아 장학금으로 김군자 씨 "나같은 불행 없게"〉, 《조선일보》, 2000년 8월 31일.

41 이정이, 〈비영리단체 운영과 조직관리— 아름다운재단 사업을 중심으로〉, 《한국비영리학회 학술대회》, 2005, 178쪽.

42 참여연대 기획, 《감시자를 감시한다》, 이매진, 2014, 198쪽.

43 김정인, 《역사전쟁, 과거를 해석하는 싸움》, 책세상, 2016, 22~23쪽.

44 주성수, 앞의 책, 335쪽.

45 김당 외, 《한국의 보수와 대화하다》, 미디어북스, 2007, 363쪽.

46 〈책 안 읽는 한국 보수, 보수 이념에도 관심 없어〉, 《조선일보》, 2017년 6월 28일; 김정인, 〈전향우익 분석〉, 《문화과학》 91, 2017, 37~38쪽.

47 〈서민·중산층 항구적 지원 방안 마련, 국민생활 기본법 제정〉,《경향신문》, 1999년 6월 22일.

48 차병직 외,《짜고 치나 봅시다!》, 시금치, 2004, 59~66쪽.

49 〈여성·시민단체, 호주제 폐지 위헌소송 시작〉,《연합뉴스》(https://www.yna.co.kr), 2000년 11월 28일.

50 〈호주제 헌법불합치 판결 의미와 전망〉,《여성신문》, 2005년 2월 11일.

51 참여연대 기획, 앞의 책, 199~200쪽.

52 손혁재, 〈참여연대의 권력감시운동 10년〉,《참여와 연대로 연 민주주의의 새 지평》, 아르케, 2004, 181쪽.

53 주성수, 앞의 책, 230~231쪽.

54 조희연, 〈시민사회의 정치개혁운동과 낙천·낙선운동〉,《시민사회와 시민운동》 2, 한울, 2001, 299~303쪽.

55 차병직 외, 앞의 책, 98쪽.

56 참여연대 기획, 앞의 책, 240~244쪽.

57 차병직,《사건으로 보는 시민운동사》, 창비, 2014, 48쪽.

58 차병직 외, 앞의 책, 51~53쪽.

59 김상조, 〈참여연대의 경제민주화운동〉,《참여와 연대로 연 민주주의의 새 지평》, 아르케, 2004, 206쪽.

60 차병직 외, 앞의 책, 52쪽.

61 〈동강 유역에 신축 야영 못한다〉,《조선일보》, 2002년 8월 7일.

62 〈2006년 호남지역 10대 뉴스〉,《조선일보》, 2006년 12월 28일.

63 이현민, 〈핵폐기장 추진정책의 문제점〉,《민주사회와 정책 연구》 10, 2006, 19쪽.

64 정태석, 앞의 글, 5쪽.

65 최철영, 〈한일 과거사 청산과 이행기 정의 개념의 적용〉,《성균관법학》 23-2, 2011, 239쪽.

66 한성훈, 〈과거청산과 민주주의 실현〉,《역사비평》, 2010년 겨울호, 117쪽.

67 김영수,《과거사 청산, '민주화'를 넘어 '사회화'로》, 메이데이, 2008, 78쪽.

68 〈5·18특별법 통과〉,《조선일보》, 1995년 12월 20일.

69 〈전씨 무기·노씨 징역 17년 확정〉,《경향신문》, 1997년 4월 18일.

70 〈전두환-노태우 씨 사면〉,《조선일보》, 1997년 12월 26일.

71 〈거창 양민학살 명예회복 특별법 제정〉,《한겨레》, 1995년 12월 19일.

72 안종철, 〈김대중 노무현 정부의 인권과 과거사 청산 정책〉,《내일을 여는 역사》 37, 2010, 50쪽.

73 긴상숙 외,《한국 현대사와 국가폭력》, 푸른역사, 2019, 293쪽.

74 〈민주화 보상법·의문사법 통과〉,《한겨레》, 1999년 12월 29일; 홍석률, 〈의문사 진상규명 과거청산을 위한 진상규명의 시도와 쟁점〉,《민주사회와 정책연구》8, 2005, 112쪽.

75 대통령소속 의문사진상규명위원회,《의문사진상규명위원회 활동보고서》, 2002, 10쪽.

76 홍석률, 앞의 글, 115쪽.

77 양정심,《제주4·3항쟁》, 선인, 2008, 228~231쪽.

78 안김정애, 〈국가기관의 민주화와 과거사청산〉,《역사비평》, 2010년 겨울호, 143쪽.

79 〈과거 청산, 또 하나의 블랙홀〉,《한겨레21》524, 2004년 8월 25일.

80 이세영, 〈친일 관련 과거사위원회를 둘러싼 사회적 논의와 갈등〉,《학림》51, 2023, 268쪽.

81 조형렬, 〈《친일인명사전》 편찬의 쟁점과 의의〉,《역사비평》, 2010년 여름호, 274쪽; 임영태, 〈한국 현대사와 과거사 청산 문제〉,《통일뉴스》, 2016년 5월 10일.

82 정혁, 〈2기 진실화해위원회, 현황과 과제〉,《기억과 전망》47, 2022, 276쪽.

83 안병욱, 〈한국 과거청산의 현황과 과제〉,《역사비평》, 2010년 겨울호, 47쪽.

84 국정원,《과거와 대화 미래의 성찰—국정원〈진실위〉보고서: 총론(I)》, 2007, 87~113쪽.

85 노영기, 〈10년 전의 기억, 새로움을 위한 제언—국방부 과거사진상규명위원회의 5·18조사 활동과 평가〉,《역사비평》, 2010년 겨울호, 186~187쪽.

86 대통령소속 군의문사진상규명위원회,《2007년도 조사보고서 위원회 사업과 조사활동》, 2008, 15쪽.

87 부마민주항쟁진상규명및관련자명예회복심의위원회,《부마민주항쟁 진상조사보고서》, 2022, 26쪽.

88 국방부 5·18특별조사위원회,《5·18특별조사위원회 조사결과보고서》, 2018, 179~180쪽.

89 〈(보도자료) 5·18계엄군 등 성폭력 공동 조사단 조사결과 발표〉, 여성가족부, 2018년 10월 31일.

90 〈5·18왜곡 처벌 법안 통과에… 사회적 논의 여지 축소 우려〉,《경향신문》, 2020년 12월 14일.

91 정혁, 앞의 글, 276쪽.

92 김정인, 〈과거사 청산, 아직도 끝나지 않았다〉,《87년 이후 35년의 한국 민주주의》, 한울아카데미, 2023, 54~61쪽.

93 〈북한 선전 자료 복사판 우려〉,《조선일보》, 1994년 3월 24일.

94 김정인, 앞의 책, 22~23쪽.

95 〈701개 고교 '민중사관 교과서' 수업〉,《조선일보》, 2004년 10월 5일.

96 〈한국근현대사 교과서 편향성 문제 관련 자료〉,《역사교육》92, 2004 참조.

97 〈'자학사관 비판' 교과서포럼 창립〉,《조선일보》, 2005년 1월 26일.

98 〈김도연 장관과 "역사교과서 좌편향" 발언 파문〉,《한겨레》, 2008년 5월 15일.

99 역사교육연대회의,《뉴라이트 위험한 교과서, 바로 읽기》, 서해문집, 2009, 325쪽.

100 김정인,〈정치적 무기로서의 역사, 역사전쟁의 다섯 국면〉,《백산학보》117, 2020, 16쪽.

101 주성수, 앞의 책, 262~263쪽.

102 〈국정교과서는 보수의 '족보'인가〉,《시사인》321, 2013년 11월 4일.

103 〈김무성 "역사 교과서 국정화 추진" 파문〉,《한겨레》, 2015년 8월 3일; 〈황우여 장관 한국사 교과서 국정화 배제 안 해〉,《경향신문》, 2015년 8월 6일.

104 김정인, 앞의 글(2020). 19쪽.

105 한국사교과서국정화저지네트워크,《미래를 쟁취하는 투쟁—한국사교과서국정화저지 활동백서》1, 2018, 741~751쪽.

106 〈서울대 역사 교수 34명 한국사 교과서 국정화 반대〉,《경향신문》, 2015년 9월 3일.

107 〈적폐청산 1호가 된 박근혜표 국정교과서〉,《경향신문》, 2017년 5월 13일.

108 최호근,〈집단기억과 역사〉,《역사교육》85, 2003, 159쪽.

109 전진성,〈인권은 역사학의 범주가 될 수 있는가?〉,《역사비평》103, 2013, 14쪽.

110 조윤수,《일본군'위안부'》, 동북아역사재단, 2019, 184~186쪽.

111 위의 책, 232쪽.

112 위의 책, 188~190쪽.

113 여성부,《2000년 일본군성노예전범여성국제법정 자료집》, 2004, 1쪽.

114 한일여성공동역사교재편찬위원회,《여성의 눈으로 본 한일 근현대사》, 한울아카데미, 2005, 321~327쪽.

115 "Whitewashing History in Japan", *New York Times*, 2014년 12월 5일.

116 박유하,《제국의 위안부》, 뿌리와이파리, 2015, 342쪽.

117 정현백,〈일본군 성노예 문제와 기억의 현재화〉,《민족주의와 역사교육》, 선인, 2007, 197쪽.

118 주성수, 앞의 책, 224쪽, 337~378쪽.

119 위의 책, 225쪽.

120 〈이대통령 "30개월 이상 수입중단 당연"〉,《동아일보》, 2008년 6월 4일.

121 주성수, 앞의 책, 378~380쪽.

122 윤석범,〈한진중공업 정리해고 철회투쟁, 그 의미와 성과 그리고 과제〉,《정세와 노동》, 2011년 9월호, 42쪽.

123 주성수, 앞의 책, 226~228쪽.

124 이용기, 〈'노란 리본'의 '간절함'에 대하여〉, 《오마이뉴스》, 2017년 4월 19일(https://www.ohmynews.com).

125 세월호참사국민대책회의 홈페이지(http://sewolho416.org).

126 4·16세월호참사 국민조사위원회, 《세월호 참사 팩트체크》, 북콤마, 2017, 236~238쪽.

127 박근혜정권퇴진비상국민행동 기록기념위원회, 《박근혜 정권 퇴진 촛불의 기록》 1, 2018, 57~82쪽.

128 위의 책, 83~183쪽.

129 박근혜정권퇴진비상국민행동 기록기념위원회, 《박근혜 정권 퇴진 촛불의 기록》 2, 2018, 8~32쪽.

130 박근혜정권퇴진비상국민행동 기록기념위원회, 《박근혜 정권 퇴진 촛불의 기록》 1, 190~252쪽.

131 주성수, 앞의 책, 465쪽.

132 〈데일리 오피니언 제248호(2017년 3월 1주)〉, 갤럽 리포트(https://www.gallup.co.kr).

133 〈박대통령 탄핵 긴급 여론 조사, '찬성' 81% vs '반대' 14%〉, 《뉴스1》, 2016년 12월 9일(https://www.news1.kr).

134 〈'박 전 대통령 탄핵' 리얼미터 여론조사, 86% "헌재 잘한 결정"〉, 《경기일보》, 2017년 3월 13일.

135 김정인, 〈민주주의, 다시 시작이다〉, 《역사와 현실》 103, 2017, 3~7쪽.

136 박근혜정권퇴진비상국민행동 기록기념위원회, 《박근혜 정권 퇴진 촛불의 기록》 2, 479쪽.

137 김종철, 〈촛불시위와 '시민권력'〉, 《녹색평론》 152, 2017, 3쪽.

138 위의 글, 4~5쪽.

139 위의 글, 8~9쪽.

140 위의 글, 11쪽.

141 이지문, 《추첨시민회의》, 삶창, 2017, 137쪽.

142 김종철, 〈책을 내면서〉, 《녹색평론》 153, 2017, 2쪽.

143 최장집 외, 《양손잡이 민주주의》, 후마니타스, 2017, 16쪽.

144 위의 책, 53쪽.

145 위의 책, 92쪽.

146 박상훈, 〈국민주권 민주주의에 사로잡힌 한국 정치〉, 《우리 안의 파시즘 2.0》, 휴머니스트, 2022, 75~76쪽.

147 위의 글, 90쪽.

모두의 민주주의

한국 현대 민주주의의 계보를 탐구하다

1판 1쇄 2025년 2월 14일

지은이 | 김정인

펴낸이 | 류종필
편집 | 이은진, 이정우, 권준
경영지원 | 홍정민
교정교열 | 오효순
표지·본문 디자인 | 석운디자인

펴낸곳 | (주)도서출판 책과함께
　　　 주소 (04022) 서울시 마포구 동교로 70 소와소빌딩 2층
　　　 전화 (02) 335-1982
　　　 팩스 (02) 335-1316
　　　 전자우편 prpub@daum.net
　　　 블로그 blog.naver.com/prpub
　　　 등록 2003년 4월 3일 제2003-000392호

ISBN 979-11-94263-27-2 93910